大明朝

1368-1644

从洪武到崇祯的权力变局

宗承灏 著

北京联合出版公司
Beijing United Publishing Co.,Ltd.

图书在版编目（CIP）数据

大明朝：1368—1644：从洪武到崇祯的权力变局 /宗承灏著.
— 北京 ：北京联合出版公司，2017.7（2021.2重印）
ISBN 978-7-5596-0114-8

Ⅰ．①大… Ⅱ．①宗… Ⅲ．①中国历史－1368-
1644－通俗读物 Ⅳ．①K248.09

中国版本图书馆CIP数据核字(2017)第079511号

大明朝 ：1368—1644 ：从洪武到崇祯的权力变局

作　　者：宗承灏
出版统筹：新华先锋
责任编辑：牛炜征
特约监制：林　丽
策划编辑：王战省
封面设计：王　鑫
版式设计：刘　宽
营销统筹：章艳芬

北京联合出版公司出版
（北京市西城区德外大街83号楼9层 100088）
唐山富达印务有限公司印刷　新华书店经销
字数242千字　787毫米×1092毫米　1/16　19印张
2017年7月第1版　2021年2月第3次印刷
ISBN 978-7-5596-0114-8
定价：45.00元

自　序

　　二十年前，在一次偶然的机会里我读到了黄仁宇先生的《万历十五年》。说句实话，那次阅读体验并没有给我带来愉悦，直读得磕磕绊绊，头晕眼花。也正是那次阅读，严重挫伤了我对于历史书籍的阅读积极性。因为当时刚刚走出校园不久，对于历史知识的认知，还停留在教科书上那些没心没肺的文字。书没有读透就只好暂时放下，谁知道这一放就放了十余年。等到我再度拾起这本书的时候，人已经过了不惑之年。随着年龄的增长，才发现，曾经让自己迷恋的那些历史幻象或者真相，在阅读和写作的过程中已经不具有吸引力了。历史的真实度已经变得不那么重要了，唯有人心的真实才是打开那扇大门的钥匙。

　　诚如黄仁宇先生在《万历十五年》的开头所说："这平平淡淡的一年中，发生了若干为历史学家所易于忽视的事件。"一年尚且如此，更不要说在漫长的历史长河中，又有多少真相值得我们去追根溯源。黄仁宇先生让我懂得了，历史原来是可以这样写的，也是可以这样读的。历史是人的历史，并不是几个概念、几个观点堆砌起来的历史。近年来，我在阅读的过程中，将大量的时间用于分析和解构中国历史上各大利益集团的生存竞争与博弈规律，这本书也不例外，我再一次将目光锁定在了明朝的官场上。

　　明朝有将近三百年的历史，从它的开国皇帝朱元璋征讨杀伐开始，到亡国皇帝崇祯上吊结束。其中的每个局都是这段漫长历史过程中的重要一环。官场游戏贯穿始终，无休无止。看不见尽头的君臣博弈，就像是一场一个人对付百人千人的车轮大战。在朱元璋平定天下之前，他听说自己的对手张士诚住在深宫里养尊处优，疏于政事，就曾发过一通感慨。这个来自社会最底层的草根皇帝说："我诸事无不经心，法不轻恕，尚且有人瞒我。张九四（士诚）终岁不出门，不理政事，岂不着人瞒！"言下之意，是说老子天天像防贼一样防着这些官员，还是被当成冤大头忽悠。

这句话为三百年的帝国官场奠定了一个基调，皇帝与官员的权力博弈成为明王朝的主旋律。朱元璋扫平四方，他在自己的帝国布置了无所不在的特务网络，用铁血手段来处罚贪官污吏。在这个过程中，不断地发现，不断地处罚，不断地屠杀。然而，这局棋似乎总也没个了结。朱元璋说："我想清除贪官污吏，奈何早上杀了晚上又有犯的。今后犯赃的，不分轻重都杀了！"朱元璋大量诛杀官员的根本目的并不是真的要净化帝国官场生态，而是为自己的继任者"拔刺"。这种目标上的差异，就决定了明朝的权力博弈不可能达到真正"拨乱反正"的效果。

草根阶层出身的朱元璋创建了大明帝国，创业的艰辛是其他权贵出身的皇帝所不能体会的。也正因为如此，他对这份家业的继承和延续有着更为谨慎的布局。他杀戮开国功臣，废除丞相，让诸藩王离京，明令禁止后宫和太监干政等。皇权的专制，被他运用到了极致，也正因为如此，明朝才会成为中国两千年帝王政治和官场权力博弈的集大成者。可是大明王朝这部政权机器，并没有按照开国者所设定的轨迹往前发展。明朝真正完全控制朝政的皇帝只有洪武、永乐两代。尽管这列帝国列车一再跑偏，可它却能够保持不脱轨，延续276年国祚，这让人实在难以理解。仔细分析起来，从一开始朱元璋所布下的局，已经为后来的文官斗权、阉党乱国埋下了伏笔，而每一个局都是帝国权力链条上的重要一环，环环相扣，直到最后，将帝国和他的末代皇帝崇祯扣成了一道死亡结。

宗承灏

2

目　录

三、内阁：无法丈量的权力半径

四、后帝国时代：垮塌的权力三脚架

五、完结篇：谁也无法阻止的崩盘

一、洪武年：帝国的枯棋与势棋

1. 一个王朝的江湖背景

朱元璋出身于一个佃农家庭，他的父亲连个正儿八经的名字也没有，只能叫朱五四。没名没号的底层小人物在任何时代里都像野草的种子一样散落在世界的每个角落，落到哪里都会生根。

朱五四一生从淮河下游洪泽湖南岸的盱眙（江苏淮安市盱眙县）漂泊到濠州（安徽凤阳），他的人生经历了四次迁徙，先后搬过七次家。早在他的上一代，也就是朱元璋祖父生活的时代，他的家族就脱离了宗族所在地句容（今属江苏）的朱家巷。

朱元璋是在父亲朱五四搬到濠州（今安徽凤阳）钟离太平乡孤庄村后不久才来到这个世界上的。这一年是元文宗天历元年（1328年），此时中华大地正处在蒙古异族的统治之下，全国人分四等，蒙古、色目、汉人、南人。朱家属南人范畴，位居末等，而他们又是末等南人中最为穷困、最为低贱的雇农，属于草根中的草根。

朱元璋投胎于朱家，注定了他从娘肚子里刚一钻出来，就成为社会最底层人群中一员。在那样的时代背景下，一个农民的命运绝对不会比地上爬行的一只蝼蚁好到哪里去。一场突发的灾难，就会让整个家族和个人陷入难以自拔的绝境。

在朱元璋之前，朱五四已经生了七个孩子，朱元璋是第八个，于是就取名"重八"。元璋这个名字，还是他加入郭子兴义军之后取的。"璋"的意思是"锋利的玉器"，这个字或多或少表达了朱元璋的一种人生态度。八个小孩只活下来了六个，四男两女。朱元璋出生的时候，朱五四已经年过半百，也算得上老来得子。只是这个新出生的孩子并没有给这个困窘的家庭带来多少喜悦，反而又增加了负担。当然对于乱世中的底层人民来说，孩子又何尝不是一个家族、一个家庭在这场艰难的赌博中的一个筹码？

对于生活在封建时期的农民来说，一旦脱离了祖辈生息之地，就意味着脱离了宗法网络的庇护，就很容易被当时的主流社会所抛弃，成为游荡于城乡之间的游民。游民是在主流社会失去容身之地的人，他们所托命的空间就是江湖，那里风波险恶，一饱难求。他们在农村来回辗转，租种土地，以农为生，没有流入城市的可能。

元至正四年（1344年），天灾横行，淮河流域一带旱灾、蝗灾和瘟疫轮番摧残着这片土地。

朱元璋的父母和长兄都死于这场灾难，后来朱元璋在《御制皇陵碑》中，痛苦地回忆了这段人生经历："俄而天灾流行，眷属罹殃。皇考终于六十有四，皇妣五十有九而亡。孟兄先死，合家守丧。"当他的父亲、母亲和大哥相继死了以后，他的嫂子带着孩子回了娘家，只剩下他和他的小哥哥相依为命，兄弟俩的生活无以为继。

十六岁的朱元璋迎来人生最为黑暗的一个阶段，连亲人病逝都无钱安葬，可以说连最起码的生存都面临着考验。由于朱家是生活在自己的宗族之外，而中国传统社会最讲究的便是宗族观念，乡村社会基本上是依靠宗族力量在维系繁衍。

对于像朱家这样从父辈才迁徙过来的外乡人来说，他们根本享受不到宗族力量的庇护。当他们的生活陷入绝境之时，很少会有人愿意伸出援助之手。这种完全依靠个人力量在世间求生存、求发展的现实，也让朱元璋的性格深处有了更多坚硬的成分。

朱元璋的外祖父陈公也是一个有过游民经历的人，他曾经在南宋爱国将领张世杰手下当过亲兵。宋朝灭亡后，他做过巫师和画符念咒的风水师。这种独特的人生经历和思想意识或多或少地会对自己的外孙产生影响。

为了能够混口饭吃，朱元璋选择遁入空门，在皇觉寺当一名游方和尚。当生活将朱元璋逼向绝境的时候，他感受更多的只是世态的炎凉，但他并没有在生活的苦海恶浪中乱了自己的方寸。这种处事态度与他个人的成长经历有着必然的联系。

朱元璋到寺中不足两个月，就迎来了一场大饥荒。寺庙的住持只好把粮仓封了，让本就无路可走的僧人们到纷乱的世道里去寻找活路。所谓的活路，无非就是让他们去化缘乞讨。

朱元璋背上破包袱，提上木鱼和瓦罐，走出寺庙。这时候的他有了一种恍如隔世的感觉，这种感觉更多是由于身份的变化所引发的。在此之前，他还只是大元朝濠州府钟离县太平乡孤庄村里的一个普通男丁，是父系朱氏和母系陈氏家族血缘关系链中的重要一环，是皇觉寺有度牒在身的和尚。从他迈出皇觉寺门槛儿的那一刻，朱元璋陷入人生的大迷茫中。就算他有着超然于同龄人的个性，可他也无法为自己找到一个准确的人生定位，他甚至卑微地觉得自己和地上那一只只爬行的蝼蚁并没有多大的差别。生或者死，对于当时的社会来说，都是微不足道的事。

从朱元璋来到这个世界上，一场接一场的灾难，便将他身上所有可以证明自我存在的价值符号都一一擦去。父母双亡，兄弟离散，几乎所有的血缘关系链都被艰难的世道无情地割断。官府衙门不会管他的死活，地方甲长也当他早已不存在，现如今连一座破寺庙也不肯收留他。

当一个人的身份变得越来越模糊，就意味着这个世界已经在将他抛弃。学者王学泰曾经这样描述过游民的性格："游民脱离了主流社会，失去了自己的角色位置。他们是没有根柢，随着时势浮沉游荡的一群人。他们没有地位，失去了社会的尊重。因此，他们反对现存社会秩序，也不必考虑角色位置为人们所做的种种规定……他们极端重视眼前利益，不太顾及离现实较远的后果。他们几乎不具有文化教养，也就没有了文饰的习惯。一些社会舆论所不容，通行道德所鄙视的行为，他们常常不以为非，而且为了达到眼前的目的也很少有固定的是非观念。一些士大夫甚至普通人都要掩饰的观念和性格，在游民看来没有掩饰的必要……而是赤裸裸地表现出中国文化传统的阴暗面。"

朱元璋先后漂泊到了庐州、六安、汝州、颍州等地，最后又返回到皇觉寺。在《皇陵碑》中，朱元璋用生动的笔触描述了自己三年的流浪生活。"居未两月，寺主封仓，众各为计，云水飘扬。我何作为，百无所长。依亲自辱，仰天茫茫。既非可倚，侣影相将。突朝烟而急进，暮投古寺以趋跄。仰穹崖崔嵬而倚碧，听猿啼夜月而凄凉。魂悠悠而觅父母无有，志落魄而佒佯。西风鹤唳，俄浙沥以飞霜。身如蓬逐风而不止，心滚滚乎沸汤。一浮云乎三载，年方二十而强。"

当云游三年再度归来，这时候的朱元璋已经拥有了丰富的游民经验。有人推断朱元璋在这三年的流浪生涯中，接受了新的宗教、新的思想、新的政治教育，加入了秘密组织。如果说人的青少年时期是一个学习积累的过程，那么这三年的江湖经历就像是朱元璋在社会大学里读完了本科。在任何时代，游民的社会经历和社会经验都会比那些困于一处的农民更加纷繁复杂。正因为如此，才历练出了他的多重性格。

朱元璋晚年在回忆自己的那一段人生经历时，不无得意地感慨道：自己"阅人既多，历事亦熟""人情善恶、真伪，无不涉历""人之情伪，亦颇知之"。也就是说，那一段江湖经历，让朱元璋迅速成长并成熟起来。这段经历帮助他跨过了青涩的懵懂年代，直接进入成年人的复杂世界里。在这个世界里，朱元璋学会了用另外一种角度去看待事物，体验到的世情冷暖也更加深刻，更重要的是他学会了识人的本领。

王家卫在他的电影旁白里，意味深长地说："人就是江湖，有人的地方就有了江湖。"正是江湖改变了朱元璋的性格，也正是这种性格赋予了大明王朝一种阴郁复杂的时代特征。

一个被社会和生活迅速催熟了的农村孩子，从乡村到江湖，他获得了同龄人不具备的勇敢、精明，以及生存的手段。江湖在赋予他这些东西的时候，也同样会损伤他身上所具备的与道德有关的品质。对于一个连生存都成问题的人，空谈道德显然是不现实的。就像一头在草原上生存的狼，填饱肚子才是第一位的，为了实现这个目的，什么样的手段都可以去尝试。

从土地上出走的朱元璋，已经不再是一个在生活陷入绝境时听天由命的农民。在江湖的历练下，他正在成长为一头大胆而狡黠的野兽。在凭借手段混饭吃的江湖，勇气才是生存的最大法宝。史料记载，为了能够在这个艰难的世道里生存下去，少年时的朱元璋曾经多次和街头的乞丐们打架，很多时候是以一敌众，刺刀见红。就是在这样一次又一次与死亡的博弈中，他用自己的勇气狠狠地扼住了命运的喉咙。因此，也就是从这时候起，朱元璋身上的主动冒险精神表现得愈发强烈。

就在朱元璋为了混口饭吃寄居于佛门净地之时，外面的世界已经闹腾得如一锅开水。从元顺帝至正十一年（1351 年）五月颍州的白鹿庄起义开始，到至正十二年（1352 年）三月，十个月之间，北起黄河，南越长江，东际濠、泗，西抵荆、襄，鄱阳、洞庭之滨，浙西、赣南之地，红巾军遍地游走，一副末世狂舞的乱象在中华大地蔓延开来。当时许多像朱元璋一样走投无路的贫民为了能够保住最后的生存底线，拼死也要杀出一条生路。

这时候白莲教在民间的影响力已经有所显现。白莲教也称作白莲社。白莲社所信奉的宗教教义，实际上就是明教，也就是摩尼教的教义。摩尼教所宣传的理念是黑暗即将过去，光明即将到来，他们的口号是"明王出世，天下天平"。

至正十一年（1351 年）五月初三，颍州（今安徽阜阳）的白鹿庄聚集了三千人，他们个个头裹红布，手持刀枪棍棒，聚义造反。领头者是颍州人刘福通和颍上人杜遵道、罗文素、韩咬儿等人。

至正十二年（1352 年）正月，定远的地方大户郭子兴也于当地举兵。周边数万贫民闻风而动。郭子兴聚众烧香，成为当地的带头大哥。一个多月后，起义军就攻克濠州，郭子兴自称元帅。

一场大饥荒带来的巨变，让朱元璋身上所有的世俗锁链都被生生扯断。父母不存，兄弟失散，一切家族亲戚关系都被割断了，只剩下他在这个世上来去无牵挂。地方官府不再管他的生存或者死亡，甲长也不来管他何处来、又何处去，甚至连他栖身的寺庙也不再管他吃斋还是念佛。平生第一次，他觉得自己一无所有，在这个世界上失去了人生的定位。

每天睁开眼睛，展现在他面前的天地是无序、混乱、凶险的。失去了家族和寺院的庇护，他就像是一只断了缆绳的小船，任何一场突如其来的风浪，都有可能将他吞没。命运在将一个人逼入绝境的同时，也会为他打通另一条道路。就在这生无所依的时候，朱元璋收到了一封改变自己命运的信。写信之人是他小时候的玩伴汤和，汤和这时候已经成为红巾军的一员，在郭子兴部下做了一名千户。汤和非常清楚朱元璋目前的处境，就写信相约。与其在乱世中等待机会，不如放手一搏，反正最坏的结果不过是一个"死"字。

这封信的内容用七个字概括，那就是"速从军，共成大业"。朱元璋收到这封信的第一反应，用他自己后来回忆的话说就是"既忧且惧"，一时不知如何应对才好。

当然，促使朱元璋迈出关键一步的还是严峻的形势：一是汤和的那封来信被人发觉，而且发现之人要到官府去揭发这件事；二是朱元璋出家的皇觉寺已经被元兵烧毁，意味着今后他将无容身之所，成了一名不折不扣的流浪无产者。

也就是说，朱元璋最后走上造反道路，并不是出于一个英雄对于未知前途的幻想，更多的是一个底层小人物的求生欲望。

古代社会，漂泊无根的游民和辗转于天灾人祸中的贫困农民是很少有机会接受教育的，也就谈不上具备文化知识。在人生的十字路口，他们很难做出理性的自觉行为。那些文人士大夫的人生价值观对他们来说，是无法理解的。让他们为了实现某种理念或某种社会理想，义无反顾地投入造反的行列是无法想象的。

当汤和向朱元璋发出邀请的时候，朱元璋内心纠结了很长一段时间，他甚至用自己从外祖父那里学来的卜筮之法来决定自己的前途命运。在朱元璋自己写的一篇叫作《纪梦》的文章中就记录了这样一幕：朱元璋使用"珓杯"来为自己算卦。珓杯是用竹或木做成的像杯一样的东西，杯口朝上是阳，杯口朝下是阴。两个杯抛起，落在地下，以阴阳来判别吉凶。他希望神灵能够为自己指引方向，可让他万分失望的是，神灵并没有给他明确的答案。

人性中都有趋利避害的一面，当时造反活动的中坚人物大部分是四处漂泊流浪的游民。

作为那些将生存放在第一位的游民，他们更加看重的是眼前的现实利益。他们不像那些老实巴交、没见过世面的农民一样容易上当受骗（历来参加秘密宗教造反的大多数是农民），他们在人生的重大抉择面前，会将自己的投入成本与将来可能得到的收益进行反复的计算。

如何去做才能有利于自己和自己所属的集团？如何去做才能有效地规避风险？他们会将其中的利害算得清清楚楚。他们追求的是"大秤分金银，大碗吃酒肉"的理想社会，"若要官，杀人放火受招安"是他们的美好愿望，"皇帝轮流做，明年到我家"是他们的最高人生理想。他们有自己的一套行事法则，有奶便是娘。他们可以做到一边英雄豪迈，一边鱼肉良善，全不觉得有何矛盾而于心有愧。他们醉心的是无法无天的自由，是"哥不大，弟不小"的平等，然而一旦组织起来，忠义堂上的权力交椅却不容有丝毫的含糊。

在接到汤和的信后，朱元璋反复为自己占卜吉凶。其实每一次占卜都是内心的一次计算过程，为自己付出的行动寻找一个能够说得过去的心理支撑点。

农民如果不是因为破产，不会成为走投无路的游民，也就不会轻易加入造反者的行列。连朱元璋这样的无产者走上造反道路都需要再三权衡，犹豫不决，更不用说那些有家有地、生活在宗法网络中的农民了。

在封建君主制社会里，那些居住分散的小农和游民是散漫的无组织力量，他们要想对抗强大的权力集团，或者仅是为了求生而忤逆了权力者的意志都是要付出惨痛代价的。因此，在他们萌生造反念头的同时，必然也要形成有组织的力量，不然就无异于以卵击石。

朱元璋投到郭子兴的军中以后，凭借着年轻人敢想、敢闯、敢干的"三敢"精神，又加上天生的一副好脑子，很快就独当一面。在其加入义军不到一个月之后，就被郭子兴提拔为亲兵九夫长，渐渐地成为郭子兴身边的心腹之人。

郭子兴更是将义女马氏嫁给了朱元璋，也就是后来的马皇后。她的名字已经无从考证，但是在部分野史与地方戏曲中她被称为马秀英。朱元璋和马姑娘结婚以后，地位发生了很大的变化。也就是说，他从一个刚刚入伍的新兵蛋子摇身一变成了主帅的女婿。

朱元璋加入起义军的生活与他在庙里当和尚的情形大不一样，起义军里的关系错综复杂。而且他除了自身之外，并没有任何可以倚靠的力量。能够帮助自己立足于此的，只有个人身上所具备的人生智慧和自我保护的生存本领。

郭子兴拉拢朱元璋有一个很重要的原因，那就是为了壮大自己的实力。濠州红巾军的统帅来自不同地方，他们之间也存在着权力抱团的问题，相互之间并不和睦。濠州城中的军队首领除了郭子兴，还有孙德崖等四人，每个人都想成为带头大哥。彼此猜疑，很难相容。

元至正十二年（1352 年），在徐州战场上败退下来的彭早住和赵君用投奔濠州城。进城不久，赵君用就勾结孙德崖在大街上把元帅郭子兴给绑架了。郭子兴的部下害怕孙德崖，不敢反抗，就连郭子兴的儿子也吓得躲藏起来。

朱元璋此时正在淮北地区与官军作战，元帅郭子兴遭到扣押的消息传来。他连夜赶回濠州，找到关押之所将郭子兴救出。朱元璋在郭子兴的麾下得到了锻炼，耳濡目染，心智大开。

随着时间的推移，朱元璋并不甘心长居人下，内心也有了一套自己的利益算计。他想要建立一支自己的队伍。乱世求生存，有了枪杆子才会有话语权，才有可能去赢得更光明的未来。

第二年（1353 年）三月，围困濠州城的元军将领死在军中。两个月后，围困濠州达半年之久的元军只好撤离，濠州解围。元军虽然退去，可是濠州城内各派系之间的争斗却没有半点儿消停，反而在失去外部威胁的情况下愈演愈烈。

这种没完没了的权力内耗，使得朱元璋渐生厌倦，也萌生了去意。

在朱元璋看来，这帮人压根儿就不是能够成就大事的人。要想在这乱世之中干出一番事业，就要建立起属于自己的武装力量。到哪里去找人？谁能够忠心不二地追随自己？朱元璋很自然地就想到了自己的家乡，那里有很多的熟人资源，有自己少年时结交的朋友。

这时候濠州因为被围得太久，城里的军士已经死伤过半，粮草严重缺乏。朱元璋就偷偷返回怀远用盐换了些米，补给郭子兴的部队。几个月后，朱元璋再次返回自己老家招兵买马,"倡农夫以入伍"。

用了不到一个月的时间,朱元璋就在家乡拉起了一支队伍。队伍虽然只有区区七百多人,但对于朱元璋来说意义重大。郭子兴也非常满意,将朱元璋提拔为镇抚。可朱元璋此时的心态已经在悄然发生着变化,他通过这一段时间的观察,判断郭子兴是难成大事的主儿。朱元璋觉得该到了自己离开的时候,他把那七百兵丁交给别人带。自己只带领徐达等二十四名亲信离开了濠州,南下定远,去开辟属于自己的新天地。

朱元璋带走的这二十四个人是他精心挑选的,大多是他的老乡。在这里不妨列出他们的名字:徐达、汤和、吴良、吴桢、花云、陈德、顾时、费聚、耿再成、耿炳文、唐胜宗、陆仲亨、华云龙、郑遇春、郭兴、郭英、胡海、张龙、陈桓、谢成、李新、张赫、张铨、周德兴。

每个人的名字都是响当当的,他们中间的大部分人后来都成为明朝的开国功臣。这些人可以说是朱元璋事业的先驱者,他们帮助朱元璋打下了大明天下,建立了惊天的伟业。元末乱世蜂拥出那么多扯旗造反之人,最后是朱元璋摘取了权力王冠上那颗熠熠生辉的明珠。一个连最低生活保障都无法实现的草根中的草根,为什么能够笑到最后?

所有的功成名就都不是天上掉馅儿饼。就当时群雄割据的天下大势而言,朱元璋的根据地是最小的,兵力是最弱的。从与元军主力对峙这一点而言,朱元璋并不是元军最为看重的对手。在朱元璋与元军之间至少隔着三个割据政权,东面是张士诚,西面为徐寿辉,北面乃红巾军主力小明王。他们牵制了元军的主力,拱卫着朱元璋的地盘。这一客观环境与有利条件为朱元璋在夹缝中求生存、求发展提供了可乘之机。

就在小明王率领的红巾军主力在北方与元军进行着殊死搏斗、处于两败俱伤的时候,朱元璋却从中大获其利,不断向南面和东南发展,将应天周围的战略据点全数攻下,作为向外发展的坚固堡垒与前哨基地。

打下徽州后,儒士朱升向朱元璋献上了极为重要的三句话:"高筑墙,广积粮,缓称王。"

这三句话是要朱元璋暂时巩固后方,发展生产,缩小目标,慢慢谋取天下。

朱元璋接受了这个建议，一方面将战斗力与生产力合二为一；另一方面又把地方武装与正规部队分开，不但扩大了生产力，还加强了战斗力，这也是朱元璋能在群雄割据的战争中"一枝独秀"，并最终大获全胜的主要原因之所在。

朱元璋是个极度务实之人，在《太祖实录》里记载了他说过的一句话："吾平日为事，只要务实，不尚浮伪……不事虚诞。"朱元璋不是一个只唱高调的人，他的一生都在践行"务实"二字。

郭子兴死后，韩林儿政权只是将朱元璋任命为郭子兴部的第三号人物。朱元璋很清醒地认识到，现在还不到称王的时候。其实他早就有能力从韩林儿政权中脱离，可他一直没有这么做。用朱元璋自己的话说就是："建大事者，必勤远略，不急近功，故泰山之高，非篑土可成；江湖之广，由勺水所积；天下之大，岂一日可定也。自古帝王之兴，皆上察天运，下顺民心，从容待成，曷尝急遽？"

他的所有对手都忙着割据一方，称王称帝，只有朱元璋在那里埋头干活，征讨四方。朱元璋是各路造反者中最后一个称帝的，也是真正笑到最后的那个人。

2. 换汤不换药的新时代

中国历史上每一次轰轰烈烈的农民起义闹腾过后，就会迎来一个换汤不换药的新时代。相比较而言，欧洲的农民起义也许在规模上不如中国，但同样来得频繁，冲击力也更加强悍，更为重要的是对封建统治有着毁灭性的打击。起义成功之后，欧洲的那些领导者很少有人想着再去当皇帝。这主要是因为他们起义的目的是消灭封建贵族，取消农奴制，建立土地公有的村社制。

但是在中国则是另外一番景象。在那些起义者的心目当中，他们扯旗造反的真正目的并不是推翻一个旧体制，重新建立一个新体制。他们打倒皇帝，图的就是皇帝屁股底下的那张龙椅，要的就是自己能够取而代之，登上王者的宝座。

"皇帝轮流做，明年到我家"，这句话反映了封建时代造反民众的普遍心态和主流思想。我们在翻阅历史时，会一次次地为之扼腕叹息，叹息那些流血和阴谋怎会不厌其烦地重复上演。新建的政权统治不过是前朝的复制与翻版，而高高在上的永远是张家的皇帝李家的王，下面匍匐着的官僚就像是同一台机器生产出来的复制品，庞大的政治机构犹如一辆腐朽的破车运行在跑偏的历史轨道上，一次次翻车，又一次次发动点火。

不过，经过一次摧枯拉朽的扫荡，帝国表面的污垢就会被暂时性地清除殆尽，新王朝的主人看起来较为英明，朝廷官员们也较为清正廉明，封建地主的剥削也趋于缓和。可是好日子总是如昙花般绚烂于一瞬间，随着时间的推移，国家机器又会出现新的磨损，政治空气又会变得污浊不堪，权力集团的统治又会陷入和前朝相同的困境之中，历史又得周而复始地来那么一次大规模的清污运动。这场权力运动中的带头大哥获得了成功，最终登上了皇位。于是一次新的权力循环就开始了。

历史的发展，就这样循环着往复不断。谈不上是进步，也谈不上是落后，就像黑格尔所概括的那样，彼时的中华帝国就是一个"停滞的帝国"。朱元璋建立的大明王朝也不例外。

以朱元璋的农民意识而言，他不仅难以挣脱这一模式，反而会加固其运行功能。

对元末纷乱的天下大势而言，如果没有出现一个朱元璋，肯定会有张元璋、李元璋挺身而出，以实现推翻蒙古政权统治的目的。因此，朱元璋对中国历史的主要影响并非战争时期，而是他建立明朝登上皇位后的一系列政治策略。

左手偏执，右手妥协

洪武三年（1370 年），朱元璋封李善长、徐达、常茂、李文忠、冯胜、邓愈六个人为公爵，另外二十八人为侯爵，并赐给他们大量土地，同时颁有免死铁券。如果本人或其子孙获罪，还可以免死数次。让人感到讽刺的是，这道象征着荣誉和功勋的免死铁券，在日后看来却仿佛成了一道道催命符。尤其是在洪武朝中后期掀起的那一场接一场的血腥屠杀中，那些得到铁券的家族几乎全部都被卷入其中。

朱元璋在这场权力运动中还是费了一番苦心的，既要大封功臣，颁赐"免死铁券"，又要大开杀戒，诛戮功臣；既要消除皇权的潜在威胁，又要避免天下人讥讽他言而无信。

在朱元璋所颁发的"免死铁券"中，都刻有这样一句看似不经意的话："除逆谋不宥，其余若犯死罪，尔免二死，子免一死。"朱元璋在这里预先埋下了伏笔，那就是"逆谋不宥"——谋反罪不得免死。

有了这事先埋下的伏笔，后来的大开杀戒也就有了理由。在这次受封的功臣中，李善长是唯一一个以文臣身份晋封公爵的。其他受封的公、侯则全部来自武将集团，由此可见李善长身份之特殊。

朱元璋为了将皇室与功臣的利益捆绑在一起，还通过联姻的手段夯实帝国的权力底盘。郭英之妹为朱元璋宁妃，徐达、冯胜、蓝玉之女皆为王妃。李善长、傅友德、胡海、张龙等勋贵之子皆尚公主，与朱元璋结成儿女亲家。

朱元璋这么做的目的非常明确，就是希望通过这些方式，来确保那些开国功臣进入和平年代后依旧保持忠贞，以巩固朱家王朝的统治，使大明江山能够传祚无穷。这类似于我们今天的股份制公司，用股份将这些权力股东拴在帝国的裤腰带上。

然而没过几年，这段短暂的和谐时光就宣告结束。"飞鸟尽，良弓藏。"皇帝与功臣始终难以摆脱这种权力困境，历史的活剧也如同盗梦空间的陀螺一样不停地旋转下去。当权力运转进入到这样一个怪圈中，作为局中之人挣扎得越厉害，遭遇灭顶之灾的可能性也就越大。每个朝代的开国者都无可幸免，朱元璋的朝代也同样不例外。

洪武五年（1372年），朱元璋颁布榜文，对帝国文武官员严加戒饬，并且在其中严厉指责部分有功之臣在新的时代里放松了个人世界观的改造，干下违法乱纪之事。这可以看作朱元璋对骄傲放纵的功臣们发出的一种警告，同时也传递了君臣关系趋于紧张的一个信号。

在随后的几年时间里，朱元璋又先后炮制了《资世通训》和《臣戒录》等训诫性的制度。在这些制度里，朱元璋逐步褪下温情的面纱。他警告那些曾经的战友、如今的帝国官员：你们不要自恃功高就不把我这个皇帝放在眼里，如果你们对我不忠、逾越礼制，将会受到严厉的惩罚。

这些功臣虽然嗅到了帝国的上空弥漫着不祥的气息，可他们并没有意识到，这时候朱元璋已经在心中将无形的屠刀缓缓地举起。从无形到有形，有时候缺的只是一个借口。

有人借用经济理论来形容朱元璋与那些功臣的关系，说他们是一种委托代理关系。也就是说，朱元璋作为帝国的法人代表，他手里控制着帝国的产权，但他又分身乏术，抽不出更多的时间和精力亲力亲为，于是就委托一个或数个代理人来帮助他管理国家。

作为皇帝的朱元璋所能做的，就是派发高薪给功臣们，同时让他们在政治上享受高职位。朱元璋希望用这些现实的利益来换得功臣对皇权的一颗赤胆忠心。当然朱元璋这么做的目的只有一个，那就是在任何时候都要保证皇权独大，保证这些开国功臣不要生出异心，更不要想着去造反。

造反是一项高风险，但同时也是高收益的活动。对于任何一个皇帝来说，要让自己的江山千秋万世传下去，就要慎重考虑功臣造反问题。在搞不清楚谁将会造反的时候，每一位功臣都有可能成为皇帝怀疑的对象。其实这是一种有缺陷的逻辑，因为这一完全靠帝王内心推测来完成的命题，对于功臣来说是非常不公平的。

新朝刚立，朱元璋任命了两位丞相，分别是左丞相李善长和右丞相徐达。左、右丞相无异于早期明教中的左、右护法，一文一武。李善长是安徽定远人，他和胡惟庸是小同乡，和朱元璋是大同乡。而徐达和朱元璋是小同乡，都是安徽凤阳人。从年龄上看，李善长比朱元璋整整大了二十一岁，应该不算是同辈中人。

李善长并非没有文化的草根阶层。史料记载"少读书，有智计，习法家言，策事多中"。他是一个读书人，并且是一个修习过法家思想，深谋远略的知识分子。李善长与传统意义上的儒生有着很大的不同，爱"习法家言"的人往往是那些权力世界里的实用主义者。他们认为儒家信奉的那一套"为政以德"过于温良恭俭让，不足以为政治国。

从某种意义上说，李善长与朱元璋有着某种相似之处。朱元璋后来推行的那一套摄魂夺魄的铁血政策与法家"以暴抗暴"的统治理念如出一辙。

当朱元璋还是吴王的时候，李善长便出任了他的右相国。在相国这个位置上，李善长干得颇有起色，也充分展现了他能裁善断的相才，可谓大明开国的首功之臣。在王朝更替、皇权易主的大时代背景下，很多像李善长这样的实用主义者，他们每天醒来思考的第一个问题就是如何能够在这乱世之中掘得人生的第一桶金。当第一桶金到手的时候，他们会幻想着建立起属于自己的权力王国。

虽然是文人士子，可他们并无济世情怀。毕竟苟且于乱世，生存才是第一位。儒家推崇的导君于正、匡扶社稷的人文理想，在他们的思想中所占的比重是极少的，在他们看来那是不切实际的梦想主义。

帝国建立之初，与元朝相比，政出中书的权力表象依然存在。对于赤手空拳起家夺得政权的朱元璋来说，他的权力欲望比任何人都要强烈，他将处理朝政视为自己的责任，也是他拥有大明天下以后的一种人生乐趣。这种乐趣是权力带来的，归根结底还是从这种权力游戏中得到的满足。

如果能够将帝国朝政一把抓在自己的手里，那是一件多么让人过瘾的事。可"奏事不许隔越中书"的制度却使他无法和手下的各级官僚进行有效快捷的沟通。就算宰相们对他唯命是从，可是制度的鸿沟摆在那里，想要跨越也不容易。一些鸡毛蒜皮的小事情，宰相们是不愿意去劳驾皇帝的。在他们看来，自己举手之间就能摆平的事，再转手交给皇帝，实在是多此一举。如果遇上勤政的皇帝倒也无妨；如果遇上贪图享乐的慵懒之君，他们这么做就很容易惹祸上身。

这是宰相的想法，朱元璋却不是这么想的。在他看来，宰相们分明是在钻制度的空子，故意架空他这个至高无上的皇帝，瓜分皇权。

明朝立国之初，中央权力机构设有三大席位，分别是：中书省、大都督府和御史台。正如朱元璋所说："国家新立，唯三大府总天下之事。中书政之本，都督府掌军旅，御史台纠察百司。朝廷纪纲尽系于此。"他还说道："中书省是国家法度之根本，朝廷百官都要遵从，凡朝廷命令都由中书下达。"

中书省总领帝国政务，大都督府分管军事，御史台则负责监督检察，三大机构的领导者要同时对皇帝负责。从帝国政治制度的表面看来，政治、军事和纪检部门各负其责，但是在实际的工作当中，大都督府和御史台都要受到中书省的掣肘和节制。

作为中书省的最高行政长官，李善长和徐达这两个左、右丞相官居正一品，与中书省平行的大都督府和御史台的最高长官是大都督和左、右御史大夫，他们都是从一品。所以从品级上来看，大都督和御史大夫比宰相要矮上半个头。左、右丞相让中书省的权力体系实现了两条腿走路，但右丞相徐达作为一员武将，长年领兵在外，追讨遁入草原沙漠的北元势力。这样一来，中书省大权独揽的就只有李善长一个人了。

如此一来，中书省就成了左丞相李善长的一言堂。李善长跟随朱元璋多年，既有高超的行政才能，又深得皇帝的信任，于是在他身边逐渐形成了一个以他为首的功臣集团。集团成员分布于帝国权力机构的各个部门，把持着政府的行政运作。

即使李善长是个有品有行的政治完人，可在面对一人之下、万人之上的局面时，估计也会在某个时刻被手中的权力冲昏头脑。更何况他本就不是一个品行端正的人，明史说他"外宽和，内多忌刻"。只要有官员稍微侵犯他的权益，就会被他安个罪名夺去官职。朱元璋将宰相的权力交给这样一个小心眼儿的家伙，那么党同伐异的权力格局是无论如何也摆脱不了的。

李善长出身淮西，对于淮西集团的内部人士百般庇护。在李善长身居高位时期，他所重用的官员基本上都是同乡之人。如此一来，在帝国的权力系统中，除了中书省的权力过重，还会形成一个盘根错节的淮人朋党。战争年代，掌权者需要乡人抱团相助，可等到江山坐稳，官僚集团的抱团只会削弱皇权。在这一点上，朱元璋有着清醒的认识。因为清醒，所以才让他无法容忍。

洪武四年（1371年），汤和、傅友德平定蜀地，天下已定。虽然还有一些敌对的小股势力在边境上打游击，虽然扩廓帖木儿领着北元骑兵还在和帝国的右丞相徐达缠斗不休，虽然梁王还在云南试图做最后的挣扎。但是辽阔的中原地带已经成为明朝的天下，平灭或者驱赶四方边境之敌只是时间早晚的问题。

如果没有什么石破天惊的突发事件，大明王朝的版图格局基本上也就尘埃落定了。这时候的朱元璋已经在悄然转换着自己的角色，由一名军事统帅向帝国领袖转型。他开始着手改革沿袭于元朝的一揽子朝廷制度，在诸多的改革方案中，首要的问题就是宰相制度的存与废。

中书省的存在对于朱元璋而言是皇权专制道路上的第一大障碍，皇帝要大权独揽，势必要降低宰相的权力。要触及宰相制度，就不得不从帝国的权力体系中生生撕开一道缺口，否则的话就会师出无名。

制度的缺口往往存在于人，而人的缺口又往往发乎于人性。要废除一项制度，首先要废除制度内的人。朱元璋在这一点上也是有所顾虑的：一是将现任宰相拉下马，能否废除现行制度；二是废除此项制度，能否堵住天下流言。

现实容不得他继续犹豫。如果我们把一个新皇帝视为进京赶考的举人，那么朱元璋对于自己的这份答卷显然是胸有成竹的。这难免会让我们联想起六百年后的 1949 年的春天，中国革命胜利在即，中共中央向北平进发。毛泽东在离开西柏坡时说过这样一句话："退回来就失败了，我们绝不能当李自成。我们一定要考个好成绩。"

朱家的江山虽然最后亡在李自成的手上，可李自成却没有能力开创一个属于李家的新王朝。对于权力运行的规则体系，朱元璋在登上皇位的那一刻，肯定也有自己的想法和思路。对于朱元璋来说，李善长并不仅仅是个普通的臣子。在长期的反元斗争中，朱元璋同李善长建立起来的情谊并不比徐达等将领少，对这个大他二十岁的长者，朱元璋的心里更多的是敬重与感激。时过境迁，随着各自身份的变化，这份感激也滋生出了更为复杂的情绪。

洪武初年，在即帝位、册封皇后、立太子等一系列的帝国大事件中，李善长都充当着大礼使的重要角色。朱元璋甚至还让李善长担任了太子朱标的太子太师，等于是将帝国的未来也交到了李善长的手中。没有十足的信任，朱元璋是不会这么去做的。

当然君臣之间的这份信任并非一朝一夕培养起来的，当年朱元璋羽翼未丰，寄身于郭子兴麾下。有一次，郭子兴听信身边人的挑拨，扬言要夺回朱元璋的兵权，更要将李善长调到自己身边效命。

李善长听到消息后，第一时间跑到朱元璋面前表忠心，说到动情之处，居然涕泪满面。这让朱元璋大受感动，从此愈发器重。对于朱元璋来说，李善长是一个亦臣亦师的人物。只要李善长没有犯下谋逆这样不可饶恕的罪行，朱元璋实在找不出一个与他撕破脸皮的理由。

建国之初，朱元璋并没有想过要清理李善长、徐达这些开国功臣。从他对功臣的封赏来看，他还是愿意与这些革命战友共同分享胜利果实的。当然我们也可以将其理解为，朱元璋对付功臣的条件尚未成熟。一是统一大业尚未圆满，还需要功臣们尽心竭力；二是朱元璋和诸臣一路走来，如果说连一丝情分都没有，也是不合常理的。

洪武初年，明朝权力系统的实权派人物大多都是朱元璋的同乡，也就是所谓的"淮西勋贵"。他们和朱元璋同饮淮水，操着同一地区的方言，有的甚至是他儿时一起讨饭放牛的穷哥们儿，比如写信拉他入伙的汤和。

也正是由于地方势力的抱团，才帮助朱元璋从民间社会的最底层一步一步走向了权力的巅峰。在这里，权力结构中的"地缘效应"发挥了极其重要的作用，即在创业阶段凝聚了人心。

在帝国的整个创业过程中，"淮西集团"个体之间结成了以同乡、师生、亲友为纽带的庞而杂的人际网络。这个网络在明朝初年的官场上同样表现出了惊人的凝聚力、战斗力和影响力。

中国的熟人社会讲究的是差序格局，何为差序格局？用社会学家费孝通老先生的话说，就好像我们把一块石子丢在水面上，水面会形成一圈圈向外放射的波纹，而每一个人都是自己圈子的中心。在差序格局中，社会关系是逐渐从一个一个人向外辐射出去的，是私人联系的累积和增加，而社会范围也正是由一根根私人联系发展起来的网络。

一个时代的权力系统扯出来的私人网络越多，那么它所分离出来的子系统也就越多，这个时代的权力私有化也就会越发严重。盘根错节的关系网络等于把权力结构进行一系列的重组和再分配，它的目的指向性就一个，那就是把正式权力资源当作自己的私有财产来使用。

地方势力带来的是权力资源的私有化，这种私有化又将孕育出主宰官家权力的富豪权贵阶层。当士族权贵们利用自身所掌握的权力、暴力、财富、势力等完成权力资源的世袭制传递，也就意味着，作为终极资源和最高资源的官家权力，也正在进行着潜移默化的重新分配。

"淮西集团"的产生，主要是源于制度性的权力管道渗透进古代中国的传统乡土观念，并使得这种"地缘性"的观念转化为帝国官场基因的一部分。李善长只是常例，并非特例。

至正十四年（1353年）七月，朱元璋南下攻打滁阳（今安徽滁州）。在行军途中，李善长到军门求见。朱元璋听说他是地方的知名人物，就很礼貌地接待了他。双方在交流中顿生相见恨晚之意。

李善长号称"里中长者"，朱元璋就将其留在了自己身边，任命为记室（秘书官）。在任命之前，朱元璋问了他一个问题："如今乱世当道，先生有什么好办法可以帮我平定天下吗？"

李善长的回答是："你应该向秦末大乱中起家的刘邦学习。刘邦同样是草根出身，但是他在通往成功的路上做到了三点：豁达大度，知人善任，不乱杀人。刘邦凭借这三点，只用了五年的时间，便成就了一番帝业。你朱元璋的老家是濠城（今安徽凤阳），距离汉高祖的老家沛县（今江苏沛县）不远。山川王气，将会在你的身上得到应验。只要你能够效仿刘邦，将来就一定能够成就像他那样的帝王之业。"

李善长的这一席话并不亚于三国时期诸葛亮的隆中对。朱元璋对李善长为自己提供的这套夺取天下和治理天下的方略非常满意。其实李善长所说的是儒法杂糅的权力博弈术，儒家只是表皮，法家才是其内在本质。他之所以能够博取朱元璋的信任，最关键的是他抓住了朱元璋的心理。这时候朱元璋想的最多的是如何成就帝王之业。

朱元璋接受了这套儒法杂糅的治国理念。朱元璋早年长期生活在社会的最底层，历尽生活的艰辛，对百姓处于水深火热中挣扎求存的悲惨境遇有切身体会。如果说朱元璋刚开始投军是为了能够混口饭吃，那么等到他真正掌握了一定权力后，内心便萌生了济世安民的想法，也就是一个帝王梦。

也正是从厚待李善长开始，围绕在朱元璋身边的文人渐渐多了起来。

元至正十四年（1354年），朱元璋打下定远后，冯国用、冯国胜（后改名为冯胜）两兄弟前来投奔。因为二人也都是读书人，所以朱元璋十分敬重他们。

冯氏兄弟向朱元璋献上的一句话是："有德昌，有势强。"就是说，有势力固然可以强大，但是如果一个创业者能够拥有道德操守，那么他的事业就可以蒸蒸日上。他们还向朱元璋建议："建康（今江苏南京）虎踞龙盘，帝王之都，拔之以为根本，成有势之强；然后命将出师，倡仁义，收人心，不贪子女玉帛，则为有德之昌，而后天下可定。"

当时群雄逐鹿，鹿死谁手尚未可知。冯氏兄弟能够如此明晰地把握天下大势，此等政治远见着实令朱元璋眼前一亮。正处于用人之际的朱元璋大喜，当即任命二人为军中参谋。

第二年（1355年），朱元璋夺取太平，当涂县的儒士、明道书院山长陶安率领地方百姓出城相迎。陶安向朱元璋进言："海内沸腾，豪杰并争，然其意在子女玉帛，非有拨乱救民安天下心。明公渡江，神武不杀，人心悦服，应天顺人，以行吊伐，天下不足平也。"

这些投奔朱元璋的儒士有一个共同点，那就是他们都无一例外地规劝朱元璋多行仁义，勿动杀念，勿掠财物，以成就他们理想中的仁义之君的光辉形象，这让朱元璋的仁义之师与那些只为财物而烧杀抢掠的造反者有了本质上的区别。

至正二十年（1360年）三月，朱元璋又将闻名一方的"浙东四学士"征召到自己麾下。他们分别是青田（今在浙江文成）的刘基、龙泉的章溢、丽水的叶琛和浦江的宋濂。

这些能人贤士的加盟，把儒家所主张的那套"顺天应人"之理和夺取天下后的治国安邦之术同时灌输给了朱元璋。在这种政治权术的指引下，朱元璋从一个只知道造反求生存的草莽英雄变成了一统天下的霸主，一个懂得如何玩弄权术的政治高手。

在那样一个时代大背景下，无论你是属于哪一个阶层，只要你参与到争夺官家权力的斗争中，并希望能够从中获利，就不能不运用儒家思想这个屡试不爽的政治法宝。虽然在使用的方法上各有千秋，或公开以之为号召，或暗地使用。离开了这件政治法宝，你就很难取得预期的效果。

如果我们将朱元璋比作一个大学生，那么此刻围绕在他身边的那些儒生就是花钱聘来的客座教授。学生悟性再高，没有教授的倾心点拨，是很难做到融会贯通的。朱元璋之所以会在群雄之争中笑到最后，与自己从儒生们那里所接受的儒家思想密不可分。

朱元璋是个没有文化底子的草根，在造反起义之前，他的社会身份只有两个：一个是乳名叫朱重八的长工，一个是法号叫如净的游方和尚。

草根的底子却成就了一段儒家特色的创业之路，这不能不说是一个历史的奇迹。朱元璋在自己的创业和守业阶段，大打儒家特色牌。朱元璋不光尊重知识分子，自己也经常用实际行动向那些儒生们靠拢，比如朱元璋经常在空闲时间学习充电，提高自己的文化水平。

史料记载，朱元璋人生中写下的第一首诗《不惹庵示僧》："杀尽江南百万兵，腰间宝剑血犹腥。山僧不识英雄汉，只顾哓哓问姓名。"文字中的豪迈气象表露无遗，文字功底也可见一斑，这哪里像是一个半文盲写的？由此可见，朱元璋是历代帝王中自学成才的典范。谈迁《国榷》说："吴王微时，目不知书，起兵后，日亲诸儒，浏览神解，手撰书檄，注射简峭，文士顾不及也。"

在刚刚起兵时，朱元璋就率先亮出了儒家"尊王攘夷"的那面大旗。朱元璋当年北伐时提出的口号就是"驱除鞑虏，恢复中华，立纲陈纪，救济斯民"。当时长江南北的汉人已经被蒙古人和色目人统治了近百年，吃尽了民族压迫的苦头。朱元璋竖起的这面民族大旗，可以说是笼络人心最好的一种手段。

与此同时，朱元璋又祭出了儒家思想中的高端理论——仁者无敌。朱元璋参加反元斗争的第二年，也就是从他独自带兵开始，就在严肃军纪方面大做文章。他曾经对手下的武将们说："每攻下一城，听到你们不乱杀人，我就很高兴。你们要明白一个道理，那就是鸟不会投到老鹰盘踞的树林，百兽不会进入布满陷阱的地方。百姓们会自动远离残暴的军队，去投奔不乱杀人的武装。"

至正十五年（1355年），朱元璋攻占和州之后，他的军队在城中大肆烧杀抢掠。朱元璋首次将队伍里的大小头目全部召集起来开会，会上，他告诫那些武官："破城时兄弟们都抢了不少女人。我规定，以后只许抢没结婚的少女，那些结了婚的，一律给我放回去！"（《皇朝本纪》）与此同时，他又召集全城的男人到州衙门前集合，把那些抢来的已婚妇人列队送出，让她们与自己的男人回家过日子。全城百姓奔走相告，感激涕零，朱元璋成了和州人的大恩人，他的恩德被和州百姓久久传颂。

中国的老百姓是最容易满足的群体，只要能够苟安于世，他们就绝不会冒险去做不法之事。在乱世之中，那些手握兵器的各路武装，只要不残害他们，能够给他们留下一条活路，他们就会在关键时刻投桃报李。

朱元璋攻灭张士诚的战役中，张士诚兵尽粮绝。史料记载，当时城中的一只老鼠都能卖百文钱，皮靴、马鞍等都被煮食充饥。张士诚不忍城中百姓受罪，就向百姓说："事已至此，我实无良策，只有自缚投降，以免你们城破时遭受屠戮。"百姓闻言伏地号哭，愿与士诚固守同死。城破之时，张士诚只烧了自己的王府，没有烧掉全城百姓的房屋。在很长一段时间里，在张士诚的生日七月三十日晚上，苏州的老百姓就烧久思香、点地灯来纪念他。（"久思"音同"九四"，张士诚原名张九四。）

朱元璋在元末诸军中也以"独不嗜杀"而闻名，因此赢得百姓拥戴，这是朱元璋事业得到发展壮大的根本所在。

在守业阶段，朱元璋打的是儒家提倡的"民生牌"。朱元璋是贫苦农民出身，在他的内心深处比谁都要清楚"为政之道，以顺民心为本，以厚民生为本"的道理。《明实录》记载了这样一件事：帝国建立后，朱元璋定都南京，当他看见南京城内有一些沿街露宿无家可归的流民时，便让官员在南京城内找一块空地，盖了二百六十间房屋提供给那些无家可归的人免费居住。然后朱元璋又要求江苏华亭县的官员将当地宋朝遗留下来的居养院进行翻修，好让无房的当地人居住。洪武八年（1375年）正月，朱元璋下旨将这种办法推行到全国，要求中书省官员派人深入各地寻访无衣食、无住房的穷人，然后给以衣食和住房。

朱元璋对此的解释是："朕在当贫民的时候，曾经目睹民间的疾苦。自己恨当时不能给天下饥民以庇护，为了实现这个理想，朕扫平四海。但御宇十余年来仍不能实现当初之志，各位臣工应该帮助朕实现这个理想，如若不然，你们也就没有必要来辅佐朕。所以万不能使天下有一人无衣穿、无饭吃、无房住。"

每个帝王在自己奋斗的道路上，心里都会揣着一张蓝图，或者说是自己的政治理想。

朱元璋的理想就是要让全天下的人（尤其是底层劳苦大众）都能够有房住、有衣穿、有饭吃。虽然这只是一张理想蓝图，也曾遭到世人的质疑，但朱元璋仍然不遗余力地推行下去。从这里我们也可以看出渗入朱元璋血液里的民本思想。

在朱元璋身边的那些儒生士子中，李善长算是最为特殊的一员。不光因为他是通习法家的儒生，更主要的是他与朱元璋之间的那层微妙的权力关系。

朱元璋曾经与李善长有过一番推心置腹的交流，朱元璋说："如今群雄纷争，要打好仗，最要紧的是要有好的参谋人员。现在群雄中有些管文书与做谋士的幕僚，总喜欢说一些左右将士的坏话，从而导致文武不和，将士难以施展才能，这样的军队非败不可。将士垮了，好比鸟儿失去羽翼。主帅势孤力单，是必然要走向灭亡的，这是一个教训。你应该为我搭建一座桥梁，将文武官员的心连在一起，千万不要像那些幕僚一样。"

由此我们可以看出，在朱元璋的这幅政治蓝图中，李善长扮演着一个能够在关键时刻左右时局的重要角色。西汉开国丞相萧何就是靠着为刘邦转运粮饷而摘得头功，进而荣升丞相。如果我们能够理解萧何，也就能够明白李善长在朱元璋心目中居于何等重要的位置。

朱元璋自称吴王后，就将李善长封为右相国。因为元朝是以右为大，所以说这时候的李善长已经是大明创业团队中的 CEO 了。

李善长没有辜负朱元璋的信任，不光接手军机檄文之类的文案工作，更主要的是保障了军队的后勤供给，使得前线将士能够安心作战。同时他还为新立的明朝政权制定了一系列的法律法规，对经营盐茶、铸钱、开矿冶炼等活动做出了规范。

在李善长的高效运作之下，朱元璋的统治区域呈现出一派兵强马壮、经济繁荣的景象。吴国元年，朱元璋论功行赏，封李善长为宣国公。后来改革官制，不再像元朝那样以右为尊，改以左为大，李善长也理所当然地调整为左丞相。

在朱元璋大封功臣之时，李善长虽然没有在战场上获取卓著的军功，但是并不妨碍朱元璋对他高看一眼、厚爱三分。朱元璋给出的褒奖理由是：后勤保障工作做得好（给军食，功甚大）。于是授太师、中书左丞相，封韩国公，岁禄四千石，子孙世袭。

除了上面这些优厚的待遇，朱元璋还赐给李善长免死铁券，"尔免二死，子免一死。"在朱元璋封公的六个人中，李善长名列第一。李善长更是被朱元璋比作萧何，其风光程度在洪武功臣中绝对是首屈一指的。

这时候的右丞相徐达常年领兵在外东征西讨，朝中实权基本上掌握在李善长一个人的手中。以李善长为首的淮西勋贵在帝国的权力系统中炙手可热，这种权力上的垄断地位为其他地区的政治势力所不满、所觊觎。但是在朱元璋的保驾护航之下，就算其他权力集团有什么非分之想，也只能将羡慕嫉妒恨暗藏于心。

淮西集团的权力勋贵们把持了洪武初年的帝国权力要塞，由权力集团释放出来的熏天气焰让其他派系根本无法近身，更谈不上掣肘。当权力集团内部各个派系之间的欲望无法得到遏制的时候，那么帝国的权力纷争也就愈演愈烈，从而一发不可收拾。

此时的帝国政界上层圈子中存在着一个以李善长为首的淮人官僚集团，而且这个政治集团是以朱元璋为背景的，早在朱元璋创业之始，就逐步形成并发展壮大。由于朱元璋的培植与倚重，淮西集团的权势被迅速推至最高点。淮西集团与其他派系之间的矛盾也由最初的暗流涌动，开始浮出水面，直到在帝国权力高层掀起滔天巨浪。

为了能够巩固自己的既得利益，攫取更大的权力空间，淮西勋贵又岂能容得下其他势力集团与自己利益分肥？他们的当务之急就是要想尽一切办法，通过一切正常或者非正常的手段来打击压制其他势力团体。

从前期的李善长到后来的胡惟庸，前后十七年的时间里，淮西权力集团都在竭力挤压其他势力集团的生存空间，根本不给非淮人掌握大权的机会。正如吴晗先生所说："对不是自己系统中的人排挤，从乡里观念出发而演变成的政治斗争，是洪武初年政治上的一个特征。"

李善长势力的发展在很大程度上是得益于朱元璋对淮西集团的倚重，作为淮西党人的带头大哥，李善长手中握有的权力愈大，就意味着集团势力在帝国权力系统中能够分肥到的利益蛋糕也就越大。

刘伯温到底得罪了谁

在帝国的权力场上，此时能够与淮西集团相抗衡的只有浙东集团，而浙东集团的领军人物正是刘基。在一些演义性的文学作品里，刘基被塑造成一个能占会卜的算命先生，他写的《烧饼歌》向朱元璋暗示了大明王朝未来所发生的事，甚至明亡之后数百年的事。虽然这些故事和预言的真实性有待考证，但是刘基的才华是毋庸置疑的。他与宋濂、章溢、叶琛等人并称"浙东四贤"。

早在元末之际，"浙东四贤"在浙东地区已经是久负盛名的风流人物。至正年间，浙东贤士改换门庭，由事元而事明。"浙东四贤"虽然是一个组合式的名号，但是他们之间从无拉帮结派之举。就是在刘基与以李善长为首的淮人集团斗争时，其余浙东人士并没有像淮西党人那样抱团共同对付政敌。

与李善长、徐达、常遇春、胡惟庸这些淮西人相比，刘基作为后来归顺的浙江青田的儒士，在朱明王朝里究竟能够占据多大的权力比重，是非常值得怀疑的一件事。

刘基出身浙东的青田大族，生在一个知识分子家庭。史料记载，刘基在读书方面有着过目不忘的本领，他曾经在元朝大都（今北京）的一家书店中翻阅一本有关天文的书籍，翻过一遍后竟然默记于心，能够背诵出来。书店的主人便要将书送给他，他却说："书已经在我的心中了，要书何用？"

元朝至顺年间，当时只有二十三岁的刘伯温就考中了进士，这在当时算是起步较早的后备干部。三年之后，刘基正式进入元朝体制内，虽然只是一个正八品的高安县丞，但是在他心中却藏着一幅锦绣蓝图。《明史》中对他的评价是"慷慨有大节，论天下安危，义形于色"。也就是说他是一个人品不错、心系天下的好官，但同时也是一个不懂得掩饰自己情绪的感性文人。

与科举的顺利晋级相反，刘基的仕途走得一波三折。这主要是因为科举在某种程度上取决于一个人的才华，而官运则更多地取决于一个人对于官僚体制的适应能力。刘基的性格其实并不适合波诡云谲的官场，在他还只是一个八品小官的时候就已经注定了他日后的结局。

刘基刚刚步入官场时就遇到了棘手的案件，这个案子在前任官员手中已经结案，刘基拿过来一审发现是误判，他想推倒重新审理，结果却遭到了原审判官的攻击。虽然这次攻击毫无根据，但是案子却没有重新审下去，刘基被调往他处当了一名掾史（副官）。年轻气盛的刘基一气之下索性辞职不干。这也是他人生中的第一次辞职。

信心满满的刘基，在官场小试牛刀就遇到了挫折。刘基虽然辞职赋闲在家，但是他仍然没有脱离朝廷官员的编制。因为他是进士出身，官员名册上始终都应该有他的一席之地，所以等到朝廷的官员编制有了空缺，还会将他重新起用。

对于刘基来说，这一次等待的时间似乎漫长了那么一点儿。等到他再度回到官场之时，时间已经过去了整整十三年。这一次，刘基被元廷任命为浙江儒学副提举，也就是分管教育的副主管。

至正十六年（1356年）春，浙东黄岩人方国珍举兵反元，行省推举刘基为元帅府都事。刘基接到命令后，返回处州平定方国珍叛乱。就在刘基准备大干一番建功立业之时，方国珍又掉转方向归顺了朝廷，摇身一变成为海道漕运万户，其兄方国璋为衢州路总管。第二年，方国珍又晋升江浙行省参知政事。

这真是一个莫大的讽刺，自己的平定对象华丽转型成为行省大员，而那些收了贿赂的官员却要反过来折腾自己人。无乱可平的刘基就这样被元朝廷削夺了兵权，只好弃官返回生养他的青田故里，处于半隐退状态。对于如此结局，刘基百思不得其解。愤然离去的他，不免仰天长叹："臣不敢负国，今无所宣力矣！"

刘基这样的文人，空有一腔报国之志，可是在那样一种环境下，也只能是有心无力。在他们看来，无论是张士诚，还是朱元璋，都不过是在乱世中浑水摸鱼的一方流寇，难以成就大业，更不值得以性命相托。如果我们要归纳中国古代士人最基本的生命情调与生存方式，可以用一句话来概括，那就是"天下有道则见，无道则隐"。在这种现实政治生活环境的催迫之下，不得不隐就成为刘基这样的末世文人所做出的无奈选择。

处州东面是占据浙东的方国珍，北面是势力强大的张士诚，西面朱元璋的军队也步步紧逼。隐居的刘基已经无法再为朝廷效力，他要对自己的人生方向做出新的调整，可是他从内心深处瞧不起那些割据一方的草寇势力。

这时候，刘基所能做的就是两件事：一是组织乡人于乱世中自保，免遭方国珍的骚扰；二是写出那部传世的寓言巨作《郁离子》，借此抒发乱世文人的心头郁结。正如《剑桥中国明代史》中所说："（元朝末年）精英分子并没有去搞颠覆活动，发表不同政见，或者急于公然参加反对这个受苦难的政体的叛乱。他们接受元朝的合法性，一直期望它有所改进。就是当遇到政府有不可避免的失误时，他们也还是迫切地希望保持自己家乡的有秩序的现状。如果说元朝从他们这些社会的天然领袖身上得到的支持越来越少，那么，许多反对元朝的叛乱分子也没有得到他们大规模的自发的合作。"这句话正是对刘基这样的社会精英分子的真实写照，新旧社会秩序的交替，让他们的人生也走到了一个十字路口。

刘基等地方实力派的加入，不仅化解了元朝的抵抗力量，也使浙东的社会秩序趋于稳定。洪武三年（1370年），朱元璋任命刘基为弘文馆学士时就曾经说过这样一句话："朕初到浙东时，你就对我颇有好感。等朕回归京师，你就亲来投奔。这时，浙东之民对我还未深信，你老卿一至，山越清宁。"

刘基的出山，可以说一半是朱元璋请出来的，另一半是被当时的形势逼出来的。明朝军队占领金华等地后，为了能够迅速在浙东地区打开局面，朱元璋想尽一切办法将刘基这些有影响的浙东大族收为己用，以安抚地方人心。

朱元璋对刘基的了解，不像他对淮右集团成员了解得那么多。他知道刘基这个人，应该是他的势力范围扩展至浙东以后的事。朱元璋是游民出身，他的知识水平是有限的，对知识界精英人物的了解也大多来自别人的描述。刘基"少有英名，海内闻之"，就算朱元璋在此前不知道刘基的大名，但是怀揣着平定天下之志的朱元璋，对于人才的渴望要超出同时期的其他几路反王，他深知要实现平生之志，不能光靠自己这样的泥腿子，必须广纳天下人才俊杰。李善长算一个，刘基也算一个。

这是成功的创业之主在创业阶段惯用的一套伎俩，但凡势力遍及之处，他们都要征召当地的名士大儒为己所用。就算不能为己所用，也不能为他人所用。

不管是真的尊儒，还是为了提高自己在天下人眼中的印象分，朱元璋总是会摆出一副尊重知识、尊重人才的贤明姿态。在进入浙东前，朱元璋的人才库里已经储备了李善长、胡惟庸、汪广洋、陶安、朱升等一大批家门口的（江淮一带）文人谋士。

自古以来，浙东一带都是英才荟萃之地，刘基、宋濂等人自然不会逃过朱元璋的视线。明代张萱的《西园闻见录》中记载：朱元璋刚到滁阳的时候，韩国公李善长就向他举荐浙东的名士宋濂，说他知星象经纬。宋濂却谦虚地说自己的本领远不如青田的刘基。

至正十九年（1359年），明军攻下处州城，刘基被强行带至南京面见朱元璋。刘基坚决不愿留下来辅佐朱元璋，无奈之下朱元璋只好又将其放回。带到身边的人才就这样走了，朱元璋并不甘心。

没过多长时间，朱元璋又指示他的另外一员部将孙炎去劝刘基出山，孙炎这时候的身份是处州总制官。按照朱元璋的指示精神，他一次又一次派人恳请刘基出山为大明效力，自己还写了一封言辞恳切的信劝说刘基，可刘基屡辞不就。其原因正如他的好友宋濂所说："刘君最有名，亦豪侠负气与君类，自以仕元，耻为他人用。"刘基是个重气节的君子，既然他已经做了元朝的官，那么就羞于再去做大明的官。

其实对于朱元璋的一再征召，刘基内心还是有一番纠结的。作为一名乱世书生，他心中有着自己的利益考量。儒家的伦理道德、国家的命运和个人的政治前途等，都成为左右他抉择的因素。特别是从元朝的官吏转而投靠自己历来所不屑的乱贼草寇，经历如此巨大的角色转换对于他来说显然是困难的事。

明朝建立后，有人杜撰出西湖望云和陈说天命的故事。说的是刘基在做江浙行省儒学副提举时，曾经游览西湖，见西北方的天空飘起奇异的云彩，映照在湖水中，同游的文人雅士都以为是庆云，准备分韵赋诗。刘基却在旁边大声说道："这是天子气啊，应在金陵，十年后有王者起其下，我当辅之。"

此时的杭州城还是元朝的繁华之地，同游的人都以为刘基喝醉了酒，说的是醉话。这帮胆小怕事的文人吓得躲得远远的，抱怨道："刘基，你这不是要连累我们抄家灭族吗？"

等到十年之后，朱元璋攻破处州时，向他抛出了橄榄枝。刘基在家中大摆筵席，向亲朋好友陈说天象，说："此天命也，岂人力能之耶？"于是与朋友叶琛、章溢应盛情之邀辅佐朱元璋。处于各种势力纵横捭阖、互争胜负之际，早已声名远播的刘基想要安安稳稳地过一种半隐半仕的生活，显然是不可能的。形势逼迫着他必须做出抉择，才能于乱世求得生存。

刘基综合考虑各方面的因素，觉得这时已经控制家乡处州的朱元璋无疑是最为合适的投奔对象，尽管一时半会儿他还无法甩掉身上的道德枷锁。在纷扰的现实面前，道德只是挂出去用来忽悠人的羊头。此时的朱元璋，也正想尽一切办法逼迫着刘基跟自己一起上路。

刘基投奔朱元璋后，不但为其制定了长远的军事战略规划，而且以其敏锐、准确的判断力，参与指挥了许多堪称经典的战役。龙凤六年（1360 年），陈友谅攻陷太平后，率舰队从采石顺流东下，直逼应天。朱元璋召集将领们商议对策。有的主张投降，有的主张退守钟山，这令朱元璋极为失望。

就在这关键时刻，刘基提出了诱敌深入之策。朱元璋听从刘基的建议，将陈友谅诱骗至龙湾，一举将其击溃。还是在刘基的鼓励下，朱元璋亲自领兵奇袭陈友谅的老巢。打得陈友谅携家带口逃奔武昌，结果束手就擒。像刘基这样一个运筹帷幄、决胜千里的人才，在战争年代是各方势力争相拉拢的人才。但是放在和平时期，这样的人极有可能成为权力博弈者的眼中钉。

刘伯温和朱元璋的关系，在明朝建立前后曾经有过一段水乳交融的蜜月期，就像朱元璋自己所说："三军所向，治国方略，卿能言之，朕能审而用之。"

然而等到帝国建立后，君是君，臣是臣，一切都发生了变化。朱元璋用刘基参议决策多年，对其城府之深是有所忌惮的。龙湾大捷，奇袭江州，显示了刘基的过人智谋；拒绝救援安丰，将小明王别置滁州，展现了他的政治远见；

至于那些传说中的占卜术，更是让刘基的头顶上环绕着一圈又一圈神秘莫测的光芒。

将这样一个人放在身旁，让他"看守"朱家的江山社稷，朱元璋又怎能高枕无忧？其实对以刘基为代表的非淮人集团，朱元璋一直怀有戒备之心。朱元璋虽然以优厚的礼节相待，但并不信任他们；虽然授予他们官职，但并未委以重任，给予实权。

洪武二年（1369年），朝廷立二十一功臣庙于鸡笼山，朱元璋亲定功臣位次，刘基居然不在其列。第二年，朱元璋大封功臣勋爵，封公者三十人，刘基仍然被排除在外。

如果真是论功行赏，刘基的功劳并不在这些人之下。事隔半月之后，朱元璋只是象征性地给刘基加封了个诚意伯，同时受封的还有汪广洋，位次、食禄都在刘基之上，可见朱元璋在对待这位诚意伯时并没有拿出十足的诚意。刘基的俸禄也是伯爵中最低的，年俸只有240石，而李善长是4000石，足足多出了十几倍。

由此可见，朱元璋对刘基只不过是做一些虚而不实的表面文章而已，始终没有将其引为股肱，更没有像对待淮西集团李善长等人那样倚重。

淮西与浙东两大权力集团在朱元璋眼皮子底下开始了明争暗斗。朱元璋似乎很愿意看到官僚集团内部上演这样一出好戏。作为帝国的一把手，朱元璋对帝国官僚除了有乡土之情外，还掺杂着他的驭臣之术，在使用人才方面，亦有不囿于乡党的观念。

两大权力集团的斗争，其实说白了就是刘基与李党（淮西集团）之间的斗争。在这场权力博弈中，刘基很多时候是一个人在战斗，他没有一个类似于李党的政治集团在背后为自己撑腰。

单枪匹马同一个拥有强大政治势力的集团相抗争，刘基从一开始就处于明显的劣势。要知道，在帝国权力集团的斗争中，如果没有一个强大的政治势力集团作为依托，又没有掌握至高无上权力的皇帝的支持，单凭一己之力，想争取斗争的胜利，那简直是权力世界的天方夜谭。

洪武元年（1368年），上演了刘基与李党（淮西集团）的第一次正面交锋。

这一年，朱元璋北巡，命刘基与李善长留守京师。当时的刘基是御史中丞兼太史令，是帝国监察机构的官员。他的官职是御史中丞（御史台第三把手，一、二把手是汤和、邓愈），手里并没有多少实权。

引发双方矛盾的导火线是一件涉及中书省都事李彬的案件。李彬是李善长的亲信，因为犯了罪被抓了起来。查清罪行后，刘基决定要处死他。李善长连忙上门说情，可刘基还是将这件事报告给了朱元璋。朱元璋大怒，命令立刻处死李彬。

巧合的是朱元璋的这份回复恰好落在李善长的手中，他心中愤怒却也不敢隐瞒。为了救自己的亲信一命，他生编硬造了一个理由。他以为只要自己开口求情，刘基应该会卖自己一个面子。

他找到刘基，对他说："京城有很久不下雨了，先生熟知天文，此时不应妄杀人。"

李善长明知刘基深通天文之道，便以此为借口。如果刘基坚持要杀李彬，那就索性将天不下雨的责任推到刘基的身上。

令他没有想到的是，刘基给他的答案是："杀李彬，天必雨！"

刘基的态度是如此决绝，没有一点儿商量的余地。李彬就这样被依法处死，李善长就这样被彻底激怒，他开始准备自己的第一次反击。

刘基敢说这样的话，应该说他是有一定把握的，他确实懂得天文气象。可是这一次刘基的运气实在不好，过了很长时间也不见一滴雨。等到朱元璋北巡归来，李善长的小宇宙开始爆发了。他指控刘基在祈雨坛下杀人，才会惹得天怒人怨。

李善长还嫌自己的能量不够，指使众多对刘基怀有敌意的官员集体围攻，毫无疑问其中以淮人居多。对于横行无忌的淮西集团的官员们而言，刘基就是他们捞取权力资本的最大障碍。这帮人对刘基是既惧且怕，一定要想办法将其置于死地而后快。

刘基一人独挑李党（淮西集团）的结果，是自己黯然退离了大明王朝的权力场。刘基在当时的朝野上下，名望遐迩，如果他是一个心术不端的官员，是完全有能量在朝中搞一个浙东人的小圈子、小山头的，可他并没有这么做。

李善长对刘基虽有诸多不满，抱怨他为人死板，过于严肃，可是在制定治国之策时，他还是会与刘基商讨。刘基亦能一如既往，不避嫌恶，坦诚讲出自己的不同意见。就连朱元璋在刘基离开朝堂后，也发出这样的感叹："刘伯温在这里时，满朝都是党，只是他一个不从。"

洪武三年（1370年），李善长迎来了个人权力生涯的巅峰，掌控着大明朝的官僚权力机构。李善长虽然有些高处不胜寒，但他并没有完全被眼前的幻象冲昏了头脑。

跟随朱元璋这么多年，他对朱元璋的了解要远远超过对自己的了解。李善长深知朱元璋不会满足于做个放手撒权的太平皇帝，自己所辖的中书省威权最重，也最容易成为皇帝眼中的靶子。自己在中书丞相位置上多待一天，朱元璋就会多猜忌一天。

随着刘基的黯然离去，淮西集团在帝国权力场上再无对手。李善长位居左丞相，其地位仅次于朱元璋这个帝国的一把手。加上他又是皇帝的同乡，权势已经到了无以复加的地步。不光其个人权势到达巅峰，就连其亲友的势力也遍布朝堂内外，人事关系盘根错节。

对于这样的功臣，历代开国皇帝既用之又忌之。用是因为他们确实好用，忌是因为功高震主。朱元璋也将这种纠结的心态传递给了李善长，他说："人之一心，极艰检点，心为身之主，若一事不合理，则百事皆废，所以常自检点，凡事必求至当。今每遇斋戒，必思齐整心志，对越神明。"这句话就是说，作为一个臣子，你要做到时时检点自己，不能由着自己的性子乱来，凡事都要讲究一个度。如果一件事情做得不合理，就可能会前功尽弃。

聪明如李善长，又怎么会听不出来朱元璋这句话的弦外之音？这是皇帝在向他这个开国功臣敲响警钟，让他低调做人，不要过于张扬。否则的话，再大的功劳、再多的免死金牌也起不了作用。

洪武四年（1371年）正月，李善长以"患病"为由向朱元璋递交了一份辞职报告。在李善长看来，自己这么重要的官员退休应该是帝国的一件大事，皇帝不应该草率对待。可令他想不到的是，朱元璋并没有与他虚伪客套，就势批准了他的请求。

李善长主动退出权力场的原因只有一个，那就是政治敏锐性极高的他已经嗅到了帝国朝堂上弥漫着的危险气息。他在自己最为风光的时候选择退出，不是真的想要放权，而是为了明哲保身。

让人遗憾的是，精明如李善长，也难以猜中故事的结局。对于帝国的权力集团而言，这是一场灭顶之灾，不是谁想躲就能轻易躲得过去的，它就像一张大网从天而降无处不在。

李善长就这样致仕（退休）回到老家安徽定远，虽然中央朝廷赏赐土地若干顷，并赏给一百五十户人家为他守冢，佃户一千五百家，仪仗卫士二十户。可物质上的丰足远远比不了权力带给一个人的精神满足。虽然是荣归故里，可李善长还是觉得自己受了天大的委屈。年仅五十八岁的李善长就这样被提前退休，回家颐养天年了。昨天还处于权力的巅峰，今天就远离了权力的核心地带，他又如何能够甘心？

李善长致仕的旨意一下，朝中百官无不震惊。朱元璋与李善长之间的关系是众所周知的，两个月前刚刚被封为国公，可谁又能料到转眼他就退休回家抱孙子了。一时间，帝国权力集团内部人心鼓噪，朝局大动。

等到皇帝宣布李善长的继任者时，朝臣们悬着的一颗心才算稍微安顿下来。李善长病休在家，此时的中书省大权都掌握在杨宪的手里。杨宪并非淮人，他是检校出身。检校是帝国的特殊权力机构培养出来的特殊人才，是朱元璋为自己的权力系统量身打造的特务人员。

检校的主要职能是察听在京大小官吏的不法行为，包括街头巷尾的风闻之事。类似于权力系统内的狗仔队，其职责就是专门收集官员的隐私和民间的舆论。

检校的足迹无处不在，直接向朱元璋本人负责，没有其他中间环节。当时最著名的特务是杨宪、高见贤、夏煜和凌说，这四个人专门刺探别人的阴事。朱元璋曾经扬扬得意地说："唯此数人，譬如恶犬，则人怕。"

检校只能执行监视、侦查之类的事务，并没有扣押处罚犯人的权力。朱元璋犹嫌不足，又专门设立了一个具有法庭与监狱的正式机构——锦衣卫。锦衣卫与皇朝的府、部、院没有隶属关系，它超越于一切机构之上，由皇帝直接主管。

朱元璋对此相当倚重，将全国所有政治重犯交其审理判处。此后，明朝历代皇帝都将它作为自己的耳目爪牙，职权也就日益扩大。

由于杨宪是检校出身，所以他只对朱元璋负责，只听从朱元璋一个人的指挥。

3. 权力的正室与偏房之争

洪武三年（1370年），随着李善长的离开。中书省的权力结构也随之发生变化，这时候中书省右丞是杨宪，左丞是汪广洋。汪广洋本来是中书省的参知政事，曾经被朱元璋外放到陕西锻炼了一段时间，也算是有基层工作经验的京官。中书省最高官职是左丞相，其次是右丞相，然后依次是左丞、右丞、参知政事。

由于左丞相李善长致仕退休，担任右丞相的徐达又常年戍边在外，左、右丞相皆成虚位。如此一来，身为左丞的汪广洋就理所当然地成了中书省真正的当家人。

朱元璋在中央权力核心地带的中书省布下汪广洋和杨宪这两颗棋子，有他的利益考虑。

两人都是独立于淮西集团和浙东集团之外的无党派人士，不属于帝国权力集团的"正室"，只能算是权力"偏房"。朱元璋让杨宪进入中书省本来是想用他来制衡李善长，但是杨宪后来的表现超出了朱元璋的掌控范围。在这种情况下，朱元璋只好把宝压在了汪广洋的身上。朱元璋将汪调任中书省左丞包含两层意思：一是让汪广洋挑起中书省的大梁；二是用汪广洋来掣肘杨宪。

可汪广洋并不愿意做别人手中的提线木偶，哪怕提线的人是洪武皇帝朱元璋本人。汪广洋进了中书省，并没有如朱元璋所期待的那样去压制杨宪。汪广洋在这里玩了一把"无为而治"的策略，平日里不管不问，大事小事任由杨宪去处理。

权力游戏有时候就像是小孩子玩的跷跷板，汪广洋在这一端不作为，就会导致杨宪在另一端大作为。如此一来，帝国的权力跷跷板岂有不跑偏之理？

杨宪识破了朱元璋的权力博弈手段，他开始堂而皇之地针对汪广洋。想要抓汪广洋的把柄并不是一件容易的事，因为汪广洋平日里表现得谨小慎微。尽管如此，杨宪还是找到了破绽，他弹劾汪广洋不孝顺母亲（奉母无状）。这一招看似简单，实则非常致命。明朝标榜以孝治天下，一个文官如果不遵守孝道，就是不听圣人言，就是全民公敌。

汪广洋就这样被削职为民，放逐还乡了。杨宪觉得还不过瘾，便再次向朱元璋奏本。于是处分再度升级，汪广洋被打发到了当时的蛮荒之地海南去反思过错了。

杨宪与李善长结下梁子，除了权力上的利害关系，还有一个私人原因，那就是杨宪的胞弟中书省参议杨希圣曾经因事得罪李善长，遭到罢黜。杨宪对此一直耿耿于怀，早就在寻找报复的机会。

他曾经不止一次地在朱元璋面前进言："李善长无大才，不堪为相。"

朱元璋在安排中书省官员的时候，考虑最多的应该是政治派系的利益布局。政治派系除了自然状态下的地缘效应，还有就是在权力斗争中结成的利益同盟。比如说李善长罢黜杨希圣，然后杨宪在皇帝面前诋毁李善长，无形之中就会被划入淮西派的对立面。

胡惟庸曾经忧心忡忡地对李善长说："杨宪为相，我等淮人不得为大官矣。"

这样一句话等于是把杨宪划到了淮西派的对立面。在李善长和胡惟庸等淮西派的潜意识里，以刘基为首的浙东派是他们最大的威胁。在权力博弈场上，不能做朋友就是敌人。杨宪虽然在地缘上不属于浙东，但是在李善长等淮西人士看来，与他们为敌的杨宪早已是浙东集团的一分子。杨宪如果有机会当上丞相，那么他们这些淮西人士就会永无出头之日。

李善长、胡惟庸等淮西党人当然不能坐等事态继续恶化，他们要趁着朱元璋还没有倾向于浙东派时将杨宪赶出帝国的权力中枢，甚至于赶出这个世界。在官僚集团的集体发力之下，杨宪被朱元璋处以极刑。

其实如果非要追溯杨宪的后台，既不是浙东派的刘基，也不是其他政治派系，而是朱元璋本人。杨宪进入中书省就是朱元璋一手安排的，之所以最后沦为棋盘上的一颗弃子，是因为作为一颗过河卒子他走得太远，远到脱离了朱元璋为他设定好的既定轨道。

杨宪是检校出身，就算朱元璋有心将整个帝国的权力系统变成一个庞大的特务机构，可那些功臣和官员也不会接受。在如何处理杨宪的问题上，各大政治派系的意见是出奇地一致，那就是联手将杨宪踢出局。杨宪究竟是怎样一个人？为什么会在中书省的权力博弈中招致各大利益集团的仇视与排斥？

杨宪是山西阳曲人，十分精明能干，由于受到朱元璋的器重，以检校身份直接选拔进入中书省，并被委以中书左丞的要职。杨宪在中书省任职期间的表现是相当不安分的，大肆任用亲信、聚集朋党、刺人隐私，在帝国的权力系统上层形成了一个以他为首的山西帮。他们在朱元璋面前大肆诋毁李善长，企图挤掉这一淮西集团的核心人物，以山西帮取而代之。

此事的成败，关系到整个淮西集团的切身利益，是一场你死我活的斗争。

关于杨宪之死，史书上给出了两种截然不同的说法：一是李善长、胡惟庸等淮西派人士向朱元璋告发杨宪唆使侍御史刘炳陷害汪广洋；二是浙东派的刘基向朱元璋告发杨宪的种种阴私之事，最终将杨宪置于死地。

其实不论是这两项罪名中的哪一项，杨宪都罪不至死。真正置杨宪于死地的，不是刑律罪责，而是权力集团的利益需求。无论是淮西派的李善长、胡惟庸，还是浙东派的刘基，他们都不愿意看到杨宪居于显位。杨宪显然是高估了自己的能力，更高估了山西帮的势力。

作为一颗棋子，它的存在如果不是为了迎合主人安排的战局，而是整天想着走出主人的控制，那么它的命运除了自我毁灭，还能有更好的选择吗？朱元璋不会因为一个小小的杨宪，而让自己与功臣们的关系陷入僵局。更何况此时的朱元璋还没有下定决心彻底改革中书省体制。在这样的利害计算之下，他做出这样的取舍也是符合逻辑的。

于是在这场权力博弈中，罪不至死的杨宪就这样做了帝国的第一个冤大头。

在李善长回乡的第二年，无官可守的清冷岁月让曾经执迷于权力的他寂寞难耐。他也许会站在淮水岸边，遥望着南京的方向，发出一声长长的叹息。

对于一个男人来说，权力真是一个好东西，它带来的不仅仅是财富与显赫，更重要的是来自精神层面的强大。不甘就此谢幕的李善长连着向朱元璋发了几道奏疏，汇报说自己的病早就好了，希望皇帝能够给自己一个继续为帝国效忠的机会，发挥一个老干部的余热。

朱元璋看着奏疏苦笑连连。这个老伙计想要重新回归权力中枢的想法显然是过于天真。朱元璋担心他再次进京，就在凤阳当地给他安排了一个活儿干，委托他在凤阳主修宫殿，接着又将江南十四万户富裕人家迁到凤阳，在家乡再造一座皇城。朱元璋这么做的目的只有一个，就是将李善长像钉子一样钉在中央权力核心之外，让他死了重返权力巅峰的那颗心。

洪武九年（1376年），朱元璋将女儿临安公主嫁给李善长的长子李琪，并封李琪为驸马都尉。在准备操办喜事时，他通知李善长可以进京主持儿子的婚礼。

当年的丞相，如今又成为皇帝的亲家翁，此等荣耀绝非一般臣子能够享有的。李善长进京以后，虽然被洪武皇帝委任了一些职务，但是想要东山再起却是枉然。权力带来的荣耀已如明日黄花，李善长知道，自己已经没有可能再次染指帝国权杖上那颗最耀眼的宝石了。

就在李善长逐渐远离权力核心地带之际，一位后辈同乡拎着礼物找上门来。来者名叫胡惟庸，也是安徽定远人。他提着二百两黄金就敲开了李善长的家门，这个说话办事透着精明的老乡，成了李善长正要物色的接班人。

没过多长时间，胡惟庸就荣升太常少卿，平步青云。接着，胡惟庸又将自己的女儿嫁给了李善长的弟弟李存义的二儿子李佑。就这样，李、胡两家的来往更加密切了。

随着李善长与中央权力核心渐行渐远，朱元璋也开始着手为李善长的离去寻找新的接班人。作为淮人首领的李善长虽然离开了帝国的权力中枢，但是他并不甘心就此完全放手。胡惟庸的出现，让李善长找到了淮西集团新的代言人，也是自己的权力接班人。

当李善长了解到朱元璋非常看好胡惟庸时，李善长知道，眼前这个人是自己的最佳接班人。于是，李善长向朱元璋上书保举，一来迎合圣意，二来也能将淮人心腹继续安插在权力机关的核心层，可谓是一举两得。

胡惟庸之所以为朱元璋所赏识，并不完全是李善长的功劳。朱元璋在用人上从来是不肯假手与人的，何况像宰相这样重要的位置。

李善长作为淮西集团的一把手，经过多年苦心经营，这个羽翼丰满的权力集团对急于抓权的朱元璋来说如芒在背。胡惟庸原本只是朱元璋帐下的一个文书，朱元璋正是看中了胡惟庸并无党羽且又是淮西人这一点，才决定将其放在重要位置以制约李善长。

让朱元璋万万没有想到的是，胡惟庸居然不能体会自己的良苦用心，反而加紧和李善长拉近关系，这让朱元璋不得不有所忌惮。若说李善长是淮西集团的首领，那么胡惟庸就是这个权力集团的二把手。李善长本人虽然离开了宰相位置，但是他在朝堂上的影响力并没有丝毫减退，各个部门的头头脑脑大多是他的老部下。他们要想在权力场上有更大的发展，就必须和李善长搞好关系。

胡惟庸本身就是淮人，他又一门心思结交李善长，自然成为淮西集团新的代言人。相比之下，汪广洋这个非淮西集团出身的右丞相实在不好开展工作，也难怪他只能"无所建白"了。胡惟庸和杨宪一样，一门心思要登上帝国的权力巅峰，成为中书省的第一人。

杨宪被除掉以后，胡惟庸前面的绊脚石就只剩下汪广洋一个人了，他又岂能轻易放过这唾手可得的机遇？杨宪死后，李善长在老家养病，从流放路上召回的汪广洋就成了中书省的实际负责人。

洪武四年（1371年）正月，李善长告老还乡，汪广洋升为中书右丞相，胡惟庸继续作为他的属官留任。然而汪广洋的运气实在太差，在此之前辅佐他的杨宪一门心思要将他赶出中书省，而这一次辅佐他的胡惟庸根本就没有拿他当回事。

中书省的好多事情，胡惟庸自己就可以拍板做决定，根本就不用告知他这个名义上的中书左丞和后来的右丞相。经历了上次罢职流放的折腾，汪广洋抱定一个原则：没有原则就是最大的原则，对中书省的事务概不过问。

汪广洋越是缩头不争，胡惟庸就越是步步紧逼。洪武四年，刘基和李善长一前一后告老还乡，一对冤家就这样双双离开了朝廷。在中书省昏暗的灯光下，就剩下了汪广洋和胡惟庸朝夕相对。朱元璋实在忍受不了汪广洋的碌碌无为，让他压制杨宪，他反而被赶出京师；让他主持政务，他又拱手将权力让给胡惟庸。

洪武六年（1373年）正月，朱元璋以"无所建白"的理由罢免了汪广洋右丞相的职务，并将其打发去了遥远的广东行省当参政。转而让胡惟庸以中书左丞的职务把中书省的工作全都名正言顺地接了过去。

汪广洋以为真正离开权力中心，就可以落得逍遥自在。但是朱元璋并不这么想，没过多久又将其召回京城，让他做了左御史大夫。让汪广洋这样性情懦弱之人当监察部门的负责人，对于急于揽权的胡惟庸来说是再好不过的事。汪广洋在左御史大夫任上和他以前在中书省时一样，一无建树，丝毫没有影响到胡惟庸的相权。

且说汪广洋被派往广东后没过多久，胡惟庸与李善长的关系又递进了一步。在两人的包办之下，胡惟庸的侄女与李善长的侄子结了夫妻。如此一来，胡、李二人就变成了间接的儿女亲家。有了这层亲戚关系，胡惟庸俨然已成为李善长在朝堂上的代言人，支使起李善长的旧部也是得心应手。

大概也是因为这层姻亲关系，胡惟庸和朱元璋的关系也更加密切了。这一年的七月，胡惟庸升为中书右丞相，实至名归地主持中书省的政务。此时的中书省，自从李善长退休以后，左丞相的位置一直空缺着。徐达虽然一直兼着右丞相的头衔，但是他为人谨慎，加上常年带兵在外，政务方面也是只占位置不问事。如此一来，右丞相胡惟庸就变成了真正的独相。一人之下，万人之上。

死了杨宪，走了汪广洋，又和李善长结为亲家，胡惟庸的风头无人可及。随着权势的增大，胡惟庸渐渐忘乎所以，对于胆敢挑战他权威的人是一个也不放过。胡惟庸第一个要对付的人，就是已经退休在家的刘基。这时候已经预感到山雨欲来的刘基，隐居山中，不再过问朝政，每天以喝酒下棋为乐，绝口不提自己的功劳。

刘基想要逃避现实，但是严酷的政治斗争旋涡仍将他卷入其中。胡惟庸上位之后，听闻刘基曾经在皇帝面前说过他的坏话，说他不具备当丞相的资格，心里便对刘基十分怨恨。当日，朱元璋和刘基君臣私下论相本来是极为机密的，却不知为何走漏了风声。

等到胡惟庸案发后，才有人想到可能是朱元璋派检校故意放出的风声。别说刘基本就是淮西集团的死对头，单就此次论相而言，就足以使胡惟庸与刘基之间心生仇隙。在丞相的人选问题上，刘基出于公心劝导朱元璋不要撤换李善长："善长勋旧，能调和诸将。"（李善长是开国元勋，能调和各路将领。）

朱元璋说："是数欲害君，君乃为之地耶？吾行相君矣。"（他多次找机会要害你，你还为他讲好话，如此高风亮节，我要任命你为丞相。）

刘基深知在淮西集团当权的情况下，自己就很难在朝廷施展手脚，坚决辞谢。

朱元璋又问："杨宪如何？"

刘基道："杨宪有丞相的才干，没有丞相的气度，丞相必须保持水一般平衡的心态，用义理来权衡一切，而不感情用事。这一点，杨宪做不到。

朱元璋又问："汪广洋如何？"

刘基说："此人过于偏浅，还不如杨宪。"

朱元璋又问："胡惟庸如何？"

刘基说："譬之驾，惧其偾辕也。"在刘基看来，胡惟庸是最不合适做丞相的，就好比一匹劣马，叫它驾车，必然会导致翻车事故。

朱元璋见以上人选都入不了刘基的法眼，就故意试探刘基："我的丞相人选，难道就没有一个能够超过先生的？"（吾之相，诚无逾先生。）

刘基看穿了皇帝的心思，推托道："臣疾恶太甚，口无遮拦，一向闲散惯了，无法应对繁杂的行政事务，在这个位子上，恐怕辜负皇上的重托。天下之大，哪里会找不到人才呢？请明主悉心搜求。不过刚才提到的几个人，确实并不合适。"

时隔不久，胡惟庸当上了左丞相，这让刘基备感失落。他不免在一些故交好友面前感叹："使吾言不验，苍生福也。"就是希望自己评价胡惟庸的那句话不要得到应验，那样的话就是天下百姓之福，大明王朝之福。

刘基于洪武四年（1371 年）告老还乡以后，就一直安居于老家浙江青田，过着布衣粗食的生活。虽然远离帝国权力的核心地带，但是刘基依然表现得谨小慎微。他知道远在南京的朱元璋并没有放松对自己的警惕，而他在帝国的各个角落布下的眼线也在死死地盯着自己。为了与帝国权力阶层撇清关系，也为了证明自己已经完全放弃权力，回乡的刘基从来不与当地的官员见面。

有一次，青田知县以布衣身份去拜见他，二人相谈甚欢。分别之时，这个知县才透露自己的身份，并表达了对刘基的仰慕之情。刘基听后当即下跪，口称小民，从此闭门不见客。

让人扼腕叹息的是，即便刘基如此小心谨慎，可还是没有跳出帝国权力规则的羁绊。浙江和福建交界处有一个叫谈洋的地方，那里长期被盐枭所占据。由于当地的盐枭不服管制，埋下了诸多不安定的因素。此处离刘基的家乡很近，刘基就向朱元璋奏请在此处设立巡检司进行管制。刘基就这件事写了一份奏章，并派大儿子刘琏带到南京，越过中书省，直接送达朱元璋。

之所以要让这份奏章越过中书省，刘基有自己的一番考虑。他知道如果按照正常的程序，胡惟庸不会拿自己太当回事儿，这也就意味着朱元璋很有可能看不到这份奏章。中书省有权在皇帝之前先拆看大臣的奏章，如果这份奏章落到胡惟庸的手里，肯定会被截留在中书省。

胡惟庸很快就知道了刘琏进京面圣这件事。对于刚刚主政中书省的胡惟庸来说，没有比这更糟糕的事了。胡惟庸立刻指使刑部尚书吴云上书弹劾刘基："刘基说过谈洋这个地方有王气，他想等自己死后把墓建在这里。由于当地百姓不肯让地，这才请求朝廷设立巡检司驱逐百姓，好拿到这块好地方。"

胡惟庸的这一招不是一般的毒辣，如果这个说法成立，那么等待着刘基的将会是谋反大罪，要诛灭九族。王气只能是皇帝才能够具备的气场，做臣子的如果想得到王气，那就是忤逆，就是造反。在封建宗族社会的意识形态里，后人对于祖宗坟地的位置选择非常讲究，甚至将后世子孙的祸福吉凶都押在了这件事上。

朱元璋不愧为一代雄主，他虽然也敬天祭天，但并不是轻易就会被人忽悠的。他看到奏章后并没有按谋反罪逮捕刘基，当然遇到这样的事情，他也不可能坐视不管，就势剥夺了刘基的朝廷俸禄。朱元璋对这件事的态度颇值得玩味，史料上的原文是这样记录的："帝虽不罪基，然颇为所动，遂夺基禄。"

朱元璋究竟是怎么想的？难道真的相信胡惟庸所言，刘基为自己选了一块有王气的风水宝地吗？这显然不符合逻辑。朱元璋明白，凭借刘基在帝国权力场上的能量和个人气场远远达不到称王称帝的地步。如果说朱元璋对刘基还有忌惮之处，那就是对方的才能。江山初定，如果像刘基这样有影响力的人才心生异志，或另投他人，对于朱元璋和他的新王朝来说，是一件令人头疼的事。

当然还存在一种情况，朱元璋剥夺刘基俸禄之举是故意做出来的，做给胡惟庸看的。但是朱元璋的态度使得刘基再也坐不住了，他不顾老病之躯，千里迢迢赶赴南京城，准备向朱元璋当面陈清事实。

刘基重返京城等于是羊入虎口，想要挣脱显然是不可能的。为了表明心迹，他留京不归。或许是天意使然，刘基进京之后就病倒了，而且一病多年。胡惟庸并没有忘记他，更不会就此放过他。史料记载胡惟庸曾派医生到刘基那里去看病，刘基吃了医生开出的药，"有物积腹中如拳石"，反而导致病情加重。

洪武八年（1375 年）三月，朱元璋派人护送刘基返乡养病。临行之前，他写了一道密文交予刘基，在这篇密文的字里行间流露出君王的无情："君子绝交，恶言不出；忠臣去国，不洁其名。"

刘基刚返回故里，病情就迅速恶化，一个月后，六十五岁的刘基走到了油尽灯枯的地步，死在了浙江青田故里。关于他的死，历史在这里打了好几个弯弯绕。朱元璋后来与刘基的儿子在谈到这件事的时候，把刘基死亡的责任一股脑儿都推到胡惟庸的身上，当然这是发生在刘基死了十几年以后的事。这时候的帝国权力层已经发生了颠覆性的变化：一是独相胡惟庸被杀，震动帝国上下；二是朱元璋试图将胡惟庸的党羽扩大化，那样就可以将其党羽剔除干净，并且借着胡惟庸案大肆杀戮功臣。

史料记载，洪武二十三年（1390 年），朱元璋对刘基的次子说过这样一番话："你父亲活着的时候，满朝都是党，只有他一个不结党，结果遭到了胡惟庸的毒害，吃了他（们）的蛊。"

又说："你休道你父亲吃了他们的蛊，其实你父亲心里是有分晓的，他们便忌恨于他。若是那无分晓的，他们也不会忌恨他。到如今，我朝廷是有分晓的，终不会亏待了你父亲的好名声。"

其实在这件事上，胡惟庸极有可能是背了黑锅的。胡惟庸"谋逆案"本身就是一件不靠谱的事，在某种程度上是一个冤案。丞相之死需要给天下人一个能够自圆其说的理由，而谋逆是最能说得过去的理由。在朱元璋的一手操作之下，胡惟庸死后很多年，那些要命的黑材料还在一条一条地往他的档案袋里塞。其中胡惟庸下药毒死刘基，也就成为其中一条罪状。

胡惟庸接过李善长淮西集团领袖的权杖，有心将刘基逼向绝境。此时的刘基已经无法对他构成威胁，他不会为了一个老病将死、离开朝堂之人再去冒这个险。话说回来，就算真是胡惟庸毒死刘基，那么真正的幕后主使又会是谁呢？

其实朱元璋、胡惟庸（淮西派）在这里玩了一出无间道式的权力博弈游戏。朱元璋很好地利用了帝国官僚集团的内部斗争，将刘基之死与胡惟庸谋反案捆绑在一起。朱元璋除掉刘基的决心已定，却不想亲自动手，免得背上千古骂名，眼见胡惟庸如此急不可耐地要置刘基于死地，正好可以顺水推舟，借刀杀人。

他也不用说什么，只需要做几个冷漠与怀疑的表情，以胡惟庸的精明又怎能领会不了皇帝的意思？更何况此时胡、刘二人势力悬殊，一个是把持威权的独相，一个是被皇帝抛弃的过气老臣。君臣相互利用，但终是朱元璋更胜一筹，成为最后的胜利者。

等到多年以后，朱元璋以雷霆手段扫荡了帝国官场之后，说了一句意味深长的话："满朝皆党，只有刘基不从。"这等于是在为胡惟庸案的扩大化制造舆论，就算刘基真是一个能掐会算的半仙，也算不出来，自己在死了以后，还能够成为朱元璋手里一颗有用的棋子。当然也有人认为，这是刘基在临死之际布下的一场权力弈局，而布下这场局的目的就是瓦解李善长、胡惟庸的淮西集团。

如果上面的说法有一个成立，那么刘基之死就更具有一种英雄末路的悲剧色彩。无论怎样，刘基与李党之争，是以个人之力同一个权势在握的庞大党群相抗，无疑是以卵击石，注定了他在这场斗争中失败的命运。

在刘基与淮西集团博弈的过程中，朱元璋一直在冷眼旁观。胡惟庸上蹿下跳的表演在朱元璋看来和一个官场小丑没什么两样，无所掣肘的相权是可怕的。此时的朱元璋，心里已经渐渐有了改组中书省、废除宰相制度的想法，但如此大的动作非得杀人不可。

胡惟庸当了中书右丞相以后，收受贿赂、任意处分官员、截留奏章等行径确实是有的，但靠这些零碎的罪名将胡惟庸彻底击倒，显然分量还不够。

洪武九年（1376年），胡惟庸在右丞相的位置上已经待了三年时间。朱元璋好像是在故意娇宠一个放肆的小孩，任其为所欲为。也许是为了让他更好地专权，这一年，中央政府撤销了中书省编制中的平章政事和参知政事这两个职位（平章政事就是副宰相）。虽说多年空缺，但这两个位置此前一直没有废除。同时，在地方上废除了元朝实行的行中书省制度，改由承宣布政使司担任地方行政长官，直接向中书省负责。

本来在中书省的编制中，左、右丞相是级别最高的，其下分别为平章政事，左、右丞和参知政事，如今废除了平章政事和参知政事的职位，中书省就只剩下了左、右丞相和左、右丞的编制，其下虽然增设了几个和地方布政使司相联系的官职，但不过是辅助丞相而已。

权力机构的改革使得胡惟庸在中书省，甚至在帝国的整个官僚集团，都获得了一人之下，万人之上的权力。

4. 第一大案的正面与侧面

随着元朝势力一路向北败退，天下大局逐渐趋于稳定。朱元璋认为削夺中书省宰相职权的时机已经到来，该到他动手的时候了。当然促使他动手的，还有一个重要原因，那就是日渐严峻的形势。新朝建制，那些手握重权的开国功臣们也开始尝试着将自己的权力触角伸向不该去的地方，这让朱元璋无法忍受。

朱元璋决定出手，而且准备出重拳。他将目标直接指向相权，他要借此机会将那些分散在丞相手中的权力夺回来，对帝国的权力系统进行重新布局。这时候，废除中书省已经箭在弦上。

夺回相权，就意味着要动一动那些功高盖主的开国功勋，这是一件让朱元璋很头痛的事，也是开国君主遇到的最大难题。那些在帝国第一轮权力分配中捞到实惠的大臣，想要让他们吐出已经吃到嘴里的食物，并不是容易的事。要知道，废除行使了千年的政权制度和官僚制度，也不符合儒家提倡的伦理道德的要求。皇帝要想坐稳自己的江山，就不能跳出伦理政治的游戏规则随心所欲。

但对于朱元璋来说，不容易的事并不代表做不到。他在内心做出了一个假设，如果这些大臣犯下了国法难容的重罪，那么皇帝不就有可能对当下的权力配置做出调整了吗？虽然说，德厚不足以止乱，威势却可以禁暴。对于古代官家集团而言，如果没有暴力强制机制的约束，只是单纯地以儒治国，想要使庞大的国家机器运转自如，也是难以想象的事。

古代封建治者一边高举旗帜宣扬天人合一，天人感应，君权神授；一边又要求权力集团所代表的国家机器适当考虑老百姓的愿望和要求，按照社会普遍公认的伦理道德原则活动。一句话说透了，就是要上应天意，下如民愿。

从表面上看，国家机器是在上天与民众之间搞伦理调和，实质上是在统治阶层和广大民众之间搞利益调和。上层统治力量要努力为自己所实施的行为寻求一个合适的借口，披上一件让大多数人无可争辩、无话可说的伦理外衣。

从政治运作和伦理观念这两个角度来讲，朱元璋要从几位大臣手中收回政治、军事、财政等大权，就必须采取一种合适而有效的策略。既要让天下人觉得这事干得顺乎天意民心，又能够顺理成章地夺回大臣们手中握着的重权，为自己的后世子孙执掌天下权柄扫清障碍。

正面：天降祥瑞引发的血案

洪武十年（1377 年）六月，朱元璋出席了一次廷臣们召开的御前会议，在这次会议上，朱元璋当着胡惟庸为首的帝国领导班子成员的面说了这样一段话："凡是政治清明的朝廷，都是上下相通，耳目相连；凡是昏暗的朝廷，都是上下隔绝，聪明内蔽。国家能否大治，其实和这点有很大的关系。我经常担心下情不能上达，因此不能知道治政的得失，所以要广开言路，以求直言。"

这样的政治腔调在新任中书左丞相胡惟庸的耳朵听来，不过是朱元璋在为自己捞取一个开国皇帝应有的政治形象分而已。

为了应对这种局面，朱元璋专门设立了一个官署来处理所有的行政要件，这就是通政司。顾名思义，"通政"一词取自政治清明、上下相通之义。朱元璋第一次命令御史们巡行全帝国的地方政府。这样做是为了促进地方的下情得以上达。

通政使司的横空出世向世人传递出这样一个信号：朱元璋准备为帝国的权力系统动一场大手术，一场要命的大手术。通政使司究竟是个什么样的机构呢？朱元璋为什么会在这上面花心思呢？通政使司的主要职能就是每天将朝臣们的奏章进行收纳整理，然后呈报于皇帝，让"实封直达御前"，然后再转交于相关职能部门来分别予以处理。

明朝建国初期，一切都是摸着石头过河，很多制度是参考元制而来的。大臣们所呈报的奏章要先经过中书省，其中三分之二的奏章由中书省直接处理，然后按照宰相批注的意见分别发往吏、户、礼、兵、刑、工六部以及大都督府和御史台等职能部门。如果奏章涉及军政大事，宰相当不了家，那么就要转呈朱元璋最后拍板定夺。

当时的情况下，帝国官员的所有奏章都不能插上翅膀飞过中书省这一级，直接摆在皇帝的案头。在宰相们看来，帝国官员的奏章是需要分门别类、区别对待的。哪些内容能够让皇帝过目，哪些内容不能让皇帝看见，这些并不取决于朱元璋本人的好恶，而是由中书省来决定，也就是由宰相来决定。

作为宰相来说，这是他最乐于享受的一项政治福利；可对作为皇帝的朱元璋来说，这也是他权力空间内最不能容忍的一处软肋。通政使司的成立，显然是朱元璋破解权力困境所挥出的一记重拳。胡惟庸内心有了危机感，他意识到自己以后所迈出的每一步都会异常艰难，都处于皇帝的监控之下。

通政使司从某种程度上来说其实就是一个夺权的部门，夺的不是别人的权力，而是宰相的权力。制度虽然发生了变化，但是多年来形成的权力程序还在旧有的轨道上运行。帝国的权力系统中虽然出现了一个通政使司，但是宰相制度并没有马上消失。通政使司收上来的奏章还是要送达中书省，由丞相胡惟庸做最后的决断。

朱元璋要想知道朝臣们的奏章都写了些什么内容，最终还得依靠检校们收集的情报。检校在无形之中就成了皇帝安插在中书省的内线，除了监视中书省的权力大鳄们，还要替皇帝掌握朝臣们所上书的奏章内容，免得皇帝当这个冤大头。

通政使司在最初成立的时候并没有在权力系统内担当更多的职责，不过是充当了一个权力偏房的角色，作为中书省的秘书处仍然存在于帝国的权力体系中。

朱元璋当然不能容忍这种状况长期存在，他在洪武十一年（1378年）的一次会议上，当着六部官员的面说："皇帝深居宫中，能够知晓万里之外的事，这主要是因为他兼听广览，了解民情。胡元之世，政令都出自于中书省，大小事务都要先报中书，然后才奏闻给皇帝，元朝又多昏君，才导致民情不通，以至于天下大乱。我要引以为鉴。"

在朱元璋看来，自己要随时掌握天下实情，随时掌握帝国官员的思想动态，就要撇开中书省。既然自己已经找到了治国安邦的密码，那么他就不会再做丝毫的动摇。

朱元璋下诏，诸司今后奏事不要再报经中书省，直接向他这个皇帝奏报。朱元璋这么做，有一个人坐不住了，这个人就是胡惟庸。此举对胡惟庸手中握着的相权来说，无疑是一次致命的打击，它从根本上动摇了宰相专权的根基。在此之前，胡惟庸利用手中的相权排除异己，打击政敌，靠的就是旧制中"奏事不许隔越中书"这一条款。

这项制度赋予了丞相极大的权力自由度，他可以任意扣压奏章，欺下瞒上。而那些六部长官就是想在皇帝面前告丞相的御状也不可能，因为他们无权与皇帝直接取得联系。如今颁布实施的新政打破了这一局面，六部官员可以绕过中书省，直接与皇帝接上头。这样一来，独相胡惟庸的危机感顿生，他的丞相权力正在被朱元璋一步一步架空。

胡惟庸的个人履历大致如下：凤阳府定远县（今属安徽）人。早年追随朱元璋起兵，颇受宠信。历任元帅府奏差、宁国知县、吉安通判、太常少卿等职务。洪武三年（1371年）拜中书省参知政事。洪武六年（1374年）七月，任右丞相；约至十年进丞相。位居百官之首。

洪武八年（1376年），李善长在扩大权势的过程中受了一点儿小挫折，因为他作为左丞相，被汪广洋弹劾为傲慢和不忠。汪广洋是高邮（在今江苏）人，自1355年以来一直为自己的前途命运奔波。他对他的对手李善长怀有嫉妒心理。

有案可查的是，朝臣们第一次对胡惟庸的攻击是在洪武九年（1377年）八月份。这时候，胡惟庸已经把他的那些利益盟友提拔到了高级职位上，并且以各种理由和借口将他认为的反对者们赶出了帝国的权力要害部门。

胡惟庸大肆排除异己的做法令官员们感到恐慌的同时，更多的是感到愤怒。浙江人御史韩宜可就在朝堂之上当着朱元璋和满朝文武的面攻击胡惟庸及他的两个盟友。他告发胡惟庸等人不忠于朱元璋，僭越了皇帝的权力，要求朱元璋把这帮人全部收监或者斩首。

朱元璋非但没有听从韩宜可的话，还命人把韩宜可交付有司并下狱。幸运的是这位御史并没有被处死，这是朱元璋在动手之前安定胡惟庸集团的缓兵之策。他在没有十足把握的时候，不愿意打草惊蛇。

这次事件虽然没有撼动胡惟庸，但却引起了朱元璋与诸臣的警醒。皇帝已经察觉到了胡惟庸在权力运行中的失控状态，尤其是当朱元璋听说胡惟庸有夺权的野心和阴谋，他知道，不能再这么继续等待下去，他必须采取措施。洪武十三年（1380年）正月的某一天，胡惟庸忽然对外宣称，自己家的井里涌出了醴泉，这是天降祥瑞的预兆，为了显示自己不敢独享祥瑞的端正态度，胡惟庸邀请朱元璋前去观赏此等稀罕之事。

这事来得过于蹊跷，既然是上天降下的祥瑞，作为皇帝的朱元璋又怎有不去之理？天下之大，只要我们稍加留心的话，就会发现全国各地每天都会有稀奇古怪的事情发生。而在那个时代，无法解释的事都会与上天扯上关系。皇帝是天子，上天捣鼓出来的玩意儿，天子又怎能不去捧捧场。

当朱元璋走到西华门时，突然有个太监闯到他的车马前，紧紧拉住了缰绳。太监瞪着无辜的大眼睛直愣愣地看着朱元璋的銮驾，半天没说出一句话，却急得豆大的汗珠顺着脸颊往下淌。询问之下，才知这名太监名唤云奇。

真是吃了熊心豹子胆，小小的太监胆敢冲撞当今皇帝的圣驾。缓过神来的卫士们立即扑了过去，将云奇按倒在地就是一通乱揍，差点儿没把他活活打死在朱元璋的面前。

可无论怎么打，云奇一直用手指着丞相胡惟庸府邸的方向。这引起了朱元璋的高度警觉，他感觉事情来得太过于突然，其中必有隐情。他当即让车队返回，自己亲自登上宫城向丞相府邸方向望去。不看不知道，一看吓一跳。他看见了什么呢？按照史书记载，朱元璋发现了胡惟庸府院内藏着士兵，刀枪林立。

在这里，我们不得不佩服皇帝的眼神比我们普通人不知道要犀利多少倍，居然可以穿透厚厚的墙看见藏匿其中的刀兵。朱元璋当即下令将胡惟庸逮捕，并于当天将其处死。

这里有一个天大的疑问，那就是云奇身为内使，在西华门任职，离胡惟庸的府邸非常近。既然他事先已经知道胡惟庸想要谋逆，为什么不提前告发，非要等到事发前一秒钟，才冒着杀头的风险拦驾阻止？况且如果胡惟庸真要谋反，也是秘密设下埋伏，怎么会堂而皇之地将刀枪亮在光天化日之下，让朱元璋登上城墙就可以一览无余？

史料记载，丞相谋反是天大的案件，胡惟庸当天就被下狱，当天就被处死，处置得如此匆忙，难免会让人疑惑。据《明太祖实录》记载，就在事发的四天前，中丞涂节就已经告发胡惟庸谋反。以朱元璋猜忌多疑的性格，他怎么还会冒冒失失地去胡惟庸家看子虚乌有的祥瑞？可见，云奇告变是一件不太靠谱的事。

但无论过程是怎样的，胡惟庸谋反案成了板上钉钉之事。这件事前前后后纠结了长达十余年的时间，成为洪武年的第一大案。

事后朱元璋还亲自颁布了《昭示奸党录》，告诫帝国的文武官员们，做臣子千万莫学胡惟庸，不然会落得很凄惨的下场。

这是一场早有预谋的布局？还是胡惟庸真就有了谋反之意？开国之初，朱元璋对自己的权力系统还没有完全腾出手来认真梳理，只是在元朝制度的基础上建立了自己王朝的体制，在中央仍然设立中书省作为辅佐皇帝处理政务的机构。

中书省的权力结构设置是左、右丞相（后改名丞相），正一品；左、右丞，正二品；参知政事，从二品；其属官有左、右司郎中，员外郎等官员。

在当时看来，中书省的权力极大，可以说是总领百官，工作事务涉及方方面面，就连帝国的一切命令及章奏也需要中书省代为颁发，不然就视为违法和无效。除了人事任免权、决策权、行政权、监察权、财政权等大小不等的权力，中书省还同时掌管军权、军务。也就是说，靠着中书省一个权力机构的运转，皇帝就可以不用上朝了。

在这种权力背景下，皇帝坐在那里，更像是一个震慑人的牌位。丞相的权力极大，真正的一人之下，万人之上。就连后来盛极一时的六部长官也下辖于中书省，成为其属吏。从洪武元年起，中书右丞相徐达就一直是军中的最高指挥官，直到十七年后他死在北京城。

从秦朝创立丞相制度起，丞相的权力时大时小。丞相制度天生就有个缺点，那就是皇帝和丞相的权力分配问题难以平衡。在封建制度中，皇帝是至高无上的统治者，官家集团只有一个老板，那就是皇帝，所有的人（包括丞相）都是给一把手打工的。

历史上曾经先后有过两次皇权与相权的博弈。第一次是汉武帝时，汉武帝刘彻一改过去"非有功不封侯""非封侯不拜相"的权力递增法则，让仅有儒生资格的公孙弘为相。如此一来，宰相对皇帝不仅再无居功之傲，反而对皇帝知恩图报。第二次是隋唐之时。丞相之职被分为尚书省、中书省与门下省三个部分，它们各司其职又互相制约。

丞相的特殊性质就在于，他是一人之下，万人之上，如果处理得不好，皇帝太强势了，丞相就会经常换人，而且有可能是换一个杀一个；皇帝太软弱了，皇权就可能为相权所架空。

一旦出现这种局面的话，朱元璋所能做的就只是根据丞相的建议发发圣旨了，自己根本不用操什么心。百姓和官僚可以不知道他朱元璋是谁，但一定要知道当今的丞相是谁，这当然是一件非常危险的事情。

朱元璋出身于草根阶层，在当了皇帝以后，他还是能够清醒地认识到自己的不足：文化底子薄，知识结构非常不合理。他在学习前朝明君圣主们治国经验的同时，也以一个草根阶层的立场来观察自己的帝国和臣子。这时候他或许会想起前朝那些实权派大臣，他们在掌权时说一不二，风头甚至盖过了皇帝。

他或许还会想到，丞相因为权力过大就有可能干预到皇帝的意愿，甚至威胁到皇帝的权力地位。比如东汉末年，那个挟天子以令诸侯的曹操。

这应该是朱元璋内心深处最大的忧虑，这种忧虑促使着他对本朝的权力结构做出重大的改革与调整。在变革之前，让我们来看看朱元璋当初设置丞相的初衷是什么。

其实朱元璋当初这么做也是有他自己的苦衷的，至少他是基于三个方面考虑：

一是形势的需要。当时的朱明王朝刚刚建立，可以说是百废待兴，需要尽快结束连年的战争阴霾，安抚四海的生灵，巩固新的政权。而这些目标的实现，不是嘴巴说说就可以实现的，它需要一整套行之有效的制度。而建立一套制度并不是那么容易的事，不光需要大量的时间，更需要实践的检验。既然不是一朝一夕的事，那就只有先拿旧的体制先应付着。

二是国家的需要。当时纷乱的天下还不到刀枪入库、马放南山的时候，朱元璋和他的那些战友们对元朝残余势力的战争仍在大规模地进行当中。同时对新收复地区的统治也正在紧锣密鼓地进行当中。我们可以想象，崭新的朱明王朝的政治事务是何等的繁重。对于一个百废待兴的政权，最需要的是什么？当然是人才，治国的人才。人才不光在二十一世纪最贵，在任何时代他都是最贵的一项资源。这时候设立中书省，授大臣以重权，可以说是新帝国发展的需要。对于朱元璋来说，当务之急就是使招揽的人才尽快进入到自己的角色当中，并且能够灵活处理各种政务，应对各种危机。同时这种做法也摆明了朱元璋对大臣们的一种姿态：战友们，我们都是从刀光剑影中一路拼杀过来的，我们同担患难，我们同享富贵。作为建国皇帝，这种姿态是一定要有的，这样才能形成上下齐心、君臣携手共创伟业的良好局面。

三是个人的需要。朱元璋当上皇帝的时间还很短，随着帝国疆域的急剧扩张，原有的统治经验已经远远满足不了现在的需求。也就是说在一段时间内，朱元璋还无力单独有效地处理所有的官家事务，他需要的是治国的帮手。还有就是，在帝国的创业阶段，那些文武大臣们都曾经立下过赫赫功勋。朱元璋需要根据每个人的功勋、才能和特点授以高官显职以平衡权力集团之间的利益，这也是权力分肥制的具体体现。也就是说，在新政权建立的初期，官僚集团的权势过重而中央权力分散，是权力分配的共性。

侧面：天罗地网织就血色蓝图

从胡惟庸位极人臣之日起，朱元璋张开的权力大网也就到了逐步收紧的重要时刻。

朱元璋大杀功臣的起点应该始自胡惟庸因"谋反"案被杀。这是皇权与相权的血色博弈。胡惟庸被处死难道仅仅是因为谋反？一句含糊不清的"擅权枉法"是无法将一切历史真相都抹平的。至于"谋反"则是在胡惟庸死后多年，朱元璋分期分批摊派到他头上的罪名，后世一直争议不断。

胡惟庸被杀之后，帝国的皇权运行模式突然成了一架令人恐惧的绞肉机。由胡惟庸案引发的连锁反应就像在帝国的天空刮过了一场龙卷风，这难免会让我们想起朱元璋说过的那句话："刘伯温在这里时，满朝都是党，只是他一个不从。"

这句话为胡惟庸案的后期处理定下了一个基调，那就是，胡惟庸不是一个人谋反，而是以他为首的权力集团在谋反。当胡惟庸被"谋反"后，那些与他有来往的人就应该是同案犯。

毕竟"谋反"不是闹着玩的小事情，需要有充足的参与人员，需要付出高昂的成本，需要承担巨大的风险。朱元璋之所以花费大力气将胡惟庸谋反的罪名坐实，就是为了能够将更多的帝国官员牵扯进来。就连领到"免死金牌"的李善长最后也没有逃脱，直到搭上性命才算了结。

从洪武十一年朱元璋当着六部官员的面训话以后，原来在中书省统辖下的六部，就此获得了越过中书省直接向皇帝汇报工作的权力，这给朝政带来了不小的混乱。

一个体制里，一对一的单线管理是最简单，放到大明朝就成了皇帝——中书省——六部。

按制度来说，六部还是属于中书省的管辖范围，六部的尚书们应该对胡惟庸负责；但是朱元璋的意思是，六部可以直接给自己打报告。这样的话，在六部尚书的管理和使用上，就陷入了双线模式。在君臣齐心、意见统一的时候还能够保持政务畅通，如果皇权与相权发生顶牛，事情就会比较麻烦。

尚书任何事情都不能瞒着皇帝，因为毕竟皇帝才是真正的帝国一把手；但是他又不能不上报中书省，皇帝批阅过的条子，最后还得交由中书省来发布，无论如何是绕不过中书省这一关的。如此一来，帝国的权力运行就变成了多头管理，这可苦了那些奔波于皇帝和宰相之间的六部官员。如此繁复的权力程序让他们疲于奔命，往往会造成一些常识性的错误。

朱元璋也看到了权力运行中存在的弊端，他早就有心在帝国官场掀起一场革命，但苦于找不到革命的突破口。

朱元璋的这场革命终于在洪武十二年（1379年）正式爆发了。这一年的九月，位于今天越南东南部地区的占城国来使进贡。按照帝国的外交程序，中书省应该在接到这种外交大事的第一时间上报皇帝。但实际情况却是，朱元璋并没有按照正常程序从中书省或是礼部那里得到消息。

消息是出宫办事的宦官带回来的，由于无人接待，占城国使者连宫门都没有找到，由于语言不通，只好流落街头。朱元璋勃然大怒："我堂堂大明居然如此对待番邦小国的外交使者，如果传扬出去将有辱我大国声威。"

朱元璋当即传唤中书省的两个江湖大佬胡惟庸和汪广洋，责问他们占城国来使事关国体，为何隐瞒不报。

胡惟庸和汪广洋在这件事上的表现大相径庭，一个急于推卸责任，一个茫然无措。

洪武九年（1376年），汪广洋发动了对李善长的弹劾。这是汪广洋人生中的第一次，也是唯一的一次。由此可见汪广洋最初还是想在帝国的权力场上有所作为的，不然他不会公然挑衅前丞相李善长的权威。

弹劾虽然没有取得预期的效果，但是汪广洋在面对李善长时所表现出来的大无畏精神，还是博得了朱元璋的赏识。可是汪广洋并不是一个越挫越勇的人，弹劾李善长失败对他的打击是致命的，虽然事后朱元璋将其重新放入中书省，但他的心性已经发生了脱胎换骨的蜕变。

在这个世界上，很多时候是逆境造就了人，困境磨炼了人。汪广洋既无意再去困境里磨炼，也无意参与到这场权力斗争中。在多年的宦海生涯中，最初的政治理想已经离他越来越远。

从汪广洋进入中书省的那一刻起，他就有着一种强烈的预感，那就是朱元璋在帝国权力系统中的影响无处不在，而他也正在被朱元璋当枪使。自己当初能够挑战李善长，那么以后也可能站出来挑战胡惟庸，朱元璋看中他的正是他身上所具备的"勇气"。

他是一颗棋子，朱元璋的目的就是靠他来盘活中书省这盘棋，借以削夺相权。

这个发现让汪广洋感到莫名的惶恐与失落，他开始变得躁动不安，很多时候只能靠酒精的麻醉才能够让自己安定下来。

汪广洋对于中书省二把手的这份工作失去了耐心和勇气，任由胡惟庸为所欲为。对于占城国来使这件重大的外交事故，汪广洋根本就没有反应过来，在朱元璋问起时，不知道如何作答，只是跪在那里支支吾吾，磕头如捣蒜。

胡惟庸辩解说这种事情一向都是由礼部负责，都是礼部惹的祸，与中书省无关。

面对胡惟庸的狡辩，朱元璋找来礼部官员和两位宰相当面对质。礼部官员面对帝国两大宰相毫无惧色，说这件事已经给中书省打过报告，没有上奏朱元璋是中书省的错。

中书省与礼部当着皇帝的面踢皮球，这让朱元璋非常恼火。手下这帮官员敢拿自己这个皇帝不当干部，当面还敢推诿扯皮，毫无担当。朱元璋下令将礼部负责接待外使的相关人员全部下狱，同时让检校暗中调查谁才是这件事的负责人。

这是一场明暗两面的牌局。在明面上，两位宰相和礼部官员只是被暴怒之下的朱元璋骂了一通，毫发未伤；而在历史的暗面上，朱元璋已经在酝酿一场帝国的暴风雨。

在南京城中书省那昏暗的烛光下，胡惟庸和汪广洋怀揣着各自的心思坐立不安。这种不安前所未有，他们从朱元璋暴怒的表情里已经感觉到，这一次不同往日，从皇帝不耐烦的表情里释放出的是杀气。

调查结果很快就出来了，汪广洋是占城使者事件的第一责任人。朱元璋下令将汪广洋正式拘捕，罪名是"不能效忠为国，坐视兴废"，放到今天这个罪名就是"行政不作为"。本来朱元璋将其安排在中书省，就是作为掣肘胡惟庸的一颗棋子，结果汪广洋却当起了装聋作哑的甩手掌柜，把好端端的一步活棋走成了死棋。

朱元璋再度将汪广洋贬往海南，并囚禁了其他有责任的官员，包括胡惟庸在内。对于汪广洋，朱元璋最不能容忍的地方就在于他辜负了自己的期望。当船行至安徽黄山地区太平县时，朱元璋又追加了一道圣旨，追究汪广洋在江西包庇朱文正、在中书省袒护杨宪等罪责，赐毒让其自裁。估计到生命的最后一刻，汪广洋都没有搞清楚，自己在什么地方得罪了朱元璋。

能够在太平县这个不太平的地方走完生命的旅程，对于汪广洋来说，有着更为特殊的意义。或许是冥冥中早已注定，太平是汪广洋事业的起点。

元至正十五年（1355年），汪广洋还是元朝的一名进士，并没有被授予实职，只是客居在太平县。每日诗酒人生，静静地等待人生机遇的降临。就在这一年，明军渡过长江防线，攻下采石矶，进驻太平。求贤若渴的朱元璋，闻汪广洋才名，便于帅帐之中召见。两人相谈甚欢，从此汪广洋走上了权力的不归路。

终点又回到起点，谨小慎微的汪广洋做梦也不会想到自己会成为朱元璋消除相权的祭旗人，不仅让人扼腕叹息。

就在汪光洋被赐死之后，又横生枝节：汪广洋的侍妾陈氏从死，掀起了新的波澜。在当时，如果政府官员死了，如果有未生育子女的妻妾从死，应该是贞洁行为，作为皇帝应该为这样的女子来个死后追封。陈氏从死的消息传至南京，就在朱元璋准备追封时，得知陈氏的身份是没入官籍的一个受处分官员的女儿。朱元璋又一次愤怒了，责问礼部官员："没官妇女，止给功臣家。文臣何以得给？"没官的妇女只能赏给功臣，文官怎么能享受这个待遇？其中必有蹊跷。

朱元璋最不能容忍的就是，那些朝廷官员在背地里瞒着他做些不法之事，那些官员胆敢有一件事瞒着自己，将来就会有十件、百件。他设立特务机构，目的就是要让自己的眼睛和耳朵无处不在。

朱元璋要求司法部门和检校将此事一查到底，绝不姑息养奸。明眼的官员这时候已经看出来，朱元璋是在借势发挥，要把这篇文章做大，至于大到什么程度就没人清楚了。皇帝彻查文臣，作为文臣领袖的胡惟庸又怎能逃脱干系。在朱元璋看来，胡惟庸的权力触角已经伸展得无处不在，再任其发展下去，完全有可能将他这个皇帝的权力架空。

相权到了非除不可的地步，胡惟庸到了非除不可的地步。要实现这两点，需要一个说服天下人心的理由。也就在这时，一个叫涂节的官员适时跳了出来。

涂节是御史中丞，负有监察百官的责任，相当于今天的中纪委、监察部的官员。由他出面告发胡惟庸，合情合理。另外还有很重要的一点，涂节还是胡惟庸的死党，而且在胡惟庸的权力集团中占据重要位置，胡一直视他为亲信。由这样一个人来攻击胡惟庸，是再好不过的事。

洪武十二年（1379年）十二月，御史中丞涂节向朱元璋告发胡惟庸涉嫌毒杀刘基，并意图谋反。虽然毒杀刘基并无实据，真相还不确定。

可对于朱元璋来说，眼下他需要的不是反复求索的真相，而是一个杀人的理由。

御史中丞涂节是个很会揣测上意的聪明人，他从朱元璋一次又一次的无名邪火中读出了一些很实在的内容：胡惟庸已经失宠。朱元璋需要一个理由，而自己需要一个机会。于是胡惟庸就成为这场交易的筹码。

洪武十三年（1380年）正月初二，整个帝国还沉浸在浓浓的新年气氛中，南京城的上空却笼罩着阴霾。御史中丞涂节向朱元璋告发，中书左丞相胡惟庸意图造反。

朱元璋在接到涂节的报告后，批转司法部门连夜突审。审查结果很快出来：胡惟庸谋反罪名坐实，同时涂节和御史大夫陈宁作为胡党嫡系也难辞其咎，不可不杀。于是朱元璋下令陈宁以及涂节陪同胡惟庸一起上路。这样的结局颇具戏剧效果，三人若在刑场相遇，不知会作何感慨。

新年伊始，帝国的权力中枢一下子就被剔除了三个文官大臣。一个丞相、一个御史大夫和一个御史中丞。尤其是丞相胡惟庸的突然倒台，使得帝国上下为之震动。胡惟庸死后发布的文告里，定下的罪名是"擅权枉法"。

"擅权枉法"是个含糊不清的罪名，就好像一个筐，任何逾越法律的行为都可以往里装。从打压同僚到私扣奏章，从收受贿赂到专权独断，就连沉湎于声色犬马之类的流氓罪名都包含在内。

就在帝国官员惊魂未定之际，到了正月十一，朱元璋又接连颁下了两道圣旨：一是废除中书省，二是废除大都督府。两道圣旨等于是把帝国的权力运行做了一个重新布局，那些仍旧处于极度震骇状态下的官员这才如梦方醒。原来洪武皇帝朱元璋早就酝酿好了这一切，因为这两道诏令绝非十天就能够完成的。

中书省作为帝国的最高行政机关从此退出了历史舞台，新的权力运行机制应运而生。整个中书省的官员编制几乎全被废除，只保留了记录官性质的中书舍人一个官职。原本属于中书省的权力也全部收归皇帝一人所有，吏、户、礼、兵、刑、工六部尚书的地位上升，他们直接对皇帝负责，王朝政务的决策者和实行者之间再无任何阻碍。

朱元璋借着清除丞相胡惟庸的机会，废除了中书省和丞相，将权力分给原来丞相统领的六部和监察机关，大幅度提升了监察机构在权力系统内的地位。在官家复式权力结构中，丞相作为官僚系统最顶端的那尊大神，在权力演变的过程中，一直与皇权进行着此消彼长的博弈。朱元璋索性将其连根拔除，为自己的继任者们"拔刺"。

在对权力集团上层进行大手术的时候，朱元璋出台了一系列安民抚民的政策，力图不触动占人口绝大多数的下层民众的利益，使得这次官家机构的大整顿和官家权力的大转移，得以平稳实施。

这次权力整顿运动虽然让官僚系统内部陷入巨大的恐慌，但手握军政大权的相权集团还是被皇权生生斩落马下。不光文官权力机构做了大幅度调整，军事机构也同样做出调整。大都督府被分割成中、左、右、前、后五军都督府，这五军都督府掌管军旅之事，隶属于兵部，曾经和中书省分庭抗礼的大都督府编制也就此消失。

经过整顿之后的帝国权力系统顶端成了皇帝一个人的独角戏，皇权高度集中，官僚集团的分权制衡呼之欲出。一人之下，万人之上的相权被瓜分得支离破碎，吏、户、礼、兵、刑、工六部和监察机关这七大部门瓜分了这块权力的大蛋糕,各部门只对皇帝负责,受皇权的直接领导和监督。它们既独立行使职权,又相互掣肘。

监察机关将六部纳入监察范围,六部的给事中(言官)也可以反过来对监察机关的官员进行弹劾,充分体现出官僚集团内部权力的相生相克,这样既达到了分流相权的目的,又健全了权力结构中的监督机制。

为了给自己的子孙扫除障碍,他告诫群臣:今后他的子孙,都不准再提设立丞相的事,帝国的大小官员也不能请求设立丞相,不然就是死罪。

洪武十三年的春节,注定是帝国建立以来最为特殊的一段时光。人心惶惶的正月过后,朱元璋真正开始了至高无上的皇权运作。此时的大明朝,没有了中书省的宰相,朱元璋的皇权达到了无所禁忌的巅峰状态。

权力带来的衍生物就是应尽的义务,就算是皇帝也不例外。没过多久,这至高无上的权力所带来的副作用就开始在朱元璋身上显现出来。身为一个合格的君主,他的底线是保障帝国的基本运行。眼下这无所禁忌的权力,给朱元璋带来的不光有权力的高度集中,更有繁重的工作压力。

从科学的角度来说,我们成年人每天需要有七到八个小时左右的睡眠时间,才能保证身体健康和意识清醒。但是朱元璋在洪武十三年以后,一天的睡眠时间估计还不够四个小时。

有史学家曾经算过这样一笔账,在废除丞相制度以后,每天送到朱元璋面前的奏章有将近二百封,里面大大小小共计约有五百件事需要皇帝亲自定夺。那些帝国文官都是写文章的好手,一篇奏章能让他们写得洋洋洒洒,文四骈六。往往几万言的注水文下来,真正能够切入正题的只有几百字。

史料记载,洪武九年,刑部主事茹太素上了一份长达一万七千字的奏章,朱元璋令人诵之。结果读到六千多字的时候,还没有进入正题。朱元璋勃然大怒,将茹太素在朝堂上杖责一顿。第二天,再令人诵之,当读到一万六千五百字时才进入主题。

朱元璋不由叹道:"为君难,为臣不易,朕所以求直言,欲其切于情事。文词太多,便至荧听,太素所陈,五百余言可尽耳。"

一道五百字就能够说清问题的奏折,结果却注水成了万言长文,这在当时是很正常的。如果我们按照一封奏章五千字计算，二百封就是百万字。一个人每天的阅读量达到上百万字，这的确是一件让人崩溃的事。而且，皇帝不仅要看奏折，还得动脑子去考虑如何解决问题。

面对如此繁重的工作压力，即使朱元璋有着超强的精力也无法承受。从医学角度来讲，精力透支容易导致精神高度紧张，引发情绪病。朱元璋本来就不是一团和气的人，长期置于这种工作状态下，脾气也变得更加暴躁易怒。

这种情况带来的副作用，就是君臣关系的极度恶化。朱元璋一个人根本无法完成一天百万字的奏章批阅量，于是就造成了这样一种局面：今天看不完就推到明天再看，而明天又有新的奏章呈递上来。周而复始，官员们得不到皇帝的回复就不敢擅自开展工作，这样就会使得帝国的权力运行效率大打折扣，官员们就会落下行政不作为的恶名，遭到皇帝的惩罚……如此恶性循环，朱元璋和朝臣们的关系也变得越来越紧张。

5. 朱元璋埋下的一枚重磅炸弹

胡惟庸虽然死了，可是李善长依然活在世上。帝国权力中枢的大部分官员还是李善长在任时的老部下，他们面对胡惟庸已死、皇帝对他们日益不满的现实，只能回到李善长的羽翼之下，以寻求庇护。

这种做法在朱元璋看来，就成了官员们结党营私和图谋不轨的双重罪责。朱元璋明白，自己要想实现皇帝权力的最大化，就要想办法分化官僚集团，各个击破，千万不能再让他们形成抱团之势。

李善长的存在让那些文官功臣集团心有所属，这是朱元璋最为不安的地方。

对于朱元璋来说，淮西集团虽然因胡惟庸之死受到了重创，但是只要他们的带头大哥李善长还活着，淮西勋贵集团就一天不会消失。事实也的确如此，外廷的大部分政府部门都由这个集团的人把持。在洪武十四年（1381 年）成立了大理寺和都察院，和刑部一起并称三法司。刑部掌天下刑名，都察院纠察，大理寺驳正，形成了大明朝廷正常的司法程序。但三法司的人也多是文官集团的人，朱元璋觉得实在靠不住。最让朱元璋信任的人，莫过于身边那些检校。

检校从建立之初就为朱元璋一手掌控，为朱元璋夺权、弹压官员立下过汗马功劳。检校只是个职务名称，并非真正意义上的官僚机构。虽然检校有侦查权，却不能扣押人犯和判罪量刑。要想让检校发挥更大的作用，就必须赋予他们更多的权力。如果将检校并入外廷文官系统的三法司，只会让他们拘束于国家法律和程序，无法做到任意妄为。

朱元璋要找到清洗大臣的理由，其实很好找，就两个字——谋反。和谁谋反呢？和胡惟庸。要向天下人证明一个死人谋反并非多么难的事，死人是不会开口说话的。朝堂上的淮西集团的官员，面对栽赃于死人这件事，他们也有口莫辩。

朱元璋要的就是他们有口莫辩。不辩就等于默认，默认就意味着他们都是胡惟庸的同党，一个也不能少。

洪武十八年（1385年）起，早已尘埃落定的胡惟庸案再生波澜，犯罪性质也从当初暧昧不清的"擅权枉法"变成十恶不赦之首的"图谋造反"。从洪武十八年到洪武二十三年（1390年），在短短的五年时间里，被胡惟庸案牵扯进去的功臣有一公、二十侯，其中连坐、死罪、黥面、流放的有数万人之多，朝中文臣几乎为之一空。

树欲静而风不止，这个案子流出的最后一滴血，正是李善长的血。

洪武二十三年（1390年）春天，注定又是一个不平常的季节。虐杀的阴云在天空几度徘徊和犹疑，最终还是决然地降落到李善长的身上。

一月，李善长定远老家的一段老房子的墙体倒塌，惊吓了这位年近八旬的古稀老人。他只想在一个能遮风挡雨的屋子里安度余生，他不忍心惊扰乡里，便给自己曾经的战友汤和写了一封信，要求借三百名士兵修缮房屋。

就在这三百名士兵到来的第二天，在他家十五里外的濠塘镇上发生了一起惊天大案。

如果说朱元璋对这个案子还有一点儿家丑不愿外扬的顾忌在里面，那么汤和这块落井的石头却正好砸中了朱元璋的脚。在汤和借兵给李善长的同时，他拟好的一封告密信也正在赶往京城的路上。有人说汤和太过无情，可是在权力斗争中，无情要别人的命，有情却有可能会要了自己的命。汤和毕竟年轻许多，还想在这个世上多活几年，他更不想让妻儿有一天跟着自己上断头台。他目睹了身边的战友们被朱元璋一个一个收拾掉，变得惶惶不可终日。这么多年的权力斗争，让汤和明白了一个道理：主人不会将自己豢养的所有猎犬一网打尽，最后肯定会留下一条，用来看家护院、装点门面。当他发现朱元璋的杀气再次出现后，为了能够成为笑到最后的那条看家犬，汤和不得不出卖昔日的战友。

汤和借出的三百名士兵使朱元璋很容易就联想到了刺杀太子的数百名刺客。按照朱元璋以往的脾性，他根本不会在这件事上多做周旋，肯定会在得到消息的第一时间里下旨捉拿李善长归案。不过这一次朱元璋欺骗了所有人的直觉，他居然忍住了。刺杀太子的罪名虽然很重，但是并不符合他心中的布局。朱元璋没有利用这个事件对胡惟庸案下手，因为这桩刺杀案对他而言，还有另外一层深意在其中。

朱元璋决定再忍一忍、再等一等，他相信李善长还会祭出更加愚蠢的昏招。他已经等了十一年，也不在乎再多等几个月时间。

李善长就像是一个走在布满陷阱的道路上的盲人，他压根儿就没察觉到自己已经从鬼门关转了一圈，毫无知觉地走过了第一个陷阱，却再也逃不过第二个陷阱。这一年的三月，他的一个转弯抹角的亲戚丁斌犯事被判流放。夫人在他面前痛哭一番，讲述丁斌如何对李善长心存孝敬。或许真是人一老，耳根就会变软。夫人的痛哭让李善长无法驳回情面。他第二天就上奏朱元璋："恳求陛下看在老臣当年的微末之功的分儿上，给丁斌一个改过自新的机会。"

只可惜皇帝的耳根却不软，朱元璋从这封信中寻觅到一个绝佳的机会。既然李善长想为丁斌求情，那么就以丁斌作为突破口。

朱元璋当即密令左都御史詹徽追查丁斌案。朱元璋在交代任务时，并没有将事情挑明。可是詹徽却在只言片语的交代中揣测到了圣意，他连夜拷问丁斌。李善长一心替丁斌脱罪，可他万万没有料到，丁斌会反过来出卖他。在詹徽的利益诱导下，丁斌供出了李善长之弟李存义与胡惟庸共同谋反的细节。

这里不得不佩服詹徽心机之巧，他之所以选择李存义为突破口，是因为此人既是李善长的弟弟，也是胡惟庸的亲家，是沟通李、胡二人的天然桥梁。李存义很快就供出足以置李善长于死地的供词：胡惟庸多次请求他找李善长共举大事，李善长不许，胡惟庸亲自来说，李善长终于长叹："我已老，汝等自为之。"

这句"汝等自为之"是詹徽最得意的手笔，它符合李善长的身份，轻一点儿说是知情不报，但往深处想就是默许胡惟庸造反。他虽然没有参与其中，但也心有此意。用今天的话说就是，李善长有作案动机。

即便是造反未遂，那也是一项重罪。詹徽随即大规模网罗罪名。重赏之下、必有勇夫，李善长的家奴纷纷跳起来告状，绘声绘色地编织了一个又一个子虚乌有的故事。直到此时，文武百官才如梦方醒。或许是怕李善长案牵连自己，文武百官也纷纷跳出来展开大规模的口诛笔伐。千夫所指，李善长求生无门。四月，朱元璋批下此案。

洪武二十三年（1390年）春，太师李善长参与胡惟庸谋反案，赐死，夷其三族，赦其长子驸马李祺及临安公主所出嫡二子李芳、李茂死罪，贬为庶民。李善长遭到灭族当然是一大冤案，是朱元璋为了剪灭勋臣有计划、有预谋的行动。

就在李善长死后的第二年，一个小小的五品郎中王国用上书，替李善长说了一番公道话。

王国用的原话是这样说的："善长与陛下同心，出万死以取天下，勋臣第一，生封公，死封王，男尚公主，亲戚拜官，人臣之分极矣。藉令欲自图不轨，尚未可知，而今谓其欲佐胡惟庸者，则大谬不然。人情爱其子，必甚于兄弟之子，安享万全之富贵者，必不侥幸万一之富贵。善长与惟庸，犹子之亲耳，于陛下则亲子女也。使善长佐惟庸成，不过勋臣第一而已矣，太师国公封王而已矣，尚主纳妃而已矣，宁复有加于今日？且善长岂不知天下之不可幸取。"

这句话就是说：李善长和陛下是一条心，"出万死以取天下，勋臣第一"。生是国公，死后会封王，儿子娶了公主，亲戚做大官，位极人臣。他没有冒险造反的必要条件，更何况参与成败尚未可知的造反。有人说他想辅佐胡惟庸造反，更是大错。李善长与胡惟庸是侄儿结亲，与陛下则是亲子亲女结亲。他即使辅佐胡惟庸造反成功，无非封太师国公王而已，男的娶公主女的嫁给王子而已，难道能比今日所得富贵更进一步吗？李善长难道不知，江山社稷并不是靠侥幸就能夺取的吗？

朱元璋看完王国用这封上书，竟然没有怪罪于这个五品郎中，可见他在内心也是认同这番话的。李善长被灭族，固然是朱元璋刻薄寡恩所致，但和李善长参不透帝王心思也有很大关系。王国用所说"出万死以取天下，勋臣第一"，这是李善长生前的荣耀，也是置他于死地的刀锋。

不知道白发苍苍的李善长临刑前是怎样一番心态，想当年李斯与儿子一起被绑缚至刑场，李斯发出了"牵犬东门岂可得乎"的人生感叹。不知道李善长会不会有相同的慨叹。很多搅进权力场中的知识分子，至死也不会有这种醒悟的。就算生命重新再来一次，权力依然是他们的心头好。

李善长和胡惟庸的死并没有让朱元璋停下脚步，他派出检校，四处收集所谓的谋反证据，把胡惟庸一案的新账旧账拿出来反复清算。在这种滚雪球似的清算方式下，死了的胡惟庸依然还在起作用，罪名也在不断地升级改造中，由最初的"擅权枉法"发展到私通日本、蒙古，再到串通李善长等人谋反。

罪名每升级一次，打击面就扩大一次。牵连的人员也由与胡惟庸关系紧密的亲族、同乡，延伸至故旧、僚属以及其他有关系的人。凡是能够牵扯上一星半点儿关系的，皆被问罪受刑，先后杀掉了三万多人。和管理百僚的李善长、参与军机的刘基相比，宋濂作为一代文宗，只不过是替朱元璋起草文书、教育太子，对江山的威胁应当不如两人，但朱元璋仍然不放心，害怕他泄露宫中的秘密。好在宋濂守口如瓶。有一次他与客人饮酒，朱元璋派人秘密监视。第二天，皇帝问宋濂昨日是否饮酒，客人是谁，用了什么样的下酒菜。宋濂具实回答，朱元璋笑言真是这么回事，宋濂没有说谎。一个大臣连私生活都要受到皇帝的严密关注，就算取得富贵，怕也难以体会到人生的快乐。

宋濂的下场也不好，他的长孙被牵连进胡惟庸案，朱元璋准备杀他，马皇后对朱元璋说，老百姓为子弟请老师，尚且以礼仪对待始终，何况天子。况且宋濂致仕在家，未必知道此事。在马皇后的劝说下，朱元璋饶了宋濂一命，但仍将他被发配到茂州，最后死在了四川夔州。

在胡惟庸死了十二年后，帝国再度掀起"蓝玉案"。作为一代名将、开国功臣的蓝玉，受封凉国公，为人桀骜不驯。蓝玉是常遇春的内弟，而常遇春的女儿又是太子朱标的妃子，所以蓝玉和太子朱标就有了亲戚关系。

《明通鉴》中记载，蓝玉身为太子朱标的亲戚，极为关心东宫的权力之争。他曾经提醒朱标要提防燕王朱棣："燕王在国，抚众安静不扰，得军民心，众咸谓其有君人之度……臣又闻望气者言，燕地有天子气，殿下宜审之。"意思是说，燕王朱棣不是一般人，收买人心，迟早是要造反的，我找过人望他的气，燕地有天子气象。

朱标却不以为意，淡淡地说"燕王事我甚恭谨"。蓝玉在说这件事的时候，曾经专门叮嘱太子朱标不要传扬出去，可结果还是传到了朱棣的耳朵里。等到太子朱标病死，燕王朱棣在入朝奏事的时候就对朱元璋说："在朝诸公，有人纵恣不法，如不处置，将来恐成尾大不掉之势。"朱棣这句话虽然没有指明蓝玉，但大家心里都清楚，蓝玉曾经在太子面前说过朱棣的坏话，朱棣现在要施行报复，再加上"纵恣不法"四字，更是确指蓝玉。

在这种情况下，蓝玉竟然毫无收敛，仍是率性而为。蓝玉在战场上是不可多得的将帅之才，出征西番，擒得逃寇，且捉住了建昌卫的叛帅。可是一旦离开战场，他的表现只能用一介莽夫来形容。在战争结束的归途中，他就干了一件颇为让人不齿的事。他用暴力霸占了元主的老婆，结果这位妃子羞愧自杀。蓝玉的行为违反了朱元璋的民族政策，也不得人心。他的这种做法让朱元璋十分愤怒，但考虑到蓝玉功劳很大，便没有深究，而蓝玉却以为这是默许他的作为，于是更加放肆起来。

在这之后，蓝玉的这类胡作非为越来越多。比如说他在回到喜峰关口时，由于已经是黑夜，守关的官员休息了，听到有人叫关就立刻跑去开门，而蓝玉却干出了谁也想不到的事情。他命令自己的士兵攻击关卡，打破城墙强行闯入，还颇为扬扬自得。

蓝玉还纵容家奴侵占民田，当御史对其家奴的不法行为进行质问时，他毫不顾忌后果，竟然堂而皇之地驱逐御史。

诸如此类不靠谱的事件让朱元璋极为恼火，他原来准备封蓝玉为梁国公，为了警告蓝玉，他把"梁"字改成了"凉"字，从这里就可以看出朱元璋对蓝玉态度的转变。

蓝玉征西归来，以为回朝后会得到封赏，没想到朱元璋根本就不理他。到册立皇太孙时，他满以为会让自己做太子太师，却没想到自己还是太子太傅，反倒让冯胜、傅有德两人做了太子太师。这让蓝玉十分愤怒，扯着袖子大喊道："难道我还做不得太子太师吗？"他这一番闹腾弄得朱元璋更加不高兴了。

自此以后，蓝玉上朝奏事，没有一件能够获得批准。蓝玉不仅没有收敛，反而变得更加肆无忌惮。有一次，他见朱元璋的乘舆远远经过，便指着说："那个乘舆的人已经怀疑我了！"锦衣卫听到了这句话，立刻报告蓝玉谋反，并说他与鹤庆侯张翼、普定侯陈垣、景川侯曹震、舳舻侯朱寿、东莞伯何荣、吏部尚书詹徽、户部侍郎傅友文等人私底下相互勾连，准备起事，欲劫皇上车驾。

朱元璋正愁找不到借口，便将其拿下，亲自审问，再由刑部刑讯逼供，以假作真。据称蓝玉在受审时对他的叛逆罪供认不讳，同时在他的招供过程中，又把许多侯爵以及吏部尚书詹徽都牵扯进来。詹徽曾经主持审理过李善长的案子，现在又奉旨受理蓝玉一案。让人意想不到的是，蓝玉的供词把詹徽也拉了进来。

洪武二十五年（1393年）三月，蓝玉被公开肢解。蓝玉作为军队统帅部属众多，受株连的人数众多，而且最后的下场都是族诛。也就是一人犯罪，或受株连，就按家按族屠戮。在蓝玉一案中，许多开国功臣都跟着成了刀下冤魂。这就不免让人猜测，朱元璋之所以要实行这种大清洗，就是要除掉可能威胁皇位继承人的帝国权贵们。

事后，朱元璋为了辩明自己行为的正确性，他想出了各种办法。胡惟庸案结束以后，朱元璋搞了一个《昭示奸党录》布告天下；蓝玉案结束以后，朱元璋又搞了一个《逆臣录》，并且是朱元璋"手诏布告天下"，列名《逆臣录》的，有一公、十三侯、二伯。朱元璋这样做的目的，显然是想给蓝玉和胡惟庸两件清洗案做个了结，同时向帝国的权力集团和民间社会传递出一个信息：这两件大案是钦定的，谁也不准来翻这个案。

朱元璋掀起的这场"连环三击"前后持续了十多年，被卷进去受诛的文武功臣各色人等，有五万人之多。效果是达到了，可天意民心却难以交代过去。

其中有些人的确属于罪大恶极，自取灭亡。譬如永嘉侯朱亮祖仗着手中的威权，横行霸道，可谓恶贯满盈。但更多的人死得实在是冤枉，罪名安的也是不清不楚。朱元璋巧妙地借助朝臣之间的矛盾，将诬陷栽赃运用到了极致。他先后以谋逆、谋反、通倭等种种罪名把胡惟庸、蓝玉、李善长等几大权力集团全部收拾干净，只杀得刀锋卷口。

"蓝玉案"发生一年后，宋国公冯胜在缸上设板，用碌碡在上面打稻谷，声响远震数里。有仇家状告冯胜私藏兵器，朱元璋将其召入京城，赐以毒酒，冯胜毒发而死。颖国公傅有德，奏请土地，不仅不准，反被赐死。定远侯王弼躲在家里偷偷叹息："皇上春秋日高，喜怒无常，我辈恐怕很难活下去了！"结果被检校监听并告密，也被朱元璋赐死。

经过这么上上下下的一番折腾，帝国的开国功臣已经所剩无几。依然有幸存活于世的，一个个都远离权力核心地带，自己笼起袖子晒太阳去了。徐达、常遇春、李文忠、汤和、邓愈、沐英六人没有因罪获刑，死皆封王，但徐、常、李、邓四人都是死在胡蓝大案之前，沐英镇守云南，天高皇帝远。只有汤和躲过了这一场接一场的血腥清洗，实在是不容易。要知道汤和同颖国公傅友德是儿女亲家。他洁身远引、解甲归田，绝口不谈政事，享年七十多岁，得以寿终正寝。

朱元璋的分权制衡体系就这样在血腥中建立起来，那些可能威胁到朱明王朝统治的功臣被一个个剔除，但事情还远没到结束的时候。虽然这时候相权被生生剥离出了权力系统，但由于朱元璋的血腥杀戮毫无节制，使得帝国权力结构中的辅政系统损毁严重，最后竟然到了形同虚设的地步。

这就形成了一种局面：在那个庞大的复式立体化的权力系统中，行政机构都变成了花瓶式的摆设，看上去很美，可中看不中用。官员们事无巨细都要跑到朱元璋面前去请示汇报一番，皇帝没有拍板的事，谁也定夺不了。这就像在一个几十口人的封建大家庭里，所有的事都让一家之长拿主意。如果一个人饿了喝碗牛肉汤、渴了泡壶龙井也要来个请示汇报，一次两次算是尊重长辈，天天如此，谁也受不了。一个家庭尚且有轻重缓急，运转一个偌大的帝国又岂是一个人能够忙得过来的。

朱元璋虽然是劳模皇帝，可劳模皇帝毕竟也是肉身凡胎而不是神灵精怪。他面对的是庞大的官僚机器，面对的是没完没了的复杂政务，这让他陷入了身心俱疲的境地。

十七世纪的英国政治思想家约翰·洛克认为，在君主专制政体下，对个人权利造成最大伤害的却往往是国家权力。他认为人们若把财产交给专制君主来保护，便无异于为了防止狐狸的骚扰而甘愿为狮子吞食。出现这种现象的原因就是君主政体下政府的权力过分集中，缺乏对权力的制约，为了防范政府超出人们对它的授权，更好地保护人们的权利，分权便是必要的了。

朱元璋进行的权力整顿运动可以说是官家制度的重大变革，这项以强化皇权为目的的变革是中国政治史上的一件大事。与皇权较劲了一千五百多年的相权就这样在朱元璋手里化为无形，这也开启了明、清两代五百多年的官家权力新格局。

虽然废除宰相制度让他的工作量翻了几番，他甚至感觉到了力不从心，但他从没有想过再度恢复宰相制度。前朝的前车之鉴摆在那里，朱元璋不能不警醒。每次皇权与相权博弈之后，当皇权取得主动，皇帝为了分流相权，往往会让自己的官家系统生出新的权力枝节，也就是新的辅政机构。这就形成了权力的恶性循环。在每一次循环过程中因为新的权力危机，不是宦官（太监）干政，就是皇亲国戚篡权。我们可以统计一下，历史上哪一次宦官专权不是由开国君主为了加强皇权而埋下祸端，自己美滋滋地得到了现实利益，报应却落在后辈中的无能者身上，不是被宦官专权，就是引发朝纲混乱，权力易主。朱元璋对废相后面临的权力困境还是认识不够，可他并不愿意在历史的铁律面前乖乖就范。他要走出一条权力的新路，一条可以打响其个人品牌的道路。

既然要推倒一切重新来过，那就索性闹他个天翻地覆。朱元璋以此为由头，对新帝国的官吏队伍进行了大规模的清洗。除了朱元璋本人，谁也未曾料到这样的一场清洗会以如此暴烈的方式。

朱元璋在杀伐决断上绝对称得上一名快刀手，只要他感到不快或者不安时，他会毫不犹豫地出手，而且出手的速度快如闪电。让人不解的是朱元璋在对待胡惟庸的问题上却是另外一番情形，纵容，再纵容。甚至在长达十多年的时间里，胡惟庸在洪武朝的权力结构中都是一人独揽大权，即一个人当丞相，时称"独相"。但是对其他人朱元璋却缺乏足够的耐心，要知道在胡惟庸前面垮台的那些人中，常遇春、徐达、刘伯温等人的地位与威望哪个不曾超越胡惟庸？可这根本挡不住朱元璋清洗的脚步。

为什么说朱元璋这个快刀手对胡惟庸表现出了足够的忍耐，甚至是纵容？让我们拿李善长与其比较一下。李善长是朱元璋的"大管家"，和朱元璋有老乡和亲家的双层关系。在古代中国那样一个讲究"地缘效应"的官僚体系中，朱元璋连他都不能够完全信任，又能信任谁？他曾经被朱元璋比喻为自己身边的萧何，是公认的大明王朝第一开国功臣，在军民中的声望可谓一时无两。然而就是这样一个人，朱元璋在给予他崇高的赞誉之后，偏偏不让他继续做丞相。

李善长在 58 岁时就被朱元璋强迫退休回家抱孙子了，77 岁时又被拉进胡惟庸奸党案。朱元璋一口气杀掉他全家七十多口人，只赦免了他的儿子和儿媳，因为他们是驸马和公主。与李善长居于同等位置的还有刘伯温，刘伯温的才干、品性与威信也远在胡惟庸之上，他被朱元璋比作自己的张良。朱元璋同样也不让他做丞相。朱元璋是铁了心要让能折腾出动静的胡惟庸待在丞相这个位置上。

朱元璋需要胡惟庸这样一个权欲熏心、利令智昏的人物，需要他替自己清除障碍，比如消灭刘伯温。他还需要这个人闹出点儿大动静，为自己提供一个取消丞相制度的理由。这个理由是给官僚集团和天下百姓看的，只不过是掩耳盗铃罢了。这盘棋从一开始就完全落入了朱元璋的掌控之中。

废除丞相制度之后，朱元璋对帝国的权力结构进行了重大改组。也就是前面说到的，由六部和监察机关分食相权这块大蛋糕，皇帝总领全局。为了将这种制度延续下去，朱元璋在《皇明祖训》中留下一句极为酷烈的话："后代有敢建议立宰相者，灭九族。"

这种权力系统的设置与前朝的官僚体系相比，最大的特点就是简单透明，透明是为了方便皇帝能够对庞大繁杂的权力结构一览无遗。所有的权力全部被皇帝攥在手中，即所谓"大权一归朝廷"。朱元璋这么做就是逼着自己的子孙们不要偷懒，对待自己的家族企业要做到亲力亲为。此项制度在各种因素的交互作用下，闪转腾挪，演变得面目全非，可以说大明官家制度表现出来的种种乱象，都与此有关。朱元璋的权力整顿运动，让人产生矫枉过正之感，为明王朝的后世之乱埋下了一枚重磅炸弹。

对于这时候的朱元璋来说，他所能体验到的只有两点：一是手中的权力足够大，二是皇帝的工作负担也的确够重。

根据《明太祖实录》的记载，洪武十七年（1384年）九月十四日到二十一日，八天之中，全国共有1160份各类文书报告送到朱元璋的案头，其中涉及各类事项3391件。平均计算，朱元璋每天需要批阅文件的字数约为二十万字（一本书的容量），处理事务423件。这样的工作量，即便朱元璋不眠不休，一个小时也要阅读8000字以上，并在二十多件国家事务上做出决断。

这种工作量连年轻人都会感到畏惧，更别说一个快接近六十岁退休年龄的老人了。就算皇帝个个龙筋虎体，就算他对自己的职业有着无限的热爱，处身于那样一个岗位上也是形同苦役。朱元璋试图找到一个两全其美的办法，既可以解决皇帝工作负担过重的问题，又能够使皇权不至于旁落。

在废除丞相制度之后，朱元璋先是设立了四辅官，称为春、夏、秋、冬四辅官。后来又设置了华盖殿、文华殿、武英殿、文渊阁和东阁等大学士，但这些人的工作能力与先前被杀的那几位丞相相比，是不可同日而语的。另外由朱元璋一手营造出来的恐怖专政的政治氛围，也让这些人战战兢兢无心恋位，他们怕的是一觉醒来就赴了黄泉。在朱元璋看来，在帝国的权力系统制造那些大案、要案并非常态，只是一时权宜之计，他宁愿由自己来当这个罪人，为子孙"拔刺"，他希望帝国的车轮能够纳入正常法治的轨道。

无可否认的是朱元璋推行的权力整顿，带来了吏治清明的大好局面，权力监督也较以往到位。但是如何设置皇帝辅政机构的问题，始终没有得到有效地解决。作为开国之君，朱元璋只有无奈地把这个难题留给了自己的后世子孙，而在这期间官家权力结构经历了一个非常漫长的嬗变过程。

洪武三十一年（1398年），朱元璋带着遗憾离开了这个世界，按照他生前的安排，他的皇长孙朱允炆即位，是为建文帝。

二、靖难事：帝国的黑色魔咒

1644年7月，中国南方虽然已进入到盛夏时节，但素有"火炉"之称的南京却依然凉意袭人。不仅如此，全国各地也屡有"夏雪不止"的反常气候报告。自然史学家做出的解释是，明朝最后的近一个世纪——差不多从16世纪中叶到17世纪中叶——恰逢地球进入人类文明纪元以后遭遇的一段最寒冷时期，称为"小冰河期"。

现代人可以用科学解释自然现象，而在当时的人们看来，这种"千年极寒"以及它所带来的自然灾害正是改朝换代和乱世降临的不祥征兆。也就在三个月前，李自成率领叛军攻破北京城，大明王朝最后一个皇帝朱由检（崇祯）在煤山自缢身亡。

一个多月前，朱由检的堂兄弟福王朱由崧在南京即位，改年号为"弘光"。此时的南直隶应天府，一派紧张不安而又忙乱兴奋的景象。自成祖朱棣于永乐十八年（1420年）宣布迁都北京以后，南京这个明朝的"龙兴之地"已有两个多世纪没被当作正式都城了。现在，它将要再度承担起"光复明室"的历史使命。

照理说，面对各地烽烟四起的叛乱和北方异族的大兵压境，南明小朝廷应该有处理不完的军国要务。但就在这样十万危机的时刻，它做了一件令一般现代读者难以理解的事情——为一桩发生于明朝初年的政治血案平反。

弘光朝廷诏告天下，在"靖难之变"中被武力推翻的本朝第二代君主建文帝朱允炆是大明的合法天子，并追谥其为"让皇帝"，定庙号"惠宗"。朝廷同时给予"靖难"中殉国的所有大臣平反，旌表其忠义事迹。242年前的这个时候（1402年7月），正是在这座古老的京城，朝廷开门迎纳燕王叛军，皇宫起火，二十五岁的朱允炆下落不明……

1. 皇位是块难啃的硬骨头

朱允炆是明太祖朱元璋的孙子，朱标太子的第二个儿子。按照正常的长幼排序，他应该算是大明王朝的第三代皇帝。虽然朱标很早就被朱元璋立为太子，但是在朱标的儿子当中，朱允炆却并不是长子。在朱允炆前面还有个哥哥叫朱雄英，幸好这个朱雄英没能修炼成为帝国的朱英雄，不然的话，后来的历史与朱允炆也就没什么关系了。

按照皇位继承的游戏规则来说，如果不发生什么跑偏事件，长子朱标顺利地从朱元璋手里接过第二棒，朱雄英又从朱标那里接过第三棒。但历史往往并不按照正常的规律发展，规律往往会被某些意外打破。使得大明王朝皇位继承出现变局的主要原因，在于朱元璋的皇族生育体系出现了问题，也就是所谓的"长房不旺偏房旺"。长房子孙越是小辈死得越早，常常是白发人送黑发人。

先是朱标的长子朱雄英生下来没几年，英雄没当成，却死在了自己的父亲朱标的前头。而朱标也没在太子的位置上待上几年，又急急忙忙地赶在朱元璋的前头奔了来世。这种人算不如天算的变局让精于算计的朱元璋也只能徒唤无奈，也将还没有任何思想准备的文弱书生朱允炆从历史的后台推向了前台。

我们可以想象，如果没有这样一场个人命运和历史发展的变局，作为一名普通皇子的朱允炆应该会过得更加快乐一些。

朱允炆生于洪武十年（1376年）十月，他的母亲是太子朱标的嫔妃。朱标的太子妃是常遇春的女儿常氏，这个常氏就是朱标的长子、朱元璋的长孙朱雄英的母亲。而朱允炆的母亲吕氏是太常寺卿吕本的女儿，因为吕本的官职地位并不高，所以他的女儿也只是一个嫔妃。

子凭母贵，因为朱允炆是庶出，所以他在刚出生时并没有受到重视。他在生下来很长一段时间里都是黑户，一年多以后才真正有了自己的名字。

洪武十一年（1377年）年底，太子妃常氏薨，朱允炆的母亲吕氏升格为太子妃。也就是在这时候，洪武皇帝朱元璋才想起来皇太子朱标的膝下还有这么一个没有名字的皇孙，于是将其赐名为朱允炆。朱允炆六岁的时候，他的同父异母的哥哥朱雄英死了，十五岁时他的父亲朱标也离开了人世。

朱允炆就这样在懵懵懂懂之中被命运的潮流裹挟进历史的洪流，时也命也。朱允炆的个人起点并不算高，除了自己的母亲地位低以外，还有一个原因，那就是他自己的外在形象离帝王的要求还有很大的差距。虽然朱元璋本人不幸长了一张"鞋拔子"脸，可他的儿孙们中间并不缺乏英俊魁梧之人。如果选拔皇位接班人也需要面试的话，朱允炆肯定是要吃亏的。

朱允炆的外形缺陷非常明显，想遮掩都不容易。他刚生下来的时候，头骨歪得很厉害，整个头型看上去像个弯弯的月亮。朱元璋看到孙子这充满个性的外形就很不痛快，他曾经一边轻轻地抚摸着朱允炆的头，一边叫朱允炆为"半边月亮"。谁也不会料到，这"半边月亮"以后会在帝国的天空慢慢升起来。

既然外形如此不佳，为什么朱元璋最后还会把皇权交到朱允炆的手中？在朱允炆身上还有哪些因素能够打动朱元璋？朱元璋是一个有着深谋远虑的人，他在开国之时就已经在考虑自己百年之后的事了。朱家的江山得来不易，不守个千儿八百年朱元璋是不会甘心的。

洪武元年（1368年）正月，在大明开国的当天，朱元璋就宣布朱标为未来皇位的接班人。为了巩固帝国之根本，朱元璋在这方面可以说是煞费苦心。为此他专门在南京明皇宫里建了一个大本堂，收集天下古今图书典籍，招揽宋濂、刘基、李希濂等名儒学士作为太子朱标的老师，并挑选德才兼备之士给朱标伴读。

洪武六年（1373年），也就在朱标23岁那年，朱元璋让朱标尝试着参与国政。

同年八月，朱元璋又命朱标巡抚陕西，考察未来迁移都城的事宜。朱标不负父皇之厚望，出色地完成了使命，临回来时向父皇朱元璋进献了陕西地图。

所有这些都清楚地表明，朱元璋让朱标接班的意愿是很强烈的。而朱标尽管与父亲在个性方面的差异很大，在施政策略上也有着很多的分歧，但不可否认的是，他还是朱元璋心目中最理想的皇位继承者。

当朱标成为皇太子并监国之时，后来和他儿子争皇位的四弟朱棣还只是一个八岁的毛头小子，连个封号都还没有。洪武三年，十一岁的朱棣和兄弟们一起被封为王爵，二哥樉为秦王，三哥棡为晋王，朱棣为燕王，五弟橚为吴王，六弟桢为楚王，七弟榑为齐王，八弟梓为潭王，九弟杞为赵王，十弟檀为鲁王。

其后诸王都在朱元璋的安排下在南京学习文武之道，为将来到各自的藩国守卫大明江山打基础。此外，朱元璋的其他儿子也都享受到了相同的待遇，在逐渐长大成人后都被封为亲王，并陆续到各自的藩国就藩。

上天在这个时候故意与朱元璋开了个巨大的玩笑。出巡在外的太子朱标从陕西一路风尘赶回南京，本来身子骨就单薄的他偶感风寒，竟然一病不起。洪武二十五年（1392年）四月，年仅三十九岁的朱标太子带着朱元璋的无限期望，毅然决然地撇下朱允炆等尚未成年的儿女，也撇下了他即将接手的皇权，撒手西去。

朱标太子的突然薨世，使明皇宫陷入了空前的死寂。这对一心希望大明帝国稳如磐石、长治久安的朱元璋来说无疑是致命的一击，也彻底打乱了他在此之前的所有政治构想。朱元璋陷入了巨大的悲痛之中。短短几天时间，他的头发、胡须全都白了。朱元璋悲痛的不仅仅是自己老年丧子，还对大明江山社稷感到深深的忧虑。

太子死了，朱元璋耗尽心智经营了二十五年的大明"国本"也随之破碎。对于朱元璋来说，一切又要从头再来。大明帝国的皇位继承问题又回到二十五年前的起点上。但对于这时候的朱元璋来说，他已经没有了刚立国时那种意气风发的精气神儿，留给他的时间已经不允许他再做过多的折腾。

太子死后，朱元璋面临着重新选拔接班人的难题。对于选拔皇位继承人，可供朱元璋做参考的历史样板并没有多少，翻来覆去也只有三种。

第一种是兄终弟及。中国历史上的夏、商两代很多时候实行的就是这种王位继承制度。这种继承制度的优点是长君主政，可以避免幼主继位所带来的权臣弄政和外戚干政的祸乱，但实际上也带来了不少的副作用。当了皇帝以后的兄长一般都不大愿意将自己的皇位再传给自己的兄弟，他们总是想方设法地将皇位传给自己的亲生骨肉，这样一来就会引发皇位继承的争夺战。

朱标的突然薨世，对朱元璋的打击毫无疑问是巨大的。在这期间，一生勤政的朱元璋居然有六七天不理朝政。大臣们提出让朱元璋的二子朱樉或三子朱棡继位，不过都被朱元璋否决了。

第二种是立爱立贤。何为"立贤"？所谓的"贤"只能是靠主观来判断，无非是以皇帝的价值标准来加以评判。

这种方法的效果值得商榷，因为历史上真正英明睿智的皇帝并不占多数。在这种情形下，所谓的"立贤"就成了一个听上去美妙的借口。用今天的话说，就是"说你行你就行，说你不行你就不行"。"立贤"实际上也就等同于"立爱"。皇帝心头之所爱，不一定就是帝国臣民之所需。

朱标死后，悲痛欲绝的朱元璋在大臣们的劝解之下，收起悲痛的情绪，开始重新考虑皇位继承人的问题。根据明成祖朱棣钦定的《明太祖实录》记载，就在朱标太子死后的第三天，朱元璋在明皇宫的东角门召集朝中重臣，讨论未来皇位继承人的问题。

朱元璋说："朕年事已高，太子朱标又不幸夭折，我大明遭此厄运，都是命中注定的。有句古话说得好：'一个国家要是有年长的皇位继承人的话，那是天下苍生的福分啊！'朕的第四子燕王朱棣贤明仁厚、英勇威猛、雄才大略。他在某些方面和朕很像，朕想立他为太子，诸位爱卿认为怎样？"

朱元璋话音刚落，翰林学士刘三吾马上应对说："陛下所言极是，但是陛下要是立了燕王为太子，那么燕王的两个哥哥秦王朱樉和晋王朱棡又该放在什么位置呢？"

朱元璋无法回答老臣刘三吾所提的问题，兀自伤心痛哭起来，重立太子之事也就此打住。从朱元璋与刘三吾君臣的这段对话来看，刘三吾的潜台词是说，皇帝您要是跳过老二、老三，立老四为太子，就会为自己的帝国带来无穷尽的麻烦与危险。

朱元璋是何等聪明之人，当然能够听得出刘三吾这番话的弦外之音。他最终放弃"立爱"的念头，而采用最为稳当的皇位继承制度——嫡长子继承制。

当然上面的记述出自朱棣钦定的《明太祖实录》，其真实性是有待商榷的。朱棣在起兵夺了自己侄子朱允炆的江山后，为了证明自己夺位的合法性，在官修的史书上曾经做过大量的手脚。

要知道在朱标死的时候，朱棣前面的两位皇兄朱樉和朱棡还是活蹦乱跳的，而且这两个皇子也不是什么省油的灯，即使朱元璋立朱棣为帝位继承人，他们兄弟俩也绝对不会善罢甘休的。如果朱元璋立了朱棣为皇太子，那么在其百年以后，朱棣的两位兄长肯定会兵戈相向。其他的皇子藩王暂且不说，单是这两位手握重兵的藩王，就足以让天下大乱。

历史要是真发展到那一步，西晋末年"八王之乱"似的大劫难就会重演。朱元璋苦心经营的大明江山就会变得岌岌可危，这当然是朱元璋最不愿意看见的一幕。

所以，朱元璋还是选择遵循最为安全的历代通用的"嫡长子继承制"，立太子之子为未来的帝国一把手，这样也就名正言顺，至少没有为其他皇子藩王起兵作乱留下借口。这是朱元璋明智而又无奈的一种选择，但绝对不算是一个错误的决策。

第三种是嫡长子继承制。古代皇帝拥有"三宫六院七十二嫔妃"，生出的龙子龙孙可能多得连皇帝自己都记不住名字。要想在这些子孙中寻找未来的皇位继承者，可不是抓个阄就能决定的，必须得有规则，否则就有可能诱发皇子之间骨肉相残。

因此，封建统治者们摸索出了在立嫡无望的情况下立庶长子的规则，也就是在自己的所有孩子中立年龄最长的那个为太子。这种皇位继承法则的优点在于继承者的既定性，谁有好运气最早来到这个世界上，谁将来就当皇帝。嫡长子继承制可以杜绝皇位继承所引发的祸端和危机，符合中国古代传统社会的权力诉求。但这并不意味着每朝每代都能很好地照此执行，恰恰相反，真正落实这种皇位继承制度的朝代并不是太多。在家国一体化的传统社会里，没有比这更好的皇位继承规则。可以说，最安全的选择储君的方法就是这种"嫡长子继承制"。在这一点上，朱元璋有着更为清醒的认识。

为了确保皇权的和平过渡，朱元璋并不愿意冒险，他还是做出了最为理性的选择。洪武二十五年（1392年）九月，朱元璋正式册立朱标太子的儿子朱允炆为皇位继承人。

对于选择朱允炆为皇位继承人，朱元璋给出的解释是：自己开创的大明帝国及其一切章法都是要传之后世的，如果连他这个开国之君都不遵守自己制定的制度，后世子孙就有了违反祖制的借口，这就与保证大明王朝长治久安的根本精神相违背，子孙后代的乱与治不仅与他立的祖制有关，而且与他是否率先按照祖制执行有着很大的关系。（自我创天下而以天下传之庶孽，万世而下有庶夺孽抗宗者，我开其乱也。乱传而万世之传，足虑焉。）

2. 屁股下的火药桶

从大明帝国建立的那天起，为了确保朱明江山稳如磐石，传之千秋万世，朱元璋的大脑没有一天不在考虑"家天下"的长治久安。可以说他是在一片反对声中，固执地推行了早已被历史淘汰的分封制。朱元璋决定了的事，其他人的反对也只能换来一声叹息。

道之所在，虽千万人吾往矣。朱元璋并不是一个冲动的热血青年，他对于自己已经决定的事，往往有着置之死地而后生的决绝。另外我们要搞清楚的一点就是，朱元璋并不是一个不明事理的庸君，而是一代雄主。他对历史上由分封藩王而带来的沉痛教训是有着清醒的认识的，所以他推行的分封制，是对前朝制度的继承和发展，而不是一味照搬。他固执地认为，他分封朱姓藩王是巩固皇权的一种手段。

那么经过朱元璋创新发展的分封制又是怎样一番面目呢？其最大的特点就是让藩王的势力远离帝国的心脏地带。从明朝分封诸王的就藩地点来看，基本上都是以北方边境为重心，长江以南很少。这一点与历朝历代是有所区别的，在明朝之前的分封藩地基本上都是围绕着交通要冲、军事要地或者经济中心来大做文章。这等于什么呢？等于为朝廷的权力躯体做了一次心脏搭桥手术，一旦手术所搭建的桥梁崩塌，就有可能威胁到帝国的统治。如此分封带来了诸多弊端：许多地区经济中心被各路藩王占有，直接削弱了帝国中央的经济实力；帝国的许多军事要地被藩王们占有，一旦藩王与中央政府闹翻脸，就很容易出现藩王割据的乱世。如果将帝国的核心地区封给藩王，一旦祸起萧墙，往往就会一发不可收拾。西晋的"八王之乱"正是祸起于此，最终导致了帝国的灭亡。

　　这么多的前车之鉴摆在那里，朱元璋分封诸子为藩王时肯定是经过慎重考虑的。在大明帝国的心脏地区——南京（包括今天江苏与安徽两省）和两浙等地不实行分封，要封就把诸王封得远一点儿。朱元璋以北方边境军事防务地带为中心，沿着长城一线分封诸子。一方面可以将这些藩王支得远远的；另一方面又可以让这些诸子藩王来保卫边疆，拱卫中央皇室。当时分封到长江以南地区的藩王很少，明朝后来的皇帝也坚决贯彻了这一原则，谁也不肯将帝国的心脏地带拿出来分封给诸子藩王。

　　洪武三年(1370年)，朱元璋第一次大封诸子藩王时，第五个儿子朱橚曾被封为吴王，但因为年纪尚小并没有迅速就藩。洪武七年的时候，有司请将其安置在杭州一带。朱元璋只说了这样一句话："钱塘财赋地，不可。"

　　永乐年间，朱棣大行分封之事。宁王朱权在靖难战争开始时就跟着朱棣举兵，算是开业功臣。在举兵之初，朱棣曾经开出过口头支票："事成，当中分天下。"而等到曾经的燕王朱棣摇身变为永乐皇帝，口头支票却成为永远无法兑现的一张白条。朱棣不仅没有分一半天下给朱权，甚至还想赖账。此一时彼一时，朱权也无话可说。可作为一个小股东，最起码的利益，自己总还是要争取一些的。朱权向朱棣提出要求去苏州，朱棣笑着摇头说："这不行，苏州在京都周围（畿内也）。"朱元璋的意思是说，如果将你安排到那个地方，他这个皇帝还能睡安稳觉吗？

　　没有办法，宁王朱权只好退而求其次，要求去钱塘。永乐皇帝朱棣还是没有乐起来，他依然摇头拒绝，最后宁王朱权被打发去了南昌。

从分封诸王的血缘关系来看，朱元璋分封的藩王绝大多数是自己的儿子，也就是后来明朝第二代皇帝朱允炆的叔叔，属于直系血亲。这和前朝的分封制度有所区别，有的朝代往往将皇族里隔了几代的皇亲国戚也列入分封的范围。当然，朱元璋大封亲生骨肉的最主要的目的，是让他们保卫边疆，辅助皇室。想法虽好，终究是朱元璋的一厢情愿。后来的历史证明，朱元璋给皇太孙朱允炆出了一道政治难题。

人就是这么奇怪，朱元璋虽然口口声声说要把权杖上的刺拔掉再传给太子朱标，但是他却亲手打造了一根长满刺的权杖。朱元璋自己两眼一闭，什么都不管不顾了，却把难题丢给了朱允炆。

从政治地位上来讲，朱允炆与他的那些叔叔是君臣关系；但是从血缘关系上来说，诸王又都是他的亲叔叔。很多王叔的年纪甚至比朱允炆还要小，但论起辈分，他们又都是他的长辈。这种辈分上的差距，放在讲究伦理道德的传统社会中就是优势。这种优势带来的是心理的变化，这就导致建文朝的叔侄君臣关系陷入僵局。尤其对于朱允炆来说，他对别人可以"讲政治""讲原则""讲大局"，但对那些藩王叔叔他还得讲辈分。

朱元璋将诸子藩王的政治地位定得这么高，只有皇帝与皇太子才能制约藩王。在正常情况下，这样做既可体现出朱家 DNA 的高贵，又能够维护皇帝的最高权威。但是在非常规的情况下，当皇帝或皇太子没有办法驾驭藩王时，藩王就有可能成为帝国的脱缰野马，无人可以制约。朱棣就是第一匹脱缰的野马，他本来应该是朱明"家天下"最为忠心的拥趸，却成为明火执仗的家贼，大张旗鼓地举兵篡夺皇位。

洪武三十一年（1398 年）闰五月，当朱元璋刚刚离开他为之奋斗了一生的世界，他的皇太孙还没有来得及处理好他的丧事。他生前苦心酝酿的分封制，其弊端已经到了爆发的临界点。朱元璋的四皇子、朱允炆的四皇叔朱棣在谋士道衍的唆使下，正在北平燕王府邸磨刀霍霍。那令整个帝国都为之胆寒的磨刀声，若是被泉下有知的朱元璋听到，不知道他会做何感想。

朱元璋是个实实在在的草根皇帝，出身寒微。他自己曾经挣扎在社会的最底层，吃过苦中苦，所以希望自己的子孙不要遭同样的罪。他对诸子藩王的后代及后代的后代都做了制度上的规定，予以实实在在的特殊待遇的保障：皇子封亲王，授金册金宝，一年俸禄上万石，府置官属。身边的护卫队少者三千人，多者达万人。衣食住行，亲王们只比皇帝差一等，公侯大臣见了这些亲王也要行跪拜之礼。亲王嫡长子，年及十岁，则授金册金宝，立为王世子，长孙立为世孙，冠服视一品。诸子年十岁，则授涂金银册银宝，封为郡王。嫡长子为郡王世子，嫡长孙则授长孙，冠服视二品。诸子授镇国将军，孙辅国将军，曾孙奉国将军，四世孙镇国中尉，五世孙辅国中尉，六世以下皆奉国中尉。

藩王们及其后代能够拥有如此优厚的福利待遇，谁还有心思干事创业。他们只需要无忧无虑度年华，四体不勤混日子就可以了。

温饱思淫欲，生出来的孩子一样荣华富贵，不生白不生，皇族子孙的数量如滚雪球似的疯狂壮大。这帮生下来就含着金钥匙的皇室子孙，生生拖垮了帝国的财政，也使得后来的那些皇帝在"当家"时陷入财政困境。

尽管朱元璋给诸子藩王的福利待遇极高，但有一样东西始终不愿意分给他们，那就是政治权力。朱元璋不让藩王们插手地方政务，所有地方事务的处置权力统统归朝廷任命的中央与地方的各级官吏所有。朱元璋这么做，有他自己的利益考量。他这么做的目的是限制诸子藩王的权力，防止他们将来做大、做强，威胁到中央的权力。那样的话，就会无可避免地出现骨肉相残的惨剧。

朱元璋的分封目的很明确，就是要让诸子藩王成为独当一面的军事中坚力量，以此来拱卫中央皇室。目标很明确，措施却不靠谱。朱元璋的做法很矛盾：他一方面限制藩王参与帝国政务的权力，另一方面却又不断地赋予诸子藩王极大的军事权力。

洪武五年（1373年），距离朱元璋第一次分封已经过去了四年时间。朱元璋下令成立"亲王护卫指挥司"，规定藩王一年享有的俸禄上万石，府置官属，身边的护卫队少者三千人，多者达万人。

到了洪武六年《祖训录》修成时，朱元璋又进一步地扩大了诸子藩王拥有的军事权力，不仅规定诸子藩王拥有藩国内护卫军的统率权，而且在紧急情况下还有权指挥藩国所在地的镇守军队。这样一来，地方藩王的军事权力得到了巨大的提升。

明朝建立之初，东北、西北、云南、四川等地区还没有完全平定，徐达他们连年征战，到了洪武十四年统一大业基本完成，而此时诸王也基本长大成人。朱元璋本能地对外姓大将不放心。洪武中期以后，每逢战事，有统兵大权的将领基本上都换成朱姓亲王。也因此，朱元璋后来大杀功臣之时，无论是蓝玉还是被牵连的武将，他们都只能被动地束手就擒。手里无兵无卒，如何与朝廷对抗？

朱元璋对这种分封安排是非常满意的，认为内有朝廷，外有亲王，大明王朝必能安稳如磐石一般，"要之为长久之计，莫过如此"。就在朱元璋为自己的政治布局暗自得意时，有人却兜头泼来了一盆冷水。

洪武九年（1376年），朱元璋下诏广求直言，他的本意是要通过直言来打击中书省的权力，没料到却被平遥训导叶伯巨的一封奏章给惹火了。平遥因为明代城市遗址保存得好，现在是个旅游名胜，可在明初，那里不过是一个天高皇帝远的小小县城，而在那里担任训导的叶伯巨对于皇帝来说更是远在天边的小蚂蚁。不知天高地厚的叶伯巨上了一道奏章，他说："皇上您对诸王的分封太过奢侈，秦、晋、燕等封国城郭宫室的规模不亚于南京城，他们手中又握有重兵。臣怕数代之后形成尾大不掉的局面，到时候再削地夺权，恐怕会酿成大祸。"

什么大祸？无非是像西汉七国之乱、西晋八王之乱那样的乱局。朱元璋看到这样一封奏章，不由地勃然大怒："狂妄之徒竟敢离间皇帝的骨肉之情。"叶伯巨被抓到南京，没多久就死在了狱中。

叶伯巨虽然死了，但是他的话就像诅咒一样在朱元璋死后得到了应验。从明初朱元璋殚精竭虑地设计出分封制开始，经过洪武时代轰轰烈烈的政治运动，大明王朝已经成功地完成了朱元璋心中的政治蓝图，具有巨大潜在威胁的功臣勋将也随着洪武年间的"胡惟庸谋反案"和"蓝玉党案"被杀戮殆尽。

朱元璋通过分封制，将自己的亲生骨肉培养成为大明江山的拱卫者与"中流砥柱"，完成了中国传统社会所推崇的"家国一体化"，甚至实现了"打架亲兄弟，上阵父子兵"的理想格局。他所希望的和谐局面，无非是朱家的子孙都能够拱卫大明皇室，看家护院，将自己开创的不朽功业万代相传。

计划总是赶不上变化，朱元璋所做的一切对于接任帝国大位的第二代君主朱允炆来说，却是如此的痛苦和尴尬。他眼睁睁地看着朱元璋用左手将江山交给了自己，又用右手将兵符交到了他的藩王叔叔们手中。虽然皇叔们的藩邸大多分布于远离帝国心脏地带的北方边境，但是这些人一旦有了不安分的念头，整个帝国也就成了一座随时都可能引爆的火药库。

3. 陷入群狼的包围之中

朱元璋之所以选择朱允炆，并不是因为这个皇太孙身上有多么了不起的治国之才。他只是为了维系帝国的安定局面，是一种无奈情况下的无奈之举。

朱元璋的决定对于朱允炆的皇叔、四皇子朱棣来说，无异于沉重一击。他在失望的同时，也在心中埋下了绝地重生的种子。朱允炆刚登上帝位的时候，朱棣并没有想到要去伸手抢夺皇位，他此时寻求的是更为现实的利益，是在帝国的权力海洋中自在地遨游，不受任何束缚。种子发芽需要的是适合的天气条件和土壤，而机会也只青睐有准备的人。

朱元璋的决定对于朱允炆来说，无疑是一场人生的悲剧。朱允炆在登上千万人求之不得的权力巅峰的同时，也被推入了万劫不复的苦难深渊。在强藩林立、虎啸狼嗥的帝国皇族里，他没有修炼成为像朱元璋那样的狼族，而他的皇叔朱棣显然与朱元璋的性格更为接近。朱允炆，更像是大明帝国皇族里的一只羊，而狼与羊的博弈正在前方等着他。如果说朱元璋是一只权力野兽，那么朱棣也完全配得上一只权力头狼的称号。

在清人所修的《明史》中，朱允炆呈现给世人的是这样一番面目："（建文）帝生颖慧好学，性至孝。""炆"这个字，有小火慢慢烹煮食物的意思。而这个年青的接班人与他的祖父有着完全不同的性格，历史学家也常用"少见的仁柔皇帝"来形容他。如果我们把皇子皇孙们所生活的大环境看作一所皇家学院，那么朱允炆就是这个学院里遵守校规、成绩优良的"三好学生"。

洪武二十五年（1392 年），朱允炆的父亲、太子朱标从陕西返回南京不久就身染重病。这场病来势凶猛，朱标一病不起。生在帝王之家的朱允炆还是比同龄的孩子早熟，他承担了长子的责任，守候在病榻前精心护理病中的朱标。

　　朱标死后，朱允炆表现得哀恸不已，数日内滴水不进。这一切被同样沉浸于悲痛之中的朱元璋看在眼里，他是既欣喜又心疼。欣喜的是，自己能够有如此重情重孝的子孙，实乃家国之幸。

　　朱元璋实在不忍心看到朱允炆过于悲伤，就劝慰自己的孙子："你对父亲薨逝的悲痛之心，是符合先儒所规定的礼仪的，你也的确是个纯孝之人，但你就一点儿也没有考虑到我吗？"（毁不失性，礼也。尔诚纯孝，独不念朕乎？）

　　听了朱元璋的话，朱允炆这才从哀痛之中缓过神来。他向朱元璋提出了自己要为父亲朱标服丧三年的想法。虽然这个想法遭到了朱元璋的断然否决，但是在太子朱标去世后的三年时间里，朱允炆还是坚持做到"三不"：不饮酒吃肉，不闻乐观舞，不亲近女色。朱允炆完全是按照儒家制定的那一套礼法在行事，以彰显孝子之道。有人看不下去，劝朱允炆适可而止，做到心中有孝即可，但朱允炆的回答是："丧服可以按照礼俗的规矩到时候就脱下，但父子亲情却让我难以自拔。"（服可例除，情须自致。）

　　朱标死后，朱允炆主动将三个弟弟接到东宫，亲自抚育他们，白天跟他们一块儿吃饭，晚上跟他们一块儿睡觉，无微不至地照顾他们的生活。有一天，朱元璋突然到东宫来看朱允炆，发现四兄弟全在朱允炆的寝宫里。朱元璋随口就说了一句："兄弟相怀本一身。"朱允炆回答道："祖孙继世宜同德。"朱元璋见到此情此景，老怀安慰，于是他大大地夸奖了朱允炆一番。

　　十五岁的孩子死了父亲，留下少不更事的弟弟。从一个人的情感上来说，朱允炆比谁都要悲痛。自古道"无情最是帝王家"，朱标的突然离世，让帝王家的变数与劫难随时都会降临到自己孩子的头上。如果朱标能够活着，朱允炆还有一个靠山；现在山塌了，作为长子的朱允炆需要承担的责任更重，他的内心不免陷入仓皇无措之中。

　　洪武二十五年（1392 年）九月，经过半年的犹豫和反复斟酌，朱元璋终于将皇太孙朱允炆推上了帝国继承人的宝座。册立大典定在九月十三日，这一天与往常并无二致。大臣们午夜起床，穿越半个京城前往午门。凌晨三点，大臣们到达午门外等候。当午门城楼上的鼓敲响时，大臣就要排好队伍；到凌晨五点左右钟声响起时，宫门徐徐开启。百官依次进入，过金水桥在广场整队。官员中若有咳嗽、吐痰或步履不稳重的都会被负责纠察的御史记录下来，等候处理。

通常情况下，皇帝驾临太和门或者太和殿，百官行一跪三叩头礼。四品以上的官员才有机会与皇上对话，大臣向皇帝报告政务，皇帝则提出问题或者做出答复。这一天是皇太孙朱允炆的册立大典，诸子藩王早早地就来到明皇宫，肃立于奉天殿的两侧。只有燕王朱棣如往常一样，掐着时间赶到。在藩王和朝臣们的目光注视下，他走到皇太孙朱允炆的身旁，用手重重地拍打朱允炆的后背，满脸不屑地说："小子，没想到你也会有今天！"（不意儿乃有今日。）而这一幕刚好被坐在金銮殿上的朱元璋看到，他非常愤怒，大声责问："你怎么敢当着我的面打皇太孙？"（何为挞皇太孙？）

朱元璋这一声断喝，吓得朱棣呆立当场，不知如何应答。这时候，朱允炆赶紧打破沉默，站出来为四皇叔朱棣解围。朱允炆说："皇上息怒，这是叔叔喜欢我的缘故！"（臣叔父爱臣故耳。）

朱元璋看出这是朱允炆在帮着朱棣打圆场，他当殿厉声斥责朱棣："你难道不懂礼法与忌讳吗？来人啊，给我将他关起来！"就这样朱棣被关了几天禁闭。朱元璋这么做不光是在惩戒朱棣，更是向他的那些皇子皇孙传递一个信号：朱允炆是我的皇太孙，帝国未来的接班人，你们在他面前要遵守礼数。

朱允炆，这个未经考验的男孩被立为皇嗣时不足十六岁，他绝不能与他的祖父或他的叔辈相比肩，他能够成为帝国的接班人完全要归功于长子继承规则。朱棣起兵夺位后声称，自己才是朱元璋最初选定的接班人，只是因为那些儒士们的横加干预才错失帝位。但事实上朱元璋根本就没有考虑过立朱棣或其他皇子为太子。

朱元璋晚年脾气暴躁、性情乖戾，尤其是临终前，经常因病暴怒不已，弄得皇宫里服侍他的宫女太监经常获罪遭戮。朱允炆于心不忍，就主动地承担起照料祖父的重任。朱元璋要吃药，朱允炆先尝一尝；朱元璋要如厕，朱允炆亲手搀扶；朱元璋要吐痰，朱允炆马上就捧来痰盂……即使是深更半夜，只要朱元璋的床榻传来动静，他也是闻声即起，和颜悦色地上前待候。如此这般，朱元璋的心情也稍稍好些，周围的许多人也因此保住了性命。

如果一个普通人个性仁厚，那当然是受欢迎的，但是在权力场上这样性格的人却往往陷入被动。性情温和在很大程度上就意味着任人主宰，意味着不够强势。随着年龄的增长，朱允炆也明白了一些道理。四皇叔朱棣敢当着朱元璋的面怠慢自己，那么背地里就更不会把他放在眼里了。朱允炆能够透过朱棣的眼睛，读出对方心底喷薄欲出的恨意。

不光是朱棣，那些藩王们又有几个是真正臣服于他的？比起雄才大略的叔父们，朱允炆缺乏那种君临天下的自信和坚强的性格，也缺乏杀伐决断的能力。他不能不小心提防，因为这帮藩王拥有强大的军事力量，就连驻扎在地方上的朝廷军队也要听从他们的节制和调度。

朱允炆所忧虑之事，朱元璋也曾经有所顾虑。据说他曾经做过一个很玄乎的梦：有一条白龙和一条黄龙碰面了，但它们见面后很不客气，马上就打了起来，打着打着，它们打到了明皇宫的大殿上，鏖战了许久，最终白龙抵挡不住，而黄龙却得胜腾飞而去。

这样一个梦到底隐含着什么意义？朱元璋琢磨了半天，也没理出一个头绪。他带着满心的疑惑，来到奉天殿临朝。刚坐定就觉得眼前有什么地方不对劲儿，朱元璋定睛往朝堂下观望，看见燕王朱棣居然站在皇太孙朱允炆的左前方。

按照明代的规制，左为上、为大。按照家族辈分，朱允炆是朱棣的侄儿。但是在朝堂上则应以官方规制为准，朱允炆为皇太孙，是朱元璋帝位的接班人，其地位是一人之下，万人之上。就算朱棣是叔叔，他也是朱允炆的臣下。一个臣下，怎么能够站到皇太孙朱允炆的左上方呢？很显然他压根儿就没把朱允炆放在眼里。

朱元璋这才顿悟梦中的玄机，他下令将朱棣赶出皇宫。由于太子朱标和秦王、晋王相继去世，这位雄心勃勃的燕王已是朱元璋最年长、权势最大的儿子。朱元璋曾经给他一道敕谕："朕诸子独汝才智，秦、晋已薨，系汝为长，攘外安内，非汝其谁？……尔其统帅诸王，相机度势，防边义民，以答天心，以副朕意。"

毫无疑问,朱元璋的确是将朱棣看作维护朱明天下的肱股支柱,对他寄予了厚望。

精明过人且铁石心肠的朱元璋关心的是朱姓江山的长久稳固,实际上他很早就虑及朱棣权势过大,曾经在不同的场合告诫朱允炆:"燕王不可不虑。"知子莫若父,朱元璋太了解自己的这个儿子了。美国的人类学家、心理统计学家高尔顿·奥尔波特说过:"人的鲜明的特征是他个人的东西,从来不曾有一个人和他一样,也永远不会再有这样一个人。"

朱棣的人格特质之一便是攻击性,他数次出兵漠北,发动靖难之役,出兵安南,还有后来的屠戮建文旧臣。对于这样的人格形成,用生物学的观点来解释,遗传素质是攻击行为的原因之一。而他的父亲朱元璋,从大明建国以及洪武年的种种作为上看,也是攻击性极强的个体。由此可见,遗传因素在人格形成方面起到了很大作用。

朱元璋在他的《祖训录》中曾定下了一系列条令规章来约束诸藩王的行为:"诸王临国,毋得至京。王国所在文武吏士,听朝廷节制。"在新皇登基以后的三年时间内,藩王们不许来朝廷,只能留守藩地。可是,如果有"奸臣"在朝廷中祸乱朝政,诸王要整备他们的军队,听候皇帝召他们来"拨乱反正",而在完成了他们的任务和驱逐了奸佞以后,他们仍应返回封地。

《祖训录》首次发布于1381年。洪武二十八年(1395年),朱元璋再次修订《祖训录》。这次修订对皇家礼仪进行了规范。要求"诸王来朝冕服见天子,次见东宫,先坐受拜,次叙家礼。坐则正中,诸王侍"。这显然是在教育以朱棣为首的诸子藩王,告诉他们做臣子应该遵守本分,不要拿皇太孙朱允炆不当回事儿。

朱元璋认为自己所做的一切已经几近完美,他不无得意地对自己的接班人朱允炆说:"我已经将边疆防御的重任交给你的那些藩王叔叔,将来你就可以做个太平无忧的天子了(贻汝以安)。"

朱元璋的话刚讲完,皇太孙朱允炆就反问起来:"边疆上不太平的事情由我的皇叔们去解决;要是诸位藩王不安分,有了非分之心和非分举动,那又能派谁去摆平呢?(虏不靖,诸王御之,诸王不靖,孰御之?)"

朱元璋没想到朱允炆竟然会提出这样尖锐而又让自己无法回答的问题,他沉默了好一阵子,接着反问朱允炆:"那依照你的意思,该怎么办呢?"

朱允炆也不含糊，说出了自己内心的想法："以德怀之，以礼制之。如不可，则削其封地，又不可，则废置其人，又甚则举兵伐之。"朱允炆讲了四步解决问题的方案：第一步，以德义来感化藩王们的非分之心，以礼法来约束他们的行为；第二步，如果以德服人没有起到作用，那么就削了他们的封地；第三步，如果上述的方法都行不通，那就废了他们的封爵；最后一步，如果前面这些做法都不管用，那就只有兴兵讨伐了。朱元璋听后，点头表示同意。

在祖孙两人的这段对话中，朱允炆往日的那副文弱模样荡然无存。其实如果设身处地地站在朱允炆的角度来看，再软弱的人也会对藩王们咄咄逼人的架势做出一些本能性的反应。

年轻的朱允炆虽然文弱，但是他并不弱智。朱元璋虽然把皇位传给了自己，可同时也把一个大难题交到了自己的手中。朱元璋的九个儿子从帝国的东北到西北一字排开，分别是辽王、宁王、燕王、谷王、代王、晋王、秦王、庆王和肃王。

朱允炆非常清楚，自己没有福气去做一个安享太平的皇帝。九个叔叔在边疆虎视眈眈，他这个皇帝还能睡上一天安稳觉吗？朱元璋在全国各地先后封了二十四个儿子和一个孙子为王，这些人被称为藩王，他们有自己的王府和军队。每个王都有三个护卫，三个护卫并不是指三个人。护卫是一个总称，护卫的人数从三千人到一万五千人不等，这样算一下就可以了解藩王们的军事实力了。按说这个数字其实也不算大，藩王要靠这样的武装力量挑战中央还是不现实的。

九个藩王将帝国的边界分割为九大军区，用来作为抗击蒙古侵略和镇压叛乱的支柱。在这九王之中，势力最大的当数燕王和晋王，他们各自带有十余万军队。在这九王之中，还有军事强人宁王，此人"带甲八万，革车六千"，虽然兵力没有燕王和晋王多，但他拥有一支最为强大的武装——朵颜三卫。这是一支特殊的部队，可以说是明军中的国际纵队，全部由蒙古骑兵组成，战斗力极强。

这几位镇守边界的藩王经常在边境举行联合军事演习，杀气冲天。藩王们瞪着血红的眼睛盯着大明帝国的君主的宝座。原本性格文弱、与世无争的儒生朱允炆就这样成为藩王叔叔们的众矢之的。原本就对君主宝座充满向往的诸子藩王，在朱元璋钦定朱允炆为皇位继承人后，恶狼一般地将文弱侄儿朱允炆视作一只待宰的羔羊。

4. 跑偏的"三驾马车"

洪武三十一年（1398年）闰五月初十，朱元璋在南京明皇宫西宫病逝归天。皇位继承人皇太孙朱允炆随即便将朱元璋的遗诏颁示天下，大明朝廷上下一片哀声。闰五月十六日，朱允炆下令安葬了他的皇祖父朱元璋。

同一天，朱允炆宣布正式登基即位，并发布了登基诏书。这个略带忧伤的年轻人从这一刻开始，就不再是以一个书生的眼光去打量他眼前的帝国，而是投身其中，掌控着帝国的走向。

时隔不久，建文帝朱允炆又颁发诏令，将朱元璋晚年提拔和重用的文臣齐泰由兵部左侍郎提升为兵部尚书，黄子澄由翰林院修撰提升为太常卿，同参军国事。接着他又将时任蜀王世子老师的方孝孺召为大明翰林院侍讲。

上面三人组成了建文朝的"三驾马车"，左右着帝国的政治格局。

齐泰是应天府溧水人，也就是今天江苏溧水人。起初名叫齐德。洪武十七年(1384年)，中天府乡试第一名，相当于今天的江苏省高考状元，在古代叫作"解元"。次年会试，他又考中进士，此后在礼部、兵部任职。

洪武二十七年(1394年)，因为连续九年任职没有过失，齐德被选中陪同朱元璋参加祭祀郊庙的仪式。这一次，朱元璋赐他一个新名字，叫"齐泰"，从此他就不再叫齐德了。能得到皇帝亲选陪祭，又被皇帝赐名，这是何等荣耀之事。齐泰的仕途从此一帆风顺，从兵部郎中擢升为左侍郎，相当于从司长升到了副部长。只用了九年时间，就从一般干部升职到副部长，也算得上是平步青云。

齐泰为什么能升迁得如此之快？此人确有过人之处。有一次，朱元璋偶然问起守边将领的情况，他竟然滴水不漏地说了出来。朱元璋很是吃惊，再问图籍之事，就是地图的情况，齐泰当即从袖子里拿出一本手册献上。朱元璋翻开一看，只见上面详细地绘出边防要地情况，十分清晰。朱元璋不由得为他的才干感到惊讶。朱允炆当皇太孙时，就听说了这些事情，也认为他是有用之才。所以登基之后，朱允炆就把齐泰升为兵部尚书，让他参与朝廷的机务之事。

黄子澄是个比齐泰还要厉害的人物。他与齐泰是同榜进士，会试第一名，就是全国统考的第一名。他与朱允炆在削藩问题上观点一致。建文帝朱允炆刚被立为皇太孙时，皇叔们没有几个心中服气。朱允炆曾经密诏黄子澄于东角门，他向黄子澄请教："皇祖万岁后，我新立，诸王都是我的长辈，他们地位尊崇又都拥有重兵，若其多行不法，我该怎么办？"

黄子澄言道："您的那些皇叔只有一些护卫军，如同缠足自守，没什么了不得的，若为不法，朝廷派六师去镇压，谁又能抵挡？"他还以汉朝七国之乱的典故开导皇太孙说："您大可不必担忧，虽说势力有大小强弱之分。但只看是否顺乎情理，便可知其胜败。"

朱允炆闻言大喜道："今日得先生之言，我再也没有什么可以忧虑的了。"从此直接称呼黄子澄为黄先生。

朱允炆即位后便任命黄子澄为太常卿兼翰林学士，跟齐泰一起参与国政。朱允炆一直惦着与黄子澄的一番谈话，他再见到黄子澄就迫不及待地问："先生还记得当初咱们在东角门说的那些话吗？"

黄子澄当然没有忘记自己曾经说过的话。他也给朱允炆吃了一颗定心丸："这事情我没有忘记，既然说过，我就要去兑现当初的承诺。"

"第三驾马车"是方孝孺。方孝孺的父亲方克勤是个清官。明朝初年，布政使司每年都要派计吏到户部报告地方的财政收支情况，如果地方上报表册所列的财政收支数额与户部掌握的不符，表册就要被驳回重做。很多布政使司离京师路途遥远，来回要折腾数月，因此有的计吏就预先持空印文书前来，遇到驳回的就重新填写。这种做法本是沿袭了元朝的惯例，可以说是由来已久。

洪武九年（1376年），朱元璋听说此事后勃然大怒，他认为这是在拿他这个皇帝当冤大头来忽悠。借着这件事，朱元璋大肆整顿吏治，从上到下杀了一批官员，而方孝孺的父亲方克勤就是其中一位。这个事件就是洪武初年三大案之一的"空印案"。

在这场血腥杀戮过去之后，方孝孺遵照父亲生前的安排，拜师宋濂继续学习。宋濂也是当年朱标太子的老师，照此推算，方孝孺也算是朱允炆的师叔。不幸的是，宋濂也没有得到善终。在朱元璋清洗丞相胡惟庸集团时，年迈的宋濂受到牵连，获罪自杀。

父亲和恩师相继死于朱元璋的铁血政策之下，这给了方孝孺很大的打击。

洪武十五年（1382年）十二月，在大臣的推荐之下，朱元璋下令让方孝孺进京。次年正月，朱元璋在奉天门召见了方孝孺。这次见面，方孝孺不凡的谈吐和举止令朱元璋非常满意。这是一次简单的殿试，朱元璋当场让方孝孺以"灵芝甘露论"为题，写一篇文章。这是方孝孺的长项，他下笔千言，一挥而就。朱元璋阅后，赞叹其为世间少有之异才。

朱元璋还回头问身边的大臣揭枢："方孝孺和你相比，怎么样？"

方孝孺能够得到朱元璋的接见，全赖揭枢从中推荐。揭枢摇头道："方孝孺的才学是臣的十倍。"朱元璋听后微笑不语，可见他的内心也是认同这句话的。

朱元璋还让方孝孺去见了当时的太子朱标，对朱标说："这是一个有才华的君子，加以历练，他日可以辅助你（此庄士也，当老其才，以辅汝）。"

与朱元璋的第一次见面，方孝孺给对方留下了非常美好的印象。方孝孺本以为可借此步入仕途，去完成父亲未完成的事业。理想虽然丰满，但是现实却依然骨感。朱元璋只是给了他一些精神鼓励和物质奖励，就让他返乡待业。

虽然没有捞到一官半职，但是"方孝孺"这个名字已经深深地烙在了朱元璋的内心。后来，方孝孺被仇家所牵连，卷进了一场官司当中，被逮捕至京。朱元璋看见名单中有方孝孺的名字，就将他免去处罚。

洪武二十五年（1392年），方孝孺因朝中大臣的推荐，再次受到朱元璋的召见。朱元璋还是说："现在不是用方孝孺的时候。"碍于朝中大臣一再举荐，朱元璋就授予方孝孺汉中府学教授的职位，只是个刚入流的从九品学官。以方孝孺的才学、人品和声望，九品学官显然是不公平的。其实朱元璋心中有数，他是想将方孝孺留给自己将来的接班人。

而方孝孺这时候已经做好了准备，毕竟对于一个三十五岁的男人来说，正是成就事业的黄金时期。

朱元璋死了，孙子朱允炆继承皇位，就是建文帝。这时候又有人向他举荐方孝孺。经过洪武年间的血腥清洗，这时候的帝国权力系统可以说陷入了人才荒。朱允炆把方孝孺从汉中召来南京任翰林侍讲，第二年又将其升为侍讲学士。职务级别虽然不是很高，只是从五品，但却很有实权，建文帝非常倚重于他。

君臣二人的关系亦师亦友，每遇国家大事难以决断，朱允炆第一个想到的人就是方孝孺。可以说，方孝孺成了朱允炆智囊团中的一名政务高参。这种依赖性并不仅仅局限于政务方面，就连平日里读书学习遇到的疑难问题，建文帝朱允炆也会去请教方孝孺。建文帝上朝处理政务，对官员们的提议，有时就命方孝孺当场批答。同时方孝孺还是修撰《太祖实录》领导小组的组长。燕王朱棣起兵后，朝廷讨伐他的诏书和檄文都是出自方孝孺之手。

在年轻幼稚的建文帝当政的四年中，比皇帝大二十岁的方孝孺充当着朱允炆精神导师的角色。意气风发的朱允炆对学识渊博、人品出众的方孝孺寄予了无限的信任与期望。四十出头的方孝孺正值一个男人开创事业的巅峰期，他的政治抱负正在一点点实现。

眼前这个青春勃发、宅心仁厚的书生皇帝，对他的这位老师尊崇有加。君臣同心，朝堂之上一片和谐。他们在成全对方的同时，也在成全自己。

建文帝执政的四年时间，正是沉寂半生的方孝孺一步步走向人生巅峰的四年，也是他一步步滑向权力深渊的四年。在建文帝朱允炆打造的帝国上层权力结构中，齐泰、黄子澄和方孝孺犹如并驾齐驱的"三驾马车"。三人均是帝国的饱学之士，更是书生中的道德标杆。他们的言行为天下读书人所敬仰，普天下的士人都愿意追随他们。

朱允炆本来就是性情温和之人，而他所倚重的这"三驾马车"，更是文人中的典范。自古以来，书生治国并不缺乏飞扬的激情，也不缺乏理想化的施政纲领，缺乏的往往是掌控政治全局的能力。

而这时候，弥漫在帝国权力中枢的书卷气，使得朱元璋留下来的铁血政治来了个大转变。建文时期的"三驾马车"，定下了以儒治国、以礼治国的治国基调。建文帝与三人进入了一个你侬我侬的蜜月期，君有情，臣也尽心。朱允炆的执政理念与他的皇祖父朱元璋是截然不同的，两人的不同是颠覆性的不同。朱元璋奉行的是个人专制和铁血规则。而对于齐泰、黄子澄和方孝孺这"三驾马车"来说，建文帝对他们的倚重与信任，给了他们无穷无尽的动力。可惜的是这种动力并没有及时转化为治国的效率，文人的高度热情换来的却是政治上的不成熟和冒进，这就在无形之中拖了帝国前进的后腿。

"三驾马车"跑得虽然十分卖力，却让人感觉有跑偏之嫌。留给他们的时间是有限的，跑得越卖力，离他们的目标反而越远。

"三驾马车"左右了建文帝朱允炆短暂的政治命运。虽然齐泰、黄子澄和方孝孺联手打造了"建文新政"，但哥儿仁在具体分工上却各司其责，齐、黄致力于削藩，方孝孺忙于推行新政。从某种程度上来说，方孝孺是建文帝执政期间的总设计师，总揽全局。建文帝的这种做法改变了朱元璋时代那种独揽大权、一个人说了算的专制局面，无形中扩大了臣属的权力。

用后来明成祖朱棣的大臣姚广孝的话来说，方孝孺是天下读书人的种子。既然是种子，就要发芽、开花、结果。在治国方面，方孝孺倾向于复古，试图以《周礼》制度来重新界定大小诸司的品级和阶勋。

在官僚制度的改革上，朱允炆与帝国的前任领导朱元璋唱的是反调。朱元璋对文臣学士及士大夫阶层是没有什么好感的，甚至怀有一种敌视情绪。他创设的廷杖制度，可以说就是为文官量身打造的。稍有不满意，在朝堂之上当场扒下裤子，摁到地上，廷杖翻飞，血溅玉阶，肉飞金陛。文官们大多文弱，又爱惜颜面，这般肆意摧残和侮辱，简直让他们生不如死。

与朱元璋相比，朱允炆显然要比自己的爷爷朱元璋温柔得多。这种温柔更多是为了修正杀气过重的帝国制度。这种制度上的软化除了朱允炆的性格使然，更多是来自方孝孺等人的影响。为了将天下读书人散了的心重新缝合起来，方孝孺提议归还文官应有的地位。

建文帝与方孝孺等大臣在以仁义礼乐治国的理念上的是高度一致的，正是这种和谐一致，建文君臣才营造出有别于洪武年间"铁血政治"的良好政治生态环境。在方孝孺的大力倡导之下，建文帝重新设定官制：升六部尚书为正一品，设左右侍中，位列侍郎以上。在朱元璋废除丞相制度后，建文帝第一次把六部尚书提到了与都司同级的地位。朱元璋在废除宰相制以后，将分掌天下各项政务的六部尚书的品秩定为正二品。相比那些动不动在朝堂上就被打屁股的文官，帝国武官的地位显然要高于文官，比如中央的五军都督府的左、右都督的品秩都是正一品。

在方孝孺的建议之下，建文二年正月，建文帝下诏更定大明官制，大致内容如下：将六部尚书由原来的正二品升为正一品，增设左右侍中，其位置在六部侍郎之上；将地方文臣中的布政使由正三品升为正二品；将都察院改名为御史府，其长官都御史改名为御史大夫；将都察院下属的十二监察道改名为左、右两院，左院叫拾遗，右院叫补阙；将通政使司改名通政寺，原通政使改称为通政卿；将大理寺改名为大理司，大理寺卿改称大理卿；光禄寺卿改称为光禄卿；在翰林院下重新设立承旨，将侍读学士和侍讲学士改名为文学博士；在詹事府下增设资德院；增设文翰、文史两馆；将殿阁大学士一并改名为殿阁学士，内各设学士两人；将明皇宫的谨身殿改名为正心殿，增设正心殿学士一人；增设亲王宾辅，提高太仆寺少卿、鸿胪寺少卿丞和国子监丞等官的品秩等。

建文帝改革地方官制、精简机构的措施有个最大的特点，那就是撤销的机构大多与收税有关，建文帝在位的四年仅增设了一个河泊所。大量地方机构尤其是税务部门的裁撤，大批冗官冗员的淘汰，减轻了广大人民的负担。

这种文官制度的修订，是建文帝加强文官之治的开始。他尝试着把权力重新交还给六部尚书，这显然是对于朱元璋专制制度的一种矫正。

建文帝扩大了国子监和翰林院的职责和人员编制。这样就传递出一个信号：皇帝正在从教育和训练太子及年幼皇子方面入手，普及儒家文化。他希望以修齐治平理论来重新构建一个崭新的帝国。他还在君臣之间的礼仪上做出了规定：亲王对自己的老师要以礼相待，谈话的时候，老师不必称臣，可以只称姓名。建文帝这么做就一个目的，那就是尊崇儒家文化，以仁义治国。

据《明史》记载，建文元年即建文帝即位后一年的时间里，刑部上报的在押囚犯比洪武时减少了十分之三，大量的冤假错案得以复审平反。宽刑疏法的政策对缓和社会矛盾和稳定大明帝国的统治起到了极大的促进作用。

自从登基起，建文帝就在不断地下诏强化自己的统治。帝国出台的所有新政都打上了"建文"牌烙印。建文帝的品牌就是"法先王"和"托古改制"的儒家之风。建文君臣对于这种"明君主"和"理想政治"的不懈追求，到了几乎入迷或者说是走火入魔的一种地步。

建文新政中"更定官职"、精简地方行政机构等不少举措的实施，"侵犯"了大明帝国官场上许多官僚及其关系人脉的既得利益，造成了建文朝内在的不稳。削藩又与新政同时开展，一下子激化了中央与地方藩王之间的矛盾，使得建文朝廷陷于内外交困的被动局面。

在朱棣起兵造反危及建文帝政权统治的关键时刻，朱允炆这个书生皇帝还在气定神闲地"日与方孝孺辈论周官法度"。这实在是令人啼笑皆非。

"三驾马车"载着建文帝一路狂奔，可谓成也三人，败也三人。毋庸置疑的是这三个人的确是"读书人的种子"，可惜的是这种子既没有开出美丽的花朵，更没有结出丰硕的果实，而是腐烂在了泥土里。

这三个人给太学院的学子们上上课、论论道，当个教授显然是绰绰有余的。可如果将他们放到大明的权力中心来参与政治博弈，就太过勉强了。虽然他们自信满满，也怀揣着一张看似美好的政治蓝图。可现实是他们缺乏官场的历练，缺乏处事的经验。他们的执政纲领都是圣贤书上写的，与现实世界产生了严重的脱节。书本里学到的，和现实世界所发生的，一面是温情脉脉的儒家文化，一面是步步惊心的政治凶险。满腔的热血也换不来一条帝国的通天大道，崇高的理想更打造不出一副帝国的铁血脊梁。三人将建文帝的万里江山当作了自己的试验田，种出来的却是"误国、误君、误己"的苦果。

建文二年（1400年）正月，建文帝做出了另外一项尝试：诏减苏、松、嘉、湖重赋，每亩不得过一斗。朱允炆让自己的儒风雅韵在更大范围内得到了体现，也使建文朝成为整个大明帝国最令人怀念和惆怅的黄金时代。

短短的四年时间，朱允炆掀起了疾风暴雨般的改革，让天下臣民们看得眼花缭乱。

建文新政的实施是在藩王林立的背景下展开的，朱元璋生前分封的二十五个藩王在全国各地虎视眈眈地盯着建文帝的所作所为。在这二十五个藩王中，有二十四个是朱元璋的儿子，只有一个是其从孙。也就是说这些藩王绝大部分是建文帝的叔叔。他们位高权重，还拥有自己的武装力量。在这样的背景下，建文新政就像是一只羊在一群狼当中孤独舞蹈。建文帝可以孤芳自赏，但是群狼却心思各异。

最要命的是，建文帝的改革直指各路藩王的痛处。他一方面提升文臣的地位，设文翰、文史二馆，增设正心殿学士，另一方面改都察院为御史府，改都御史为御史大夫，罢十二道为左、右两院，改通政使司为寺，改大理寺为司。这些改革都明显地透露出一种信号，那就是抑武崇文。这与朱元璋掀起的洪武狂飙，走的是相反的路线。

那些藩王们隐隐感到，这个侄皇帝已经不再是当初那个他们眼中的书呆子了。朱允炆正在逐渐进入角色，不管不顾地构筑着属于自己的帝国。本来他们以为，这个孩子个性纯良、柔弱，凡事会倚仗着他们这些藩王。可从他登基以来所采取的种种改革措施来看，他不是在与他们分蛋糕，而是在与他们抢蛋糕。他们既不是利益共同体，更不是利益相关者，他们只是边疆站岗放哨的，用不了多长时间估计连他们的站岗资格也会被剥夺。

他们倒不是担心建文帝一意孤行的改革，他们担心的是自己从朱元璋那里得到的既得利益，会毁在朱允炆的手中。他们焦虑，就像一块焦炭在体内被欲望之火点燃。

5. 谁才是真正的王牌

如果说建文帝此时最大的心病是什么，"削藩"之事应该排在第一位。在他还是皇储的时候，就对虎视眈眈的藩王叔叔们保持着高度的警惕和担忧。他曾经就此事请教过英明神武的朱元璋，可朱元璋却在这个难题面前显得束手无策。对付别人，朱元璋有的是手段和办法，可对待自己的子孙，他也会优柔寡断。

祖孙俩就这个问题交流了看法，并说了一些诸如"以德怀之，以礼制之"

这样务虚的话，最后达成了共识，那就是在没有选择余地的情况下，可以痛下杀手，削地削藩，以兵讨之。

如果真像朱元璋所预测的那样，自己的子孙走到兵戈相向的那一步，那么他当初封王封地之举，就属于自寻烦恼了。朱元璋早就在他的接班人的屁股底下埋了炸药，朱允炆不幸当了那个引爆者。也就是说，削藩并不是建文帝擅作主张，也不是朱棣后来所指责的违背"祖制"。

朱元璋没有料到的是，暴风雨会来得如此之快，如此迅猛。对于这一点，作为当事人的建文帝比谁都清楚。正因为他始终无法摆脱来自内心的恐惧，才会觉得削藩是一件非要完成不可的大事。不但要做，而且要短、平、快地做好。年轻的书生在一帮老书生的裹挟下义无反顾地走上了削藩之路，儒家理想主义的大旗还没有在帝国的上空树起，他们就已经上路了。

一切都表明，建文帝连一分钟都等不了。两大剑术高手过招，讲究的是稳、准、狠，最忌讳的是心浮气躁。而建文帝既不稳，更谈不上准，狠也欠缺火候。有时候我们会做出这样的假设，假如没有黄子澄、齐泰、方孝孺这"三驾马车"，结果会不会不一样。但历史是铁板钉钉的，容不得半点儿马后炮。

如果有更多的路可以选择，朱允炆还是会走上这样一条路。这和他的人生际遇以及书生性格有着很大的关系。朱允炆生于宫廷，长于宫廷，就像现在的大学生出了家门进校门，出了校门就参加工作。这样的人理论知识丰富，但会与社会脱节，实践经验接近于零。

朱允炆曾经在朱元璋的晚年有过一段见习理政的时光，但是对于担任帝国的一把手来说，那样短暂的实习根本起不了任何作用。

朱允炆是一个书生气十足的青年，一点儿也不像他那位精明、残暴的祖父，他继承了父亲温文尔雅和好学善思的脾性。如果他不是生在皇家，不过是芸芸众生中的一个好人。正因为他是一个好人，朱元璋走得很安心，他认为朱允炆会按照自己的意愿将大明王朝带向一个巅峰。不过，年轻的皇帝毫无政治经验，也缺乏成熟政治家所需要的坚定不移的意志、自信心和决断力。

朱允炆对如何消除诸藩对中央权力的威胁充满了犹豫和疑惑，因此他在登上皇位的第一时间，就开始寻找自己的政治伙伴。

生在帝王家是一个人的幸运，也是一个人的悲剧。朱允炆是个书生，内心的敏感要比一般人来得强烈，正因为强烈，所以也更加痛苦。当他走下朝堂，捧起一本书，四十五度角仰望天空的时候，会不会有一种如释重负之感？政治场上波谲云诡，隐藏着无数凶险与杀机。他不幸加入了这场政治的轮盘赌，可他不知道政治是万分凶险的。

作为一个帝王，一个错误的决定会要了无数人的命，一个正确的主张也同样会改变无数人的命运。朱允炆目睹了洪武年间，那场大案套要案、要案连大案的连环杀戮。权力就是一把双刃剑，对于朱允炆来说，这把剑不是刺伤自己的敌人，就是刺伤自己。

放眼整个帝国，到底谁人是敌？谁人是友？长期居于深宫的朱允炆陷入了深深的迷茫。朱元璋在洪武年间几乎将开国功臣杀戮殆尽，但他还是为自己的孙子留下了黄子澄、齐泰、方孝孺三个大儒。但历史很快就将证明，这群书呆子与这位年轻皇帝一样缺乏政治手腕。在他们的影响下，天性温和、素来不满祖父苛政的建文帝决心立刻来一场彻底的改革，以实现自己一心向往的上古圣君的"仁政"理想。

黄子澄是最先接近朱允炆的人，不是他有多么了不起，而是他有一个特殊的身份——东宫伴读，也就是太子的老师。在中国古代的权力系统当中，东宫伴读并不是一个可有可无的角色。尤其在帝国命运走到一个转弯地带的时候，他往往能够起到扭转乾坤的大作用，当然这也和个人能力大小有着直接关系。在这个职位上想要默默无闻都很难，如果太子能够在将来的某一天顺利继承大统，那么他这个东宫伴读就有机会搂着新皇的权力尾巴扶摇直上，甚至权势遮天也未可知。

正因为这种利害关系摆在那里，东宫伴读往往是太子的铁杆儿粉丝。在太子接掌帝国权柄的道路上，他们会逢山开道，遇水搭桥，与太子结下一荣俱荣、一损俱损的亲密关系。而当时黄子澄与朱允炆就结下了这种非一般的关系，朱允炆有了"难题"，自然要去请教黄子澄。

有一天，朱允炆坐在明皇宫的东角门，脸上布满了忧愁的神色。这时候，黄子澄走了过来，师生二人就在东角门定下了削藩的政治主张。当时两人只是纸上谈兵，本没有碰撞出多少智慧的火花，更没有商量出具体的实施办法。

时过境迁，现在的朱允炆已经是朱明王朝的一国之君，已经没有谁能阻挡他对武力削藩这件事的向往。他决定落实师生二人当年定下的主张，用汉景帝武力削藩的方式，将分散在藩王手中的权力一一收回。武力削藩不是无理取闹，它需要一个理由。论辈分，这些藩王都是自己的叔叔，他们既没有造反又没有乱政，虽然有人在背后说他们图谋不轨，可抓不到把柄，也不好削夺他们的权力。

建文帝想解决藩王问题，但又不想招来麻烦，所以他在极小范围内秘密地进行削藩问题的讨论，但没想到小范围的活动却引起了大范围的关注。朝中那些政治嗅觉灵敏的官员也参与到削藩的讨论中来，由此在帝国的权力中枢形成了三方不同的意见。

一方是削藩强硬派。这一派呈梯队作战模式，在最前方摇旗呐喊的是黄子澄和齐泰等人，而背后谋篇布局的是方孝孺，建文帝则是最大的支持者。按照黄、齐、方三人的意思，既然已经开始磨刀，那索性就以迅雷不及掩耳之势将藩王势力连根拔除。

另一方是削藩温和派。这一派虽然不反对削藩，但他们希望为暴力削藩蒙上一层温情的面纱。他们觉得这些藩王都是先皇的子嗣，做法不可过于冷血。他们不赞成连根拔除，认为可以借鉴汉武帝实行的"推恩令"。也就是在各个亲王原有的封国领地上，除了嫡长子继承亲王头衔外，其他的儿子也都享有封地和郡王头衔。长此以往，郡王会越来越多，他们的封地会越来越少，势力也就越来越薄弱。这么做既保证了帝国权力根基不会被动摇，同时也保全了皇族之间的亲情。客观地说，这一派提出的方案非常符合实际，且操作性强。

还有一方是削藩反对派。这一派的观点也很明确，那就是不但不能削藩，还要对那些藩王们做到有礼有节。这时候舆论大环境已经在逼藩王造反。为了缓和矛盾，建文帝应该立即打消削藩的念头，摆出一副与他们修好的姿态。

建文初年，户部侍郎卓敬秘密上奏建文帝："燕王雄才大略，极似太祖，且兵精马强，北平又是战略要地，宜及早剪除，杜绝后患。否则，待其准备就绪，浩浩大军建瓴南下，难以挽回危局。"

建文帝在看完卓敬的奏本后，悄悄地收了起来。但这个世界没有不透风的墙，建文帝削藩的政治谋划还是外泄到了诸藩王那里。由此可见，当时朝廷计划削藩已经是公开的秘密，而藩王们在京城的势力无孔不入，就算是最高机密也逃不开他们的耳目。

朱允炆君臣在紧锣密鼓地筹划着削藩。从内廷传出的风声引发了藩王们极度的不安与警觉。他们并不愿意做待宰的羔羊，更何况他们手里有兵马。你在京城磨刀，我就可以在边疆搞搞军演。藩王们恃仗军事武力，不断地向中央施压。藩王们之间互相串联，将矛头对准武力削藩派的主力齐泰和黄子澄。

他们提醒建文帝，不要受外人蛊惑。他们这么做，就是为将来彻底翻脸寻找一个可以说服天下人的借口。这个接口就是"清君侧"，即为了江山社稷，要将皇帝身边的小人都除掉。

这些藩王们越施加压力，建文帝就愈加坚定削藩的决心。既然已经箭在弦上，那索性就冲着靶心而去。对于建文帝来说，那些削藩强硬派就是他的政治盟友。在他还未登基的时候，黄子澄虽然只是个书生，但在宫廷里待了多年，什么样的场面都见过。建文帝命他与兵部尚书齐泰同参国政。建文帝重提当年东角门二人密议削藩之事，黄子澄很快就领会了其中的深意。

黄子澄找到齐泰，他跟齐泰说："齐尚书，当今皇上年少，在治国方面没有什么经验，可他的那些叔叔们手握重兵，多行不法，照此发展下去，恐怕我大明危矣。你我都曾受先皇之重托，承蒙当今皇上之厚恩，理应为国分忧啊！"

齐泰也是聪明之人，当然能够听出黄子澄话里有话。他还是给出了一个谨慎的意见。他说："为子则孝，为臣则忠，你我如今都是大明股肱之臣，就理应报效国家。只是削藩之事关系重大，处置不当，恐怕会后患无穷。"

君臣三人最后经过一番合计，决定先从燕王朱棣的亲弟弟周王朱橚的身上下手。

其实黄子澄和齐泰在商议具体的削藩策略时出现了分歧，黄子澄说："周、齐、湘、代、岷诸王，在先帝时，尚多不法，削之有名。今欲问罪，宜先周。周王，燕之母弟，削周是剪燕手足也。"他们的总体目标是一致的，那就是一定要将燕王拉下马，而到了具体的实施过程中，齐泰主张首先擒燕，黄子澄则要求剪燕手足。

事后看来，虽然建文帝是齐、黄并用，实际上更倾向于黄子澄的看法，毕竟东宫的交情在那里摆着。而卓敬则别有一番议论，他在给建文帝的奏折中说："燕王智虑绝伦，雄才大略，酷类高帝。北平形胜地，士马精强，金、元年由兴。今宜徙封南昌，万一有变，亦易控制。夫将萌而未动者，几也；量时而可为者，势也。势非至刚莫能断，几非至明莫能察。"

卓敬的意思是在不动干戈的情况下，先以迁徙的办法消祸乱于无形。应该说这是相当高明的一招。而且这样做的理由光明正大，即使朱棣心有不满也说不出所以然，更不会拿出靖难的招牌说事。可是，这么一个"天下至计"并没有获得朱允炆的认可。

卓敬这个人在当时应该算得上是天下奇才，就连后来杀害他的朱棣也不得不承认"国家养士三十年，唯得一卓敬"。朱元璋生前对卓敬非常看好，可惜朱允炆并没有给予这样一位有才之士足够的信任。

朱允炆选择周王作为削藩的第一道突破口，还有一个更为直接的原因，那就是周王府里出了内奸，此人在这个关节点上站出来出卖自己的主子，说周王朱橚要密谋造反。朱橚并不是一个懂政治的人，准确地说，他更像是一个学者，是植物学家和方剂学家。他曾经根据元朝宫中遗事，写有《元宫词》百章，并参与编写科技著作《救荒本草》。就是这样一位学者型的藩王，不专心搞他的学术研究，却偏偏要跳出来学人家造反。

朱允炆正愁找不到借口向藩王们下手，现在有了机会，那就先拿周王朱橚开刀。就在准备下手之际，告发之人提供了一条更为重要的线索：周王要谋反，背后有燕王朱棣在为他撑腰。如果这个说法成立，那么朝廷削藩从周王下手是再合理不过。而朝廷一旦对周王采取行动，就等于斩断了燕王朱棣的手足。所以朱允炆要动周王，按照常理来说，燕王朱棣不会坐视不管。

要是朱棣出兵来救，那么他就会背上同谋的罪名；如果朱棣不出兵而是出面为周王说情，那也能将其算作同谋。这样一来，无论朱棣怎么做，建文君臣都能够找到收拾他的理由。周王朱橚和哥哥朱棣是由马皇后收养的，在藩王当中，他们之间的关系要比其他的兄弟关系更近一层。

还没等朱橚将造反行动付诸实施，一场大灾难已经悄然降临。他做梦也不会想到，自己的亲儿子朱有爋会告他谋反。按照大明的祖制，周王的大儿子朱有炖被立为世子，也就是未来周王王位的合法继承人。可是次子朱有爋听人说，最近朝廷正准备对尾大不掉的诸藩王下手。他想，自己何不乘机去上告，将父亲周王朱橚的不轨行为全部告诉朝廷。这样就可除掉兄长及父亲周王，自己就可以稳稳地坐上周王的位置。

周王次子朱有爋上告周王谋反，建文帝听说后喜出望外。这样的事情来得太过及时。建文君臣经过反复商议，决定派曹国公李文忠的儿子李景隆带兵北上，采取声东击西的策略，给周王朱橚来个突然袭击，确保削藩首战成功。

洪武三十一年（1398年）八月，这是帝国新旧权力集团交替的时间段，虽然用的还是洪武的年号，但朱允炆上台已经有三个月了。建文朝廷放出风声，说是接到北方密报，北元残余势力最近有南下的迹象，为加强北方防务，防止北元南侵，朝廷决定派李景隆为大将军，率军北上。

客观地说，建文君臣唱的这出戏并没有跑调。李景隆的军队一路向北，周王朱橚并没起任何疑心，因而也就没做抵抗的准备。但当李景隆的军队经过开封时，在毫无征兆的情况下突然转向，迅速包围了周王府。

周王朱橚还没反应过来就做了俘虏。李景隆马上取出皇帝朱允炆的诏书，当众宣读。接着就将周王一家人押往京师南京，周王及其诸子被废为庶人，流放到了荒远的云南蒙化。削藩首战告捷，给当时建文朝的政治局面带来了很大的积极影响，也表明了建文帝是一个很有抱负、很有作为的帝王。

建文帝废了周王，马上就将周王所犯的罪行写成敕书，然后颁给诸王，让他们来给周王议罪。这一招也确实狠毒。谁说书生不懂得治国谋略，建文帝此举可以说是一举三得。

一是拿祖制来压服藩王。按照祖制：藩王有罪，皇上主持，诸王集体议定。二是博取天下人的信服。向天下公开周王的罪行，昭示皇帝武力削藩并不是师出无名，而是周王造反，逼我动手。同时也在敲山震虎，让其他藩王都要循规蹈矩，没事不要学周王自取灭亡。三是投石问路。建文帝拿周王开刀，是项庄舞剑意在沛公，他以此来试探燕王朱棣的反应。

京城的暗哨不断传递来皇帝要削藩的消息，而朱棣在北方的风沙中睁着头狼似的眼睛冷冷地注视着京城的方向，他的心比北方的冬天还要冰冷。从北京到南京，千里的路程难道自己这一辈子都无法逾越吗？

他想不到的是，一身书卷气的朱允炆下手会这么狠，刚上台就要拿自己的叔叔们开刀。周王朱橚已经被拉下马，下一个会不会轮到自己？作为诸藩之首，他是无论如何也躲不开这场劫难的。

回想起三个月前父皇朱元璋刚死时，文弱的朱允炆戒备森严，就连他们这些藩王回去奔丧都不让带军队，谁知道那份所谓的遗嘱是不是朱元璋钦定的。

朱棣无数次地在自己的内心算计。在这样一场你死我活的权力博弈中，可以说是步步惊心。如果真要与朱允炆撕破脸皮，也不是现在。对抗中央，那就是造反，就是全民公敌。对抗朝廷不光要具备一定的军事武力，还要师出有名，否则他朱棣就可能成为千夫所指的乱臣贼子。失道寡助，这仗还没等到开打就已经输了七分。更何况他的三个儿子这时候还在南京为朱元璋守孝，等于是留在朱允炆身边做人质。现在出兵，搞不好就赔了儿子又折兵。

朱允炆想借着周王之事激怒朱棣，这一切并没有逃过燕王朱棣狼一般犀利的眼睛。正在朱棣如坐针毡之时，南京方面已经将周王的罪诏送到了他的手上。他读出了罪诏的弦外之音，每个字都像插在他心头的一把刀。

朱棣酝酿了很长时间，决定以儒制儒。既然自己的侄皇帝任由一帮儒生摆布，动不动就扛出儒家大旗，那自己素性就和他玩一场以儒制儒的好戏。

朱棣在呈给建文帝的奏章中做出了这样的表态："如果周王所做所为形迹暧昧，希望陛下能够念及亲情，将其饶恕，以此来成全骨肉之情；如果周王造反之事已经坐实，先帝早已定下的祖训，我们这些做臣子的还有什么话好说呢？只希望陛下能够遵照祖制，识大体顾大局。"（惟望陛下体祖宗之心，廓日月之明，施天地之德。）这番话显然收到了预期的效果，建文帝看了这封敕书之后，念及骨肉亲情，竟然萌生了不再削藩的念头。

朱允炆的文弱个性又一次暴露无遗，他将治国当作三岁孩子过家家，想玩就玩，不想玩就不玩。要知道当时的政治斗争已经到了相当激烈的地步，只是对立双方还没有撕破脸皮而已。一旦心慈手软，后果将不堪设想。

帝国权力核心层已经摆明了削藩的态度，这时候忽然罢手，朱棣和其他藩王又岂会相信。他们只会认为这是缓兵之计，更大的风暴将会随之而来。

在这个问题上，黄子澄和齐泰二人还是看得很通透。无论最后的结局是悲是喜，开弓就没有回头箭。他们反复地规劝建文帝：当断不断反为其乱。建文帝迷乱的心又逐渐坚定起来，将削除不法藩王的行动进行到底，彻底剪除藩王集团的势力。

建文朝廷投入无限的热情来对待削藩这件事，官员们也纷纷找机会站出来告发诸藩王所犯下的不法之事。当然这些官员也不是满嘴跑火车，那些雄霸一方的藩王很多时候也的确过于嚣张。当年朱元璋为了保障自己后人的福利待遇，在帝国的政治体系中做出规定：藩王的地位虽然低于皇帝和皇太子，却比那些帝国官员要高得多，也就是说这些帝国官员往往受制于藩王。

在等级如此森严的权力体制面前，帝国的权力枷锁对于藩王们来说，往往是形同虚设的。朱元璋如此袒护自己的子孙，那么官员们也不愿意给自己找事。藩王们常常做出违反帝国法度之事，所辖地区的老百姓常常遭受祸害。如今建文帝"开门纳谏"，而且纳的都是检举藩王的谏言，官员们便放下先前的心理负担，纷纷出来检举揭发。

京官们忙着从地方收集情报，地方官员也没有闲着。整个大明帝国朝野上下弥漫着削藩前的紧张空气。于是有人告齐王，有人告岷王，还有人站出来告湘王。湘王朱柏也是个文雅的读书人，性情收敛，并不招惹是非，这次也被人告发，一时又无法为自己澄清，觉得自己身为藩王，地位尊贵，哪里能够受得了狱吏的羞辱，最后自焚而死。

在朱允炆看来，不管你是安分守己的藩王，还是包藏祸心的藩王，两者并没有本质上的区别。作为帝国一把手的他所关心的只是分封制的存与废，只要分封制一日不根除，藩王们就有拥兵自重的资本。对于帝国中央权力集团来说，分封制存在就意味着极大的风险。分封制的废除并不是简单的事情，一旦决定废除，就要考虑到由此引发的一系列后果。

在建文帝削藩之前，至少有三个问题需要他考虑：第一，是不是所有的藩王都要削废？第二，削废藩王如果分批进行，那么谁先谁后？第三，削废是一削到底，还是浅尝即止？

可是朱允炆的削藩政策却毫无章法可言。首先，最应该削的偏偏不敢碰；其次，赶上谁就削谁，毫无计划性；再有就是削与废同时进行。不只是削去军权，藩王本人还被废为庶人。"庶人"就是普通的老百姓。藩王们本来都是朱元璋的皇室血脉，可建文帝却要削其权，夺其皇籍，直接将他们贬为"庶人"。周王被废，就叫"周庶人"；代王被废，就成了"代庶人"。

朱允炆就这样毫不客气地将自己的皇叔们都扫出了皇室，将他们从藩王直接贬为普通老百姓。这种做法显然是防卫过当，夺权本来就已经触动了藩王们的利益底线，如今又加了一道削夺皇籍，更是让藩王们难以忍受。一时之间，帝国上下满城风雨，人心思动。

这种做法最为直接的效果，就是把所有藩王的势力都推到了燕王朱棣那边。

从建文帝上台后的第三个月削夺周王爵位开始，到建文元年六月岷王朱楩被废，在这短短不到十个月的时间里，建文朝廷连续削废了五位藩王。

建文朝的政治权柄由"三驾马车"为首的文官集团执掌。此时的帝国人事结构存在着很大的漏洞，人员配置极不合理。无论是齐泰、黄子澄，还是后来的方孝孺，他们都不具备军事才能，用兵打仗对他们来说只能是纸上谈兵。建文帝也是一个书生，四个书生合在一起，顶多算是一群书生。

一帮书生对波诡云谲的帝国权力斗争不明其道，最终只能任由别人牵着鼻子走。建文帝的软弱及其智囊团的偏激，让削藩从一开始就失去了准星。面对多项选择，无论是建文帝还是他的智囊团都缺少真正理性而智慧的判断，原本主动的优势就这样转化为劣势。

建文君臣动手削藩的速度并不算太慢，在朱元璋死后不到三个月的时间，建文帝就示意黄子澄和齐泰等人研究此事并且付诸行动。但让人费解的是，太祖宾天，诸王奔丧，对于建文帝君臣来说，这本来是朱元璋在冥冥之中为他们创造的一个大好机会，可朱允炆却轻易放过了这样的机会。

朱允炆明诏诸王不得来京奔丧，燕王朱棣走到淮安之地又折回了北京。建

文集团白白失去了一个大好机会。实际上，朱允炆本人不是没有考虑到利用诸
王来京的机会削夺他们的权力，主要是他的削藩思想始终处于一种摇摆不定的
状态。左半边脑袋考虑的是夺去诸王手中的兵权，右半边脑袋又不想丢了皇族
亲情和皇家的脸面。这种纠结的心态贯穿了建文帝削藩的整个过程。

如果建文君臣能够利用朱棣等人来京奔丧的机会，将各路藩王一举拿下，
也就没有后来的征战杀伐，皇权易主。可建文帝朱允炆并不想惊动皇祖的陵寝，
他更没有勇气打破儒家信奉的那一套道德规范。再联系到建文帝后来讨伐燕王
时所下的"勿使朕有杀叔父之名"的命令，便会知道朱允炆的主导思路是，削
藩可以，但是不能让他背上道德恶名。

朱允炆虽然担心藩王的权力威胁到中央集权，然而他并不想使自己复古的
思想流于形式，他试图通过仁政和说教来掩盖政治活动中必须采取的铁血政策。

在武力削藩行动之前，建文集团面临着先从谁身上下手的问题。实事求是
地说，齐泰的主张是站得住脚的。但最终建文帝还是认同了留有巨大后患的黄
子澄方案——先削周王。而后却没有马上对朱棣动手，给予敌人以喘息的机会，
终至灾难降临。这是建文朝削藩开始时最大的失误。

建文君臣怕朱棣，但又没办法绕过这道难关。一次次削夺朱棣的兄弟藩王，
一次次地打草惊蛇。毒蛇在草丛里蛰伏着，等待着发出致命攻击的时机。

6. 比谁都清醒的 "政治疯子"

在连续削废五藩之时，朱允炆君臣的主要心思其实一直都放在燕王朱棣的
身上。当朱棣为周王议罪的奏章送达南京时，建文君臣还为此展开了一番热烈
的讨论。讨论其实并无多少新意，无非是揣测其有无不良居心。

依照齐、黄二人的意思，对燕王朱棣下手要立足于快、着眼于狠，不能有
丝毫的犹豫，不然就会越来越难以对付。

朱允炆并不是傻子，他当然也能意识到问题的严重性。骨子里的文弱和儒

生性格的局限束缚了他的手脚。他与那些臣子所处的地位不同，毕竟是向自己的亲叔叔动手，于情于理，都难以说服天下人心，他不能操之过急，要一步一步地慢慢来。

齐、黄二人毕竟较建文帝年长，社会阅历也相对丰富，所以他们不停地催促建文帝早早动手。建文帝被催得急了，也只能无可奈何地说："我一直叫人密切注意北平燕王的动态，可实在找不出任何破绽，我能够以什么罪名来削废他？"

齐、黄二人真是被自己的皇帝逼急了，都到了箭在弦上不得不发的关键时刻，朱允炆还在那里不知进退。堂堂帝国的皇帝要给藩王安个罪名，是难事吗？显然不是。先帝朱元璋在这方面不是做出了很好的表率吗？有样学样就可以了。

按照齐、黄二人的意思，拿燕王给周王议罪书的"回执"来做文章。虽说那份"回执"写得毫无破绽，可文字里还是透出了为周王求情的意思。既然周王有罪，为其求情的燕王又怎能独善其身？就以燕王与周王"联谋"的罪名将二人一并拿下。

在传统的专制社会里，对或者错并没有真正的标准与界限，话语权掌控在那些嘴巴大、拳头硬的位高权重者手中。大臣们已经做好了准备，建文帝却还在犹豫之中。当齐、黄二人提出将燕王与周王一并拿下时，朱允炆说了一句莫名其妙的话："朕即位未久，连黜诸王，若又削燕，何以自解于天下？"

碰到建文帝这样优柔寡断的领导，就是上天赐予再好的机会也是白搭。事实上当时齐、黄的建议如果能够被建文帝立即采纳的话，局势对建文朝廷还是很有利的。当时朱棣正在"养病"，此时动手正好打得朱棣措手不及。

当齐、黄向建文帝提议发兵时，朱允炆是这样回答的："燕王智勇双全，善于用兵，即使他现在在生病，恐怕朝廷也难以将其拿下（燕王智勇善用兵，虽病，恐猝难图）。"

这真是猛虎虽病，也能吓退活猫。建文帝对燕王朱棣的忌惮到了令自己深感恐惧的程度。恐惧归恐惧，朱允炆还是对燕王朱棣的大本营北平展开了一系列防范性的布防。一是将其困在北京城动弹不得，二是想办法削弱朱棣的兵力。从军事层面上来看，建文君臣对燕王朱棣的防范做得还是很到位的，中央军将整个北平城里三层外三层地控制起来。同时建文君臣以帝国安全的名义，将燕王府的主要兵力抽调出去防范蒙古。这时候燕王府的兵力是不足为虑的。三个多月后，燕王朱棣起兵的时候手里也只有区区八百人。

军事人才的严重匮乏，是削藩战争的最大难题。建文帝新任命的张昺、谢贵和张信三位封疆大吏，前两位无能，剩下那位张信后来成了叛徒。建文帝对此人缺乏了解，只是听信大臣的推荐才重用于他。

经过洪武朝的血腥清洗，朱元璋留下的武将只有耿炳文和郭英两位侯爷。耿、郭二人戎马一生，能够在朱元璋的铁血清洗之下逃生，可见他们的忠诚度是值得信赖的。

如果建文君臣能够在军事安排上多向两位侯爷请教，也许结果就会不一样。虽然朱棣起兵时只有八百人，可等到他打出旗号，他的那些被朝廷调离的部下纷纷阵前倒戈。燕王军队由八百人直接就发展到几万人。其中的奥秘就在于军队长期上下级隶属关系所积淀的"效应"，不是一时的人事调动就能改变的。所以说，北平布防实际上是等于在向朱棣下宣战书。

朱棣见建文帝对北平城进行层层布防，心中还是有所恐慌的。朱棣身边虽然没有"三驾马车"，但也笼络了一大批高人。其中有和尚道衍（俗名姚广孝）、算命先生袁珙、金忠等。这些人虽然都是江湖人士，可他们的智谋却丝毫不逊色于朱允炆身边那"三驾马车"。

北平城的局势对朱棣十分不利，城内城外全在朝廷的掌控之中。朱棣想要摆脱这种困境，可是双方悬殊的实力，让他有想法却没办法。和尚道衍等人的建议是，先放下皇叔的架子，学会低调做人，对外规规矩矩遵纪守法，暗地里厉兵秣马伺机而动。

北平城里刀已出鞘、马也上鞍，虽然一切都在秘密中进行，可生活在南京城里的建文皇帝还是知晓了一切。原因是有人告密。告密者是朱棣的小舅子，明朝开国大将中山王徐达的大儿子徐辉祖。徐辉祖以探亲的名义去过几趟北京城，他察觉出了燕王府里弥漫着的杀气。他将自己掌握的情况告诉了建文帝，并提醒皇帝要有防范之心，做好应对之策。

建文元年（1399年）正月，燕王府长史葛诚来南京奏事。建文帝将其拉拢，并让他返回燕王身边作为朝廷的内应。建文帝加强对北平和燕王府的侦查、监视等情报工作，内部有葛诚内应，外面又命刑部侍郎暴昭、夏原吉等人作为采访使分巡天下。

建文帝的间谍战和巡视，还是起到了震慑作用。燕王朱棣能够感觉到刀锋掠过脖颈的丝丝寒意，这种寒意让他不敢存有丝毫的懈怠。

这是一场紧张又激烈的政治场上的心理战和谍报战，谁将笑到最后完全取决于双方的心理素质、个人性格和时间等诸多因素。对于朱棣来说，从北京到南京，千里之外也挡不住权力道路上的步步惊心。他如果一味地采取守势，那么最后只能是坐以待毙。

考虑了很长时间，朱棣决定以攻为守，亲自去一趟南京，摸摸对方的底细。按照朱元璋定下的祖制，地方藩王在没有得到皇帝允许的情况下是不能随便离开自己藩地的。朱元璋在他的遗嘱中曾经立下规矩："诸王临国中，无得至京。"就连朱元璋驾鹤西去时，藩王们也不能前去送行，只能在自己的封地尽孝举哀。

建文元年（1399年），建文帝正式改元，各地藩王以此为由纷纷前往南京朝贺，朱棣也趁此机会随行前往。燕王府的文武官员们百般劝阻，认为燕王此去京师无异于狼入虎口。但朱棣还是一意孤行，当真是勇气可嘉。

这一年的三月，朱棣来到皇城南京。朱允炆在奉天殿接见了他。叔侄二人相见，并无多少真情流露的唏嘘感叹。燕王朱棣依旧傲慢地站在大殿上，向端坐御座的侄皇帝拱手致敬，作为君臣见面的礼节。双方的寒暄也只是点到为止。

朝中大臣无法接受朱棣这种藐视建文帝的做派。从燕王踏入皇城的第一步，这些人就横竖看他不顺眼。朱棣从洪武门进入皇城，以君王的威仪走过皇帝专用御道。他站在奉天殿上向建文帝拱手示意，不行叩拜之礼。这哪里还有一点儿君臣之道？

监察御史曾凤韶实在看不下去了，就上呈奏疏："按照大明高皇帝祖训规定，亲王来朝在大殿之上要行君臣之礼，回到皇宫里才行长幼尊卑之礼。燕王目无君皇，违反祖制，如此下去，国将不国。为严肃纲纪，臣奏请皇帝治燕王以'大不敬'之罪。"

"大不敬"是封建制度下的"十恶"大罪之一。一旦罪名坐实，就要满门抄斩。从朱棣南京觐见的整个过程来看，他的"大不敬"是板上钉钉的事，满朝文武官员都可以站出来做目击证人。以这个理由除掉燕王可谓名正言顺。但建文帝并不这么想，他在读完曾凤韶的弹劾奏疏后，只是淡淡地说了一句："燕王是我的亲叔叔，无须深究。"

　　既然建文帝不想借此机会除掉朱棣，那就只能再想别的办法。户部侍郎卓敬给皇帝朱允炆上了一道密奏，提醒建文帝不要放过这样一个千载难逢的机会。他提议将燕王从他长期盘踞的北平调离，将其迁徙到南昌一带。

　　密奏里的原话是这样的："燕王智虑绝人，酷类先帝。夫北平者，强干之地，金元所由兴也，宜徙南昌以绝祸本。"就是说，燕王和先帝朱元璋很像，胸中韬略远胜于他人。将此人放在北平这样的龙兴之地，就等于为大明帝国埋下了一颗随时可能引爆的定时炸弹。

　　卓敬的密奏具有很强的针对性和可操作性，可以说是一个一石三鸟之计。既可以避免以"大不敬"罪名整治燕王所带来的负面影响，又可以避免建文帝背上迫害皇叔的恶名；最重要的一点就是可以消除燕王之患。就是这样一个一石三鸟之计，还是没有得到建文帝的支持。建文帝在看了密奏后，对卓敬说："四叔燕王是朕的至亲，我不能这么做。"

　　卓敬还不死心，继续规劝道："陛下与燕王虽是叔侄关系，但是叔侄关系怎比得上父子关系。隋文帝杨坚与杨广是父子关系。杨坚年老的时候，有人跟他说，您的皇太子杨广在调戏你的爱妾。杨坚就动了杀杨广的念头，但他还没有来得及动手，杨广已经获悉了这个信息，先下手为强，将亲生父亲杨坚给杀了。父子关系尚且靠不住，更何况你们之间的叔侄关系！"

　　建文帝听后沉默半天才冒出来一句话："卿休矣。"可是等到朱棣平安回到北平后，建文帝这才意识到，曾经有一份天上掉馅儿饼的机会摆在面前，而自己不懂得珍惜。虽然他采取了一系列措施，诸如派官员到北平去监视燕王动态，想办法削弱燕王的兵力，等等。但是除掉燕王的最好时机已经错过了。

　　建文元年（1399年）五月的一天，正值朱元璋周年祭奠。按照皇家的规定，皇子皇孙都要前往南京参加祭祀大典。朱棣刚刚从建文帝眼皮子底下逃过一劫，他没有勇气再去冒一次险。而南京这时也不断有风声传来，说建文君臣正因放走他而后悔。

朱棣自己不愿再去南京，可先皇的周年祭总要有人代表自己前往。自己不愿到场，那么他的儿子们就必须参加，不然事情就闹大了。在这种情况下，他的长子朱高炽就带着两个弟弟前往南京参加朱元璋的祭祀大典。

儿子们前脚刚跨出北平，朱棣这边就对外称病。等到朱元璋祭祀大典结束，燕王的病情传得越发严重。朱高炽三兄弟到了南京后不久，朱棣的奏疏也送达建文帝的手上："燕王病重，恳求建文帝能够恩准三个儿子回北平见其最后一面。"

朱棣的这一招用得极为巧妙，既可以弥补先前决策上的失误，又可以摸清建文君臣的计谋。如果建文帝扣押了他的儿子们，那么中央朝廷就会失去舆论的主动权；如果朝廷放人，那么朱棣也就达到了保全儿子的目的。

建文君臣面对这样一份乞子回藩的奏书，也是莫衷一是。有人主张将朱高炽三人扣下留作人质，以此来挟制朱棣。黄子澄认为，将朱高炽三兄弟扣留，反而会授予燕王把柄，如果对方以此为借口起兵，那么朝廷就会失去舆论上的主动权。不如先放三人回去，借以打消燕王的顾虑，然后再找机会收拾他。

黄子澄以遣归其子的方式来稳定朱棣，当然这也正中朱棣的下怀。朱棣父子相聚，大喜道："吾父子复得相聚，天赞我矣！"

建文帝听从黄子澄的意见，放朱高炽三兄弟回北平。建文元年（1399年）六月，燕山护卫有个小军官百户倪琼向建文帝上奏，告发燕王朱棣属下的两个军官暗中为朱棣招兵买马，图谋不轨。建文帝立即下令将两人火速逮捕，并押送到京师南京来进行审讯。经过审讯，两个军官交代出燕王朱棣私下招兵买马意图不轨的罪状。

为了获得实情，建文帝去向左都督徐增寿求证。徐增寿是徐达的二儿子，即为朱棣的小舅子，又是朱棣最为信任之人。徐增寿听说有人供出朱棣密谋造反的事实后，仍在朱允炆面前巧舌如簧地说："燕王与先帝（这里指朱标，朱允炆登基以后，将父亲朱标追尊为兴宗孝康皇帝）是亲兄弟，他贵为亲王，已经富贵至极，又是你的亲叔叔，怎么可能还会起来造反（燕王先帝同气，富贵已极，何故反）！"

朱允炆也拿不定主意，最后下诏将燕王朱棣严责一通，仅仅只是口头责备，并没有实质性的惩罚，就这样又一次白白地浪费了削藩的良机。

建文帝的诏令起到的唯一效果就是，让燕王朱棣再也无法拥有一个踏实安眠的夜晚。他为造反起兵而进行的准备都是在暗中进行的，因为他清楚地知道双方的实力对比。如果贸然起兵，只会自取灭亡。经过一番深思熟虑，朱棣决定在装病的基础上再装一次疯，以此来迷惑南京城里的朱允炆。

堂堂藩王为了保全自己，也顾及不上所谓的颜面了。朱棣不再是那个威风凛凛的燕王，他变得疯疯癫癫，有时倒地便睡，一睡就好几个小时，有时胡言乱语，大呼小叫，见到别人在吃东西，他就伸手去抢夺。有野史记载，处于癫狂状态的朱棣居然当着女人的面撒尿，毫无羞耻之心。这哪里还是个尊贵的王爷，分明就是一个落魄的乞丐。

建文元年六月的一天，北平布政使（相当于北京市市长）张昺和都指挥使（相当于北京军区司令）谢贵亲自来到燕王府，在燕王府中他们见到了疯疯癫癫的朱棣。当时北平正是炎热夏日，只见朱棣披头散发，身披破布袄，抱着火炉正在烤火，嘴里还不停地念叨："真冷啊！真冷啊！"朱棣见到二人脸上毫无表情，像是从不认识他们。

张、谢二人将他们在燕王府所见到的情况奏报建文帝。燕王朱棣疯了这个消息像长了翅膀，不仅整个北平城的人都这么认为，最重要的是连朱允炆也信以为真。就在满城都在流传燕王疯了的消息时，有人却提出了质疑。这人认为燕王不是真的疯了，而是在装疯卖傻。提出质疑的人是燕王府的长史葛诚，此人是建文帝安插在燕王身边的一个"线人"。

葛诚将自己收集到的证据秘密呈报给了建文帝。没等朱允炆做出判断，装疯卖傻的朱棣就自己露出了马脚。

为了摸清建文帝和中央朝廷的态度，朱棣派遣护卫百户邓庸到南京奏事，以收集情报。真搞不清楚朱棣到底是出于怎样的考虑，才会走出这样一步臭棋。邓庸刚进南京城就被朱允炆抓了起来。抓他的理由很简单，夏天抱着火炉喊冷的朱棣还知道向皇帝奏事吗？很显然，燕王是在装疯卖傻。

一番刑讯逼供之后，邓庸就全招了。建文帝这才意识到燕王已经在步步紧逼，意欲不轨。自己不能再被当傻子蒙蔽了，朱允炆发出密令，令镇守北平的张昺、谢贵抓捕燕王府官属，同时密令北平都指挥佥事张信捉拿燕王朱棣本人。燕王朱棣并不是一个平庸的对手，他在北方边境与蒙古人交手了十几年，从战火硝烟中一路摸爬滚打过来。朱允炆严重低估了对手的实力，他以为单凭北平那几个平庸的朝廷大员就能摆平一切。

7. 致命的"多米诺骨牌"

建文帝派往北平的三位官员就好像这场权力博弈游戏中的"多米诺骨牌"，由三人所引起的连锁反应决定了这场游戏的输赢。张昺、谢贵两人是朱允炆手中的牌，不管他们是好牌烂牌，他们都不起决定作用。而另一个人的存在打破了这种局面，这个人就是北平都指挥佥事张信。毫不夸张地说，此人是这场"多米诺骨牌"游戏中最为致命的一张王牌。

张信在接到朝廷发来的密令后，迟迟没有采取行动。原因是他母亲说出的一番话让他犹豫了。他的母亲说："你的父亲在世的时候曾经说过，帝王之气在燕王这边，你不要轻举妄动，搞不好就会遭灭族之灾（汝父每言王气在燕。汝无妄举，灭家族）。"

本来张信在这件事上就表现得犹豫不决，母亲的话更是动摇了他对建文朝廷的信心。张信是这样考虑的：凭自己的本事想要抓捕燕王，几乎是一件不可能完成的任务。自己可不愿意这么白白去送死。既然不愿去送死，那就只有去送信。

主意拿定，张信就偷偷地跑去向朱棣告密。朱棣获知建文帝要对自己下手的消息后，惊惧万分。虽然说他早有预料，但是内心还存有一份侥幸。如今听了张信的告密，他才真正意识到，该来的已经来了。张信的临阵变节，使得僵持不下的削藩攻坚战在最关键的地方掉了链子。

朱棣在送走告密者张信以后，既喜且惊。喜的是张信的告密来得正是时候，正如他对张信所说："生我一家者，子也！"惊的是他没有想到优柔寡断的朱允炆果真要对自己动手。朱棣找到自己的谋臣道衍和尚，与其商议对策。最好的进攻才是防守，朱棣已经别无退路，只有起兵对抗朝廷一条路可以选择。

张昺与谢贵调集城里的七卫士兵与屯田军，包围了燕王府，切断了燕王府与外界的联系。同时他们将北平的情况拟了一份奏疏送达南京，向建文帝报告情况。

就在双方剑拔弩张之际，建文朝廷在北平的衙门里发生了一起改变战局走向的怪事。建文帝下达给张昺和谢贵的密诏被人窃取了。

经过调查发现，窃取密诏之人是张昺和谢贵手下的小吏，一个是北平布政司吏奈亨，另一个是北平按察司吏李友直。两人将密诏献于燕王朱棣，以图换取荣华。皇帝的密令居然被衙门里的小吏轻而易举地窃得，并送给了对手。由此可见，建文帝在北平的战略部署是多么失败。既然建文君臣已经将朱棣视为最大的威胁，却安排张昺与谢贵两个不合格的军政长官来掌控北平的局势，这是最为失败的地方。

从两人的阅历、能力和威望来看，他们并不适合被安排在北平这样一个兵家必争之地。两人把持着北平的军政大权，一个是北平省长，一个人是北平军区司令。朱允炆看重他们的并不是治军理政的能力，而是他们的忠心。经过洪武年间的血腥清洗，帝国的权力系统并无多少可用之才。在这种情况下，忠心就成为皇帝用人的一项重要参考标准。说到底，建文帝朱允炆与燕王朱棣都是皇家血脉，他们之间的矛盾只是皇家内部的矛盾。对帝国的官员们而言，他们中的很多人对建文帝与藩王们之间的矛盾也是抱着无所谓的态度。在这种情况下，忠心就变得尤为重要。忠心往往决定自己所站的队伍，也决定着自己的枪口是冲着谁。

可忠心并不能转换为能力，张昺与谢贵虽然全力对付燕王朱棣，却疏于对官府内部的管理与防备。北平军政衙门接二连三出现告密者，这让朱允炆所下的密令毫无秘密可言。

当时有一个朝廷军队里的士兵，喝得醉醺醺的，到处找磨刀铺要磨刀。刚巧有个老婆婆看到了，就问他："你磨刀要干什么？"那个士兵得意地说："朝廷已经下了密令，要杀燕王府的人。"老太太赶紧托人将这件事转告给燕王朱棣。

皇帝所下的密令居然成了北平城里公开的秘密，可见北平的政府机制这时候已经千疮百孔。帝国上空的云层陷入一种凝固状态，建文帝与燕王朱棣谁也不清楚对方到底何时才会翻出那张决定输赢的底牌。

朱棣不敢贸然动手，双方的实力对比悬殊。燕王府的兵力基本上都被朝廷抽调走了，朱棣让他的死党燕山左护卫指挥佥事张玉和燕山护卫千户朱能，率领仅有的八百名护卫兵前来护卫燕王府。

为了忠实地执行建文帝的密令，不伤害朱棣和他的家眷，张昺和谢贵先下令给军中将士，将燕王府围得水泄不通，做好进攻的准备。然后又叫人将建文帝的诏令搭在弓箭上射入燕王府，上面写着朝廷要逮捕的燕王府官属。

明明是燕王朱棣谋逆，为什么朝廷不逮主犯而要先抓"从犯"呢？因为自朱元璋起明朝就形成了一种制度：一旦亲王犯事，就要惩治王府的官属。按照朱元璋的强盗逻辑，他的儿子没学好完全是因为王府里的官属没有好好引导和辅助，所以治罪要先治王府的官属。朱允炆忠实地执行了这一祖制，这才有张昺与谢贵射箭"劝降"之举。

此时燕王府内的朱棣着实被朝廷的这种阵势吓着了，他知道整个北平城已在张昺和谢贵的控制之下，自己现在是插翅难飞。如果以自己现有的力量与朝廷的军队硬拼，无疑是以卵击石，但也不能坐以待毙。

建文元年（1399 年）七月初，朱棣突然对外宣称他的病好了。而在此之前，他已经派人将自己病愈的"喜讯"通报给张昺与谢贵，并告诉他们，朝廷要的"案犯"已经全部缉拿在案，请两位朝廷大员前去燕王府拿人。

张昺和谢贵怕其中有诈，不肯前往。朱棣又派人到张、谢的官衙，向他们出示了朝廷要缉拿的燕王府属员名单，并让他们前去将案犯带回去。张、谢二人虽然仍有疑虑，但最终还是跟着朱棣的来使前往。

当张昺和谢贵来到燕王府门口时，他们开始犹豫。燕王府的兵丁见此情景，赶紧迎接，十分热情地邀请两位封疆大吏进入燕王府内清点。张、谢大摇大摆地跨入了燕王府的大门，刚刚迈步进入第二道门，守护在此的燕王府兵士就挡住了他们的去路。

朱棣见张昺和谢贵进入府中，笑容可掬地拄着拐杖，颤颤巍巍地站了起来。他让人给他们敬酒，但张、谢以公务在身无法喝酒为名，执意不肯接受。于是朱棣又拿起西瓜，啃了起来，脸上渐渐地露出了狰狞的面目。

张昺和谢贵发现情势不对，连忙起身准备告辞。朱棣随即将手中的西瓜往地上一扔，破口大骂。话音还没落地，埋伏的刀斧手们就已经冲了上来。其实他们一直在等候朱棣事先跟他们约好的暗号。他们一拥而上，将张昺和谢贵捆绑起来。这时又有燕王府的护卫将葛诚和卢振也押了上来，原来葛诚和卢振这两位忠于朝廷的燕王府"内奸"早已露了马脚，朱棣一直装作浑然不知，就等着这时一起收拾。

燕王府内的大殿上，朱棣发出了令人毛骨悚然的冷笑，并下令动手。这边命令刚下，张昺和谢贵的两颗人头就滚落在台阶下。可怜这两位建文朝的重臣、北平军政要员还没完全弄明白究竟是怎么一回事，就已经命赴黄泉。

杀了张昺、谢贵，接着又将屠刀指向了葛诚、卢振等人，朱棣尚不解恨，又下令将他们灭族。

朱棣的暴行一下子震慑住了众人，但就在这节骨眼儿上有两个不怕死的书生站出来劝谏朱棣。一个是燕王府伴读余逢辰，安徽宣城人，因为供职于燕王府，他才来到了北平。此人不仅有学问，而且品行也端正。一开始朱棣对他很信任。余逢辰听说朱棣密谋造反，就竭力规劝朱棣不要干出那种大逆不道的事情来，但每次都被朱棣敷衍过去。

余逢辰终于明白，朱棣压根儿没把他的话放在心上。余逢辰在写给儿子的家书中谈了自己的想法：如果国家有难，他定会为国殉节。余逢辰的家信写好寄走没多久，就上演了这出"西瓜宴"。朱棣连杀朝廷命官，余逢辰劝他不要"君父两负"，惹得朱棣盛怒之下将其诛杀。

杀了一个书生余逢辰，朱棣以为可以镇住场面了，可谁也没想到又冒出了一个不要命的书生杜奇。杜奇是北平城里有名的才子，朱棣专门将他请到府里来，希望他助自己一臂之力。让朱棣没有想到的是，读书人杜奇是一个正人君子。虽然他也渴望有朝一日功成名就，但是他从未想过用造反的手段去获取功名。他不仅没有为朱棣出谋划策，反而竭力劝谏朱棣不要头脑发热，将来背上千古骂名。朱棣早就听够了余逢辰的"腐言"，没想到又来个不要命的"腐儒"，他顿时火冒三丈，气急败坏地将杜奇也给杀了。

在专制社会里，帝国的君王们往往是踩着别人的尸骨登上万人景仰的宝座的。朱棣就是这么一个杰出的政治家。杀了一个又一个，他正在兴头上，意犹未尽，于是就下令杀向燕王府外面。

再说燕王府外那些奉命包围燕王府的官军，和那些随同张昺、谢贵一起来到燕王府前的护卫兵士，他们一直在外等候着张、谢两位大员的命令，压根儿就不知道燕王府内发生的一切。等到太阳西下时，还不见张昺、谢贵出来，一些心急的兵士就开始偷偷地溜走了。留下来的兵士突然间看见燕王府的墙头上有人挑着两个血淋淋的人头出来喊话了："张昺、谢贵假传皇上圣旨，谋害燕王。今已被燕王斩首示众！将士们，你们千万不要再受蒙蔽了，大家都没事了，赶快回去，燕王就赦你们无罪。如果有人胆敢抗令不遵，燕王说了，要灭他的九族！"

腾腾杀气一下子将燕王府外的朝廷官军给镇住了，有反应快的兵士赶紧逃命，也有的放下了武器，剩下一些想抵抗但还没来得及抵抗的，一刹那间全成了朱棣亲兵的刀下之鬼。

北平都指挥使彭二得悉朱棣公然举兵反叛的消息后，马上披上铠甲，跨上战马，奔驰在北平的街头，大声高喊："燕贼谋反了，跟我杀贼者，有赏！"这一喊很快聚集了一千多号朝廷官兵，他们在彭二的带领下，向燕王府的端礼门发起了进攻，但因为是临时拼凑起来的队伍，组织性差，很快就被朱棣的亲兵打垮了。

此时天色已暗，尽管张昺与谢贵这两位北平的最高长官被杀了，但整个北平城还是掌控在官军的手中，尤其是北平城的九个门都被守得严严实实的，如果不把它们一口气拿下来，此前所有的努力都是徒劳。

朱棣与手下主要干将张玉、朱能等人商议后决定，乘着黑夜向九门守军发动突然袭击。一夜之间整个北平城的八个城门就像多米诺骨牌一样一个接一个地被攻陷，到天亮时只剩下一座西直门还在朝廷官军手里。一夜之间，建文朝廷在浑然不觉中丢了一个北方至关重要的军事重镇。

从洪武三十一年（1398年）八月废夺周王开始，到建文元年（1399年）七月初燕王朱棣公然反叛，建文帝的削藩政策宣告失败。经过历时一年的惊心动魄的削藩与反削藩之后，明王朝爆发了一场你死我活的皇位争夺大战——"靖难之役"。

朱棣起兵之初，燕军只据北平一隅之地，势小力弱，朝廷则在各个方面都占压倒性优势。战争初期，建文朝廷欲以优势兵力，分进合击，将燕军围歼于北平。而朱棣采取内线作战，迅速攻取了北平以北的居庸关、怀来、密云和以东的蓟州、遵化、永平等州县，扫平了北平的外围，排除了后顾之忧，便于从容对付朱允炆的问罪之师。

然而在燕王大肆攻城略地的时候，朱允炆还觉得自己的布置不存在任何问题，北方军队不足为惧，还一心想着他那"锐意文治"的政治蓝图。前方战局的不断失利，让他感觉到了事态的严重性，于是召集大臣商讨对策，最后决定起用老将耿炳文。这时的耿炳文已是年近古稀。朱允炆何以用这样的老将？这是他祖父朱元璋杀戮功臣宿将的后果。建文朝廷无将可用，只能起用年近古稀的老将耿炳文为大将军，率军十三万讨伐燕王。

耿炳文并没有表现出一个老将的过人能力，反而被朱棣打了个措手不及。无奈之下，建文帝听从黄子澄的建议，任命李景隆（开国元勋李文忠之子）为大将军。此人是一个纨绔子弟，根本就不懂得用兵之道，"寡谋而骄，色厉而馁"。李景隆在几个月的时间内一败再败。燕王的军队长驱直入，不过在途中遇上了平燕将军盛庸的顽强抵抗，朱棣的亲信大将张玉也战死于东昌城下。

战争进行了两年的时间，进入一种胶着状态。正在朱棣为无计可施而苦恼之时，南京宫廷里不满建文帝的太监送来了南京城内防备空虚的情报。朱棣手下谋士劝其不要纠缠于一城一池，越过山东，以奇兵直取金陵。朱棣采纳了这一建议，整个战局由此改变。

建文四年（1402年），燕军出奇兵，一路南下渡长江攻入南京城。守卫金川门的李景隆和朱元璋第十九子谷王朱橞打开城门迎降。混战中皇宫起火，火势被扑灭后人们发现几具已被烧得面目全非的尸体，据说便是死去的建文帝、马皇后和皇帝的长子朱文奎。

四天以后，燕王朱棣龙袍加身，年号"永乐"，是为中国历史上声名显赫的明成祖。朱棣在大臣们的屡次"劝进"中才半推半就着即位。历来篡位者的好戏都离不开这一桥段，朱棣自然也免不了。既然自己是领兵打进京师才做了皇帝，要摆脱篡夺之嫌疑，堵住天下臣民的议论，首先要做的是否定前朝的合法性。

坐上了帝位的朱棣没有给建文帝应有的谥号，甚至不承认建文的年号，将建文四年改称洪武三十五年，表示他这个帝位不是从建文帝那里继承来的，而是直接继承自洪武皇帝朱元璋。他甚至还暗示，老皇帝在世之日，就很喜欢他，曾和大臣商议易储一事，想让他燕王取代皇孙承续大统，考虑到秦、晋二王在世，且比他年长，这才作罢。

其次是改出身。皇位继承，讲究嫡长之分。为了让自己的得位显得合法，他将建文帝时代所修的《太祖实录》修改了两次，称自己是太祖高皇帝的原配马皇后所生，与懿文太子朱标及秦、晋二王同母。因他的这几个兄长已经亡故，诸王中自己居长，所以从伦序上说，入续大统是理所当然。修《永乐实录》时，更是直接把"高皇帝生五子"写了进去。但后来修《明史》者不知是疏忽大意还是有意为之，在好几处都透露出朱棣并非嫡出。

他要将人们大脑中关于建文朝的一切记忆彻底洗去，于是建文时期的政府档案被大量销毁，宫廷档案和皇帝起居录等被涂写和修改，一切记载这一政变的私家记述和文献都被禁止。事实情形就像后世历史学家所说："建文一朝之政治，其真实记载，已为永乐时毁灭无遗……成祖以为罪则罪之，既篡之后，谁与抗辩？"

在皇帝授意下，经一班文臣的遮掩粉饰，正统的官方历史对这场政变如是叙述：洪武三十五年六月（请注意年代的表述方式），靖难的军队打到了南京金川门外，"建文君欲出迎，左右悉散，唯内侍数人而已，乃叹曰：'我何面目相见耶！'遂阖宫自焚。"称"建文君"而不称"建文帝"，暗示他不是合法的皇位继承人，又说他因无脸见人，惭愧而自杀，御用史家的春秋笔法昭然若揭。在他们的笔下，"今上"的姿态则要高得多。他摒弃前嫌，即命太监前往援救，施救不及，太监只好把"建文君"尸体从火中找出来，报告燕王，燕王哭着说："果然如此痴呆？我来是为了帮助你做好皇帝，你竟浑然不觉，走上了绝路！"

这假惺惺的眼泪能骗世人一时，血的事实却任谁也掩饰不了。对以武力夺取帝位的朱棣而言，当务之急是继续用"枪杆子"来巩固其政权，铁血的政权也只有用铁血来捍卫。城破后，建文帝的几个弟弟无一幸免。小儿子圭甫，当时只有两岁，朱棣派人把他幽禁到安徽凤阳老家，直到三世以后明英宗时，这个废皇子才重新得见天日。那时他已五十有七，智力水平却像个孩子一样，连大街上的牛马都分不清楚。此是后话不提。

随即而来的是一场清除"建文奸党"的大规模血腥屠杀，朱棣要通过这种恐怖恫吓来堵住异见者的嘴。燕军一入南京城，就"大索齐泰、黄子澄、方孝孺等五十余人，榜其姓名曰奸臣"，对他们展开了毫不手软的屠杀。这些人多遭灭族抄家，株连甚广，人称"瓜蔓抄"。

南京陷落时，齐泰正出外募兵。为了不被认出，他就把骑着的白马用墨涂黑。马跑得大汗淋漓，涂上去的墨汁被汗冲掉，露出白色。有人认出了他的马，大声呼叫："这是齐尚书的马！"于是被燕兵逮住，押往京城处斩，他的从兄弟敬宗等皆坐死，叔时永、阳彦等谪戍，才六岁的儿子免死为奴。黄子澄还想图谋起事，被人告发抓住后，朱棣亲自审问，不屈，被磔死。族人无论年少年长全都问斩，姻亲全都发配戍边。

而最为酷烈的，莫过于方孝孺的"夷十族"。朱棣兵发北平时，姚广孝特地以方孝孺为托。他对朱棣说，南京城破之日，方孝孺一定不肯降服，不管如何千万别杀他，"杀孝孺，天下读书种子绝矣"。朱棣答应了他。

起草新皇登基的诏书对一个文臣来说可是至高的荣誉，朱棣认为，方孝孺没有理由，也不应该拒绝这样的美差。朱棣派了方孝孺的两个学生廖镛、廖铭去狱中劝说，结果惹得方孝孺破口大骂："亏你们跟我学了这么多年，连最基本的道义和是非都不懂吗？"

方孝孺被召上殿来时，大放悲声，哭声响彻朝堂。朱棣不以为忤，为示礼贤下士，下榻亲自来迎接。以下这段朝堂上的辩论，向来被视作"方孝孺式硬气"的生动呈现。

成祖降榻，曰："先生毋自苦，予欲法周公辅成王耳。"

孝孺曰："成王安在？"

成祖曰："彼自焚死。"

孝孺曰："何不立成王之子？"

成祖曰："国赖长君。"

孝孺曰："何不立成王之弟？"

成祖曰："此朕家事。"顾左右授笔札，曰："诏天下，非先生草不可。"

孝孺投笔于地，且哭且骂曰："死即死耳，诏不可草。"

文皇大声曰："汝安能遽死。即死，独不顾九族乎？"

孝孺曰："便十族奈我何！"声愈厉。

从这段对话中我们可以看出，方孝孺自始便抱定必死之心。他的每一句回答都将朱棣逼向逻辑死角，同时也意味着不给自己留任何后路。按照我国古代制度，谋反是诛灭九族的罪名。这九族包括：父族四，即自己一族，出嫁的姑母及其儿子一家、出嫁的姐妹及外甥一家、出嫁的女儿及外孙一家。母族三，即外祖父一家、外祖母的娘家、姨母及其儿子一家。妻族二，即岳父的一家、岳母的娘家。

灭十族则为朱棣的独创发明，这里包括方孝孺的学生和朋友。朱棣下令将方孝孺投入大牢，并大肆抓捕其亲族朋友门生。每抓一人，都带来让他看一看。方孝孺看到他们非常难过。弟弟方孝友被杀前反劝道："阿哥何必泪潸潸，华表柱头千载后，梦魂依旧到家山。"

十族全诛后，磔方孝孺于市。孝孺视死如归，就戮前作绝命词曰："天降乱离兮孰知其由，奸臣得计兮谋国用犹，忠臣发愤兮血泪交流，以此殉君兮抑又何求。呜呼哀哉兮庶不我尤。"

其门人廖镛、廖铭捡其遗骸，把他安葬在聚宝门外的山上。方孝孺的兄长方孝闻，先他而死，弟方孝友与他一同就戮，妻子郑氏，两个儿子中宪、中愈自刎死，两个女儿皆未成年，投秦淮河死。一门坐死者八百七十三人。

不少现代中国人或许会以一种居高临下的"进步心态"嘲讽方孝孺这样的人过于"愚忠""迂腐"，但是这丝毫无损于这些忠良们的历史地位。每个时代都有其视为神圣的价值标准，如果拿我们今天的价值观去衡量过去的时代，那么看到的自然是不可理解的愚昧。而在那样一个年代，以武力推翻一位合法君主在人民心中的罪过，一点儿也不比今日发动军事政变推翻民选政府的罪过来得轻。

兵部尚书铁铉被捕后，宁死不屈，背对着朱棣不肯趋附。朱棣命人割去他的耳朵，煮熟后塞到嘴里逼着他自己吃，还问他"甘否"。铁铉说："忠臣孝子之肉有何不甘！"朱棣下令将他凌迟处死，并将其尸骨丢进油锅炸成焦炭。

户部侍郎卓敬不屈，临刑时神色自若，灭三族；礼部尚书陈迪不屈，朱棣派人把他儿子捉来杀掉，并割其鼻，强塞给陈迪吃，陈迪唾向刽子手，骂得更凶，被凌迟处死，宗族被戮者一百八十余人；刑部尚书暴昭不屈，"先去其齿，次断手足，骂声犹不绝，至断颈乃死"；左佥都御史史景清，因刺杀朱棣不成，被"抉其齿，且抉且骂"，含血喷了朱棣一身，朱棣下令"剥其皮、草椟之"，"碎磔其骨肉"；右副都御史练子宁，被逮后语不逊，"命断其舌，磔死，宗族弃市者一百五十一人，九族至亲被抄没戍远方者数百人"。

建文帝朱允炆封为太子的大儿子虽然没有被处死，但被禁锢在一个没有门窗的房子里，每日只在一个碗口大的洞里递进去食品和水。五十多年后，此人被释放出来，已经成为一个全然不知鸡鸭猪狗为何物的废人。

后来的修史者故意为朱棣开脱，掩饰其残暴，并没有将屠戮方孝孺十族的事情写入十七世纪的官方史书《明史》。甚至在官方文件中，方孝孺被描绘成一个贪生怕死之徒。《太宗实录》卷九，"四年六月乙丑"条下载："时有执方孝孺来献者，上指宫中烟焰，谓孝孺曰，此皆尔辈所为，汝罪何逃！孝孺叩头祈哀，上顾左右曰，勿令遽死，遂收之。""丁丑"条下又载："执奸臣齐泰、黄子澄、方孝孺等至阙下，上数其罪，咸伏辜，遂戮于市。"

《太宗实录》修于仁宗朝，当时朝廷修三朝实录，对史事多有涂饰。负责这一编书工程的是史称"三杨"之一的杨士奇。史料并没有留下因受"建文奸党"株连而被处死、监propiaged、流放和遭受其他迫害的无辜士大夫和老百姓的具体数字，但最保守的估计，此次清洗也在万人以上。

用历史学家的话说，与懦弱的朱标、朱允炆父子截然相反，朱元璋的四子燕王朱棣是一个孔武有谋、残忍暴戾的人，大有乃父之风。南京城破四天以后，燕王朱棣龙袍加身，年号"永乐"，是为大明王朝历史上声名显赫的明成祖。我们在阅读这位皇帝亲自下达的圣旨时，如果不知道这是出自皇帝的手笔，定会怀疑那狠毒与奸恶的安排，应该来自最坏的恶棍、流氓的肚肠。

历时三年多的战争最终以朱棣的胜利而告终。以正常的政治和军事常识来分析，这个结局是极其出乎意料的。朱棣起兵之时仅踞北平一府，也未得到其他大多数藩王的明确支持，朝廷控制的地盘数十倍于他，朝廷拥有至少三倍于他的常备官军，且有比后者充沛得多的财政资源和后勤补给。

如果拿汉朝景帝时代的"吴楚七国叛乱"作比较的话，可以说建文帝的朝廷掌握着对叛军的压倒性优势。然而故事的结局却与一千五百多年前恰好相反。这一方面是因为建文帝不具备汉景帝那样的韬略智谋，另一方面也充分体现了身经百战的朱棣的杰出军事才能。但说到最根本的原因，恐怕这位可怜的皇帝只能去怪自己的祖父了。

杀戮功臣，是明太祖朱元璋最为后人诟病的事迹。受宰相胡惟庸和大将蓝玉两个大案的株连，共计有四万五千人伏诛。他的亲侄子朱之正、亲外甥李文忠，以及战功卓著的开国功臣徐达、冯胜、傅友德等无一幸免。身为开国之君的朱元璋大肆剪除功臣，原本是为了避免这些手握重权的老臣子威胁到子孙的统治，不料这一暴行很快就报应在他的孙子身上。因为屠戮过甚，整个朝廷竟找不到一个有能力领兵平叛的称职将领，只能眼睁睁地坐以待毙。

朱棣的北方军队长驱直入攻进南京城，从此明朝的历史翻开了属于永乐朝的一页。终永乐一朝，"建文事"都是一道无人敢触碰的禁忌。但这并不意味着那些不义和残暴会被时间冲刷干净。相反，随着时间的推移，那些违背世道人心的罪行日益成为加诸王朝身上的一道诅咒，时不时地对它的合法性发起难以应对的严峻挑战。

报应很快降临到朱棣的孙子——明宣宗朱瞻基的头上。历史有时总是惊人的相似。同自己的父亲朱元璋一样，朱棣也有两个性情气质截然不同的儿子：太子朱高炽和汉王朱高煦。朱高炽（即后来的仁宗）仁厚良善，满心渴望将儒家经典中描绘的"王道"理想付诸现实。而朱高煦则强悍暴烈、精力旺盛，活脱脱就是又一位燕王。

与谨慎的朱元璋不同，朱棣从不掩饰自己对长子的不喜欢和对汉王的欣赏，并不止一次流露出想要立朱高煦为太子的念头。但在全体朝臣近乎团结一致的反对下，最终只得无可奈何地立了燕王时代就已被朝廷册封为"世子"的朱高炽。这里面恐怕还有一个更重要的原因，那就是朱高炽生了一个被朱棣视为掌上明珠的"好圣孙"，也就是后来的宣德皇帝朱瞻基。

但即便如此，朱棣仍不能忘怀他的那位次子。史载，有一次他竟然抚着朱高煦的肩膀对他说："勉之，世子多病。"这就为日后的干戈埋下了伏笔。

体弱多病的朱高炽只做了十个月皇帝就病逝了。按照史书的记载来分析，身体肥胖的他应该患有严重的心血管疾病。在针对建文旧臣的问题上，他的继任者、开明务实的明宣宗朱瞻基本上延续了父亲的宽松政策。由于他们父子任人唯贤、止戈休兵、体恤爱民，明朝出现了一段短暂的黄金时代，史称"仁宣之治"。

宣德元年（1426年）九月初，在朱瞻基登基一年后，他那迫不及待的叔父（虽然朱高煦对他的兄长、太子朱高炽素来不敬，但后者即位后对其宽大为怀，再说这位洪熙皇帝在位仅十个月，因此汉王与朝廷还算相安无事）终于跳出来发难。他指责自己的侄子败坏永乐皇帝朱棣立下的"祖规"，大肆任用"奸臣"。这些指控几乎照抄了二十多年前朱棣对自己侄子朱允炆的指控。

但是朱高煦没有他父亲那样的好运，因为朱瞻基并不是朱允炆那样的书呆子，他从小就既继承了父亲的开明睿智，又具备了祖父的英武强悍。（这是他深得成祖喜爱的根源，据说朱棣提到这位孙子时每每对人说："此他日太平天子也。"）年轻的朱瞻基还从他那深受爱戴的父亲那里继承了一套忠心耿耿且精明强干的大臣班底。在经过一番犹豫和争论之后，宣宗御驾亲征，仅花了不到半个月的时间就击败叛军，将那位妄想效仿明成祖的造反叔父从山东封地抓回北京，处以极刑。

第二次"靖难"就这样在举国上下的同仇敌忾中失败了——有了上一次"靖难之变"的惨痛教训，从朝廷大臣到士大夫精英阶层，都决意阻止这样的不义和混乱再度重演。

然而，朱明王朝依然难以挣脱过往的历史包袱。永乐皇帝朱棣认为在其父朱元璋搭建的权力框架之内，不可能再产生出强有力的辅政机构。他决定不完全拘泥于朱元璋的那一套，他要再搞出点儿新的花样来。

8. 朱棣的政治新花样

朱棣登基为帝，成为大明王朝的第三任皇帝。由于其皇位是从建文帝朱允炆手中夺来的，登上皇位的他亟需得到天下人的认可，获得执政的安全感。正因为如此，在他的治国方略中，许多都是出于保证自己的安全需要。即位不久，他就"特简解缙、胡广、杨荣等直文渊阁，参与机务"，但这时候还没有打破六大部门分权制衡的权力分配体制。因此，内阁的参政议政虽然在一定程度上缓解了权力集散失衡所造成的潜在危机，却并未从根本上打破旧有的权力格局。也就是说，这时候的六部长官和内阁成员共同帮助皇帝处理政务，只是朱棣在遵从祖制的前提下做出的一种权变。

朱元璋时期，自胡惟庸后"罢丞相不设"，一切由皇帝最后裁定，还将此立为祖训。如此一来，大明的皇帝不仅是"代天行命"的君主，而且是事必躬亲的行政首脑。然而天下那么多事情，不是皇帝一个人能照顾周全的，于是朱元璋设立了"四辅官"，"侍左右，备顾问"。这些人官位很低，没有实权，不能对皇权造成威胁。

朱棣当了皇帝，开始尝试性地让大学士们参与军国大事的处置。虽然他们的官阶只有五品，没有部下，没有统辖机构，甚至没有自己专门的办公场所。可以说是既无宰相之名，又无宰相之实。但这些人依然是权力系统中的红人，因为他们全部是围着皇帝转的人，是皇帝的亲信近臣，每日侍奉于皇帝身边，奔走于殿阁之内，尤其是可以参与国家政务，不是宰相却类似宰相。

为了避开"宰相"这个已经变得不祥的字眼儿，加上其名称为"入值文渊阁"，又在内廷办事，所以人们含混地称之为"内阁"。内阁制的雏形由此形成，中国官制史也由此进入内阁时代。

我们知道，一种政治体制的好坏，效果究竟如何，一方面取决于这种体制本身是否严密完善，另一方面取决于那些高层权力拥有者的见识、谋略、态度和活动。二者同样重要，甚至很多时候，前者还要受制于后者。体制的不完善或漏洞可以通过政治高层的具体行动或临时政策来设法弥补，体制缺陷带来的不良影响可以通过具体运作中的努力将其控制在最小的程度和范围内。

开始参政议政的大学士事权不明，与部臣、宦官之间也从未发生类似后世那样的严重权力冲突。永乐皇帝只让大学士做自己吩咐的事情，严令大学士和六部发生其他关系，以此防止权责不清引发冲突。这是他的高明之处，但他和他的父亲朱元璋都没有学过哲学，不明白这个世界不是静止的，而是不断发展变化的。

随着时间的推移，大学士们开始兼任各部尚书、侍郎之职，也就是兼任六部中的部长、副部长职位。有的还具有正一品太傅、太保或从一品少师、少傅、少保等崇高头衔，权力地位不断提高。他们虽然不能到兼职的部门里实地任职，也不能干预各部事务，名义上仍然只是皇帝身边的侍从顾问之臣，但在重大事务的决策上，他们实际上已经具有了相当大的权威，如人事推荐与任免建议、内政外交政策制定等。他们真正的权威，则来自宣德年间逐渐发展起来的所谓"票拟"之权。

票拟，又叫票旨、条旨，里面暗含了帝国官场运作的大部分奥秘。

这里涉及帝国国家机器运转的方式与程序：在通常情况下，全国各地、各部门的报告文书先是汇集到通政司（相当于国务院办公厅），这个机构是中央联系地方的纽带。通政司将文书登记在册，录下副本，随后又转到内阁，由大学士（办公厅主任或副主任）将处理意见"用小票墨书"后，分别贴在这些报告的封面上，送呈给皇帝做最后的批示，这就是票拟的整个过程。皇帝的御批通常使用朱笔，所以又叫"批红"。经过批红的文书，再登记备案，录下副本，然后再下发至各地、各有关部门，遵照执行。

所以说事情发展到了这种地步，那些掌握了票拟权的大学士就等于掌控了全国各地、各部门，包括中央六部，也等于同时掌握了票拟和批红在内的这种官家权力机器运转方式与程序。它带来的恶果也随之显现。当最受皇帝信任的大学士正式成为首席大学士时，"首辅"之称谓便随之产生，而且得到了皇帝的认同。首辅没有宰相之名，也没有宰相行政号令、任免官吏之实。但当他深受皇帝信任时，却可以垄断票拟之权，并将皇帝玩弄于股掌之上，从而将属于皇帝的生杀予夺大权，相当大程度地转移到自己手上。此时，其令人畏惧的威力，甚至远远超过了以往真正的宰相，这可能是朱元璋做梦也不会想到的事。

朱元璋以为他的那些后世子孙会争先恐后地向他学习，人人争做劳模，靠着不眠不休的精神将朱明王朝推向千秋万世。可惜的是他的子孙们虽然身体里流淌着他的血，但是却没有继承他的钢铁意志。他们渐渐丧失了处理这些事务的能力和兴趣，最后索性将专属皇帝的"批红"大权交给了身边宠幸的宦官们，也就是说首辅手中的票拟之权也同时失去了效用。皇帝和满朝文武就这样被架空权力，朱明王朝在一帮阉人的胡作非为之下，跌跌撞撞，一路踉跄。

三、内阁：无法丈量的权力半径

明代文官集团是帝国权力结构中的一把双刃剑，有剑在手，既可护体，用得不好也会伤身。帝国的文士阶层在明初二祖（朱元璋与朱棣）主政时期，一直受到强势皇权的压制。这种强压态势使得文士们所向往的君臣和谐的画面成了镜花水月。

但是想通过囚禁皇权来实现操纵帝国权力的宏大理想，一直深藏于文士们的心中。洪武年间，朱元璋敢以酷烈的手法诛戮胡惟庸等文官，将帝国权力牢牢地控制在手中，原因就在于朱元璋是帝国的开国之君，而那些文臣武将基本上都是由他一手选拔出来，陪着他一路走过创业历程的开国之臣。

永乐皇帝朱棣在登上皇位以后，继承并发扬了其父彪悍的行事作风。虽然朱棣不是新政权的建造者，但是他同样也不是合法的继任者。他通过暴力手段夺取了建文帝朱允炆的皇位。很多时候，来自权力系统内部的暴力夺权与开疆辟土建立一个新政权有很多共通之处。在朱棣的夺权过程中，朱元璋刚刚组建起来的权力系统遭到了严重的破坏。

夺权成功后，已经成为永乐皇帝的朱棣对帝国的文官集团进行了一次乾坤大挪移，可以说是重新建立起一套个人色彩浓郁的新官僚体系。也正因为如此，朱棣执政时期的文官集团完全受控于皇帝的个人权力。

永乐皇帝朱棣在保留了朱元璋时期的基本行政结构的同时，也开始了新的官僚体制改革。他组建新的内阁，并使之成为联系皇帝与官员的桥梁，在内廷发挥作用。内阁学士虽然品级不高，仅为正五品，却享有很大的权势。在很多时候，内阁作为文官政府中的主要执行机构在运转，成了官僚政体的主宰。

1. 帝国的荷尔蒙时代

明朝的文官集团在永乐皇帝朱棣之后迎来了自己的黄金时代，文官的地位也来了个一百八十度大转弯。明朝成化年间的官员陆容在其所著的史料笔记《菽园杂记》中记载了这样一则故事：永乐年间有位名叫慧暕的老僧，曾经参与编修《永乐大典》，后来归老兴福寺。这位老僧曾经对那些慕名而来的听禅客说过，洪武时期的文人是帝国制度的"还债者"，而永乐之后的文人却成了制度的"讨债者"。

朱元璋活着的时候，那些文官吃尽了苦头，受尽了惊吓。他们为帝国的创建付出了巨大的心力，到头来，小有过犯，轻则充军，重则刑戮。善终者十二三耳。其时士大夫无负国家，国家负天下士大夫多矣。所以这个时期的读书人是"还债者"。等到永乐皇帝之后，读书人在帝国权力结构中的地位发生了重大转变，由建国初期的"还债者"摇身一变成为"讨债者"。

"还债者"与"讨债者"的角色变化原因不在读书人自身，而在于皇帝对待读书人的态度。在朱元璋和朱棣之后，帝国的政治制度由建国初期的铁血高压，逐渐向软制度化方向转变，由此皇帝对待读书人的态度也截然不同。陆容借着僧人之口感叹道："秀才做官，饮食衣服，舆马宫室，子女妻妾，多少好受用，干得几许好事来？到头来全无一些罪过。今日国家无负士大夫，天下士大夫负国家多矣。"

帝国的政治制度之所以会在永乐皇帝之后趋于缓和，并不是因为朱元璋的后世子孙们越来越慈悲为怀。主要是因为文官集团已经成为帝国权力股份制公司的大股东，皇权反而变得相对弱势。文官集团的坐大，主要是因为明朝的皇帝们越来越难以把握帝国政治的游戏规则，从而使自己在这场权力博弈中逐渐丧失了主动权。最后，皇权这驾马车只能任由文官们拖着一路狂奔，而皇帝在权力结构中俨然就成了一个"隐形人"。

文官集团在完成自己角色转变的过程中，必然要利用各种手段来架空皇帝的权力。用那些文官自己的话说，就是要让皇帝成为一个垂拱无为的"圣君"。什么意思呢？就是让皇帝成为一尊看上去让人敬畏，实则不中用的泥菩萨。要实现这一想法就要想办法将皇帝禁锢在紫禁城中，然后找一些既有学识，又有官场经验的文官没完没了地向皇帝灌输儒家经典。皇帝年幼，任由文官们摆布也就算了。但作为成年人的皇帝，面对这种填鸭式的思维禁锢必然产生严重的逆反心理，君臣之间也由此产生激烈的矛盾冲突。

有位名叫陈祚的文臣就曾经拿着《大学衍义》在明宣宗朱瞻基面前不间断地讲说，惹得明宣宗大怒道："大胆狂儒，你这是在欺负朕没有读过书（竖儒薄朕未读《大学》）！"

皇帝愤怒的结果很严重，陈祚全家老小都被收监，判为终身监禁，陈祚的父亲也病死在狱中。明宣宗在将近三百年的明朝历史中算得上是守成明主，在他当政的十年时间里，也是帝国极盛之时。

由此开始，帝国的每一位皇帝在位时都和文官集团有着不同程度的纠结缠斗，两大权力集团之间的矛盾与冲突进入到一个井喷时期。公平地说，与明朝的其他领导者相比，第五代领导人明宣宗朱瞻基还算是有君王之度的。到第六位正统皇帝朱祁镇在位期间，发生了中国历史上著名的"土木堡之变"。明英宗朱祁镇被蒙古骑兵俘虏，皇弟由临时监国直接晋级为皇帝，也就是大明王朝的第七任皇帝——景泰皇帝。可是一年后，蒙古人又将正统皇帝朱祁镇放了回来。但被臣民推上帝王宝座的景泰皇帝朱祁钰自然不肯让位。天无二日，国无二君。弟弟就将哥哥软禁于南宫，时间长达七年之久。七年后，一次偶然事件的爆发，让已经退位多年的明英宗朱祁镇夺回了曾经属于自己的皇权，正统皇帝变成了天顺皇帝，是为大明王朝的第八位皇帝。

如此一来，大明帝国的历史上又多了一个皇帝的年号。这就是明朝号称十七帝，实际上只有十六个人的原因，同时也是北京只有十三座明代皇陵的原因。朱元璋葬在南京，建文帝朱允炆不知魂归何处，景泰皇帝被他的哥哥朱祁镇取消了皇帝资格，更不许他死后进入皇家陵园。

明英宗朱祁镇死后，他的儿子朱见深接任帝位，也就是明朝的第九位皇帝成化帝，史称明宪宗。朱见深是个专情之人，一生只宠爱那位从小负责照顾他的万姓宫女。由于"土木堡之变"，父亲与叔叔之间的皇位更替，朱见深一度失去了他的太子之位。身处于恐惧和惊吓中的孩子，变得极度怯懦、柔弱，在无数个风雨飘摇的夜晚，陪伴着他的是一位大他十九岁的万姓女子。这位女子虽然算不上美貌倾城，但在朱见深的眼里，她的美是那么妩媚风情。最重要的是在皇权易主、前途未卜的黯淡岁月里，她让他体验到了人与人之间的温情。等到朱见深成了这个王朝的第九任皇帝，万姓女子成了万贵妃，一个人垄断了皇帝的爱情生活，甚至垄断了皇帝的性生活。为了她，成化皇帝连自己的皇后都废黜了。万贵妃曾经生过一个儿子，不幸夭折。从此以后，宫中凡是怀孕或生育过的妃嫔及其子女，几乎都死在了她的手上。

多年后，成化皇帝揽镜自顾，哀叹命运无常，自己膝下连一个皇子都没有。这时候，身边的贴身太监突然跪下，对他说出一番实情。当年皇帝临幸过一位纪姓宫女，纪氏怀了龙种，万贵妃虽然派人送去了堕胎药，但这个孩子命大，没有被打下来，如今已长至五岁，就藏在吴皇后所待的冷宫里。

这个孩子回到父亲身边仅仅一个月，被封为纪妃的母亲就被万贵妃派人毒死。皇太后怕这个孩子也保不住，就将他带到自己身边。而这个侥幸活下来的孩子就是后来的弘治皇帝（明孝宗朱祐樘），也就是正德皇帝朱厚照的父亲。或许是因为自己惨痛的人生经历，弘治皇帝对儿子朱厚照极为宠溺。

在明朝的十六位皇帝中，正德皇帝（明武宗朱厚照）是其中最为特殊的一位。他是父亲弘治皇帝与母亲张皇后亲生的嫡长子。在大明王朝的历代帝王中，朱厚照是唯一一个由皇后亲生的嫡长子。

或许正是因为身份的特殊，朱厚照的性格也有些另类。而正因为他的另类，才在二百七十六年的明朝历史上留下了一段荒诞不经的岁月。一百多年后，江山易主，清朝的皇子们在读书时如果三心二意，他的老师马上就会抬出朱厚照做反面教材。老先生会激动地拍着桌子训斥："难道你想学朱厚照吗？"意思是说，作为皇室子弟为人处世不能像朱厚照那样无耻。

明朝弘治十八年（1505 年），弘治皇帝驾崩，他那十四岁的独子朱厚照毫无悬念地继承了皇位。在中国历史上，连一个竞争对手也没有的皇子是何等的幸运。临死前，朱祐樘大概对这个沉溺于骑射玩耍的儿子也不太放心，就找来自己最为信任的三位大学士，命他们做自己身后的顾命大臣，临终托孤。

从此，这位天字第一号玩主让三位顾命大臣吃尽了苦头。朱厚照并不喜欢他们和他们为自己设定的角色形象。如果朱厚照没有成为后来的正德皇帝，那么他顶多就是一个调皮顽劣的少年。在民间社会，处于这个年龄阶段的孩子，体内的荷尔蒙正旺盛地分泌着，想让他不折腾几乎是不可能的事。我们平常人在这个阶段有老师和家长的管束，有国家法律的惩戒在那里悬着，虽然放肆却不敢过于造次。试想如果有那么一天，少年人拥有一种魔法可以让自己摆脱世间的一切约束，可以由着性子为所欲为，那又会是怎样一种景象？少年皇帝朱厚照将会告诉你答案。

朱厚照少年登基，对他本人和帝国的权力核心层而言，都是既无奈而又别无选择的事。先皇（明孝宗朱祐樘）就只有他这么一个皇子，无论是好是坏，这皇位都只会传给他。也许是缺乏竞争对手的缘故，朱厚照这个皇帝当得毫无忧患意识。一个政治家身处忧患，往往会激发出他的生存本能。如果明孝宗朱祐樘能够像历史上的大部分皇帝那样，皇子众多，而朱厚照的皇位又是通过危机重重的宫廷斗争，冒着九死一生的风险才弄到手，也许他就会更加珍惜。

朱厚照执政时期，帝国的权力集团分化为两大派：一派是以内阁大学士刘健、谢迁、李东阳等为首的文官集团；另一派则是以皇帝周围的宦官为首的内宫宦官，后者主要以"八党"势力为主。所谓的"八党"其实就是正德皇帝身边的八个太监，他们分别是：刘瑾、马永成、谷大用、魏彬、张永、丘聚、高凤、罗祥。朱厚照两岁的时候就被立为皇太子了，终日与其厮混的都是这些太监们。朱厚照与他们的关系，就像我们今天所说的"发小"，密切程度可见一斑。

在封建社会，有的人生下来是为了做王，而有的人生下来是为了做仆。上帝赋予朱厚照至高无上的皇权。对于一个心性未定、心浮气躁的孩子来说，有一天突然间拥有任性而为的权力魔法，最有可能去做的事就是尽其所能地释放自己的天性。有人说玩是人的天性，不会玩是泯灭了天性。的确如此，一个人从婴儿时代到耋耄之年，都离不开玩。历史上爱玩的皇帝一抓一大把，有玩打猎的，有玩山水的，有玩字画的，有玩女色的。不少皇帝玩过了火，玩的目的就是享乐，结果乐是享尽了，国家也玩儿完了。

朱厚照是一个不折不扣的正宗玩主，他把玩耍当成了人生的大事，玩出了各种花样，玩得轰轰烈烈。朱厚照即位后不久，就先后取消了尚寝官和文书房侍从等内官设置，最后干脆连记录皇帝吃喝拉撒睡的起居注也取消了。他这么做的目的就是减少内官对自己行动上的限制，没有了这帮跟屁虫似的文官，皇帝的身心得到了极大的释放和满足。

从史料上判断，朱厚照是一个多才多艺的皇帝，他在踢球、骑马、射箭、打猎、音乐、戏曲等很多方面都有一定的造诣。据说，他曾经独立创作过一首《杀边乐》的乐曲，乐曲配有笙、笛、琴、鼓等，听过的乐师都说这首曲子达到了专业级的水准。

帝国权力系统内的饱学之士们所开设的经筵日讲对于这位年轻的皇帝来说枯燥无味，他宁愿逃课偷偷溜到豹房去做一个驯兽师，也不愿意做文官眼中循规蹈矩的圣君。到后来，正德皇帝索性连早朝也懒得再去上了。文官们不能眼睁睁地看着自己的皇帝堕落到如此境地，他们抱团轮番上奏，甚至以辞职来威胁皇帝。可招数用尽也无法改变现状，朱厚照依旧我行我素，大臣们拿他也没有办法。

朱厚照在宫内玩腻了，大臣们又在旁边喋喋不休。眼不见心不烦，任性的皇帝索性转身离开了紫禁城，住进了皇城西北的豹房内。豹房并非明武宗的发明创造，他只是将其发扬光大。元朝这里就是大型的皇家动物园，是皇家豢养虎豹等猛兽以供皇帝玩乐的地方。名为豹房，其实里面还有象房、虎房、鹰房等，可以说飞禽走兽应有尽有。

到后来，皇家动物园里不再只是豢养虎豹的地方，而成了皇帝们放松身心的休闲之所。到了朱厚照执政后期，豹房成为他居住和处理朝政的宫殿。里面不仅饲养各种各样的动物（豹子居多），还藏有享之不尽的美酒佳肴，取之不尽的美色佳人，是一个人挥霍时光的绝佳之处。从正德二年（1508年）搬进豹房，一直到他离开这个世界，再也没有回到皇帝本该待的乾清宫去居住。

作为一名天生的玩主，朱厚照在玩上总是构思奇巧、创意迭出。皇帝玩兴大发的时候，会把一只或数只野兽关进地牢，然后把肉悬于竿上，诱其上前撕咬，而那些宫廷乐师和宫女则在旁边奏乐起舞以助皇帝的玩性。时间久了，人没有被凶猛的动物玩残，反过来动物却被野性难驯的皇帝生生玩残废了。经过比较，朱厚照发现在这些动物中间，只有豹子可以满足自己旺盛的玩性，做到久玩不残，常玩常新。

正德皇帝移居豹房之后广泛收罗天下美色置于豹房之中，这些民间女子身份各异，其中有教坊司之女、高丽女、色目女、西域舞女、扬州歌女、妓女、寡妇、孕妇及他人之妻等。

豹房中的宠儿除了宦官和皇帝收的义子，还有边将、乐户、伶官、道士、番僧等各色人等。正德皇帝领着这帮人在豹房中玩得天翻地覆。明武宗在位十六年时间，从十四岁到三十岁，时间刚好横跨一个男人的整个青春期。

对于爱玩之人，身边永远不会缺少玩伴。朱厚照先后收养了一百多个义子，这些人的主要任务就是陪皇帝疯玩，其中最为得宠的是江彬。此人不光脑瓜极其灵活，而且武功高强，异常骁勇。他是武将出身，曾经守过边关，并非庸常的兵痞流氓。当时，江彬官任大同游击，随大同总兵张俊入调。"过蓟州，杀一家二十余人，诬为贼，得赏。"他作战勇猛，生死置之度外。在与农民军淮上交战时，身中三箭，其中一箭从面颊射入，镞出于耳，江彬手拔而出，拍马继续战斗，确实是一员神勇猛将。

青春正当时的男人有几个不崇尚勇武？朱厚照更不例外。他在听说了战斗英雄江彬的光荣事迹后，就专门召见了他。皇帝见到传说中的英雄，对于战场之事非常好奇。江彬看出皇帝是个血性有余、经验不足的青年人。作为一个老江湖，他一通夸张的讲述，就博取了皇帝的欢心。

江彬是个外形硬朗的美男子，特别是在那张英俊的脸上有一道明显的刀疤。

这道疤痕凸显了男人的阳刚之美，更让朱厚照相信了他"拔镞"击敌的勇猛。朱厚照不止一次地在人前夸赞："江彬真是勇健之士！"他就这样被留在京城，做了皇帝的贴身护卫。

江彬还真是起到了一个护卫应有的作用。史料记载：有一次，正德皇帝在豹房内逗弄老虎，结果惹得老虎发威，直接就扑向了真龙天子。眼看就要上演一场龙虎斗，身旁的人都吓得呆立当场，不敢近前。就在这千钧一发之际，艺高人胆大的江彬及时出手将老虎制服，正德皇帝才虎口脱险。

经此一难，朱厚照对江彬心存感激，也格外信赖和看重于他。朱厚照在豹房玩累的时候，常常躺在江彬的腿上睡觉，一连几个时辰，而江彬竟然能够做到纹丝不动，两人的关系好到有同性之恋的嫌疑。那些朝廷大员们想见皇帝很不容易，但只要看到江彬出现，就知道正德皇帝也该现身了。

正德皇帝是明孝宗朱祐樘的独子，明孝宗在位时为了安定天下臣民之心，在朱厚照两岁时就将其立为太子。等到朱厚照即位，朝臣们也格外关注立嗣一事。朝臣们关注之事，却未必是皇帝关心之事。朱厚照忙着玩耍取乐，年纪轻轻的他又怎会想到立嗣。

豹房中养了那么大一帮妖孽之人整日围绕在皇帝身边，武宗哪里还有工夫去考虑选立子嗣之事。朱照厚玩得越疯狂，那些文官们对正德皇帝的意见也就越大，对他身边的那帮小人也就愈加憎恨。

御史周广宁提出一个建议：暂时先从皇族中遴选贤能者立为皇储，等到皇子降生，再把选立的皇储谴归藩府。这个建议也透露出文官集团对于立嗣的焦躁心理，但是作为臣子实在是不应该质疑皇帝的生育功能。要知道正德皇帝这时候也只有二十岁左右，青春正年少，神仙也无法料到正德皇帝会终生无子嗣。周广宁等人的上疏言论，不仅容易激怒皇帝，同样也不为朝中其他大臣所重视。

正德十一年（1516 年），皇帝在私生活方面还是只开花不结果，膝下无皇子。随着时间的推移，大臣们开始认识到立储问题的严重性。他们已经强烈地预感到，正德皇帝如果再不从宗室中择立皇储，将有可能引发巨大的政治灾难。文官集团以此为由纷纷上疏，于是在帝国的权力高层引发了一场解决储位问题的大纷争。

这次纷争是由马昂之妹有孕在身进入豹房引发的。一朝天子竟然不顾马姓女子已嫁作他人妇且有孕在身的事实，将其纳入豹房并恩宠有加。马昂是个因犯罪而被撤职的军官，他妹妹已经嫁给了另一个军官并怀了孕，可马昂却通过江彬将自己的妹妹推荐给了皇帝。据说这位马姓女子不光貌美如花，更重要的是她擅长骑马射箭和少数民族音乐、歌舞。正德皇帝一见倾心，就将其带回豹房。其兄马昂也因此被破格提拔为后军都督府右都督，这个职位在当时是全国五个最高军事管理机关之一的第一副长官。

有一天，朱厚照到马昂家里喝酒，一眼相中对方的美妾。马昂推托爱妾有恙在身，就拒绝了皇帝的寻欢要求。朱厚照心头大为不快，拂袖而去。第二天，马昂就被撤职，妹妹也因此受到冷遇，并被送进专门惩罚犯罪宫女的浣衣局，从此音信全无。

在这次事件中，朱厚照的表现可以说是毫无羞耻之心。文官集团实在无法忍受皇帝一再做出这种有违人伦的事，无法忍受皇帝公然蔑视立国之本的那套道德规范。很多时候，文官们对于正德皇帝的荒诞之举根本来不及做出反应，一幕幕活闹剧就这样没完没了地在他们眼前上演，颠覆了这些读书人对于人伦纲常的认识。正德皇帝所做的很多事情在今天看来也无比疯狂。如果马昂之妹真将豹房变成自己的产房，那么对于帝国权力中枢来说，都将是莫大的羞辱。

文官们纷纷上疏要求正德皇帝诛杀马昂兄妹以平息朝堂内外如火烹油的言论。朝臣们此时已经强烈地预感到立嗣的紧迫性。按照正德皇帝这种疯狂的玩法，帝国若再不立储，将来的皇位继任者是不是纯粹的皇室血脉都很难说。内阁大臣带领群臣纷纷上疏，要求明武宗尽快立嗣，以安天下人心。

由立嗣引发的权力冲突不断升级，君臣关系也日趋紧张。其实整个事件从始至终，都是文官集团在那里唱独角戏。正德皇帝始终是一副"你们说你们的，我玩我的"的态度。处于青春逆反期的孩子，就算你是为了他好，他也不领你的情；你说得越多，往往越会起反作用。朱厚照按照自己的意愿，对文官集团的劝谏采取不反对不表态的原则，一概不予理睬。文官集团在这里有一个认识上的误区，那就是他们错误地估计了形势，以为自己已经拥有挑战皇权的实力。但是皇权的独尊性和排他性从一开始就决定了这场博弈的输赢。选定储君的权力始终不曾旁落，一直在皇帝的手里紧紧地攥着。

没有皇帝的许可，无论多么完美的建议都是纸上谈兵。正德皇帝再一次利用皇权挑战确立储位的规范制度，恶性膨胀的皇权又一次取得全面的胜利。文官们要求确立皇储不排除有满足个人权力欲望的私心，但更多的还是为了帝国的长治久安。难道对于正德皇帝来说，除了醉生梦死的极乐生活，他就真的别无所求吗？

正德皇帝在豹房、宣府折腾得鸡犬不宁的时候，他手中的权力并没有因此而旁落于他人，这也是大明帝国权力运行的神奇所在。朱厚照虽然平日里不入大内，但是他在玩乐之余也会上朝听政，批阅奏章，对帝国的重大事件做出决断。就算他玩性大发不愿意上朝，还是会通过司礼监来传达自己的圣旨，然后交由内阁去执行。也正因为如此，司礼监宦官逐渐把持了批红权。

即使后来有很长一段时间正德皇帝离开紫禁城，远居宣府，他也不忘做出特别的强调：大臣不许前来，但奏章必须送到宣府，至于自己批复不批复则是另外一回事。所以说，朱厚照在当政期间虽然干下许多荒唐的事情，但是对于权力的把握却没有丝毫的马虎，反而将权柄越抓越牢。

在文官中间有一个人，正德皇帝对其有着特殊的感情，此人就是内阁首辅杨廷和。

正德九年（1514 年），杨廷和的父亲去世，请求回乡丁忧（守孝）。让人感到不解的是，崇尚自由的明武宗竟然舍不得放人。杨廷和是朱厚照的老师，两人之间保持着一种特殊的关系。既有一份情感上的尊重，也有一份来自君臣之间的碰撞。作为皇帝的老师，通常会在年幼皇帝的生命中扮演着双重角色，即精神导师和事业上的助手。所以在杨廷和离开后的很长时间里，每当朱厚照遇到工作上的难题，他都会叹息一声："如果杨先生在身边就好了。"

杨廷和回乡守孝三年，朱厚照也因此失去了最后一道精神枷锁，更加肆无忌惮。随着年龄的增长，小男人终究会变成大男人，而每个男人都会在青春年少时怀揣着一个纵横四海的梦想。在与豹房里的野兽戏耍了一段时间后，正德皇帝有了更为远大的理想。手握天下权柄，又怎能满足于京师弹丸之地？为了寻求更大的刺激，正德皇帝开始玩起了御驾亲征的游戏。这种想法起源于他所宠幸的"义子"江彬。打过几天仗的江彬经常在正德皇帝面前吹牛："想当年，我在战场上是如何地威风八面。"

在江彬英雄事迹的感召之下，皇帝对领兵打仗产生了浓厚的兴趣。为实现自己"圣斗士"的光荣梦想，他下诏将辽东、宣府、大同和延绥四镇的边兵都调集到京城，然后由江彬统一指挥操练，号称"外四家军"。同时，朱厚照又将各镇领兵的武官收为义子，赐以国姓"朱"。似乎觉得还不够过瘾，他又把内宫的宦官也组织起来，教他们练习骑马射箭，编成一个大营，称为"中军"，并亲自担任指挥。有了军队，好战的皇帝更加心痒难耐。

朱厚照一直梦想着能够像他的先人那样在广阔的草原上与南犯的蒙古兵来一场刺刀见红的战斗，开创一番不世之业，让那些小瞧了自己的官员们心悦诚服。更何况江彬还告诉他，那里牛羊成群，美女有着异域的风情，这就更加激发了他的兴致。

正德十二年（1517年），明武宗在宣府（今天的河北宣化地区）营建了"镇国府"，自封"总督军务威武大将军总兵官"，凡往来公文一律以威武大将军钧帖行之。为了过足将军瘾，正德皇帝还为自己另外取了一个名字——朱寿。然后他又以皇帝的身份加封朱寿为"镇国公"，令兵部存档，户部发饷。国事朝政在明武宗看来俨然就是小孩子过家家的游戏，他在游戏过程中得到了满足与快乐。善于揣摩帝王心思的江彬领着正德皇帝出了紫禁城，一路向北，出边关，巡塞北。

这场冒险之旅对于一向以雄武自居的朱厚照来说，颇有吸引力。可是对于整个大明帝国来说，皇帝的所作所为往往牵动着权力系统的每一根神经。正德皇帝此行只带了江彬、钱宁以及心腹太监等百余名随从。为了这次边塞之行，朱厚照做了大量的准备工作，对于文官们上疏劝谏的奏疏一概留中不予答复。

朱厚照带着他的"百人旅行团"换上便装，躲开官员的视线，悄悄地上路了。

消息封锁得很严密，皇帝离开京城半日，那些文官们才大梦初醒。内阁大学士梁储、蒋冕、毛纪随即驾车追赶，一口气追到沙河才追上皇帝。这些文官进前轮番劝解，可他们的皇帝丝毫不为所动，毅然决然地直奔居庸关而去。

一意孤行的皇帝差一点儿就冲关成功，可偏偏就撞上了巡关御史张钦。张钦根本不买皇帝的面子，仗剑守关死活不肯放行。张钦在此之前已经两次上疏劝说正德皇帝莫要出关游幸，可是上疏被留中不发。现在还敢立于居庸关前挡住皇帝前进的步伐，看来他也是抱着赴死的决心。就在双方僵持不下的时候，三位内阁大学士也快马加鞭地赶到跟前。在三人的轮番劝说之下，正德皇帝只好怏怏而归。

没有消停多长时间，朱厚照抓住张钦外出巡查的机会，再度闯关。没有了仗剑而立的张钦，明武宗和他的一帮拥趸轻松地越过了关卡。

虽然避开了张钦，可朱厚照还是心有忌惮。一路上，他总是左顾右盼，频频向身旁的人发问："御史安在？"由此可见，那个在居庸关前仗剑而立的张钦让明武宗的心里蒙上了一层阴影。后来，正德皇帝并没有回头再去找张钦的麻烦。在这次君臣对决中，张钦以一种决绝的姿态对抗皇命并取得胜利，看起来似乎不合常理，可仔细分析却并不难理解。

朱厚照巡边是顶着文官的一片反对之声，带着一帮死党偷偷摸摸溜出紫禁城的。身为皇帝理屈在先，因为他实在无法给天下臣民一个说得过去的理由。按照帝国制度规定，皇帝出行必须昭告天下，同时要安排代行权力的亲王和重臣留守京师，处理朝政以安民心。正德皇帝从一开始就陷自己于被动状态，完全违背了游戏的规则。而那个站在边关线上的张钦就像一个执法严谨的裁判，面对犯规的皇帝亮出了红牌。如此一来，不遵守游戏规则的皇帝，纵有皇权护体也难以通行。制定游戏规则的皇帝都不遵守规则，这就难怪张钦敢于仗剑挡驾了。

在这次角逐中，张钦占尽各方优势。在正德皇帝一只脚已经迈出关时，张钦恰好出现在那里，此为天时；作为巡关御史的张钦，刚好能够掌控关门，此为地利；明武宗信马由缰，弃满朝文武于不顾，违背天意民心，反而使张钦挡驾名正言顺，得到文官集团的支持，这说明张钦并不是一个人在战斗，是代表文官集团在与皇命对抗。这也是为什么事后文官集团内部无人弹劾张钦，此为人和。

正德皇帝以手中的皇权去挑战帝王制度和封建制度，群臣为了维护封建制度不惜以死抗争，武宗对抗的不仅仅是满朝大臣，更是对抗封建制度的纲常名教，必然以失败而告终。

从表面看，群臣的胜利是一场制度上的胜利，是纲常礼教的胜利。朱厚照的行为已经远远超越了规范制度本身，而那些文官不过是一些为了维护纲常礼教而冲锋向前的卫道士。皇权虽然至高无上，但高高在上的皇权也有存在的基础，那就是所谓的纲常礼数。皇帝作为权力集团的一把手，敢于用自己的皇权去挑战纲常礼数，等于是在自毁根基。在这场权力博弈中，皇帝完败也在情理之中。

既然皇帝出关有那么多的限制，朱厚照只好另辟蹊径。他决定拿自己的另一个身份来耍一耍，那就是"威武大将军朱寿"。正德十二年 (1517 年) 十月，朱照厚还真就过了一把"御驾亲征"的战争瘾。当时在我国北方地区，蒙古族鞑靼部小王子率五万余骑扰乱边疆。朱厚照决定亲自出马摆平对方。这样既可以满足自己对于战争的渴望，同时又可以借着出征之际，堂而皇之地来一次巡边之旅。

这场仗打得一波三折，大大小小的战斗累积起来不下百余场，快赶上一场持久战了。蒙古大军一度将明武宗的军队分割包围，形势万分危急。正德皇帝亲率人军四处拼杀，展示了自己的武将才能。在战场上，他与普通士兵共吃同住，俨然就是一个出生入死、身经百战的大将军。皇帝这种不怕死的大无畏精神激发了前线的将士们，最后居然真就把蒙古族大军打回老家去了。

正德皇帝凯旋回朝，敲锣打鼓戴上大红花，文武百官在德胜门外列队相迎。帝国的"威武大将军朱寿"身着戎装，胯下一匹枣红色高头大马，身佩宝剑，耀武扬威地被簇拥在队伍中间。他趾高气扬地接受百官的祝贺，喝了大碗庆功酒后，兴奋之情难以抑制。他要求那些前来迎接他的文武官员们不要称他为"皇上"，也不能自称"臣下"，要称呼他为"威武大将军"。

正德皇帝通过各种形式来放大自己巡边的功绩，他把从敌人手里缴获来的武器装备陈列于宫门之前，以此来向官员们炫耀自己的丰功伟绩。他还专门为自己量身打造了一副银质的纪念勋章，然后他以皇帝的身份向自己的另一个身份"威武大将军朱寿"授勋。朱厚照虽然玩得不亦乐乎，但是那些文官们却拒绝向他表示祝贺。这一切让官员们哭笑不得，他们更愿意将眼前的这一切视为一场无聊的闹剧和游戏。正因为文官集团的不认可，史料记载在这里也是大事化小，用一组不起眼儿的数字一笔带过：明军亡 52 人、伤 563 人，杀敌 16 人。

正德十四年（1519 年）二月，明武宗朱厚照有意前往山东、南北直隶一带游玩，再次遭到了文官们的阻拦。大大小小一百多名官员排着队上疏"谏南巡"，内阁一如既往地将他们的奏疏留中不报。文官见上奏迟迟得不到回应，继续没完没了地劝谏。明武宗早就对文官们不满了，南巡之事又被他们抓住把柄喋喋不休。如果朝廷再不严惩，他这个堂堂天子的颜面何存？正德皇帝盛怒之下举起皇权这把利剑斩向那些拿着奏疏准备与自己死磕到底的文官。

朱厚照责令，凡是参加请愿的官员在宫门外的广场上罚跪，限期定为五天。每天从早晨五点开始，到晚上结束。罚跪期满，正德皇帝还不解心头之恨，又追加了惩罚。惩罚的措施是在午门外对官员实行廷杖，每人打五十杖。文官们的号哭之声响彻殿宇。一通杖责下来，当场就打死了十一名官员。

为了谏阻正德皇帝此次南巡，帝国的文官集团付出了血的代价。不过这种惨痛代价在短时间内，还是收到了效果。出了这么大一件事，死了那么多的官员，估计连朱厚照也觉得自己玩得过火了。在与文官集团的斗争中他抡起廷杖打出了皇帝的威风，但并没有打出自己想要的结果。

长期以来，明武宗这种不管不顾的玩法，使得君臣之间处于严重的对立状态。朱厚照用自己的方式一次又一次挑战着皇帝应该遵循的制度底线。在那上下翻飞的乱杖之下，文臣们被打得皮开肉绽，丧命失魂。在血肉横飞之间，正德皇帝也尽失天下文人之心。

正德皇帝很快就缓过劲儿来，机会也如期而至。在帝国的南方地区发生了叛乱，这场叛乱就像一场及时雨，为明武宗南巡找到了一个充分的借口，那就是平叛。叛乱之人是宁王朱宸濠。朱宸濠算是五世宁王，一世宁王朱权是明太祖朱元璋的儿子。

一世宁王朱权的封地原来是在山西吕梁山大宁县一带，位居北方要塞，号称"带甲八万，革车六千"。等到永乐皇帝朱棣登基后，就将宁王从北方要塞迁封到江西南昌，以此削弱宁王的势力和他的军事实力。等到五世宁王朱宸濠继承爵位时，实力早就大不如前，就连宁王府的护卫也被朝廷撤除。在实力如此悬殊的情况下，朱宸濠还敢贸然举兵叛乱，完全是受了术士的蛊惑。

术士们在他面前忽悠，说他天生一副帝王相。朱宸濠也就相信了术士的话，更何况自己本来就是帝王之后，应该去成就一番伟业。更何况前面还有燕王朱棣举兵篡位成为永乐皇帝的成功典范在那里摆着。有了野心的朱宸濠开始步步为营。要想成就大事，就要拥有自己的军队，而宁王朱宸濠的手里却没有任何武装力量。对于宁王来说，要想夺位成功，首先要做的就是让朝廷为宁王府配备军事护卫。

朱宸濠拿出巨款贿赂正德皇帝身边的大红人刘瑾，终于将南昌左卫改为宁王府的护卫。随着刘瑾的倒台，宁王府的护卫又被革去。朱宸濠不惜重金收买了当时的兵部尚书和京城的王公大臣，取得他们的支持。当时的内阁大学士费宏也是江西人，他看穿了宁王极力要求恢复护卫的真正意图。他对人说："朱宸濠现在要求恢复护卫是不轨之举，他将来肯定会连累到我们江西父老，我绝对不能让其得逞。"

朱宸濠利用进士廷试那天内阁大臣都要到东阁阅卷的有利时机，将请求恢复护卫的奏疏递交了上去。此时费宏不在内阁办事，而其他的大臣早已被朱宸濠买通，因此奏疏通过批准。宁王担心费宏回头从中作梗，又叫人在正德皇帝面前陷害费宏，逼迫他辞职。在费宏辞官回乡的路上，宁王派人放火焚烧了费宏乘坐的船只，费宏和家眷侥幸逃脱。宁王通过各种手段，终于恢复了护卫。朱宸濠还通过各种机会向皇帝进献奇珍异宝，麻痹对方使其放松对自己的防范。

在这期间，因为宁王还发生了一起事故。朱厚照从幼年起就喜欢花灯。他常常为了灯节（新年庆祝活动的组成部分）花费大量款项去采购新奇精巧的花灯，悬挂于宫殿的庭院中。

宁王朱宸濠知道正德皇帝喜欢花灯，就投其所好送去大批精致新颖的花灯。这些花灯之所以新颖，是因为它们被固定在房屋和走廊的圆柱上，而不是悬挂起来。这些花灯给皇帝带来前所未有的壮观体验，尤其是寝宫前的庭院光明如同白昼。

　　此前，朱厚照命人在宫殿庭院的边上搭起帐篷，有些帐篷被用来存放进行战斗演习的火药。事故发生在正德九年（1514年）正月，也就是元宵灯节的晚上。不知什么原因，火药被引爆，烧着了皇帝居住区的所有宫殿和朝觐大殿。大火烧了整整一夜，几座寝宫完全焚毁。起火不久，皇帝就撤到了他的新居。路上，他回头看着照亮了整个天空的火光，开了一个苦涩的玩笑，这是"好一棚大烟火也"。

　　这场火后大约八个月，朱厚照命令陕西的镇守太监按照他的详细说明制造一百六十二顶帐篷。这些帐篷组成了一个宫殿区，有全套的大门、居住区、庭院、厨房、马厩和厕所，最初设置在紫禁城内，后来皇帝每次巡幸时也开始利用它们。尽管皇帝愿意住在帐篷里，但那几座宫殿还是必须重建。工部经过核算，称重建这几座宫殿将耗费一百多万两银子。这笔钱将在五年中以一种普遍附加税的形式按一年20%的比率征收。当工部请求皇帝从自己私人的储备中借用这一总额的一半时，他拒绝了。随后，皇帝从京师戍军和锦衣卫调了三千军队营建这项工程，工程最后完工于火灾七年之后。

　　正德十四年（1519年）六月十四日，朱宸濠正式起兵叛乱，率领军队攻打安庆。就在正德皇帝的平叛队伍刚刚抵达涿州境内时，汀赣巡抚副都御史王守仁报捷的奏疏已经呈递到皇帝面前。皇帝不要费心了，宁王之乱已经平息，朱宸濠也已经被生擒。

　　对于熟悉明史的人来说，都知道王守仁是一个半神半人的神人混合体，他更为大家所熟悉的是他的号——王阳明。他头上的光环有：明代最著名的思想家、哲学家、文学家和军事家，中国历史上罕见的全能大儒。史料记载，明弘治十二年（1499年），王守仁考取进士，授兵部主事。当时，提督军务的太监张忠认为他以一个文官的身份被朝廷授予兵部主事，肯定是藏着猫腻儿，便强令王守仁当众射箭。王守仁提起弯弓，连发三箭，结果三发三中。由此可见，王守仁是一个难得的复合型人才。

正德三年（1508年），王守仁因为开罪宦官刘瑾，被廷杖四十大板之后，发配到贵州地区一个叫龙场的地方，在那里一住便是三年。在谪居龙场的三年时间里，他用自己"生命的体验"来面对人生，面对残酷的现实，由此走上一条艰苦卓绝的道路，从而成为他人生中的一大转折，成为他学术思想的新开端。他由此创立了心学，构建起"心即理"——"知行合一"——"致良知"的基本理论框架。经过一系列的人生低谷后，他所创立的心学引起了天下士子的强烈共鸣。

王守仁原本是要带兵去福建剿匪的。当部队行进到丰城，宁王朱宸濠突然举兵叛乱。当王守仁得到朱宸濠集中优势兵力攻打安庆的消息后，他知道自己立功的机会来了，于是就绕过主战场直捣宁王的老巢——南昌。前后只用了三十五天时间，宁王叛乱就被王守仁平息了。

这场叛乱之所以能这么快就被平定，除了王守仁的军事才能高超之外，更重要的是宗室藩王的势力几经削弱，已经没有足够的实力来挑战皇权。

王守仁的捷报递交到正德皇帝的手中，皇帝面对这份捷报，哭笑不得。自己费了半天工夫，才找到这么一个平叛的借口。他万万没有想到宁王会这么不经打。还没有等到他这个"威武大将军朱寿"闪亮登场，那边宁王朱宸濠就已经做了王守仁的俘虏。

在明武宗举棋不定的时候，江彬挑唆皇帝无论如何要与宁王打一仗，并且要亲自将宁王俘获，唯有如此，才可以成就皇帝的威名，才可以向帝国的官员们有所交代。经过与身边人的商量，正德皇帝假装没收到这份报告，将其隐匿，同时作为国家机密，不得对外泄露。明武宗领着他的"南征军"，继续扛着"总督军务威武大将军镇国公"的旗号，向江南进发。

虽然正德皇帝可以当作一切都没有发生，但事实已经存在。明武宗和他的"南征军"的心态不知不觉发生了变化。因为南方的战事已经结束，正德皇帝根本不需要急于带军南下，"南征"也就完全变成了"南游"。在一番游玩之后，正德皇帝静下心来想起此行的目的，那就是宁王朱宸濠的叛乱。虽然正德皇帝把王守仁的奏疏给压下了，但是全世界都已经知道宁王叛乱被平定的事实，而且平乱之人是王守仁，与他这个"威武大将军朱寿"没多大关系，这是正德皇帝最为头疼的一件事。如果自己不能亲自捉拿宁王朱宸濠，那么他组织的这次大场面"南征"，真就成了一场天大的闹剧。

朱厚照派了一个心腹大臣去找王守仁，最后经过协商，由王守仁重新拟了一份奏报平定宁王叛乱的奏疏，但是内容与先前大为不同。奏疏里的主角由王守仁变为正德皇帝，也就是说，平定宁王之乱是在"总督军务威武大将军镇国公朱寿"的英明领导下完成的。

正德十五年（1520年）闰八月，在南京的校场上，一场别出心裁的献俘闹剧正在这里上演。迎风招展的"威武大将军"旗帜下，披盔戴甲的大将军朱寿（朱厚照）威风凛凛地登上点将台。已经做了俘虏的宁王朱宸濠被押了上来，并且当场解除了他身上的所有刑具，任其自由活动。朱厚照指挥军队，又重新上演了一场宁王落网记。没有了战场上的血雨腥风，大明朝的这位玩主皇帝玩得虽不尽兴，却也总算是过了一把威武将军的瘾。

正德十五年（1520年）九月初，朱厚照结束了他那荒唐的南巡之旅，准备返回京城。在路经淮安清江浦时，一向好勇斗狠的皇帝居然来了雅兴，要求随行人员陪自己泛舟湖面，放松心情。当船行至水中央，玩得忘乎所以的朱厚照不幸落入水中，被救上来后就开始患病，病情迅速恶化。

皇帝病重，膝下又无子嗣。在这种情况下，帝国的文官们再也坐不住了，他们在奏疏里毫不避讳地提及皇帝无嗣，要求朱厚照能够从帝国的大局出发，尽快从宗室子弟中选拔一名接班人（皇太子）。朱厚照拖着病重的身体看着眼前的一份份奏疏，内心也是万分纠结。就算是普通的地主老财也希望能够拥有一个儿子，来继承自己的万贯家财，更何况是皇帝。

朱厚照非常抵制文官们要求自己立嗣的决定，因为他实在无法在自己还活着的时候，就承认自己已经断子绝孙的残酷现实。

明朝的皇帝从太祖朱元璋开始一直到他这一代，虽然有过叔侄兄弟夺位的状况，但事实上还是遵循着父子相替八世一系的传统。从自己的手里断绝，自然不是什么光彩的事情。

但现实毕竟是残酷的，无论朱厚照本人的意愿是什么，国不可一日无君，朝臣们必须认真面对储君的问题。至于朱厚照内心的那些挣扎和痛苦，已经没有人会顾及了。此时能够左右帝国政局的有两个人，朱厚照的母亲张太后和内阁大臣杨廷和。

杨廷和瞒着皇帝直接和太后在私下里讨论继承人的问题，他们无法让自己做到心平气和。张太后已经没有其他的儿子可供选择，她陷入迷茫之中。她能做的就是向内阁大臣们请教，该如何是好。

杨廷和立刻就提出了他心中的人选——兴献王世子朱厚熜。兴献王朱祐杬是明宪宗成化皇帝的次子，也就是朱厚照的父亲（明孝宗弘治皇帝）最大的弟弟。如果朱厚照无嗣，那么明孝宗这一脉的子嗣从血统上来说，就已经绝了。按照大明祖制，正德皇帝将来的接班人就应该从他父亲（孝宗）的弟弟们的脉系里寻找继承人，同时根据长幼有序的原则，兴献王一脉应该是再合适不过的。大明祖制对兄终弟及有规定，他的叔叔（兴王朱祐杬）是不适合继承朱厚照的皇位的。更何况朱祐杬已于前一年（1519年）去世，并追封为兴献王。这样一来，兴献王朱祐杬唯一的儿子，正在为他服丧还没继承王位的世子朱厚熜，也就是正德皇帝的亲堂弟，就成了最合适的皇嗣人选。

正德十六年（1521年）三月，朱厚照进入到生命的倒计时阶段。明朝的大部分皇帝在行将驾崩之际，身边都会围绕着皇后、太监、内阁大臣以及皇位继承人，每个人都面带忧伤，低眉垂泪聆听皇帝最后的遗言。可正德皇帝去世的那个晚上，只有两个太监在身旁服侍。

夜半时分，朱厚照突然醒来。他将两个太监唤到身边，交代后事："我感觉自己快不行了，赶紧把太监张锐以及司礼监的官员们都叫过来，要他们给皇太后传个话，告诉她老人家，还是天下的事情最重要，要多和内阁商议，以前有很多错事都是我做的，与你们这些人无关……"

还没等两个太监反应过来，正德皇帝已经咽下了最后一口气。朱厚照就这样结束了自己荒唐而短暂的一生。在十六年的帝王生涯中，他总是用手中的皇权不断地挑战帝国的规范制度，毫无顾忌地将一个帝王的神秘与丑陋尽情地展现于世人面前，走自己的路，让别人无路可走。

朝中的大臣们，尤其是那些文官，他们不允许皇帝的行为脱离既定的轨道，他们总是想法设法捣鼓出各种规范制度把皇帝束缚起来。正德一朝，皇帝与文官集团的纷争没有消停过一刻，君臣之间的恩怨纠纷至死方休。虽然他在遗言里做了忏悔："朕疾不可为也。告知皇太后。天下事重，望太后与阁臣审处之。前事皆由朕误，非汝辈所能预也。"可是皇帝临死前说的话已经没人拿它再当回事，尤其是以杨廷和为首的内阁文官集团，他们是不会轻易放过那些曾经围绕在正德皇帝身边的奸佞之人。其中江彬的下场就是最好的佐证。

正德十六年 (1521 年) 三月，在正德皇帝病重期间，江彬以皇帝的名义降旨改团营为"威武团练"，同时又任命自己为军马提督，兼掌京内大军。江彬的这一举措，使得武宗朝的文官集团坐立不安。他们最为担心的是江彬趁着皇帝病重之际调动京城兵马造反，那样的话，皇城之内无人可以掣肘。

正德皇帝虽然是一个荒唐的君主，可在自己的权力体系内并不缺乏杨廷和、王守仁这样的优秀人才，也正是这些人在关键时刻力挽狂澜，才让帝国跟跟跄跄地走过了这样一个荒唐的时代。这一次挺身而出的是首辅杨廷和，他解散了由正德皇帝组建，然后将指挥权交给江彬操控的团营；同时又委派心腹太监张永、武定侯郭勋控制京城防务，严禁任何人擅自调动军队。

被解除武装的江彬预感到有一场暴风雨在等着自己。为了弄清情况，他派京军都督张洪前往杨廷和家里试探。杨廷和却满脸不屑地说："今天下大定，江彬以何造反？即使他想造反，他的那些部下也没人愿意追随他。由此看来，江彬是绝对不会冒险一搏的。"

杨廷和认定江彬不会造反，这在很大程度上迷惑了江彬，让他放下了心头的戒备。正德皇帝驾崩后，杨廷和密不发丧，寻找机会除掉江彬。他以坤宁宫殿堂建成，朝廷要举行上梁仪式为由，邀请江彬进宫主持典礼。江彬轻易就落入了圈套，被杨廷和为首的文官集团控制起来。

等到明世宗继位，立刻下诏凌迟处死江彬。这位前任皇帝身边的大红人儿到另一个世界为他的主子逗闷解乐去了，其家人"俱发功臣家为奴"。在对江彬抄家时，共查得黄金七十柜，白银两千两百柜，其他珍宝不可计数。

2. "大礼议" 背后的吊诡

帝国最大的玩主朱厚照撒手离开了这个世界，但他既无子嗣，也无兄弟。根据古代宗法制度的原则，大宗绝嗣后，由小宗入继承祀。虽然在正德皇帝驾崩之前，张太后和内阁大臣杨廷和已经瞒着正德皇帝定下了皇位继承人。但是从人的本性上来说，张太后并不希望别人的儿子登上皇位。可谁让自己的儿子没有留下子嗣呢？这真是一件让人心酸而又无奈的事。

就在正德皇帝去世的当天，慈宁宫联合内阁一起颁布了朱厚照的遗诏："朕疾弥留，储嗣未建。朕皇考亲弟兴献王长子厚熜，年已长成，贤明仁孝，伦序当立，已尊奉祖训。兄终弟及之文，告于宗庙，请于慈圣皇太后，即日遣官迎取来京，嗣皇帝位。奉礼宗庙，君临天下。"

虽然打着遗诏的幌子，其实是杨廷和和张太后以正德皇帝的名义发布的，与朱厚照本人并无关系。遗诏里没有一个字是朱厚照本人的意思。这份遗诏对后来发生的大礼议事件产生了强烈的刺激作用。以杨廷和为首的内阁在处理这件事时考虑不周，以致酿成一场大祸。

"遗诏"颁布之后，由内阁和礼部联合派出了一个庞大的迎君团。成员由内阁大臣、礼部尚书、帝国功臣、宦官和皇亲外戚等帝国权力高层组成。数千人的队伍浩浩荡荡地开往兴献王府所在地安陆，迎接帝国的新主人。

朱厚熜一直居住在湖北地界，因为那里是其父兴献王朱祐杬的封地。朱厚熜是朱祐杬的独子，兴献王十分疼爱这个唯一的儿子。在朱祐杬的亲自调教之下，朱厚熜小小的年纪就已经通晓经史子集及修身齐家治国之道，是个遇事相当有主见的人。

正德皇帝驾崩之时，朱厚熜正静静地待在封地为父亲守孝。虽然他的父亲去世已有两年时间了，但是服丧三年的期限还没有结束。按照明制，他只需要再熬上一年的时间，就可以名正言顺地继承大明王朝亲王的爵位，成为帝国的一个藩王。在当时，全国分封的藩王大大小小有四十多个。

人们常说机会是留给那些有准备的人的，但是天上掉馅儿饼这种巧事往往却砸在那些毫无准备的人的头上，朱厚熜就是那个毫无准备的人。本来应该成为藩王的朱厚熜，等到的却是一个天大的馅儿饼——皇帝的宝座。别人抛家舍命疯狂争夺还不一定能到手的皇权，就这样轻易就到手了。这一切对于年轻的朱厚熜来说，既有不明就里的恐惧，也有一飞冲天的满足。

当迎接新皇的首席大臣定国公徐光祚将大行皇帝的遗诏郑重地交到朱厚熜手中的时候，他所能做的就是跪伏在母亲蒋王妃膝上痛哭流涕，母子之间俨然生离死别。这时候的朱厚熜只是一个十五岁的懵懂少年，虽然明朝还有明英宗朱祁镇、他的前任明武宗朱厚照这样比他年纪更小的皇帝，可是他们都是出生不久就被立为皇嗣，并且接受了最好的宫廷教育，而教育和辅佐他们的官员都是帝国的股肱之臣。与他们相比，朱厚熜所受的教育显然要寒酸许多。

在朱厚熜的身边，除了王府长史袁宗皋，其他全是陌生的面孔。朱厚熜感觉自己就像被一股强大而神秘的力量裹挟着上了路，这让他根本无法体验到皇权给他带来的安全感。距离京城越近，这种感觉就越发强烈。

迎接新皇的仪仗队在走到距离京城只有一天路程的良乡停了下来，因为储君进城是要举行一番仪式的。这时候，朝廷已经派出一名礼部侍郎级别的官员前来迎接朱厚熜。明朝的礼部是专门负责朝廷各种庆典及日常活动的部门。礼部搬出帝国的典章，恭请兴献王世子朱厚熜明日以皇太子礼从东安门进皇宫参加劝进礼，等待即位。

朱厚熜非常熟悉明朝的皇家礼制，既然礼部让自己以皇太子的身份进宫，那就面对一个绕不开的问题。自己到底是谁的太子？谁又是自己的父皇？在没有搞清楚这些问题之前，朱厚熜是不会轻易入宫的。他拒绝进宫的理由是：遗诏上只是让他继承皇帝之位，并没要求自己以皇太子的身份登上皇位。朱厚熜没做丝毫犹豫就拒绝了礼部的提议，他刚刚还在为父守孝，怎能轻易就将自己的亲生父母抛在一边？

朱厚熜在礼仪之争上如此较真儿，这让杨廷和等内阁官员大为震惊。一场席卷帝国权力高层的大礼议之争就此拉开序幕。

以杨廷和为首的文官集体上疏，他们希望能够靠着人多力量大，逼迫朱厚熜就范。他们以为只要稍微施加压力就能摆平这个只有十五岁的少年皇帝，可结果却令他们大失所望。在自己身份的界定上，朱厚熜表现出了一种决绝的姿态，他拒绝以皇太子的身份入城登基。双方互不相让，一个在城内，一个在城外，明朝权力核心层陷入皇权易主的困境状态。

其实那些文官并不是闲着无事可干，拿即将登基的新皇消遣。我们知道在封建君主制度下，皇位的传承脉络来不得半点儿马虎。既然朱厚熜即将登基做皇帝，那么他就要和前面那些皇帝建立直系亲属关系。这也是为什么首辅杨廷和、礼部尚书毛澄等文官要员执意要求朱厚熜先过继给已故的明孝宗朱祐樘做儿子，然后再继承皇位。朱厚熜从小就熟读《孝经》，深受传统礼仪之道的熏陶，加上他性格深处的执着和倔强，在过继这个问题上，他始终不肯做出让步。

如果按照杨廷和等文官的意思，朝廷应该在北京城外搞一个"皇子过继和太子受封"的仪式，然后朱厚熜以太子的身份昂首走过东安门，进入皇宫，完成登基大典。可是想法总归是想法，实施起来却并不那么容易。在双方的据理力争之下，最后各退半步。朱厚熜改道大明门入宫，但同时他也接受了认明孝宗朱祐樘为父的现实。在第一次交锋中，双方均做出了妥协和让步，算是打成了平手。

十五岁的少年从湖广安陆来到京城，一个藩王府的王子摇身一变成为帝国的九五之尊。一切就像是在做梦。朱厚熜这时候需要有人帮助自己理清现实中的各种关系。除了自己从藩王府带来的人，他将自己的信任交给了首辅杨廷和。早在九年前，也就是正德七年（1512 年），杨廷和已经官居内阁首辅。正德皇帝死后的那封代笔"遗书"和朱厚熜即位时的"即位诏书"都出自此人之笔。

就在朱厚熜即位后的第三天，皇帝找来杨廷和等内阁大臣们商量："朕继入大统，虽未敢顾预私恩，然母妃远在藩府，朕心实在恋慕，可即写敕遣官奉迎，并宫眷内外员役咸取来京。"皇帝想念自己的母亲，这是人之常情，杨廷和等内阁大臣也挑不出毛病。于是赶紧派司礼监太监秦文和内官监太监邵恩等前去迎接朱厚熜的母亲，好让母子在京城团圆。

事情还远远没有到结束的时候。两天之后，朱厚熜让文官们讨论给自己的亲生父亲兴献王朱祐杬加尊号的问题，他要求追封已故的父亲为先皇。嘉靖皇帝只是想在祭祀父亲时有个名号，他没有想到会遇到这么大的阻力，事态的发展显然出乎他的预料。

礼部尚书毛澄在接到嘉靖帝朱厚熜的指示后，感到左右为难。在苦无良策的情况下，他只好去请示内阁首辅杨廷和。杨廷和的意见是，嘉靖皇帝既然已经过继给了弘治皇帝，那么就应该尊明孝宗朱祐樘为"皇考"，称兴献王朱祐杬为"皇叔父"。这样的话，其父朱祐杬就不可以再加尊号。不但不可以加尊号，就是在祭告生父时，自己也要口称"侄"。

杨廷和的建议虽然符合皇位继承的宗法理论，但却打破了嘉靖皇帝的忍耐底线。本来过继给明孝宗朱祐樘已经做出了很大的让步，如今又要让自己撇开生父，这让嘉靖皇帝无法忍受。

为了说服朱厚熜，杨廷和甚至搬出了前朝的事例。西汉末年，当时的汉成帝刘骜膝下无子。在这种情况下，朝廷便将共王之子定陶王接到宫中，立为皇太子，后来即位为哀帝。为了能够使共王后继有人，又别立楚孝王之孙刘景为定陶王，作为共王的继承人。而宋仁宗赵祯也没有儿子，将濮安懿王第十三子接入宫中，改名曙，立为皇太子，后来即位为宋英宗。这两个皇帝都是由藩王立为皇太子，然后登基，属于宗法制中的过继法。而那些过继者要认被过继者为父，作为被过继者的后人而行事，也就是所谓"为人后者为之子"。

按照封建宗法制的过继原则，大宗是不可以绝后的。如果遇到大宗无嗣的情况，就要由小宗过继给大宗，来延续帝系，奉祀宗庙。就拿这一时期的皇权谱系来说，宪宗——孝宗——武宗这一支是大宗，是帝系之所在；而兴献王朱厚熜则是旁支，属于小宗。朱厚熜以旁支入继大统，自然要继大宗之后。

有学者发现在历史的更替中存在这样一个规律：当皇帝的子嗣发生问题时，这个皇朝的权力体系往往也在逐步衰退。从生育学角度来说，一个男人难以生育或者所生儿女体弱多病难以养活，说明这个男人的体力和精力相对就弱，于是他在管理国家事务中的体力和意志力就会大打折扣，他的统治也就出现了问题。

比如说眼前的嘉靖皇帝，他是因为正德皇帝在子嗣上出了问题，才从斜刺里杀出来当上了皇帝。他的儿子、孙子以及清朝的咸丰皇帝、同治皇帝、光绪皇帝，全都在子嗣上出现了问题。于是，明、清两朝的统治也从这一时期开始走下坡路。与之相反，洪武皇帝朱元璋，半生戎马，半生为帝，照样生了二十六个儿子，这还不算女儿；清太祖努尔哈赤也是打了一辈子仗，也有十多个儿子；康熙皇帝更厉害，子女加起来总共生了五十多个。可见，明、清两朝都是由这些生育强人创立或者走向繁荣的。

杨廷和完全是从维护帝系继统的角度出发。他认为自己的建议完全符合中国宗法文化的传统，无人能够否定，也不会有人敢于反对。杨廷和的建议得到了官僚集团的积极响应，文武群臣百余人联名上奏嘉靖皇帝，要求他遵循祖制，将帝系归入大宗。

作为内阁首辅的杨廷和之所以会站出来挑这个头，率领诸臣与嘉靖皇帝掰手腕，除了个人因素，更多是因为他那内阁首辅的特殊身份。从帝国政治发展的实际情形来看，内阁除了要为皇帝分忧，更要对帝国的官僚集团负责。内阁作为文官集团的最高代表，他们需要将官僚集团的声音传递上去。

换句话说，如果杨廷和这时候执意要站在嘉靖皇帝的立场上，他就要违背大部分文官的意愿，那么他要承受的精神压力就会更大，就有可能让自己陷入众叛亲离的地步。

在杨廷和与其他内阁成员面前，只有两条路可供选择：第一条路就是全力迎合嘉靖皇帝，为皇帝的利益服务，成为皇帝在官僚集团中的形象代言人，而不惜触犯大部分文官的利益。杨廷和这么做能捞到怎样的现实利益呢？是权？是钱？还是名？

论权，作为帝国官员能够当上内阁首辅，已经算是登上了权力的巅峰；论钱，作为内阁首辅能够享有的俸禄在帝国官员中也是最高的；论名，就更不值得了，为了迎合皇帝与文官集团对抗，最后只能落下一个臭名昭著的下场。好处没有捞到多少，坏处倒是接二连三。哪头轻哪头重，杨廷和还是拎得清的。

在遵循封建礼法这件事上，帝国的官僚集团表现得空前团结，雪片似的奏章压得嘉靖皇帝透不过气来。在这场权力博弈的初期，嘉靖皇帝处于明显的劣势。无论是从个人资历，还是从经验、学识等方面来看，朱厚熜都不是那些朝臣的对手。还有非常重要的一点就是，他刚刚从安陆州来到京城，京城的权力系统对他而言是陌生的，这种陌生的具体表现就是一种天然的排斥性。

十五岁的少年竟然有如此城府，不能不让人叹服，尽管他这么做其实是不符合法统规范的。嘉靖皇帝的目的就是要抹去自己是小宗过继大宗的事实，他要告诉天下臣民，他这个皇帝并不是通过非正式渠道得来的，他不需要欠杨廷和和张太后的情，更不需要活在正德皇帝的阴影之下。他有自己的路要走，也有自己的父母正待相认。

他的这种想法自然受到了以杨廷和为首的帝国官僚集团的极力反对。令朝臣们万万没有想到的是，少年皇帝居然会在自己认准的这条道上，一路走到黑。

其实嘉靖皇帝还是想在这场君臣博弈中争取到首辅杨廷和的支持，他知道只要杨廷和这个缺口打开，一切都会迎刃而解。他在私下里不止一次地召见过杨廷和，以一个少年人的谦卑姿态，向一个长者虚心求教，希望能够得到理解与支持。可杨廷和显然无法接受小皇帝僭越法统规范的现实，任凭皇帝说破了嘴皮，也丝毫不为所动。

嘉靖皇帝还试图用金钱和爵位来收买其他内阁成员，结果还是一无所获。

就在嘉靖皇帝快要扛不住的时候，进士张璁上了一道奏折。这道奏折对于朱厚熜来说是天大的利好消息，也为他追封自己的亲生父母提供了理论依据。奏折引经据典地批驳了杨廷和等文臣的观点，这为孤军奋战的嘉靖皇帝壮大了声势。为了能够进一步笼络士子之心，皇帝为张璁加官晋爵以示嘉奖。

张璁是浙江永嘉人，此人在科举求仕的道路上走得颇为坎坷。二十四岁中举之后，他在弘治、正德年间先后七次参加科举考试，皆名落孙山。就在他的人生跌入低谷之时，他的朋友，长于星相术的御史萧鸣凤，为他相了一面，然后丢下一句话："你的好运来了，三年成进士，再过三年就当骤贵。"

这句话犹如一针强心剂，为陷入困境的张璁指明了方向。经过个人的不懈努力，张璁终于在四十七岁时考中了二甲进士。就在此时，中央权力高层发生了议礼之争，嘉靖皇帝和以杨廷和为首的廷臣闹得不可开交。张璁默默地关注着这场争论。凭借着与生俱来的政治敏感度，他看到了皇帝的势孤力单、急待援手，也发现了杨廷和等人的破绽所在。

经过一番利害权衡，张璁决定将宝押在嘉靖皇帝身上。在权力高层的斗争中，这种押宝式的投资并不是空手套白狼，而是需要承担一定风险的，搞不好就会丢官丧命。

张璁站出来力挺嘉靖皇帝，等于是站在了全体廷臣的对立面上。虽然他从皇帝那里捞到了晋升的机会，可他并没有赢得朝臣的支持，相反还为自己在权力系统树立了更多的劲敌。话说回来，如果张璁没有博得皇帝的好感，那么他在官场上的处境可就危险了。当时支持杨廷和的礼部尚书毛澄、给事中朱鸣阳、史于光和御史王溱、卢琼等人纷纷上疏弹劾张璁，要求皇帝对其施以惩戒。

嘉靖皇帝根本不予理睬。事态发展也随之进入僵持状态。在杨廷和等高级文官的步步紧逼之下，明世宗迫不得已，只好在嘉靖元年下诏称孝宗为"皇考"，慈寿皇太后为"圣母"，兴献帝、后为本生父母，不称"皇"。

嘉靖皇帝虽然做出了妥协和让步，但是在这一回合的较量中，他还是为自己积蓄了爆发的力量。由于朱厚熜态度鲜明地支持张璁，部分朝中大臣的立场也发生了动摇，逐步分化为两派：一派支持为皇帝老子加尊号，是为议礼派；另一派则反对为皇帝老子加封号，是为护礼派。

在这场君臣博弈中，有很多识时务的大臣也跟着张璁倒向嘉靖皇帝，议礼派队伍不断扩大，两派之间的争斗也由此进入到白热化状态。

就在双方陷入僵局之时，嘉靖皇帝的生母、兴献王妃蒋氏从安陆州抵达通州，准备进宫。对于蒋氏进宫，朝廷早就做了安排部署。礼部拟订了两套方案：一是让皇帝的母亲从崇文门入东安门进宫，如果第一套方案行不通，那么第二套方案是由正阳左门入大明东门进宫。进宫本无可厚非，从不同的宫门进却大有不同，因为那代表着不同的身份界定。

在蒋氏进宫这个问题上，嘉靖皇帝的态度再度引起朝臣们的不满。嘉靖皇帝否决了礼部拟订的两套方案。嘉靖皇帝的意思是：自己是皇帝，自己的母亲应该是这个世界上最为尊贵的女人,她应该由大明中门入宫,然后谒见太庙。当他将自己的想法和盘托出时,那些护礼派官员再也坐不住了:自古以来焉有女人谒太庙之礼?

朱厚熜刚刚登基,就在这场大礼议之争中表现出咄咄逼人的气势,这让护礼派官员极为不安。而这时蒋氏已经抵达通州地界,当她听说朝臣逼迫自己的儿子认先皇(明孝宗)为皇考时,决定拒绝进入京城。朱厚熜本来就是一个大孝子,他听说母亲因父亲尊号未定拒绝入京的消息,不禁悲从中来。作为一个皇帝,竟然连自己亲生父母的尊严都维护不了,他这个皇帝当得还有什么意思?

谁也没有料到这个十五岁的小皇帝会在这个问题上表现得如此决绝。他一次又一次地召见杨廷和,与其促膝长谈。他多么希望身为首辅的杨廷和能够支持自己,可是杨廷和表现得比他还要决绝,丝毫不肯让步。愤怒之余,嘉靖皇帝说出了一句过激之言:自己情愿不当这个皇帝(情愿避位),奉母回安陆州做一个普通的藩王,也不愿意伤害母亲的心。

少年皇帝的坚决态度使朝臣们大为惶恐,他们没有料到母子二人会在这个问题上表现得如此倔强。如果双方互不相让,依然这么顶牛,事态的发展将会陷入更加恶劣的境地。

经过一番利害权衡,议礼大臣们只好做出让步。这样一来,蒋氏就光明正大地从大明门中门进入皇宫,朱厚熜亲临午门迎候母亲的到来。可以想象得出来,母子二人相见,肯定是一番内心的窃喜和言语上的唏嘘感叹。

用我们今天的眼光来看,大礼议并不是什么大不了的事。可是在封建君主制的明朝,这就不是一件小事。虽然事情并不复杂,无非就是皇帝要给自己的亲生父亲加个封号,大臣们不同意,结果双方闹翻,最后升级为帝国的一场政治风波。

刚刚进入官场的张璁抓住机会在权力场上实现成功突围,这在很大程度上刺激了其他官员。本来他们以为皇帝刚刚上任,在朝中没有援手,没想到半路会杀出来个张璁。

在张璁的示范作用下,刑部主事桂萼、兵部主事霍韬、礼科给事中熊浃,还有同知马时中、国子监生何渊、巡检房浚等文官也不断上书支持皇帝。议礼派的异军突起，使杨廷和等护礼派大臣在嘉靖皇帝面前逐渐失去了市场。

随后，刑部主事桂萼上书皇帝，表示现有称谓并不适宜，应该重新议礼。这一次，杨廷和没有赞成，也没有反对，而是选择了辞职。杨廷和的离去，使大礼议之争重新掀起了波澜。政治嗅觉灵敏的官员已经预感到，帝国的上空一场暴风雨正在酝酿。

这时候的嘉靖皇帝已经不是一个人在战斗，在他的身边围绕着一大批拥趸。而张璁作为第一个吃螃蟹的人，理所当然就成了其中的首脑人物。虽然这些人都是一些中下级官员，在官场的地位无法与杨廷和等人相抗衡，但他们手中握着一张最大的牌，那就是嘉靖皇帝。

经过一段时间的酝酿之后，两大政治集团重新燃起新一轮的大礼议之争。

护礼派是以杨廷和为首，由九卿、科道官、诸司郎官等高级别文官所组成的。杨廷和虽然甩手而去，但并不代表反议礼集团就此瓦解。杨廷和的继任者们，大多是帝国权力集团的核心人物。他们在大礼议事件中都扮演着反对者的角色，所以由这些人所组成的政治集团不会因为一个人的离去而消失，凝聚他们的不是某个人的力量，而是道德的约束力。明朝政府用道德统治国家的最初目的是约束武官，实际过程中也免不了约束文官，直至最后连皇帝也一并约束了。

嘉靖三年（1524 年）正月，母亲（兴国太后）过生日时，嘉靖皇帝传旨，让那些身负诰命的皇亲国戚以及文武百官的夫人们进宫朝贺。一个多月以后，昭圣皇太后过生日时，嘉靖皇帝却传旨免命妇朝贺。嘉靖皇帝要用手中的皇权压制一下昭圣皇太后的势力，借以抬高亲生母亲的身份。

接到嘉靖皇帝的诏敕后，礼部尚书汪俊和吏部尚书乔宇等高级文官再集廷臣会议，会上拟定"于孝宗称皇考，于兴献帝称本生考"。为了使皇帝能够满意，尽快平息这场扯来扯去的争论，护礼派官员又在"本生考""本生母"前加了一个"皇"字。

嘉靖皇帝同意了这个方案，先给昭圣慈寿皇太后加上"昭圣康惠慈寿皇太后"的尊号，再给父亲加上"本生皇考恭穆献皇帝"的尊号，母亲加上"本生母章圣皇太后"的尊号。其实这个建议还是可行的，毕竟它照顾到了双方的情绪。

可就在这时候，张璁和桂萼抵达京城。两人马上给嘉靖帝上疏，推翻了护礼派大臣们的方案，并且斥责那些高级文官不学无术。按照二人的提议，以兴献帝为"皇考"、以孝宗为"皇伯考"。此疏一出，立即在帝国的权力高层掀起了一场血腥的政治风波。

内阁首辅杨廷和离职而去，为那些护礼派官员拉响了警报。为了避免树倒猢狲散的局面发生，内阁官员决定来一次疯狂反扑。在他们的直接授意之下，礼部尚书汪俊首先发动七十三名大臣和他一起联名上书，弹劾张、桂二人，反对议礼。他们声称"八十余疏二百五十余人，皆如臣等议"。紧接着，给事中张翀率三十多人联名上奏，御史郑本公率四十四人联名上奏。

在这次联名上奏风暴中，朝廷的大小官员们一口气上了十三道奏章。嘉靖皇帝将奏章扣在手里（留中不发），不予理睬。

嘉靖三年（1524年）七月十五日，眼看第二天就要上尊号了，嘉靖皇帝还是没有给群臣一个交代。大臣们对嘉靖的态度极为不满，情绪也颇为激动。等到散朝过后，护礼派二百多人迟迟不愿离去。他们集体跪于左顺门外，高呼太祖高皇帝、孝宗皇帝。以杨廷和的儿子翰林学士杨慎为首的新护礼派官员更是情之所至撼门大哭，声震阙庭，哭声和喊声冲破云霄。朱厚熜命太监传谕，命现场的官员即刻退去。但是，那些组团前来的官员到中午仍然伏地不起。根据史料记载，参加此次集体示威的官员共计二百二十余人，其中六部尚书（正部级）五人，都察院都御史（正部级）二人，六部侍郎（副部级）三人，另有三品以上高级官员三十人，翰林院、詹事府等十余个国家重要机关的官员一百余人。

嘉靖皇帝大怒，立即派锦衣卫将翰林学士丰熙等八人抓了起来。矛盾再度激化，官员的情绪就像被点爆的汽油桶，左顺门前出现严重骚乱。朱厚熜见事态无法控制，下令将闹事的一百四十二位大臣逮捕入狱，其余八十六人听候处置，两位内阁大学士免予处分。

紧接着，嘉靖皇帝将章圣皇太后的尊号定为"章圣慈仁皇太后"。在举行册礼时，很多朝廷官员都拒绝参加册封典礼。七月二十日，锦衣卫请示嘉靖皇帝那些关在狱中的和待罪的官员该如何处理。嘉靖没做过多犹豫就开出了罚单：四品以上停俸，五品以下当廷杖责。

皇帝如此决绝，那些执行者又怎能手下留情。廷杖是一门技术活儿，火候的掌握更是有着高深的学问。有史料记载，那些行刑的武士都经过专业训练。在训练过程中，他们会用宣纸包着砖头，然后用棍子击打。直到练就"宣纸不破，而砖头尽碎"的本事，基本上就可以上岗了。

那些私下塞了红包，或者有上级官员打招呼的，执行者就手下留情。虽然表面上被打得皮开肉绽，实际不过是软组织损伤，回家涂了药，起来就能游泳。要是既无关照又有私仇的，那就用最高级别的杖法，一棍下去表皮完整，内部大出血，就此丧命也不是没有可能。

朱厚熜决定痛下杀手。那些五品以下的官员一个个被锦衣卫摁倒在地，一顿廷杖只打得他们皮开肉绽。在这次雷霆风暴中，有十七人被活活打死。这一顿棍棒，着实打出了皇帝的威风。而这一年，嘉靖皇帝刚满十八岁。在棍棒呼啸声中，他完成了自己的成人礼。

儒家的政治传统追求的是忠君之道，要求以"道高于君"和"从道不从君"作为臣子的行为准绳，以不怕死的无畏精神，把直言敢谏、冒死强谏作为匡正君失的最佳选择。作为官僚集团中负有"言责"的一个特殊群体，言官理所当然地肩负"以道事君"的使命。

当然有言责的文官集团并非铁板一块，随着世宗打击言官力度的加大，随着一个个正直的言官在棒喝与血腥中倒下，那些逃过劫难的言官难免会削减政治热情而趋向缄默善变。他们中的很多人，由最初的一根筋开始变得阿谀逢迎。这是因为直言强谏的言官吃大棒，而趋炎附势者分到的却是糖果，两下比较，大部分人都会选择趋利避害。

时隔不久，嘉靖皇帝就将父亲的神主从安陆州迁到京城，安放在观德殿。他给父亲兴献帝的尊号为"皇考恭穆献皇帝"，先前的"本生"两个字已被悄悄抹去。嘉靖七年（1528年），嘉靖皇帝终于如愿以偿，追封自己的生父为明睿宗，其牌位入主太庙，摆放在明武宗之上，自己的生母也被封为皇太后。

从这件事可以看出，当张璁上奏之前，嘉靖皇帝虽然是一个刚愎自用的人，却不敢将自己的个人意志强制推行。因为那时候他心里也清楚，他的理由和依据是站不住脚的，他是在做一件违反儒家经典、礼制、祖训的事。

凡此种种，正是内阁官员和大臣们借以限制皇帝独断专行的法宝。君主专制制度的时间越久，这类法宝就越有功效。在为兴献王加尊号这件事上，如果没有张璁这些权力投机者，光凭嘉靖皇帝个人，是很难扭转被动局面的。而即便有了张璁等人，这场风波还是延续了两年多。由此可以看出，明代皇权受内阁、廷议的限制是何等之大。

大礼议之后，一批支持嘉靖皇帝的权力投机者如张璁、桂萼等中下级官员进入内阁。这批人的为官之道，就是以绝对服从皇帝的权威为天职。在大礼议事件中，与皇帝和议礼派苦斗三年的文官集团，在新的权力结构面前分崩离析。此后，帝国虽然也出现过海瑞这样直言犯上的人物，但就整个文官集团而言，再没有了制衡皇权的心气。直到半个多世纪后，幼主万历继位，文官们才算稍稍恢复元气。

正德和嘉靖两位皇帝在自己执政期间都遇到了直面百官哭求的状况，万般无奈之下他们都动用了廷杖。但两人得到的结果却大相径庭，前者即便动用了廷杖，也没能完成自己的政治主张，依旧屈从于官员集团所带来的政治压力。后者则打出了威风，成了真正的胜利者。

如果从性格上分析明朝的十七个皇帝会发现，他们中间的大多数都偏于温和。相比较而言，朱元璋、朱棣和朱厚照是他们中间行事最为果决，对大臣也最酷烈的三个皇帝。嘉靖皇帝初登大宝时，他所拥有的政治经验和手段几乎是一张白纸。而大礼议事件的爆发，使一个懵懂的少年迅速脱胎换骨成为老辣的政治家，并最终使其成为明朝最懂得控制权力的皇帝之一，尤其对于文官集团的控制更是达到了炉火纯青。此后他的历届首辅，从张璁、夏言、严嵩，一直到徐阶，都是他整个棋盘上的一个个棋子。明朝在宣德之后皇权就逐渐旁落，甚至出现了杨廷和那样强势的内阁首辅。

嘉靖皇帝最擅长的手段就是利用官员来掣肘官员。他在位期间皇帝的权威性得到大幅度提升，内阁的权力有了进一步的下降（当然宦官的权力降得更低）。他后来的那些继任者们再没有学习到他的权谋之术，由他一手打造出来的强势皇权也很快走向衰落，阁权迎来了再次壮大的机会。等到万历执政时期，皇帝已经很难撼动高官的地位，到了天启年间，皇权更需要借助于宦官的力量来和文官集团一较高下。明王朝的统治就是这样在权力集团的不断争斗中，一路跟跟跄跄走向危途。

3. 不合作的非暴力者

嘉靖初年有着相当不错的开局，一大批围绕在内阁首辅杨廷和身边的文官，在后世都享有贤明能干的声誉。可是皇帝的心思谁也猜不透，这个来自湖北藩王之地的皇帝好像并不急于开创属于自己的盛世。

一场来势汹汹的"大礼议"风波，让杨廷和与其几位德高望重的助手都有了离去的心思。而少年皇帝朱厚熜好像并没有挽留的意思。在他看来，国家治理得好与坏并不重要，重要的是自己开心与否。从即位第三年起，朱厚熜开始崇信道教，举行斋醮活动，并在大内广设醮坛。发展到后来，他甚至不视朝政也要修玄斋醮。

嘉靖皇帝在位期间，内阁首辅的权力已经大到除了皇帝，就无人可以约束的地步。正因为如此，文官们争夺首辅之位的斗争也就愈演愈烈。朱厚熜将内阁的办公地点设在了午门之内，这样就与翰林院和文渊阁区别开来。

时人在谈起内阁的时候，不再简而化之地将这几个机构混为一谈。还有更为重要的一点，那就是嘉靖皇帝在制度上将内阁大学士定位为文官之首，并且将那些既忠心又听话的文官选入内阁，赋予他们干预六部事务的权力。

其实内阁制的演变，在很大程度上就是帝国文官集团内部的一场权力演变。

帝国建立初期，朱元璋筹建内阁的目的在于辅政，就是帮助自己处理文书报告，以备顾问，但是绝对不可以参与朝政，阁臣手中并没有多少实际的权力。说白了，内阁就是政府的秘书机构。到了永乐时期，内阁大学士可以参与军国大事，大学士俨然成为皇帝最为亲信之人。大学士可以兼任其他部门的领导，有的还兼领了正一品的太傅、太保等高级别官衔，权力地位有了质的飞跃。虽然他们还不能到兼职的各部门去担任实职，名义上还是皇帝的高级秘书，但是他们在帝国事务中已经拥有了强大的话语权和处置权。

后来的几位皇帝体弱多病或年幼无知，大学士们的权力逐渐增大。他们被赋予"票拟"的特权。正是"票拟"权的产生，直接将内阁大学士送上了权力的制高点。帝国权力系统的各个部门，包括中央六部，全在内阁大学士的掌控之中。为了使内阁成员之间保持平衡防止专断，一度废止了内阁首辅之位，但从明世宗后内阁首辅保留了下来，并且日益重要，成为争夺焦点。

在这里需要说明的是，嘉靖皇帝对宦官的控制很严，动不动就将那些犯错误的宦官往死里整。朱厚熜执政时期，宦官的势力在帝国的权力分润中并没占到多少股份。宦官的权力收缩到极限，这就使首辅的争夺成为帝国权力争夺的最大焦点。这一时期先后就任首辅的官员多达十几人，频率之高，人数之多，都创造了纪录。

嘉靖初年，杨廷和执政，独揽票拟之权。嘉靖皇帝因为"大礼议"事件而移情专宠张璁，使其平步青云，以火箭般的蹿升速度坐上了首辅的宝座。随着时间的推移，身为皇帝的朱厚熜感觉到张璁这个人在做事的时候有些耍滑头，恃宠不让。于是朱厚熜就想找一个人来制衡他，目标很快就锁定在了夏言的身上。

在君臣猛烈交火的大礼议事件中，夏言的分寸拿捏得十分到位。夏言曾上疏建议嘉靖皇帝亲耕南郊，让其生母蒋皇后亲蚕北郊，"为天下倡"。夏言这么做既表明了自己力挺皇帝的决心，以此博取对方的信任，同时这么做还有一层考虑，那就是避免将自己完全暴露于帝国官员内耗的火力网中，避免引起反对派的憎恨。由此可见，夏言是一个政治手腕高明的文官。

嘉靖七年（1528 年），夏言又上了一道建议天地分祀的疏文。这道疏文写得相当有水平，引经据典，文采斐然，更重要的是疏中的观点与嘉靖的想法不谋而合。皇帝由此龙心大悦，自然少不了一番嘉奖。嘉靖皇帝将其调入翰林院，为侍读学士，也就是专门陪皇帝讲读经史。

夏言是个外形俊朗、气度不凡之人，极具个人魅力。作为一名侍读学士，他讲读经史声音洪亮，用一口标准的官话（北京方言），因此深得嘉靖皇帝的喜欢。每次授课结束，皇帝都会赐其茶饭，神情之中流露出"欲大用"的意思。

夏言的表现与前面张璁在"大礼议"事件中的表现可谓异曲同工，两人都是揣摩皇帝心思的高手，知道如何投其所好。

"大礼议"事件虽然已经过去了很长一段时间，但朱厚熜对此仍耿耿于怀。他急于想在礼仪制度改革这件事上再做些文章，为自己纠结于此找到一条合法的通道。也就在这时，夏言上疏建议改变祖宗旧制，分别祭祀天、地、日、月。嘉靖皇帝在接到夏言的奏疏时，内心也是激动万分。

其实改变祖制这种事，历来就是讨好新君、惹怒旧臣的。新君为了标新立异，证明自己是个有作为的君主，往往会在旧瓶子里装一些新酒，向世人证明自己的新究竟是新在何处。夏言的这道奏疏虽然赢得了皇帝的欢心，却引起了朝中诸多大臣的反对。而在众多的反对者中就有"大礼议"事件中的先锋派人物，此时的内阁首辅张璁。

张璁是嘉靖皇帝在"大礼议"事件中的政治盟友，可在"天地分祀"这件事中，他却和皇帝唱了反调。当初在"大礼议"事件中结盟皇帝，是为了能够跻身权力高层；如今与皇帝唱反调，张璁是担心夏言借着"天地分祀"这件事上位，以达到权力分润的目的。

张璁无法接受夏言与嘉靖皇帝在这件事上一个鼻孔出气，他将夏言视为政治上的潜在对手。张璁决定出手，他指使詹事霍韬找机会诋毁夏言，使其在皇帝面前失去信任。

嘉靖十年 (1531 年) 七月的一天，行人司长官 (司正) 薛侃突然造访太常寺卿彭泽的府邸。在这次不请自来的造访中，薛侃交给彭泽一份文稿。因为太常寺是专门管理礼仪祭祀的部门，所以薛侃才会主动上门请教。这份文稿是他准备上疏给皇帝的，其中的内容涉及明朝皇帝的禁忌——继嗣问题。

疏中的内容就是劝嘉靖皇帝早日确立皇位接班人。要知道此时嘉靖还没有一个皇子，而嘉靖皇帝本人就是皇家继嗣问题的受益者，先帝明武宗断子绝孙才轮到他来当这个皇帝。

当彭泽看完这份文稿的时候，他从中捕捉到了置夏言于死地的杀机。薛侃、彭泽和夏言是同榜举人，薛侃是夏言的死党，而彭泽却是张璁的幕后同党。只要薛侃罪名成立，作为死党的夏言就难脱干系。

彭泽带着这份文稿找到了张璁。经过一番密谋，张璁将抄录的薛侃的文稿交到嘉靖皇帝的手中，并直指，这份文稿是夏言指使薛侃所写。

嘉靖皇帝一怒之下将薛侃收监，命令严肃查处此事，从重治罪。经过三法司（刑部、都察院、大理寺）的细致调查，终于得出了一个上报结果：薛侃的奏折是他自己所写，彭泽指认夏言幕后所为，纯属栽赃诬陷（泽诬以言所引）。

查明事情真相后，皇帝破格嘉奖夏言，赏赐其四品官服和俸禄，用来表彰他"不党"（不与廷臣结党）的忠心，其官职也由吏科都给事中兼任侍读学士、经筵讲官，再升为少詹事兼翰林院掌院学士，兼经筵讲官。

如此一来，夏言与张璁这两大宠臣之间的矛盾越来越公开化，那些在"大礼议"事件中敢怒不敢言的官员也趁机站出来弹劾张璁，张璁在朝中混不下去了，只好打着提前退休（致仕）的旗号离开岗位。张璁并不甘心，虽然后来他又多次回朝想要挽回败局，可属于他的时代已经结束了。

夏言在帝国权力集团内部的地位与日俱增，已形成取代张璁之势。夏言之所以能够在如此短的时间里，地位与声誉双丰收，主要得益于两方面：一方面，"大礼议"事件之后，士大夫们讨厌张璁已经不是一天两天的事了，他们希望借夏言之手，向张璁讨回"大礼议"事件的欠债；另一方面，夏言谨慎低调的个人处事风格为自己赢得了支持。

嘉靖十七年（1538 年），夏言不出意外地登上了权力巅峰，成为帝国的新任首辅。

夏言是一个权力场上的明白人，也懂得如何揣摩皇帝的心思。在担任内阁首辅之后，夏言还算是一个兢兢业业、为皇帝排忧解难的好官员。但是登上权力顶峰的夏言，却暴露出了一个严重的毛病，这个毛病是有才之人的通病，那就是待人接物有一股傲气。这种人在官场上容易得罪人。就连在皇帝面前，夏言也毫不掩饰自己的傲慢姿态。当时不少大臣都颇有微词，有"不睹费宏，不知相大；不见夏言，不知相尊"之语。

嘉靖本来也是一个极要面子的强势之人，这样一来君臣之间就埋下了一颗随时都可能引爆的定时炸弹。而此时，夏言在权力生涯中的真正对手，已经在黑暗处注视着他的一举一动，随时准备施以致命一击。这个人就是明朝的重要权臣，擅专国政长达二十年之久的严嵩。

嘉靖时期，帝国先后涌现出了四名内阁首辅，其中夏言和严嵩两人的任期加起来长达二十多年，整整占据了嘉靖在位四十五年时间的半数以上。由此可见，两人在明中叶的帝国官场有着举足轻重的位置。两人都是江西人，年龄也接近，夏言只比严嵩小了两岁。

他们都不是出身于知识分子家庭。夏言的籍贯是江西贵溪，隶军籍，祖上是靠军功博取的功名。严嵩是江西分宜县人，隶匠籍，祖祖辈辈都是靠手艺吃饭的匠人。

在严嵩的家族谱系里，能够与帝国权力沾上边儿的，还要数他的高祖父。严嵩的高祖父曾经做过省部级高官（四川布政使），只可惜后来家道中落。而夏言的父亲夏鼎则是因为投奔在京城任军职的兄弟，才有机会留在京城读书，最后通过个人的努力考中进士，然后派驻地方为官。夏言在京城一直长到十四岁才跟随父亲到地方，所以在他成人之后，能够说一口漂亮的京腔。

两人都具备相当高的天分。就出身而言，严嵩的起步显然要比夏言略占优势。严嵩二十岁的时候就通过乡荐（举人），几年后又考中进士，而且还是第二甲第二名（即第五名）。因此他被朝廷以庶吉士的身份选拔进翰林院做编修。明代的翰林院实际上就是内阁的署衙，内中网罗了许多科举人才，是朝廷的智囊团和书记处。在馆阁的日子里，严嵩的经义文章经常在馆试中被列为首选，他的诗词唱酬之作每每拔得头筹。同时，他的书法也非常漂亮。在欣赏他的文章的同时，还可以领略他的书法技艺，可以说是双重享受。

夏言二十八岁中举，不久入国子监读书，一直到三十五岁才拿到进士资格。他的科举成绩考得并不理想，只能达到三甲的水平。所以夏言刚进入官场时只能在中央行政机关行人司当个办事员，后来才转到兵科给事中的职位。

与夏言的性格不同，严嵩的傲气是深藏不露的，用现在的话说就是做人相当低调。在外人看来，严嵩完全就是一个八面玲珑的老好人，甚至透着三分诣媚、七分奴颜。

就在严嵩怀揣着政治理想准备在官场上好好打拼一番的时候，他忽然得了一场大病，于是不得不返回原籍养病。嘉靖十五年（1536年），严嵩打着为皇帝祝寿的旗号重返北京。嘉靖皇帝诚挚地邀请严嵩留在京师，严嵩没做丝毫犹豫就爽快地留下了。严嵩留在了京师之地，也就此拉开了严嵩混迹帝国权力中枢的序幕。

在严嵩返乡养病的十年时间里，正赶上大宦官刘瑾权倾朝野。在刘瑾与其党羽被扫荡后，严嵩北上顺天，才算正式宣告复出。在此后的十多年之中，他先后供职于北京和南京的翰林院。而这时他的同乡内阁次辅夏言，已经成为嘉靖皇帝身边的第一红人。

虽然严嵩在年龄和科举资历上都要超过夏言，但是在夏言面前，重返权力场的他还是摆出了一副后进晚学的姿态。在严嵩所著的诗集里，有不少诗句就是专门拍夏言马屁的。其中一句"少傅知予久，交承分愈亲"，尽显严嵩向夏言讨好献媚的嘴脸。不过这也反映出，在严嵩寻求权力上升的过程中，夏言扮演了一个极其重要的角色。

夏言当时虽为次辅，但是他在帝国权力高层的影响力早已超过首辅，为嘉靖皇帝所信任和倚重。严嵩是个明眼人，怎能不清楚其中的利害关系。正因为经过了一番利害权衡，所以他才选择抱紧夏言的大腿。

严嵩想在帝国官场一飞冲天，所以绝对不会放过任何一个借势上位的机会，何况这个有势之人还是自己的老乡。其他人就是想攀这个高枝，也不一定有机会。

有一次，严嵩过生日，他向刚刚荣升首辅的夏言发出邀请。夏言却退回请柬，不想出席。严嵩便长跪于夏府门前，将请柬举过头顶，口中吟诵内文。可见严嵩当时的攀附之情是何等炽烈。尽管如此，夏言还是没有赏脸，严嵩只好怏怏而回。开席之际，严嵩毕恭毕敬地跪在为夏言预留的席位前，为没有赏脸而来的首辅献酒。

这件事传到夏言耳中，夏言颇为受用。但这件事对于严嵩来说，恐怕又是另一番心境。

对于正在权力爬坡阶段的严嵩来说，除了要摆平首辅这个官僚集团的带头大哥，更要对皇帝投其所好，俘获他的心。严嵩在五十八岁时撰成了《庆云赋》和《大礼告成赋》，辞藻华美，气势恢宏。用诗赋来讨好嘉靖皇帝，事实证明是个不错的主意。

这时候的嘉靖皇帝更加痴迷道教，三天两头就搞个祭天仪式。到嘉靖十八年，朱厚熜安葬了自己的生母章圣蒋太后，然后就开始长时间不上朝了。他平日并不住在皇宫，而是住在一个叫西苑的地方，一天到晚就琢磨着长生不老。他经常搞祭天的仪式，在祭天仪式中有个重要内容就是火化青词。

青词，又称绿章，是道士斋醮时上奏天神的表章，用朱砂写在青藤纸上。旧时迷信之人信奉的神仙多，凡间要告诉天神的事也多，于是文人客串，青词绿章竟渐成一种流行的文体，创作者并不局限于道士。

严嵩的青词写得极好，曾经一度无人能够望其项背。其实青词并不好写，这是一种赋体的文章，要求能够用极其华丽的文字表达出人间君主对上天神灵的敬意和诚心。嘉靖皇帝求仙心切，想早日得道升天，所以官员们所写的青词总是无法满足自己疯狂的想法。

有一次，嘉靖皇帝的一只宠物猫死了，他十分伤心。在用纯金棺木礼葬后，他还命官员们写青词为这只死了的御猫向上天祈福。翰林侍读袁炜所写的青词里用了"化狮为龙"这样一句妙语，皇帝读后龙心大悦。于是，写出妙语的袁炜"简在帝心"，并在短时间内获得擢升，从翰林侍读晋升为户部尚书兼武英殿大学士，相当于从副司局级干部晋升为副总理兼财政部部长。

许多阁臣半天憋不出一首青词，常常将自己关在房间里抓狂。别人抓狂，可对于严嵩这样的青词高手来说，却是信手拈来。严嵩本就是颇负盛名的诗人，文学修养很高，写起青词自然得心应手，更重要的是他在这方面尽心竭力，使出浑身解数来满足皇帝的精神需求。

夏言也是一个写青词的高手，他和严嵩被时人称为"青词宰相"。夏言缺乏耐心，写一段时间就不愿意再伤自己的脑细胞了，后来就随便糊弄皇帝。皇帝又岂是容易糊弄的。嘉靖皇帝有时半夜派人悄悄去夏府和严府，察看夏言和严嵩分别在干些什么，每回去夏府的人回来报告都说夏言早已酣睡。夏言此时所呈上的青词都有枪手捉刀，很多都是自己府上的幕僚。夏言连把关都不把关，就直接进呈皇帝。结果可想而知，皇帝看后很不满意，常常怒气冲冲地掷于地上。而严嵩因有宫内情报相通，每次皇帝派人来察看，他都正襟危坐于灯下创作青词。来人回去汇报，嘉靖皇帝自然高兴。两人一怠一勤，在皇帝心目中的位置也在悄然发生着变化。

时间一久，只有严嵩写的青词能够获得嘉靖皇帝的欢心，正所谓"醮祀青词，非嵩无当帝意者"，所以皇帝渐渐宠信于他。再加上严嵩很会做人，后来就被提拔为内阁次辅，相当于国务院副总理。

严嵩虽然表面上是个相当低调之人，但骨子里却藏着一颗睚眦必报的小人之心。再加上夏言曾经在政坛上三起三落，可每一次官复原职后都能轻易地超越他，这让他嫉妒万分。他暗下决心要找一个机会将夏言彻底扳倒，真正取代他。

夏言虽然并不喜欢严嵩这个人，但是他倒没有想过要将严嵩一脚踢出朝堂。因为在夏言看来，严嵩还不值得他这么去做。既然他没有把严嵩这个人放在眼里，他又怎会把对方当成潜在的对手进而小心提防呢？

夏言从心里瞧不起严嵩这号人，只懂得摇笔祸主，一副奴颜媚骨的贱样。《明史·夏言传》里说他平常在内阁，对严嵩是"直陵嵩，出其上，凡所批答，略不顾嵩"。也就是说他非常鄙视严嵩这种跳梁小丑似的人物，大事小事，大权小权，都是自己一个人揽上身，权当严嵩是内阁飘荡的一缕空气。

慈庆、慈宁两宫皇后驾崩，武定侯郭勋建议将其中的一宫腾出来让与太子居住。这个提议立即遭到了夏言和嘉靖皇帝的一致反对。没有想到的是，嘉靖皇帝转而询问夏言："既然你反对，那么你说太子应该住在哪里？"

皇帝的问话让夏言一时没有反应过来，可他又无法给出解决的方案。没有办法，夏言只好出尔反尔，转过来支持郭勋的建议。这让嘉靖皇帝很不高兴，他甚至怀疑言官们弹劾郭勋，都是夏言这老小子在背后捣鬼。

等到大享殿修缮完毕，皇帝命太监高忠监工，同时催逼夏言草拟献敕稿。可夏言迟迟没有拿出稿子，这让嘉靖皇帝极为不快。

嘉靖皇帝崇信道教，他渴望长生不老。他不光自己信道，还要求朝臣们跟他一起做道教徒。整个帝国变成了一个大道场。那时，明朝官员所戴的是乌纱折上巾，就是类似于唐朝的翼善冠那种样式的官帽。皇帝戴的帽子通常是用乌纱折巾而成的，称为翼善冠。明世宗推崇道教，不戴自己应该戴的翼善冠而戴香叶冠，也就是道士帽。自己戴着还不算完，他还制作了五顶道士帽和五双道士鞋，分别赐给当时的首辅夏言、次辅严嵩等五人。

此时再看严嵩和夏言的表现。首先说严嵩。严嵩得到皇帝的赏赐后，不但欣然戴上了道士帽，穿上了道士鞋，还在道士帽上罩上轻纱，更显得神秘莫测。嘉靖皇帝很是欣慰，问他为何这么做。严嵩的回答是，天子所赐，不敢轻慢，恐灰尘玷污耳。

如此马屁，嘉靖皇帝自然很是受用。如此一来，嘉靖皇帝对严嵩不免另眼相看。在严嵩的领头下，除夏言外，其他三人都追随严嵩的脚步向嘉靖皇帝领赏谢恩。夏言却认为冠服礼仪是朝廷的大事，作为官员马虎不得。国家制度规定了何种等级的官员应该穿什么样的冠服，道士鞋帽不在帝国制度规定之列。他根本不买皇帝面子，将道士装束扔在一边。他还说，自己乃是一朝堂堂宰辅，怎么会穿戴这些乱七八糟的服饰，像严嵩这种小人做派，只会为天下人所耻笑。

这句话等于是抽了嘉靖皇帝一记响亮的耳光，皇帝的愤怒情绪立刻就被引爆了，他喝令夏言立马退出宫苑。夏言面无惧色，迎着皇帝的怒火，傲然说道："须有旨，乃可行！"想让我滚蛋，你得有旨可依。嘉靖皇帝示意廷尉赶快将夏言赶出自己的视野。君臣之间形成顶牛之势。

此外，嘉靖皇帝下令大臣们入值西苑时，都要按照道士的习惯骑马，不准坐轿。可夏言根本不管这一套，依然是坐轿进出西苑。

严嵩见时机已经成熟，便打算公开向夏言发动攻势。有一天，嘉靖皇帝单独召见严嵩，与他谈到夏言，并问及两人之间的关系。严嵩先是假装害怕地沉默不语，待嘉靖皇帝追问得紧，他立刻仆倒在皇帝脚下，颤抖不已，痛哭流涕。

严嵩的这个状告得可真有技巧，他并没直接说夏言不戴这个"香叶冠"是对嘉靖皇帝的不尊敬，而是像小孩诉委屈一样说夏言欺负他。嘉靖皇帝见六十多岁的严嵩竟然哭得如此伤心，料想他一定受了莫大的委屈才会如此。严嵩的表演果然收到了令他满意的效果，皇帝动了恻隐之心，对夏言更添愤恨。

也就在此事过后不久，帝国的天空出现了日全食。古人迷信，认为天象的变化与世事、时政有着必然的联系，而太阳是帝王的象征，日食就代表着奸佞当道，帝王的光芒被遮盖。严嵩乘机陷害夏言，说放眼帝国能够遮挡皇帝光辉的人只有一个人，那个人就是夏言。天象已经做出预警，如果皇帝不尽快处治夏言，帝国将陷入危险的境地。

嘉靖皇帝本来就十分迷信，经过严嵩这么一说，更加深信不疑。嘉靖二十一年（1542年）六月，嘉靖皇帝下旨将夏言免职，遣返老家。夏言的离去，最直接的受益者当然是严嵩。第二年，作为次辅的严嵩如愿以偿地登上了帝国的首辅之位。

夏言的离去让严嵩更加肆无忌惮，时间一久，嘉靖皇帝对严嵩的野心有所察觉。三年后，夏言再度重返权力高层，仍为首辅，严嵩再次退居次辅。

夏言卷土重来之后，对严嵩实施了一连串的报复打击。经此一劫，他对严嵩这个人看得更为透彻。凡是严嵩决定的事，全部推倒重来；凡是严嵩安插的亲信，一个不留地排挤出权力部门。严嵩对此也是毫无办法，只能忍气吞声。

在严嵩担任首辅期间，他将自己的儿子严世蕃安插在了一个机要部门——尚宝司。严世蕃得此肥缺，大肆捞钱。

严世蕃是个比他父亲更加奸恶的人物，尤其在那些文学家的笔下更是极品。明朝小说家冯梦龙所著的《情史》中有这样一个故事：严世蕃在家中养了一些美女，一吐痰就让这些美女用嘴去接，严世蕃把这些用嘴为他接肮脏之物的女子叫作"香盂"。由此可见，在时人的心目中，严世蕃是个多么恶心的人。《明史》记载，严世蕃的模样与他的内心世界一样丑陋不堪，"短项肥体，眇一目"。没脖子，大胖子，还瞎了一只眼，俨然就是一个怪胎似的人物。

《明史》记载其"由父任入仕"。作为"官二代"，严世蕃没有经过科举考试就直接进入官场。当然，外表丑陋的严世蕃并不是一个草包。如果他参加科举考试，高中的可能还是非常大的。因为他的文采并不输给他的父亲，严嵩为嘉靖皇帝写的青词有很大一部分是出于严世蕃之手。

直到严世蕃贪污受贿的把柄被夏言抓在手里，父子二人才慌了神。严嵩领着儿子双双跪倒在夏言面前，哀求夏言能够放他们父子一马。其实夏言就是为了挽回丢失的面子。他见严嵩已经服软，心理得到了满足，也就放过了严嵩父子。严嵩轻松过关，可内心对夏言的仇恨却愈发强烈。

为了将夏言彻底打垮，使他永无翻身之日，严嵩一直在寻找着机会，一个能够置夏言于死地的机会。嘉靖二十五年（1546 年），陕西总督曾铣提出武力收复河套的方案，以解决蒙古人后裔鞑靼在河套地区的威胁。嘉靖皇帝虽然也倾向于支持这个方案，但明英宗以来，帝国军队已经被蒙古人给打怕了。因此对于武力收复河套，嘉靖皇帝一直犹豫不决。

曾铣是夏言一手提拔上来的，算是夏言权力集团里的人。

在当时，内阁的权力纷争已经进入一种白热化状态。阁臣之间纷争不休，并且拉帮结派，互相吹捧或攻讦倾轧，形成朋党势力。朝臣一旦有机会进入内阁，便可以上通天子，下视群僚。他们为了巩固自己尊荣显贵的权位，就要学会网罗党羽，培植帮派势力。

严嵩之所以有把握利用这件事置夏言于死地，还有一个重要原因，那就是夏言的岳父和曾铣私下里是很好的朋友。夏言让自己的岳父作为中央和曾铣之间的联系人，这么做犯了帝国公共事务操作规则的一个大忌，就是官员的亲人和家属不能参与朝政。

严嵩通过宦官里的内应了解到嘉靖皇帝并不敢下收复河套的最后决心。就在皇帝摇摆不定的时候，严嵩适时抓住这个机会，乘机诬告夏言与曾铣内外勾结，借收复河套牟取私利，从而陷帝国于危难。

严嵩能够充分利用这次机会，主要得益于皇帝身边的宦官送出来的情报。明代中后期，一部分无耻的士大夫纷纷倒向宦官的怀抱，形成一个阉宦与官僚相结合的怪胎——阉党。

由于朱元璋废除了相权，他的那些继任者日常处理朝政，主要依赖两大机构：一是外朝的内阁，二是内朝的司礼监。两大机构分工明确。内阁虽有票拟之权，但具有决定意义的批朱则"权在天子"。而实际执笔批朱的并非皇帝本人，而是司礼监。

在激烈的权力斗争中，不是打倒对手，就是被政敌置于死地，历史的规律向来如此。一个权力高层的垮台，往往会牵连一大批官员被贬谪或者遭杀戮，以致党祸接踵而至，弄得国无宁日。明朝皇帝只给内阁以有限的权力，却放纵阉宦为所欲为，让其充当维护皇权的爪牙鹰犬。严嵩能够执掌权柄二十余年，就在于他懂得"巧为迎合，结诸阉人"，千方百计结交那些当权的宦官。

与严嵩百般逢迎权阉集团不同的是，夏言在宦官面前常常摆出颐指气使的傲慢姿态。按照《明史》给出的说法，夏言在担任首辅期间，根本不把内宦放在眼里。平日里皇帝派宦官到夏言家中传话，夏言都会端着首辅的架子，视他们为奴才（负气岸奴视之）。可想而知，那些在人格上备受屈辱的宦官在返回宫后，又岂能不在皇帝面前说夏言的坏话。本来就已经失去了皇帝的欢心，还要遭受严嵩和宦官的内外双重诬陷，夏言不垮台才是怪事一桩。

嘉靖二十七年（1548年），曾铣以误国通敌的罪名被抓起来。当时，夏言正在出差往回赶的路上，闻听曾铣被抓的消息。他的第一反应是仰天长叹："这次，我是死定了！"（噫！吾死矣！）

这时候，夏言已经意识到在这场权力博弈中，他已经彻底败在了严嵩的手里。直到这时他才真正看清这场政治斗争的实质，不是简单的利益之争，而是性命攸关的生死博弈。这时候的他还能做些什么呢？嘉靖皇帝派来抓他的锦衣卫已经出发。

这一年，帝国本无大事。兵部侍郎曾铣被拟以"交结近侍官员律"处死，屈斩于北京西市。几个月后，夏言也同样被处斩于西市。临刑前，夏言留下的遗言让人唏嘘不已："我有志恢复河套，实欲尽犬马之忠，不虞至此。"

一个堂堂帝国宰辅，还有一个总督陕西三边军务的兵部侍郎，就这样以莫名其妙的误国罪成为这场政治斗争的牺牲品。据《明史》记载，曾铣死得确实冤枉，在他死后，家里没有搜出来路不明的金钱。作为一名武官，不克扣粮草，不虐待士兵，还一天到晚想着为朝廷收复河套，如此下场不免让人心寒。

帝国高层的血腥争斗使得朝野上下大为震动。等到夏言人头落地，夏、严之争才算尘埃落定。严嵩就此取代夏言，成为嘉靖朝权势熏天的内阁首辅。

夏言在临死前曾经上疏嘉靖皇帝，指出是严嵩陷害他。以夏言当时的地位，突然被严嵩扳倒，而且遭到的不是勒令退休或者罢官之类的处罚，而是身首异处，这让满朝官员大为震惊。夏言集团的轰然倒下，无异于在帝国的权力场中发生了一场八级地震。虽然明眼人都能看出来，在此之前夏言在权力角逐场上已经开始走下坡路，但他们万万没有想到夏言会如此急速地滑向死亡地带。严嵩取代夏言之后，那些摇摆不定的廷臣们纷纷投向严嵩。

4. 权力者心中都藏着一条蛇

随着夏言的倒台，严嵩毫无意外地成为帝国内阁首辅，独操帝国相权。权力的递延规律不会因为一个人的离开就曲终人散，夏言的生命虽然画上了句点，但大明的权力机器还在继续运转。严嵩在接过帝国相权的同时，同样也接过了权力给自己带来的麻烦与纷争。

无论是夏言还是严嵩，作为首辅之争的参与者，他们都不仅仅是只懂得权力斗争的政客。相反，他们都是具有极高文化水准的士大夫。他们深受儒家思想的熏陶，在很多时候，他们会高举着"仁、义、礼、智、信"的精神旗帜，将自己划归为文人的行列。但是残酷的政治权力斗争，让他们将文骨狠狠地砸碎。为了在权力的夹缝中求生存，他们需要学会结党营私，学会不择手段地打击政敌。

权力的欲望和政治的野心使这些儒家弟子摇身一变成为冷酷无情的政客，他们用阴狠残忍的手段置对手于死地，这是权力集团内部经常发生的事。即使未能达到目的，也是"非不为也，是不能也"。

这些以儒学起家的阁臣大僚，虽然端着一副道貌岸然的姿态，但在儒雅的表象之下，他们阴狠险毒的手段丝毫不亚于那些舞刀弄枪的武夫和不通文墨的宦官。在文官集团政治斗争的大背景下，有一个人横空出世，他提出了知行合一的"心学"理念，为那些在权力系统内苦苦挣扎的文官们照亮了前进的方向。此人就是前面提到的王守仁，也就是大名鼎鼎的王阳明。

王阳明死于嘉靖八年（1529 年），比严嵩掌权早了将近二十年。两个人在政治风波中并无交集。估计连王阳明也不会料到，二十年后，自己的弟子会成为帝国政治斗争的核心人物。

作为心学创始人的王阳明，是在实践中完善了"心学"和"知行合一"的学说，并最终悟道。他跟其他的圣人或哲学家最大的区别，就是他不是纯粹的理论派，而是一个彻头彻尾的理论加实践派。

那些在帝国官场上苦苦挣扎的文官，他们在权力的沉浮中痛苦地发现，自己在书生时代坚守的那份信念与现实有着很大的差距。圣人的说教没有用，士人的礼义廉耻没有用，忠孝节义也没有用。在剥除这个丑恶世界的所有伪装后，他们在历史的转弯处终于找到了答案，那就是"利益"二字。

可在痛苦过后，他们依然陷落于这条权力的不归路。等到王阳明参悟了知行合一的真意，他们其中的一些人才醍醐灌顶。一个儒学之士无论有多么伟大正直的理想，如果要实现它，就必须懂得两个字——变通。唯有变通，将自己的思想付诸于实际行动，才能适应这个变化万千的世界。追求光明的"心学"正是诞生于这黑暗的世界中，倔强地闪耀着自己的光芒。

按照登上历史舞台的顺序，王阳明与徐阶是不存在交集的。幸好这个世界上还有一种叫作"思想"的东西，它可以超越时间的限制，沟通存在于不同时空的人们。

徐阶平生酷爱阳明心学，并且不遗余力地将其发扬光大。他在翰林院工作期间，多次聚集门生大讲心学。嘉靖四十四年（1565 年），他更以首辅之尊在京师举办大规模心学讲学活动，听者数以千计。

根据当事人罗汝芳的记载："以徐首辅为榜样，六部九卿、台阁大员们纷纷到场（灵济宫），与学术界的贤者们亲切会晤。徐首辅亲手誊写了程子著作中的精彩片段。来自兵部的某高官激动地出列，热情洋溢地向在场同仁们逐句朗读。与会人员纷纷要求徐公详细解释，徐公亦不吝赐教，耐心地为与会诸君一一解惑，受教的人无不欢呼雀跃。"

徐阶的喜好一度成为帝国的政治风向标，当然这有赖于他手中握着的权力资源，权力主导着话语权。心学成为人人崇尚之学，成为官场上追名逐利的一种手段。

徐阶的祖上是土里刨食的农民，到他父亲徐黼才当上衙役，后升为宣平（今属浙江）、宁都（今属江西）县丞。徐阶五岁时随父在地方生活，耳濡目染了父亲处理公务的那一套程序，这对他后来的官场生涯产生了很大的影响。

在徐阶十六岁时，他遇上了改变自己一生命运的人，这人就是华亭知县聂豹。聂豹见徐阶聪敏早慧，读书用功，十分喜爱，就将其视为忘年之交，并向其讲授王阳明的良知之学。这时候，王阳明的心学早已风靡天下，徐阶也深受其影响，他还常与王阳明的弟子欧阳德一起切磋学问。徐阶在当地缙绅士子中声名鹊起，其才学受到当地"诸贤长者交口称誉"。徐阶的成长与嘉靖的掌权可以说是同步共振的，嘉靖元年（1522年），徐阶通过应天乡试，第二年，二十一岁的徐阶又中了探花。

按照史书记载，徐阶是个面目和善之人，"为人短小白皙，秀眉目，善容止"。在他入朝晋见皇帝的时候，内阁首辅杨廷和见他气度不凡，内心十分喜爱。于是，在杨廷和的大力举荐下，嘉靖皇帝授徐阶为翰林编修，让其为太子和诸王讲授儒家经典，并参与编修《大明会典》及祀仪等机务。徐阶在起步阶段还是很有人缘儿的。夏言在当首辅期间，也曾经在嘉靖皇帝面前保举过徐阶。这也为后来徐阶和严嵩间的斗争埋下了伏笔。

嘉靖九年（1530年），嘉靖皇帝趁着大礼议事件余波未尽，准备罢黜孔子文宣王的王号，并且将孔子的像改为木像。按说此举等于是要了天下书生的半条命，可奇怪的是，以时任首辅张孚敬为代表的文官们居然也附和皇帝的意见。只有徐阶持反对意见，他提出黜孔子的王号是非常不靠谱的事。

张孚敬很不高兴，当面就质问徐阶："你小子这么做，是要背叛我吗？"

徐阶的回答也很直接："背叛的前提是依附，我既然从来都没有依附你，又何来背叛？"

徐阶就这样开罪了皇帝和首辅，被贬为福建延平推官。由一名京官被贬为边远地方的七品刑狱官，对于一名正在成长中的年轻干部，这应该算是一次不小的打击。可徐阶却不以为然，他于人前自我解嘲："无论官职大小，不都是皇帝的臣子吗？"

徐阶到地方任职后，还是干了很多实事。平反冤狱，释放长期关押在监狱里的囚徒，打击盗贼，惩治地方上的不法胥吏。针对当地风气不淳的弊端，他主张拆毁大搞封建迷信的祠堂，创办乡社学，并亲自为地方士子们讲授圣贤之学。

作为地方的七品小官，徐阶无力改变地方的贫困面貌。当他静下心来的时候，也会自我反省：自己之所以会沦落到这穷乡僻壤，全是书生的狂狷之气惹的祸。

嘉靖十八年（1539年），皇太子出阁挑选属官。在这次全国性的海选中，徐阶有幸被选为司经局洗马兼翰林院侍讲，这对他来说是人生中的一次重大转折。没过不久，他再度被提拔为国家最高学府的主管官——国子监祭酒。

随后，徐阶的仕途进入了一个快速发展的时期，先是礼部右侍郎，两年后改吏部右侍郎，相当于今天的副部级官员。这时候徐阶刚刚进入自己的盛年期，时年四十三岁。

时隔不久，徐阶受命兼翰林院学士，教习庶吉士。翰林庶吉士，品级虽然不高，却拥有实实在在的权力。翰林院是帝国高官的培养基地，朝廷遴选阁臣的重要场所。也就是说徐阶在这个位置上，担负着培养选拔国家高级官员的重要职责。张居正就是徐阶在这一时期遴选出来的储相人选，二人因此结下了师生之谊。之后，徐阶以少保兼礼部尚书的身份进入内阁，参与机务。

徐阶是个悟性极高，极富韬略之人。嘉靖皇帝修玄崇道，帝国权力高层的文官们为了迎合皇帝的癖好，将大量的时间用于"青词"写作。徐阶能够来到权力的核心地带，也与自己在"青词"写作方面所表现出来的天赋有着很大的关系。

虽然严嵩也是"青词"妙手，但怎奈年事已高。很多时候，他都是让自己的儿子严世蕃为其捉刀。发展到后来，离开了严世蕃，严嵩就无法与嘉靖皇帝进行"青词"交流。这时候的嘉靖皇帝沉迷修道，根本就没有心思打理朝政。他下的手诏，一些官员读来如读天书，摸不清状况。只有严世蕃一览之下就能够破解其中玄机，猜中皇帝的真实意图（答语无不中）。

通常情况下，严嵩接到嘉靖皇帝的手诏后，就要赶忙派人往家里送，以期从严世蕃那里得到正确答案。

可是有一段时间，严嵩的夫人欧阳氏去世，其子严世蕃在家居丧，不能再跟在父亲身后帮着破解皇帝的"青词密码"。嘉靖皇帝为了修道方便，就在西苑为阁臣专门设立一个办公室，叫"直庐"。这里就成了皇帝与官员交流"青词"写作、探讨道学的场所。严世蕃不能陪伴在侧，严嵩就完全失去了主心骨。

严世蕃在居丧期间沉迷女色，根本无法腾出时间替自己的父亲分忧。严嵩派人来询问对策，他只管自己逍遥快活，并不按时回话。这种做法完全没有顾及自己父亲的尴尬处境。嘉靖皇帝是个性急之人，他无法容忍老迈的严嵩在一道命题上耗费半天时间。严嵩没有办法，只好自己硬着头皮去应付，可往往是词不达意（往往失旨）。严嵩突然大失水准，这让嘉靖皇帝在疑惑的同时大为不满。

这时候的严嵩已经进入古稀之年，而徐阶只有 49 岁，年龄上的差距让他们分出了高低。徐阶作为"青词"写作的后起之秀，大有取代严嵩之势。徐阶的异军突起，难免会引起严嵩的警觉，新一轮的权力博弈也就此拉开帷幕。

其实，严嵩与徐阶的矛盾并非一朝一夕形成的。当初夏言任内阁首辅期间，曾经推荐过徐阶。按照帝国官场的圈子定律，徐阶应该算是"夏言的人"。严嵩当初用奸计陷害夏言，如今就不能不提防徐阶的报复。

其实在这一点上，徐阶心知肚明。他知道自己早晚要与严嵩上演一场权力斗争，可眼下他还没有能力与对方抗衡。更为重要的是，徐阶在很多事情上并没有完全赢得嘉靖皇帝的信任。比如说世宗的方皇后去世，世宗打破成规，欲令皇后先入太庙供奉。作为礼部尚书的徐阶强烈反对，反对的理由是皇后没有先入太庙的先例。

嘉靖皇帝与方皇后感情甚笃。嘉靖二十一年（1542 年），宫女杨金英等谋逆，刺杀嘉靖皇帝，全赖方皇后护驾才没有得逞。方皇后去世，嘉靖皇帝很悲伤，要按照皇后的礼仪把方皇后安葬在永陵，追谥为孝烈皇后，并且入太庙供奉。结果却遭到了徐阶的强烈反对。

嘉靖皇帝半辈子都在与帝国的礼法制度较劲儿。其实他这样做，从普通人的角度来看，完全是重感情的表现。刚即位时，为了父母的名分，与文官们斗得血染宫阶。如今为了自己的爱人又要与官员较劲儿。他不明白，人的感情为什么总要被那些冰冷的礼仪制度所制约？直到晚年，嘉靖皇帝仍不死心，还反复要求，要把皇后跟自己的神位并列在一起。令人遗憾的是，就算是皇帝，他的感情也无法僭越无情的规定。

嘉靖皇帝对待徐阶的态度，严嵩看在眼里。有一次，嘉靖皇帝与严嵩聊到朝廷官员孰优孰劣。当谈到徐阶的时候，严嵩给出的评价是："徐阶这个人不缺才华，却多二心。"由此可见，严嵩这时候对徐阶已经暗藏杀机。

"二心"说白了就是不忠诚，一旦皇帝认为某个官员有"二心"，不打入死囚牢就算客气了，更谈不上重用。这话后来传到了徐阶耳朵里，他行事更加小心谨慎了。

徐阶需要做的就是先麻痹对手，做好决战前的蓄势准备。为此他把自己的孙女许配给严嵩的孙子做妾；在内阁事务中，他也是一切唯严嵩马首是瞻；借躲避倭寇之名，他把自己的上海户籍转到江西，这样就与严嵩攀上乡情。

面对如此听话顺从的下属，严嵩一度放松警惕。就连那些官僚们都在私下里议论，说徐阶不过是严嵩的一个小跟班。

徐阶在稳住严嵩的同时，也在尽可能地讨好嘉靖皇帝。稳住严嵩是为了保住自己在帝国权力高层的席位，稳住皇帝是为了图谋更大的发展。徐阶示好皇帝的方法很简单，就是在"青词"写作上多下些功夫。

虽然徐阶的谋略不动声色，可是一招一式中暗藏的杀机并不能迷惑老于仕途的严嵩。不久，咸宁侯仇鸾因为边关之事获罪。徐阶与仇鸾本是死党，严嵩想借此机会将徐阶一并除掉。

可令他始料未及的是告发仇鸾之人竟是徐阶，这让严嵩大为震惊。徐阶竟然不顾老友之情，抢先告状，以使自己摆脱干系，其政治手段之老辣狠毒，让官场老手严嵩也自叹弗如："我比徐阶年长二十余，智略却不及他啊！"

严嵩和徐阶争权夺利，幕后的真正操纵者是嘉靖皇帝。严、徐二人有共同之处，那就是全力博取皇帝的宠信，抓住了皇帝的心，就等于抓住了权力。

严嵩位极人臣，虽然时时处处谨小慎微，但也难免会怠慢皇帝。比如说嘉靖二十一年（1542年），因为宫婢之变差点儿丢了性命的嘉靖皇帝不敢再居住在大内，移居西苑。可移驾不久，西苑的居所永寿宫又发生了火灾，这场大火是皇帝和宫姬在貂帐里玩火引发的。嘉靖皇帝有心重新修缮，但却遭到了严嵩的反对。严嵩的意思是让皇帝移驾重华宫，那里既不需要维修，并且居住条件也不错。嘉靖皇帝大为不满，因为重华宫是当年景泰帝软禁英宗的地方。

在严嵩这里碰了钉子，嘉靖皇帝转而征询徐阶的意见。徐阶不但没有反对，还提出了具体的实施方案。嘉靖皇帝自然高兴，就顺势任命徐阶之子尚宝丞徐璠任工部主事，专门负责营建事宜。徐璠不负圣望，百日完工。公平地说，严嵩的反对是出于公心，因为这时候奉天、华盖、谨身三大殿都在维修，国家财政相当吃紧。

徐阶顺应圣意做出的完全是诏媚之举，连时人也"颇善嵩对，而微谓阶之奥旨"。这件事让徐阶捞到了实实在在的政治资本，皇帝不仅给他加官少师，其子徐璠也由尚宝丞（正六品）破格晋升为太常少卿（正四品）。与此相反，同样是这件事却让严嵩在皇帝心目中的印象大打折扣。

老迈的严嵩已经意识到，自己的仕途如同渐渐老去的生命一样，已经进入倒计时阶段。

在与徐阶的权力斗法中，他始终不肯承认是对方战胜了自己，只承认打败自己的是时间。严嵩最担心的是等到徐阶得势之后会报复自己和子女，他到了该示弱的时候。于是他摆酒设宴款待徐阶，老头领着自己的满堂儿孙跪拜在徐阶面前，举杯托孤："我命不久矣，希望徐公将来能够放过他们（嵩旦夕且死，此曹唯公哺之）。"

徐阶没有因为严嵩的示弱就结束这场博弈。政治斗争从来都是冷酷无情的。

明朝的权力是高度集中在皇帝手中的，在制度上对文官集团的功能和权力做了种种限制。权力部门成为具体的办事机构，为皇帝承担繁重的事务，但权力按钮却攥在皇帝一个人的手中。自从嘉靖十一年（1532年）发生"宫婢之变"，宫女合谋暗杀皇帝未遂后，嘉靖皇帝干脆就移居西苑，连内廷都不去了。从嘉靖二十一年到嘉靖四十五年的24年时间里，除了曾有三次朝见群臣外，就再也找不到嘉靖皇帝上朝理政的记录了。就连最起码的皇家文化课——经筵也被废止，皇帝与朝臣们长期处于隔绝状态，刷新了历史上皇帝怠政的新纪录。

嘉靖时期，帝国的权力体系很难有创造性的发挥。官员要想自保或升迁，他们首先需要做的就是想办法取得皇帝的信任或宠臣的信任。从张璁、夏言、严嵩，包括后来的徐阶，他们都曾获得过嘉靖皇帝的信任。究其根源，是因为他们都悟透了权力之道，那就是"君为臣纲"。

他们都曾在某个时期里悟透了皇帝的心理，然后按照皇帝的想法去大张旗鼓或悄无声息地推行，所以他们才能够长期占据帝国的权力中枢而不被替代。

其实这几个领头之人，没有一个算得上是治国良臣和道德楷模。他们最后从权力高层一头跌落下来，甚至惹来杀身之祸，也是因为失去皇帝的信任。

如果问这时候的嘉靖皇帝对谁还有着信任，答案就是能够为他带来长生希望的道士。徐阶向嘉靖推荐了道士蓝道行。蓝道行是山东地界的道士，会扶乩之术。其实这种法术就是道士和太监合起伙来蒙皇帝。

扶乩的过程是这样的：先由皇帝把要询问神仙的问题写在一张纸上，然后由太监带到扶乩的地方焚烧，请道士用乩语给予指点迷津。如果道士不灵验，就说明办事的太监污秽不洁，神仙不给面子。太监当然不愿意背这个罪名，就在焚烧之前先偷看皇帝的问题，然后偷偷告诉做法的道士。蓝道行的乩语一灵，徐阶就可以从中做手脚。

这一天，徐阶知道严嵩有密折呈奏，就让蓝道行扶乩说"今有奸臣奏事"。嘉靖皇帝就问帝国为何会有乱象，蓝道行就借着乩语说道："贤臣没有得到重用，小人把持朝廷。"

嘉靖皇帝继续追问："那么这朝堂之上谁是贤臣，谁又是小人？"

蓝道行就势说道："徐阶是贤臣，严嵩是小人。"

不过这种装神弄鬼的把戏只能在私下里说说，并不能成为皇帝拿出来整人的理由。堂堂一国之君，总不能昭告天下，说自己的治国方略是依据道士的乩语。但是蓝道行的这句话却成为一粒种子在皇帝的心中生了根。

嘉靖四十一年（1562 年）五月的某天，有一个叫邹应龙的御史从太监的口中听说了"神仙蓝道行"在皇帝面前说的这番话。邹应龙从中捕捉到了一个信息，严嵩已经失去了皇帝的信任（帝眷已潜移）。

邹应龙拟了一份《贪横荫臣欺君蠹国疏》呈报嘉靖皇帝。这篇疏文指控严世蕃贪赃枉法、祸国殃民，应处死刑；严嵩溺爱恶子、受贿弄权，应予斥退。嘉靖皇帝没做过多犹豫，就做出批复：严嵩给米百石，打发回原籍养老，其子严世蕃发配雷州充军。

严嵩倒台，文官集团无人站出来替他翻案。《明史》将其列入奸臣行列，应该算是中肯的评价。在他掌权的二十年时间里，他并没有尽到一个股肱之臣的职责。

光是贪污受贿一项罪名就足以将其定为死罪。嘉靖四十四年（1565年）八月，严嵩家产被抄，共抄得黄金三万多两、白银二百万两，相当于当时全国一年的财政总收入，此外还有田地上百万亩、房屋六千多间，以及数不胜数的珍稀古玩和名人字画。就连张居正也说，严嵩当国，其实就是"商贾在位"，利字当头。

被严嵩打压和整死的官员也不在少数。在《明史·奸臣传》中开列出一份长长的名单，其中最有名的是沈炼和杨继盛。这两个七品小官，都是因为弹劾严嵩而被害死的。沈炼是锦衣卫经历，经历是个管文书档案的七品小官。沈炼虽然在帝国的特务机关锦衣卫工作，但还算是个正直的官员。史书对其评价是"为人刚直，疾恶如仇"。

沈炼的领导陆炳和严嵩父子关系很好，陆炳常常带沈炼去严世蕃家喝酒。尽管如此，沈炼还是不愿与严嵩父子同流合污，上疏弹劾严嵩。在奏疏里他警醒嘉靖皇帝，官员和老百姓都活在严嵩的淫威之下，根本不拿朝廷和皇帝当回事。（人皆伺严氏之爱恶，而不知朝廷之恩威。）严嵩当然不会放过他，就随便捏造了一个罪名将沈炼杀害。

同样是七品小官的兵部员外郎杨继盛也是同样的遭遇。他上书弹劾严嵩，在奏疏里为严嵩开列了"十项罪名，五大奸事"。在"五大奸事"里，杨继盛将皇帝也裹挟了进去。"陛下之左右皆贼嵩之间谍"，"陛下之喉舌皆贼嵩之鹰犬"，"陛下之爪牙皆贼嵩之瓜葛"，"陛下之耳目皆贼嵩之奴隶"，"陛下之臣工皆贼嵩之心腹"。

严嵩跑到皇帝面前说："这不是在骂我，而是在骂当今圣上。"就这样，严嵩借着嘉靖皇帝之手将杨继盛下狱治死。

八十二岁的严嵩就这样走到了穷途末路，其子严世蕃没有到达发配地就逃回了老家。他回家后并没有消停，投入巨资将自己的豪宅又重新修缮扩建。严世蕃如此大张旗鼓地一番折腾，地方官员实在看不下去了。在权力中枢混过的严世蕃，根本就没有将那些七品的地方官放在眼里。

袁州府的地方官员将严世蕃告到巡江御史（监察部特派员）林润那里，林润早就对严世蕃不满。他将严世蕃定了个"里通倭寇"的死罪上报朝廷，罪名成立的依据是严世蕃与倭寇王直的亲戚罗龙文过从甚密，而罗龙文也是从流放地潜回原籍。林润上奏朝廷，状告严世蕃网罗江洋巨盗，私用违制车服，日夜诽谤朝廷，聚众四千余人，意欲谋反。

严世蕃再度被押解进京，交由三法司审理。也就是由刑部、都察院和大理寺"三司会审"。刑部尚书黄光升等人欲置严世蕃于死地，将严世蕃的各种罪责做了一个打包处理，就连迫害沈炼、杨继盛等官员也列入其中。

当徐阶拿到这份准备呈递给皇帝的判决书时，他发现这是一群不懂政治的官员。这份判决书非但要不了严世蕃的命，甚至还会救了他。比如说迫害官员这件事，嘉靖皇帝也有份儿，让皇帝自己认错可不是一件容易的事情。

徐阶从袖中拿出自己早已写好的奏章，让审判官员誊写上交。徐阶所写的奏章抓大放小，大到足以置严世蕃于死地。只要严世蕃被处死，严嵩也就完了。徐阶这份奏章里只写了一条：严世蕃纠集亡命之徒，勾结倭寇，见南昌仓地有王气，乃大造府第，图谋不轨。

自古以来，凡是与谋反扯上关系都是板上钉钉的死罪。正如徐阶所料，嘉靖皇帝下令处死严世蕃，籍没严氏家产。

随着严氏父子的倒台，帝国权力高层的斗争也暂时告一段落。当然政治斗争从来就没有真正的胜利者，伤人一千，自伤八百。在这场权力博弈中，徐阶虽然笑到了最后，但同样付出了惨痛的代价。当初为了讨好严嵩，徐阶将其长子徐璠之女许配严世蕃之子。后来严世蕃判处斩刑，徐璠迫于无奈将亲生女儿毒杀。当徐阶得知孙女已死时，居然笑着默许。在帝国的权力斗争中，人性的扭曲和事态的炎凉可见一斑。

5. 与狼共舞的日子

嘉靖十三年(1534年)，二十六岁的嘉靖皇帝有了第一个皇子朱载基。载基者，承载国家之基业也，从这个名字我们就可以看出皇帝对这个儿子的殷切期望。

可惜的是，两个月以后，这位短命的皇长子就夭折了。

就在嘉靖皇帝陷入丧子之痛时，他所信任的道士陶仲文在他耳边嘀咕了一句：皇子早夭，是因为"二龙不相见"的谶言在作怪。也就是说，太子是一条潜龙，而皇帝是一飞冲天的真龙，二龙相见，必有一伤。后来发生的事情也验证了这个说法，两年后，嘉靖皇帝又先后有了三个儿子。分别是二儿子朱载壑，三儿子朱载垕（后来的隆庆皇帝），以及四儿子朱载圳。

三年之后，明世宗册立朱载壑为皇太子，朱载垕为裕王，弟弟朱载圳为景王。在这次册立大典中，出现了一个小小的意外。仪式结束以后，太子和裕王回到各自居所打开册宝一看，结果发现他们的册宝拿错了，太子的册宝进了裕王府。后来朱载垕当了皇帝，好事者以此为噱头，说皇帝之所以为皇帝，是因为上天早就安排好了。嘉靖二十五年（1546 年），太子已经十一岁，官员们向皇帝要求太子加冠礼出阁讲学。这在无形之中就触犯了嘉靖皇帝内心对于那条谶言的忌讳，他当然没有同意。不仅严词拒绝，明世宗还对那些疏请的大臣进行了严厉的惩戒，有人因此被充军到边疆。从此以后，太子的出阁问题就成了嘉靖最为忌讳的一件大事，也是引发皇帝和官员们冲突的一根导火索。

嘉靖皇帝在这个问题上一再纠结，难免会引发朝中大臣们的无限遐想。由于嘉靖皇帝对皇后比较刻薄，大臣们都认为嘉靖皇帝对太子的漠不关心以及后来对裕王、景王的态度都源于他的冷漠无情。其实事实并非如此简单。翻阅史料，我们很容易看到嘉靖皇帝与皇子之间的父子深情。有一次皇太子突然出水痘，皇帝焦急万分，他在宫中不停地祈祷。等到太子病愈，皇帝却累得病倒了。到了皇太子 14 岁的时候，嘉靖皇帝再也顶不住来自大臣和太后的压力，允许太子出阁讲学。可是在隆重的典礼过后，太子突然病倒，有记载说，太子在病重之时，突然从床上爬起来，向南跪拜说："儿去矣！"然后盘腿而坐，病重身亡。

又一个皇太子倒了下去，本来毫无希望的裕王朱载垕就这样依序成为帝国的皇长子，法理上的皇位第一继承人。老天似乎要和他开个天大的玩笑，一直等到朱载垕即位那一天，他都没有尝过当太子的滋味。作为帝国最为尴尬的储君，也是身份最为特殊的亲王，他长时间承受着来自权力系统内部的压力以及精神世界的质疑与煎熬。

明朝的官僚集团围绕着皇位继承人的废立问题，从来就没有真正消停过。大臣们请求立裕王为太子的奏疏在嘉靖皇帝的案前堆积如山，嘉靖皇帝无法摆脱来自内心的愤怒，他将这种愤怒投射于那些没完没了纠结于皇位继承的言官们。官员们催逼得越紧，他就拖得越发长久。

如此一来，却害苦了裕王朱载垕。谁都知道他是理所当然的储君，可嘉靖皇帝对他的冷漠和固执，还是导致了权力系统内部出现了诸多不和谐的声音。朱载垕的母亲是杜康妃，皇帝并不喜欢她，而景王朱载圳的母亲卢靖妃，却很受皇帝宠爱。有人不禁据此猜测，嘉靖皇帝是不是打算立景王为太子。难道皇帝是碍于帝国的政治体制，怕那些不要命的言官站出来反对，才陷入这种两难境地吗？

帝国权力系统内的这种猜测是非常危险的，尤其是对于法理认可的继承人朱载垕相当不利。这种猜测很容易引起权力系统内部的派系之争，官员们为了各自的利益，互相倾轧。明朝并不缺乏誓死维护体制的大臣，而且这种人还相当多。但是也不排除有人想在这场储君之争中牟取个人利益，转而帮助景王夺权。严嵩父子在没有倒台之前，就一直处于这种摇摆不定中。在官员的撺掇之下，景王朱载圳也是蠢蠢欲动。

嘉靖皇帝的所作所为似乎也在助长皇权之争。他命令大臣为景王选择藩地，最终确定为湖广德安府。他并没有为裕王选择就藩的地点，而是将其留在京都，这基本上算是宣告了朱载垕的储君地位。

虽然景王并不甘心就此退出这场游戏，但是在大臣们的一再要求下只好乖乖地去了自己的藩地。没过多长时间，景王朱载圳病逝于就藩之所，整个帝国似乎都为之松了一口气。有人说，嘉靖皇帝偏向景王，这其实是没有丝毫根据的。嘉靖皇帝在听到景王的死讯后，在徐阶面前长叹道："此子素谋夺嫡，今死矣。"

事已至此，即使嘉靖皇帝再怎么看不惯裕王的行事作风，即使朝臣们心里再怎么怀疑裕王的智商，都已经不重要了。重要的是，裕王是无人可以替代的。裕王虽然没有被正式册立，但实际已与储君无异。

嘉靖四十五年（1566年）春，在首辅徐阶的大力荐举下，吏部尚书郭朴和礼部尚书高拱先后进入内阁班子，分别担任武英殿大学士和文渊阁大学士。二人在帝国的官僚体系中都属于能力超拔、才华出众的，并且为官资历也不浅。尤其是高拱，在裕王朱载垕身旁担任讲官长达九年，与裕王结下了深厚的情谊。后经严嵩、徐阶等人推荐，高拱由翰林院侍讲学士升太常寺卿，分管国子监祭酒事宜。高拱离开裕王府赴任新职的时候，裕王朱载垕居然哽咽着不忍别离，给了他丰厚的物质奖赏。高拱虽然离开了裕王府，但是府中事无大小，裕王都会派人前去征询他的意见，可见双方的信任指数有多高。向高拱示好，就等于向裕王示好。裕王继承大统后，持有这份好感的人便可立于不败之地。所以在时人眼中看来，徐阶所走的这步棋还是靠谱的。

然而，在接下来的时间里，徐阶愈发强烈地感觉到，让高拱入阁是一个错误。高拱恃才傲物，对他这个首辅兼恩人全无半点感激之意，反而处处喜欢与其争锋。

隆庆皇帝朱载垕居于嘉靖和万历之间，可以说是帝国皇权递延过程中的一个过渡人物。朱载垕从父亲嘉靖皇帝朱厚熜手中接过权柄时，已经是三十岁的成年人了。由于他的生活长期笼罩在嘉靖皇帝的阴影之下，人生难免处于一种灰色状态。从表面上看来，嘉靖皇帝对于自己将来的接班人并没有表现出应有的热度。以至于有官员私下里议论，朱载垕只是一个挂名太子，最后能不能顺利完成权力交接还是未知数。嘉靖皇帝在位四十五年，在漫长的等待过程中，隆庆皇帝的心理甚至生理都受到了严重的消极影响。

隆庆皇帝本来就不是一个心智聪慧之人，按照大学士高拱后来的回忆：皇帝是个智力平平、笨口拙舌、优柔寡断、经常沉默不语的人。正因为如此，有的大臣甚至以为皇帝是一个哑巴，甚至还有人怀疑他患有轻度的精神失常。历史并没有为隆庆皇帝朱载垕留下多少篇幅，在这有限的篇幅里既没有证据表明，他是英明果断的明君贤主；同样也没有证据表明，他是一个智力迟钝的精神病患者。

文官们有时会拉他参加一些场面盛大的典礼，想让皇帝在百官万民面前树立一个正面的形象。但是朱载垕的表现往往让他们大失所望，因为隆庆皇帝压根儿就不愿做一个场面上的政治人物，他甚至不愿在公开场合讲上一番大臣们拟好的套话，而让大学士们代他发言。

或许是误打误撞，或许是故意为之。隆庆皇帝朱载垕的这种执政方式收到的实际效果超过了正德、嘉靖两位前辈。隆庆皇帝在政治上表现出来的无能，或者说是不愿干预具体事务的超然态度，使得那些有能力的文官们能够放开手脚去行使手中的权力，将偌大的一个帝国治理得井然有序。

隆庆皇帝在位只有短短的六年时光，这倏忽而过的六年时光是帝国相对稳定和繁荣的时期。谁也不会料到，就是这样一个看似精神病人的隆庆皇帝，居然在自己短暂的政治生命中，开启了帝国的第二次中兴。第一次是弘治中兴。

每个男人在青春期的时候，都玩过骑自行车双手撒把的刺激游戏。双手离开车把，自行车依旧会稳稳地向前行驶。权力上的双手撒把游戏，隆庆皇帝并不是首创。他的父亲嘉靖皇帝朱厚熜也是一个痴迷于此的高手，在其当政的四十五年时间里，竟然有二十多年不上朝理事，任由严嵩擅权达十七年之久，可谓疯狂至极。但让人不解和惊叹的是，帝国的权力运行机器好像是要证明，就算没有皇帝的操作，它照样能够运转如风。

隆庆皇帝的执政风格，在无形之中为他幼小的儿子，也就是后来的万历皇帝树立了标杆。可以说，拥有一个相对稳定的内阁班子，足以应付朝廷事务。因此冲龄即位的万历，虽然不能随心所欲地行使皇帝的权力，但仍能依靠强大的文官班子来治理帝国，避免出现统治危机。

显然，隆庆皇帝对帝国的政治制度和自己的能力有着清醒的认识，他既做不到像孝宗那样一心扑在工作上，同样也无法做到像武宗那样离经叛道和世宗那样刚愎自用。在他的权力系统内部，活跃着几位政坛高手。无论是大学士徐阶，还是紧随其后的高拱和张居正，哪一个不是精明强干又野心勃勃的政治狂人。隆庆皇帝并不想让自己卷入皇帝与文官无休止的争斗中去，或许正是这样的原因，才使得隆庆皇帝在位期间，以隐形人的姿态示人。他从来不做任何重要的政治决断，极力避免卷入皇家和文官的权力纷争当中。

权力中心的下移，最有可能出现以下的两种情况：一是帝国的中央权力系统由数位权臣共同掌权，其后果是极易引起文官之间的倾轧或党争，并由此影响到朝政。二是在中央权力核心中出现一位大权独揽的权威型人物，并由他以皇帝的名义来行使皇帝的大部分行政权力，就像万历初期的张居正那样。

如果出现第二种情况，同样会带来两个棘手的问题：一是如何保证这位文官独裁者不用手中的特权牟取私利，甚至威胁皇帝的地位，动摇王朝的根基；二是如何避免这位文官独裁者突然丧失权威所带来的各种灾难性后果。

隆庆皇帝朱载垕在位的六年时间里，他所推行的政令可以用"简单"二字来形容，这主要和他隐形的执政方式有着很大的关系。在个人生活作风方面，朱载垕并不像他的父亲嘉靖皇帝那样喜欢干一些炼仙丹、集青词、玩弄女性的荒唐事，应该算得上是一位比较靠谱的君主。也许是性格使然，隆庆皇帝在执政方面表现出柔性有余、刚性不足的缺点。如此一来，在其执政期间，帝国的权力运行为后世留下了不少隐患。

比如说辅政的大臣们相互之间争权夺利、互相倾轧，这就是朱载垕所留下来的祸患。

皇帝既然喜欢当甩手掌柜，这就为那些内阁官员们的明争暗斗腾出了巨大的空间。官员之间的争斗变得尤为激烈，就连宫中掌权的太监也都卷入其中。先是隆庆元年（1567年）高拱罢相，徐阶作为首辅挤走了高拱。不久后徐阶自己也被淘汰出局。

隆庆三年（1569年）十二月，内阁迎来了一场大风波。吏部尚书杨博致仕，朱载垕召高拱复入内阁，兼掌吏部事。从此内阁和吏部的大权就集中到高拱一个人手里，他成为名副其实的首席内阁大学士，也就是首辅。

高拱能够入阁，完全是宫中太监从中周旋的结果。朱载垕是个宽厚之人，但是因为平日里他和大臣们联系极少，所以在关键时刻能够左右他的思想与行为方式的，往往是那些伺候在他身边的太监。隆庆初年最得朱载垕信任的太监是滕祥、孟冲、陈洪，这帮人有事没事就喜欢领着朱载垕吃喝玩乐，消磨皇帝的意志。

这样的情况不免使人联想起唐文宗时期的当权宦官仇士良。这是一个穷凶极恶之人，杀二王、一妃、四宰相，把持朝政二十余年，将坏事做尽，却依然能够享受到皇家的最高礼遇。他在晚年向身边的太监们传授秘诀时说："天子不可令闲，常宜以奢靡娱其耳目，使日新月盛，无暇更及他事，然后吾辈可以得志，慎勿使读书亲近儒臣。彼见前代兴亡，心知忧惧则吾辈疏斥矣。"（《新唐书·仇士良传》）。仇士良在这里告诫他的那些徒子徒孙，伺候皇帝最好的办法就是不能让他闲着，要让他一天到晚追求吃喝玩乐，不要给他读书问政的时间。皇上不管事，凡事全靠身边的太监，那么宠信和权柄自然也就落在了太监的身上。

有人将仇士良的这一套经验称之为"迷龙术"。随着年代推移，宦官们的心机越来越深。凡事只要用心，鞋子里的虱子早晚也会爬上头顶。仇士良的那一套免费教材——"迷龙术"，逐渐成为宦官弄权的必修科目。

徐阶显然没有将这帮"迷龙术"的传人放在眼里，最终吃了亏。隆庆二年（1568年），徐阶被强行离职退休，便是因为和太监关系紧张，遭到滕样、孟冲、陈洪等一帮太监在皇帝面前集体诬陷中伤。等到高拱入阁以后，文官集团与太监的关系得到了极大的改善，尽管如此，仍然无法圆满地处理各种矛盾冲突。司礼掌印太监出缺时，冯保认为应由自己顶补，谁料高拱推荐陈洪。等到陈洪出缺时，高拱再次绕开冯保，推荐了孟冲。冯保在失望之余更加仇恨高拱。后来张居正和冯保联手对付高拱，便是在这时埋下的伏笔。

高拱重新入阁以后，张居正处在了一个较为尴尬的位置。一边是自己的老师徐阶，一边是权力新贵高拱，自己夹在中间，所走的每一步都要万分小心。热衷权力的人是不会轻言放弃的，但是要想让权力之花常开不败，却几乎是不可能完成的任务。

高拱固然感受到了来自张居正的威胁，但张居正对高拱也是时时提防。"尔诈我虞"，成为高张联合内阁的主旋律。

隆庆朝的最后一年，在帝国的最高权力中枢里，在帝国的权力巅峰之上，就剩下了两大高手，那就是高拱和张居正。高拱和张居正曾经是最好的朋友，他们有着共同的人生理想和奋斗目标。所有的人都以为他们将会是帝国文官集团中的最佳拍档。所有的人都看好的事情，并不代表一定会发生。所谓拍档，往往是一个巴掌拍不响。

至少有一个人并不认为权力中央可以容纳下两大高人的存在，此人就是张居正。

在张居正看来，帝国的官场就像是一个炫目的舞台，而他却不喜欢跳"双人舞"，他要把所有聚光灯的光芒都集中到他一个人的身上。在官场打拼多年的张居正明白，要实现当男主角的梦想，那就要将高拱挤出权力舞台的中央，可这又谈何容易？

高拱在帝国权力核心层中的威信还是很高的，大臣们也都唯他马首是瞻。所有的人都睁大眼睛，期盼着帝国的权力系统能出现张、高二人同心同德、共赴时艰的美妙场景。

高拱和张居正曾经有过一段甜蜜的时光，而且曾是非常要好的朋友。他们都为彼此能够成为朋友感到欣慰和自豪。官场需要朋友，需要那种真正能够抛去利害算计的朋友。

高拱和张居正虽然是朋友，但却是两种不同类型的人。无论是性格还是人品，都是完全不同的。高拱比张居正整整大了十二岁，通过科举登第进入仕途也早六年。在论资排辈的官场上，高拱应该算是张居正的前辈。

帝国的文官都是靠着科举制度迈入仕途。明朝开国初期，朱元璋推行八股取士的科举制度，其本意就是为了加强对文官集团的控制。但这种制度一旦付诸实施，实际上控制所有文人的命运也就成了不可能完成的任务，因为帝国的人才选拔权仍然掌握在文官们的手中。皇帝其实是很想将这种选拔权抓过来的，比如说殿试就是由皇帝亲自主持。殿试的举行意在告诉天下文人，只有皇帝才是真正决定他们命运的主宰。

在殿试结束公布考试结果的时候，被录取的三等举子前面一律冠以一个"赐"字，分别为"赐进士及第""赐进士出身"和"赐同进士出身"。然而殿试毕竟只是一个形式。在参加殿试之前，还有礼部官员主持的会试。凡通过会试者一律参加殿试并一律保证通过，皇帝只是偶然更改一下名次。而要取得会试的资格，则必须通过由文官主持的各省乡试。而乡试资格的获得，则是通过府县的考试而成为秀才。

在这层层的考试选拔中，主考文官对士子的政治命运无疑起着举足轻重的作用。可以说，他们实际上取代了皇帝，操持着人才选拔的大权。在应考者心中，除了对主考者心怀感激而结成师生联盟之外，他们还有一个观念，即认为自己获得迈向政坛的通行证，完全凭的是自己的运气和才学。换句话说，科考的成功者认为他们获得仕途的通行证，并不应当感激皇帝，而应归功于个人的努力。在帝国科场上流行着这样一句话："一缘二命三风水，四积阴功五读书。"读书都被放到了最后一位，所以更谈不上对皇帝这位殿试主持者的感激之情了。

正因为科考如此直接地影响着知识阶层的政治命运，而科考的通过又完全凭借个人的才学和运气，这样，知识阶层在步入仕途以后，自然就认为有资格控制部分权力。而科举这种选拔政治人才的方式，又为从知识阶层中产生的文官集团攫取权力提供了便利。

那些知识分子在科举考试的道路上，必然要结成各式各样的关系。考官与考生之间形成的师生关系，考生与考生之间形成的"同年"（同年及第）或"同乡"（同乡考生）关系，同姓考生之间结成的同宗关系，等等。这些关系的形成，无疑会为帝国文官集团巩固和扩大自身政治实力提供保障。

高拱非常欣赏这个小老弟。在工作接触过程中，高拱如此评价张居正："年少聪明，孜孜向学。"对于如此好学之人，高拱将自己在官场积累的经验倾囊相授。用高拱的话说，他和张居正的关系"在乎师友之间"。直到徐阶将高拱排挤出内阁，下野回老家赋闲，两个人还书信往来不断。显然，高拱并没有因为张居正作为好朋友没替他说情而产生怨气。不久高拱复出，全面主持内阁工作。

复出后的高拱，面对涉及帝国的大政方针和干部任用等大事时，都会和张居正商量着来。两人携手，开启了为时十多年的隆（庆）万（历）新政。但是这种停留在表面的和谐，却无法掩盖权力阴影下的暗流涌动。从高拱复出之日起，张居正就已经在为自己留后路。

在那个时候，内阁并没有人事任免的职责和权力。帝国重要官员的任免，按照制度是不允许内阁干预的。但高拱作为帝国权力集团的核心人物，又是吏部尚书，两项大权集于一身。

张居正并不是真的盼望高拱复出，这只是没有办法的办法。他早就想成为内阁的一把手了，而且这种信念从来就不曾动摇过。两个人的蜜月期虽然很长，但还是迎来了分崩离析的那一刻。

高拱在一些官员的任命上，充分征求了张居正的意见。在这些官员当中，有张居正推荐的人选。高拱在人事任免上征求张居正的意见，等于是赋予了张居正一定的人事权力。如此一来，那些谋求升迁的官员就会跑到张居正那里活动。大家都知道高拱是个不易变通的人，很难做通工作。而张居正作为高拱的政治盟友，是个懂得攻守进退的人。

当时帝国的官场上常有流言蜚语，某某人得到职位，那是张居正向高拱推荐的结果。还有某某人为什么丢了官职，是因为高拱不满意，而张居正再三求情，可是高拱就是不听。无风不起浪，有传言的地方就有人心向背。

这些传言真真假假，那些受到提拔的人觉得张居正才是他们的恩人；而遭到撤职或者降级的人，也对张居正心存感激。也就是说，好人都让张居正当了，恶人都让高拱当了。

张居正和高拱的分歧也正是在这时候出现的。高拱听到了张居正接受跑官人贿赂的言论。高拱虽然没有就这些传言做出针对性的措施，但在态度上却发生了明显的变化。从此以后，高拱不再就官员任免问题找张居正商量了。

张居正是一个精算得失然后才肯出手的人，在他与高拱之间，他做过一个衡量。想轻易取代他的生死之交兼领导高拱，几乎是没有可能的。张居正非常清楚，高拱的把柄实在是少之又少，想要扳倒他可不是一件容易的事情。

高拱是个才干超群的官员，在任期间政绩斐然。准确地说，明朝中期的改革实际上是从隆庆三年（1569年）高拱复出任内阁首辅，张居正任重要阁员时开始的。换句话说，隆庆时期实际上是大改革的始创期，也为万历时期的改革奠定了基础。由张居正总揽大权的万历十年改革，基本上是高拱所推行的改革方案的合理延续和发展。无论帝国官员们是否喜欢高拱，都不得不承认高拱的执政能力。还有就是高拱非一般人可比的意志力，金钱美女这些糖衣炮弹都无法将其打倒。当然更为重要的一点，就是高拱和隆庆皇帝的私人感情，皇帝对他的信任完全是无条件的。

事实证明，君臣之间建立起来的私人感情，既成就了高拱，同样也害了高拱。但是在高拱发迹之初，这种勾连关系是高拱的一笔雄厚的政治资本。在隆庆皇帝眼里，高拱是个集人品、学识、能力、功勋于一身的文官楷模，是帝国百年不遇的大才。这是隆庆皇帝在公开场合说的话。以一国之君的身份如此公开褒扬一个官员，可以说，这是帝国建立以来绝无仅有的。由此可见，在隆庆皇帝的心目中，高拱作为一个帝国官员是无可挑剔的。

在皇帝心目中的高拱，与在百官心目中的高拱是截然不同的。高拱同时期的史学家王世贞在其所著的《高拱传》中如此评价道："高公持正，而暗于事几"；"性刚而机浅"。也就是说高拱身上所表现出来的刚性过头、柔性不足的个性让人不容易接近。

在与阁臣同僚相处的过程中，高拱锋芒毕露的傲慢常常会让人陷入难堪的境地。尽管他并无半点儿恶意，但这种性格还是会让人感觉到不快。这是一名成熟的政治家不应该具备的性格缺陷，也可以说是大忌。

高拱这一禀性的延伸，便是其没有城府、不谙权术的表现。这样的人在激烈的权力角逐中很容易就会落入圈套，遭人暗算。与性直坦率的高拱相比，张居正可谓工于心计，老谋深算。

高拱是隆庆皇帝心目中首辅的最佳人选，而张居正则是他心目中最佳的副手人选。隆庆皇帝希望张居正能够做好高拱的助手，本本分分地做好自己的工作。可张居正偏偏不是一个安于现状的人，他有自己的政治理想要去实现。

高拱和张居正都有着强烈的事业心。在张居正看来，高拱走得未免太远了。高拱要开海运，那闭关锁国的国策还要吗？一旦国门洞开，那帝国的权力系统就乱了套。张居正持强烈的反对意见，但是他又不能公开反对。在张居正看来，高拱所采取的战略属于软弱政策，如果任其推行下去，必是养虎为患。而张居正本人却是真正的强硬派，他主张在帝国的权力系统内实行铁血政策来实现政治的稳定。两人在其他方面也有分歧，比如高拱的施政纲领是把除弊放在第一位的，而除弊的方略，就是推行改革。推行改革的结果就是常常忽略"祖制"。这也是张居正所不能认同的。

基于以上因素，张居正下决心要整垮高拱，并且取而代之。唯有如此，他才能让自己的政治理想在帝国的版图上得到实现。

帝国权力舞台的中心只能容留一个人独舞，那些听上去很美的音符从一开始就注定了不和谐。曾经一起畅谈人生理想，工作上互帮互助的朋友也将一拍两散。

先说高拱。他曾经希望能和张居正一起执掌大明王朝的权力中枢。但是，此一时彼一时。高拱已经明显感觉到，张居正并不是自己的最佳拍档，因为他们的步调始终不一致。高拱考虑来考虑去，觉得还是应该多拉一个帮手在身边，或许这样可以掣肘张居正。高拱拟了道奏疏，要求再提拔些年轻干部，充实到内阁领导岗位上。当然，这道奏疏是高拱和张居正商量过后联名上奏的。

张居正对高拱的做法非常不满意，那么张居正为什么还会同意签名上奏呢？很大程度上是因为程序如此。如果张居正不联名，那不就公开和高拱叫板了吗？这不符合张居正的行事风格。况且张居正对于这道奏疏的最后结果，已经事先预料到了。因为这道奏疏的批示，也是张居正草拟完成的。

不出所料，这道奏疏果然被隆庆皇帝毫不留情地驳回了。不是张居正能掐会算，而是他抓准了隆庆皇帝的工作方式。隆庆皇帝疏于朝政，不太愿意看官员的奏折，更不想自己动脑筋甚至动手去做批示。

通常情况下，奏折都是交由内阁拟好批示，然后再交由他身边的司礼监秉笔太监照着内阁拟好的底子代皇帝用红笔批示下发。然而只一次，皇帝没有交内阁草拟批示，而是直接批了。这就给了张居正可乘之机，他偷偷事先拟好了批示，派人交给皇帝身边的司礼监秉笔太监，太监照着誊抄了一份。

张居正草拟、太监誊抄的这份批示的大致意思是：你们两个人能力强，我信任你们，不需要再充实人了，有你们两个人就足以把国家的事情办好。

高拱真是哑巴吃黄连——有苦难言。皇帝既然这么说，他也只能遵旨。在关键时刻，向张居正伸出援手的是司礼监秉笔太监冯保。在这件事上，张居正做得十分妥帖。他让皇帝觉得这个批示不错，让高拱也无话可说。任何人都挑不出什么毛病。

高拱心里明白，现在张居正与冯保内外勾结，目的只有一个，那就是整垮自己。等到高拱下台后，他曾发出感叹，张居正这套官场手法"其谋至深"。

如果我们把张居正比作一种动物，他应该像一头狼。英国动物学家绍·艾利斯说过："在所有哺乳动物中，最有情感者，莫过于狼；最具韧性者，莫过于狼；最有成就者，还是莫过于狼。"凭着高拱和隆庆皇帝的私人关系，本不应该让张居正和冯保的阴谋得逞。张居正之所以有把握赢下这场牌局，就是因为他像狼一样了解自己的对手，了解高拱。

6. 不按常理出牌的对手

　　明朝禁止外廷大臣与宫中太监私下交往，因为皇帝担心他们内外勾结，将朝局玩弄于掌心。但是再严格的律法，总还是有人敢去违反。在太监专权的明朝，如果内廷没有人，官员们就很难走出自己的权力困境。

　　那些照顾皇帝起居的太监，与皇帝朝夕相伴，把皇帝的心思摸得一清二楚，自然就成了文官大臣们想要结交的对象。隆庆皇帝即位时，张居正就将目标锁定在了照顾太子（后来的万历皇帝朱翊钧）生活的冯保身上，于是便百般结交。这是一项长线投资，等到太子有朝一日登上皇位，那么陪伴他度过童年时光的冯保也将迎来权势的顶峰。

　　与张居正的暧昧态度不同，高拱却在千方百计地遏制冯保的权势。高拱如此做法，更符合帝国政治体制。当年朱元璋将"不许太监干政"制度化，就是从帝国的长远发展考虑。现如今，帝国建立已经两百多年了，朱元璋定下的这项制度早就被他的继任者们抛之脑后。

　　隆庆皇帝在位时，冯保是宫内太监的二把手，以司礼监秉笔太监之职提督东厂，也就是说他掌握了令百官十分恐惧的特务机构——东厂。东厂是直属皇帝管理的特务组织，可以不通过朝廷的司法机构——刑部，自行侦缉、逮捕、关押人犯，很多时候甚至可以左右审判结果。恰逢宫内太监最高职位司礼监掌印太监空缺，冯保作为二把手，本可以顺理成章地升任一把手。但高拱担心他难以控制，就向皇帝推荐了另一位太监陈洪。而陈洪能力实在太差，不久便被罢职。高拱干脆将冯保得罪到底，又绕过冯保推荐了另一人。这样一来，冯保心中又怎能不痛恨高拱？

　　冯保有一个干儿子，也是他的管家，叫徐爵。这个人过去在军队里待过，后来因为犯事儿当了逃兵，经过一番波折被冯保收留在身边。此人脑子非常好使，腿脚也勤快。于是，张居正就嘱咐自己的管家游七，想尽一切办法和徐爵交朋友、拜把子。一切都在张居正的掌控之中，游七没费力气就摆平了徐爵的这个干儿子。贵重的礼品、数额不低的银票就不说了。张居正甚至还亲自出马，把徐爵请到家里吃饭。这让徐爵受宠若惊，感激不尽。

时间久了，徐爵就完全被张居正收买了，成为张居正与内宫的"信息联络员"。这样一来，冯保、张居正外加徐爵，就形成了一个内廷和外朝的"铁三角组合"，也形成了对首辅高拱的包围之势。

有一天，刚刚和高拱、张居正两个人谈完话的隆庆皇帝，又派人叫高拱进宫商谈要事。此前谈话的时候，皇帝说了，自古帝王身后事要早安排。隆庆皇帝这么着急着召他进宫，很可能就是要和他商讨自己的身后事。应该说，这是一个非常关键的时刻。

高拱觉得，内阁里就他和张居正两个人，自己一个人进去，会引起外边的诸多猜疑，会让别人觉得，皇帝对待两位阁臣轻重有别，从而有损张居正在百官中的威信，不利于团结。于是他要求和张居正一起进宫面圣。高拱是个认死理的人，可官场上又有几人按常理出牌？

张居正就是个不按常理出牌的人，在长期与高拱的合作过程中，他找准了对方的死穴。

如果只是挖好陷阱、守株待兔地被动等待是不行的。等待会错失机会，等待会消磨意志。张居正不想等，就连冯保太监也不想等。张居正不可能停止他的计划。实际上，张居正和冯保，已经在密谋一个冒天下之大不韪的惊天阴谋。

有了某种密谋要实施，人就变得格外敏感，也特别会察言观色。

隆庆皇帝弥留之际，高拱、张居正和后宫太监都守在皇帝的病榻前。冯保拿出张居正事先拟好的白纸揭帖，替皇帝留下遗言，说要高拱、张居正和司礼监"协力辅佐"。这份存在争议的遗诏让冯保晋升为掌印太监，进入顾命大臣行列。

对于这样一份遗命，高拱是不认可的。他认为帝国建立两百多年来，还从来没有出现过太监受顾命的先例。可既然是先皇遗命，他也只能遵守。等到万历皇帝登基，内阁两大臣高拱、张居正，加上内臣第一大太监冯保，形成三足鼎立之势。这就像曹、孙、刘的三国之势,高拱好比曹操,因为他是首辅,说话最有分量;而张居正和冯保好比刘备、孙权,没法和高拱单打独斗,但两人联合起来,力量的天平就向张、冯这边倾斜了。

张居正早就和冯保暗通款曲,两人的联合几乎是水到渠成、一拍即合。

对明史稍有了解的人都知道,明太祖朱元璋对宦官干政最为痛恨,早就立下过规矩,绝对不许宦官干政。他的不肖子孙虽然未能坚守,但是公然委托太监顾命、辅佐皇帝的事情,还没有哪个皇帝做得出来。

其实隆庆皇帝已经昏迷不醒,冯保宣读的所谓遗诏,是他和张居正冒天下之大不韪事先拟好的,根本不可能是隆庆皇帝的真实意愿。恰恰相反,隆庆皇帝此前还多次告诫高拱和张居正,要他们警惕宦官。

在这种情况下,只有一种可能,那就是张居正和冯保联手矫诏。在历朝历代,这都属于弥天大罪,有灭族的后果。有必要说明的是,矫诏,是为史家所公认的,但是矫诏的参与者,史学界还有不同看法。多数倾向于是张居正所策划、拟就,冯保具体实施的。

不管怎么说,在这场惊天阴谋中,张居正都是关键人物。由此可见,张居正行走官场多年,胆大心细是他一贯风格的行事风格。

当遗诏宣布说要太监共同顾命的时候,高拱虽然大吃一惊,但是并没有太在意。因为这时候司礼监的头儿是一个姓孟的太监,人还说得过去。

还没等高拱反应过来,内廷又传达"遗旨":任冯保为司礼监掌印太监。这步棋在隆庆皇帝崩驾前就已经布局了。冯保打通了两宫太后的环节,让隆庆皇帝下诏驱逐掌印太监孟冲,自己取而代之。

高拱这才如梦方醒。原来冯保宣读的那份遗诏要司礼监同为顾命,乃是为他量身打造的。如果当时在隆庆皇帝的病榻前宣布遗诏,直接说高拱、张居正、冯保同受顾命,那么势必会引发矫诏的争论,场面一定不可收拾。

作为首席顾命大臣的高拱再也不能坐视不管,他抛出了自己的观点:驱逐冯保,拨乱反正。高拱的想法得到了朝野上下的支持,他以为张居正就算不支持他的想法,也应该不会投反对票。高拱高估了张居正的人品操守和道德底线,他认为张居正即使不与他同心协力压制宦官势力,至少也会保持中立,绝对不至于卖身投靠一个胆大妄为的太监。所以，高拱居然拿着如何驱逐冯保的谋划找张居正商议。

表面上，张居正做出同仇敌忾的样子。转过身去，张居正就和冯保密谋有针对性的对策，伺机打垮高拱。当这一切都谋划妥当，张居正就到昌平出差了（为隆庆皇帝安葬事）。他要避嫌。实际上他和冯保的联络，没有一刻中断过。

张居正出差之际，正是帝国权力更迭的关键时期。此时的北京城，局势很不平静，处于瞬息万变之中。官员们都很紧张，也羡慕张居正所表现出来的超脱。

而高拱就大不相同了，连表面的超脱都做不出来。作为隆庆皇帝托付天下的首席顾命大臣、当朝首辅，高拱的责任感与使命感十分强烈。当务之急，他要驱除矫诏欺君、公然干政的恶太监冯保。

于是，高拱和新入阁的高仪研究应对之策。高仪是胆小怕事的老实人，他正后悔加入内阁，哪里还有什么主意？于是，高拱以首席顾命大臣的身份，打了一个报告。通篇都是教新上任的小皇帝如何处理政务的，连细节都写得明明白白。但是，他的核心意思，就是政务要交内阁处理，不能交给太监处理。

文件起草好了，首先请高仪过目。"我不敢反对，但是，恐怕也帮不上什么忙。"高仪还是不发表意见。高拱又派人送给张居正，并且就共同对付冯保的计划，和张居正商量。高拱还特别强调，除去冯保，是正义事业，是为国除害，是为先帝正名，功莫大焉，希望张居正不要错过立此大功的机会。

张居正虽然在心里一百个不愿意，可他还是毫不犹豫地在上面签上了自己的名字。但是回过头来，张居正立即给冯保通报。高拱过于轻视自己的对手，他没有料到张居正、冯保早已勾结在了一起。

作为高拱的老朋友，张居正面对高拱的咄咄紧逼，一度陷入恐慌。但是等到静下心来，他准备反戈一击。对于高拱这样认死理的人来说，暴露出自己的破绽是早晚的事。

虚岁十龄的小皇帝，在国丧期间，怎么可能独立行使权力呢？任命冯保当司礼监掌印太监，明显就是事前策划的，哪里会是小皇帝的意思呢？不仅如此，内阁给皇帝的请示、报告，不符合冯保和张居正意图的，都不予批准。

作为首席顾命大臣的高拱等于被架空了，于是他对到内阁传达皇帝谕旨的太监说："你们动辄说这个是皇帝的意思，那个是皇帝的意思，十岁孩子如何治天下？"这句话的潜台词是，这分明不是皇帝的意思，完全是张居正和冯保的意思。

这句话让张、冯二人十分高兴，因为高拱的门户大开，给了他们出手的机会。冯保跑去对年轻的太后和小皇帝说："高拱不忠，竟然说十岁的小孩子怎么做皇帝呢？他是不是要篡位？或者他要密谋立其他人为皇帝啊？像这样的人，应该让他远离权力核心，不然后患不穷。"

太后和万历小皇帝在惊恐之下，责成张居正调查此事。张居正拟好最后的文件，又交给了冯保。两个人商定，事不宜迟，要杀高拱一个措手不及。第二天上朝，小皇帝的圣旨就出炉了：罢斥首席顾命大臣、内阁首辅高拱，即日离京，回老家养老。

这时离隆庆皇帝拉着高拱的手恋恋不舍地托孤，才过去不到八天。小皇帝登基也才刚刚六天。其实，张居正心里最清楚，这就是不按照常理出牌的效果。张居正就这样堂而皇之地坐上了内阁第一把交椅。

在权力场上，张居正属于演技派的代表人物。事到如今，自己的老朋友终于倒在了自己的枪口之下。他并没有表现出多少兴奋，而是故作震惊。他大声疾呼："我绝对不相信高拱不忠，要是高拱有罪，那我张居正就是他的同党，连我也一并撤了吧。"

到此为止，在以构陷、驱逐高拱为目的的大政变中，张居正这个幕后总导演，却一直是以局外人的面目出现的。甚至可以说，他表现得还不完全是局外人，而是高拱的同党和辩护人、保护者。

高拱就这样被自己的老伙计给算计了，他在离京的那一刻也没有弄明白自己是怎么出局的。

按说张居正已经大权在握，登上了权力的巅峰，对高拱监视也罢、防范也好，尚也合情合理，如果继续构陷和加害，那就实在是太不像话了。可是，张居正并没有就此罢手，一场更为阴险毒辣的阴谋正在酝酿。

官场是天然的猎场，所有进入其中的人，都要主动或被动地卷入到这场狩猎游戏之中。张居正未必算得上最阴险、最毒辣的人，但却算得上最善于伪装的政客。张居正是个真正的权术大师，所谓大师，就是能化腐朽为神奇的人。

万历皇帝刚刚登基十九天，宫里发生了一件蹊跷事。这一天，睡眼蒙眬的九岁小皇帝坐着轿子刚刚离开乾清宫，一个男子突然从西边的台阶向御驾奔来。侍卫们眼疾手快，不费吹灰之力，就将其当场拿下。

不用说，这个消息很快就报到了最高实权人物张居正那里。张居正大吃一惊，因为这个闯宫者自称叫王大臣，是戚继光的麾下。举国上下，谁人不知戚继光与张居正的关系。

作为一名官场老油条，张居正在遇到事情的时候，往往把事情想得复杂化。他以为别人也像他那样设圈套、挖陷阱，因此就会惊慌不安。好在权势在握，他自信有能力驾驭局势，他转告他的盟友冯保（冯保主管东厂），禁止人犯说他是戚继光的部卒。

冯保心领神会。他决定将这盆脏水泼向已经远离京城回家养老的高拱。张居正与冯保经过商量，写了一道奏疏，奏请皇帝批准将此案一查到底，找出幕后真凶。

高拱的日子过得那叫一个郁闷，曾经的一人之下万人之上的权臣，如今远离了官场，只能靠回忆来打发时光。他以为这辈子就这样过去了，下辈子重新再来吧。他做梦也不会想到，远在京城的张居正时刻没有忘记他，又给他送来了一份要命的大礼。

冯保的前任陈洪和高拱家的仆役被逮捕并火速押解到京。经过一番刑讯逼供，获取了闯宫者的"口供"和"物证"。事态进入十万火急的时刻。不仅京城里可以感受到扑面而来的血腥，就连地方上关心时局的人们，也在私底下为高拱鸣不平。

其实，张居正对高拱还是有几分敬畏的。高拱作为官场前辈，身上有很多地方值得张居正学习。高拱的人品节操、办事能力，都是他张居正难以望其项背的。

张居正对高拱除了怀有一份敬畏，还怀有一份愧疚。作为堂堂首席顾命大臣、内阁首辅的高拱会落到今天这个地步，完全是他张居正勾结冯保矫诏欺君、构陷加害所造成的。张居正动了恻隐之心，他决定放高拱一马。话不可说满，事不可做绝。因为一个已经在野的高拱而失尽天下人心，那就太得不偿失了。

张居正给高拱写了一封信："最近京城有点儿情况，一些别有用心、心狠手辣的人，想制造事端，妄图置高兄于死地。请高兄放心，我一定竭尽全力设法解救，绝不允许这些小人的阴谋得逞！"

在这以后的七年时间里，高拱在家乡过得并不开心。张居正不断对他的老兄弟问寒问暖、寄药访医。后来，当他唯一一次衣锦还乡路过河南，来回都特意改道前去看望高拱。高拱得到消息，抱病出来迎接，两人还相对痛哭了一场，这或许就是所谓的政治家风度吧。

高拱死后，张居正"哀恸不已"，又出面替高拱申请政府的丧葬补助。张居正也许是为自己失去了一个最佳拍档、一个真正的对手而痛苦。用阴谋搞垮自己的恩师或者密友，然后自己上位，这样的人在中国历史里有很多，张居正绝不是第一个，也不会是最后一个。但像张居正那样扳倒前任后，继续以朋友、支持者、保护者的身份出现的，怕是没有第二个了。

在官场上，偶尔作秀甚至进行虚伪表演，算不得本事。能够将虚伪表演进行到底才是真本事。如何应付来自周围的压力，如何运用计谋和权术，张居正为我们做了一个绝佳的注解。

高处不胜寒，身处高位的张居正隐约有一种不祥的预感，他发出感叹："高位不可以久窃，大权不可以久居。"也就在他走向权力巅峰之际，他突然连上两份奏疏，要求"归政乞休"。结果遭到慈圣皇太后的极力反对。她不但没有批准张居正的"乞休报告"，而且要求张居正辅佐万历皇帝到三十岁。皇帝年龄虽小，心中已播下恨的种子。

在时间面前，荣华富贵如浮云，万历十年（1582 年），太师兼太子太师、吏部尚书、中极殿大学士张居正病逝，享年五十八岁。辉煌的张居正时代就这样落下了帷幕。随着张居正的去世，司礼监掌印太监冯保也很快倒台，并被逐出宫廷。那些长期戴着镣铐起舞的文官重获自由，并迅速反弹，在朝堂上下掀起一场清算张居正的风暴。

四、后帝国时代：垮塌的权力三脚架

1. "国本之争"：有多少债可以重来

万历皇帝共有八个皇子，却没有一个是王皇后生的。按照中国古代宗法制中"有嫡立嫡，无嫡立长"的继承原则，皇长子朱常洛应该被立为太子，成为帝国的合法继承人。

问题是，皇家历来有子凭母贵的传统。朱常洛的母亲本来是李太后（万历帝生母）宫中的宫女，生出这位皇长子完全是一场意外，并非真的得到了皇帝的宠爱。时间倒回万历九年（1581年）的某一天，万历皇帝像往常一样来到了慈宁宫准备向李太后请安，不巧的是太后因事不在。慈宁宫的一名年轻貌美的小宫女王氏向少年皇帝献茶，万历皇帝一时冲动就宠幸了这个王氏宫女。万历皇帝的第一个皇子就以这种方式来到了世间。在德行至上的明朝，这应该算是一件不光彩的事。

万历皇帝本来准备提上裤子就不认账的，哪里会料到欢娱过后还要负责任，因为王氏宫女为其产下了一个龙子。虽然他事后还想赖账，可专门记录皇帝吃喝拉撒睡的官员已经在《起居注》里做了记录。

万历皇帝是个感情非常专一的人，他的心中只有一个郑贵妃。虽然王氏为他产下龙种，可还是无法得到皇帝的感情。

在位将近半个世纪的万历皇帝，就像一个幽闭症患者，天天沉溺于后宫，差不多有三十年没有上朝问事。或与心爱的郑贵妃厮守缠绵，或与太监宫女纵情玩乐。就连宫廷失火、帝国官吏缺失一半这样的大事，他都懒得去过问，只想关起宫门过自己的快活日子。

文官与皇权之间的激烈冲突，更是让他心灰意冷。在他看来，那些帝国的官僚们总是和自己对着干，而且越干越有劲儿。自己赞成的，他们一律反对；而大臣们坚持的，又是自己所反感的。

为了将郑贵妃的儿子立为太子，万历皇帝与官员们展开了一场旷日持久的较量。这也为明朝埋下了一个极为严重的政治隐患，最终导致帝国滑向衰落。

郑贵妃先后生了三个儿子，皇三子朱常洵和皇四子朱常治，皇二子则少年早夭。

万历皇帝很不愿意将皇长子朱常洛立为太子，更何况孩子的母亲还是一位职位低下的宫女，他并不喜欢她。当然除了郑贵妃，他的感情世界里已经容不下第三者了。正因为这份感情的牵扯，在册立皇太子这样的国本问题上，万历皇帝为了心爱的女人，不惜与帝国的官僚集团撕破脸皮，不仅不册立太子，还私下允诺立郑贵妃的儿子为太子。

面对帝国上下的流言汹汹，万历皇帝丝毫不为所动，以皇长子年龄尚小为借口推托过去。

等到皇长子朱常洛年满 5 岁的时候，他的母亲王氏还没有受封，而刚刚产下皇三子朱常洵的郑贵妃却要被封为皇贵妃。消息传来，就有一位给事中上疏提出异议：按照伦理和习惯，这种尊荣应该首先授予皇长子的母亲王氏，郑氏仅为皇三子的母亲，却后来居上，实在是本末颠倒。

这一异议虽然引得万历皇帝一时不快，但册封典礼仍按原计划进行。在子凭母贵的皇家后宫，这种身份上的强烈对比，传递给大臣们的信号就是——万历皇帝更可能立皇三子为太子。这让本就喜欢寻找话题的言官们有了更多发挥的机会，一时间，皇帝的个人喜好与文官所坚持的传统礼法发生了火花四溅的碰撞。

在所有的儒家经典和前朝旧制中，"无嫡立长"都是一个死理。在儒家信徒和大部分帝国文官的眼中，他们认的死理往往就是绝对的真理，谁反对都是错，就算是皇帝想要与真理抗拒也不行。

不遵循传统，就是不守三纲五常；不讲人性道德，就是对帝国政治局势的破坏。帝国官员们不能容忍自己的皇帝成为反人伦、反纲常的急先锋，更不能容忍他拿帝国的长治久安开玩笑。

帝国的言官们毫不避讳，说万历皇帝晋封郑德妃是为朱常洵立嗣创造条件，皇帝不应该专宠郑贵妃一人。按照传统，皇帝应当先晋封产下皇长子的恭妃王氏为皇贵妃，更有人直接喊出了"册立东宫"的口号。

面对帝国官员的指责，万历皇帝除了愤怒还是愤怒。他向官员们解释："册封贵妃，初非为东宫起见，科臣奈何讪朕。"就是说册封贵妃与立储没有任何关系，朝臣不应该把这两件事联系起来指责他。

万历皇帝给出的解释，没有人能够听得进去。官员们虽然一直在拿"无嫡立长"的法则来掣肘皇帝，但对万历来说，他有自己的应对策略。他之所以在册立太子一事上久拖不决，正是出于自身利益的考虑。等到皇后去世，郑贵妃可以升为皇后，按照有嫡立嫡的法则，到那个时候，就可以名正言顺地立皇三子朱常洵为太子，兑现自己对郑贵妃的承诺。

君臣之间因为册立太子而斗得天昏地暗。太子是储君，是帝国未来的掌舵人，是国家命运之根本，因此这场旷日持久的君臣斗争就成了"国本之争"。

"国本之争"的时间跨度之长创造了帝国政治斗争的一项新纪录，这场争论在帝国权力高层足足持续了三十多年。从万历十四年（1586 年）开始直到万历四十八年（1620 年）明光宗朱常洛即位为止，这样一幕政治闹剧给明代后期的政治生活造成了极深远的影响。

随着时间的推移，国本之争的性质发生了根本性的变化。朝臣们的思想动机开始变得复杂，"国本之争"成了挂羊头卖狗肉的政治游戏，逐渐沦为权力集团党争的工具。

万历二十二年（1594 年），"正人"中的代表人物，去职的吏部郎中顾宪成在家乡无锡的东林书院聚众讲学。一些志同道合者如高攀龙、钱一本等人都参与其中，一时声名大噪。那些"抱道忤时""退处林野"的士大夫都闻风而至，以至于书院的学舍常常拥挤不堪。

一些有心结党营私的帝国官员，借着向万历皇帝发难的机会，妄图实现掣肘皇权、扩张权力的目的。在这场"国本之争"中，东林党的崛起彻底改变了帝国的命运走向。

东林党发端于东林书院，东林书院从成立之初就打着学术的旗号，行政治活动之实。它并非单纯的学术团体，而是一个有政治目的的在野人士俱乐部，其人员构成主要是在野官僚。

东林书院就像是一个权力信号的发射台，帝国官场的各种复杂关系和政治能量都会在这里交汇并发散出去，进而形成一个庞大而复杂的网络。随着影响力的增大，东林书院讲学大会的规模也越来越大。有时会多达千人以上。

走进东林书院的不光有在野人士，甚至连一些在职官员也会前来参加讲学活动。用东林书院创办者顾宪成的话说，就是"同志毕集，相与讲德伦学，雍容一堂"。官员的不断参与使得东林书院逐渐成为朝堂之外的权力集散地。低级别官员加入其中是为了形成抱团势力，寻找政治靠山；而高级别官员加入其中，则是为了形成对抗皇权与其他势力集团的党派。

明朝是一个道德至上的时代，而东林党从建立之初就将自己置于道德的制高点上。其成员标榜文人的道义气节，以天下君子自居。

在一个道德统治的国度里，东林党人把自己视为道德的化身。可问题是，结党必然会营私，结党必然会破坏政治势力的平衡。无论在任何时代背景下，统治者都不愿看到有人结党。

现在有一个词叫"圈里圈外"，里外是两个世界。东林书院的存在，将帝国的政治势力划为圈里圈外。圈里是东林党人，他们往往能够坚持自己的原则，专门同皇帝和帝国的高级官员作对，自命为"正人"或者"清流"；而圈外是非东林党人，他们是遵循官家游戏规则，迎合皇帝和辅臣的人，被称为"邪佞"。东林党的存在和发展必然会威胁非东林党人的利益，还有皇家的利益。

在这种情况下，许多非东林党人士为了保护自己的利益就会采取防范措施。

既然东林党是抱团组织，那么为了保持权力博弈的平衡，非东林党人也纷纷以地域为单位，以同乡中的高官为领袖，组建自己的党派。这样一来，在帝国官场上就形成了一个攻守联盟。

在这种风气的引领之下，帝国的权力系统内部党派林立。在当时能够与东林党相抗衡的党派，是同样居于帝国权力系统高层的浙党。

如果说东林党是在野人士的权力抱团，那么浙党则是朝堂人士的权力抱团。当时的帝国首辅沈一贯，纠结京城的浙江籍官僚，形成"浙党"。他们与东林党针锋相对，又与宫中的阉党遥相呼应。

除了浙党，帝国的权力系统中还有很多小派系。比如当时还有以湖北籍官员为主的是"楚党"，以山东籍官僚为主的"齐党"，而楚党与齐党常依附于浙党，合称为"齐楚浙党"。另外还有"宣党"和"昆党"。

由于"国本之争"拖延了很长时间，东林党与"浙党"等非东林党之间的矛盾也越来越深。发展到最后，帝国的派别之争到了针锋相对的地步。不论是大事小事，原则问题还是非原则问题，双方都要争得没完没了，帝国的中央权力系统被折腾得乌烟瘴气。各党派将帝国权力系统分解得支离破碎，相互之间明争暗斗，致使党争绵延数十年。

而万历皇帝也逐渐对东林党感到厌恶，因此直到万历末年，东林党人在帝国的权力格局中都没有占得上风。

官员之间的党争并没有发展到朝堂上的短兵相接，很多时候，他们只是利用"京察"的机会互相攻击。明代的官吏考核有两种制度："京察"和"外察"。"京察"每六年施行一次，考查对象是在京任职的官员；"外察"每三年施行一次，考核对象是在地方任职的官吏。

"京察"不是随便走过场的干部考核，因为管理京察的，是六部尚书之首的吏部尚书。如果一个官员在"京察"中出了问题，那么他的仕途就算走到了尽头。

万历皇帝虽然在立储问题上一拖再拖，可最后还是做出了妥协和让步。万历二十九年（1601 年），皇长子朱常洛被册立为太子。这时候，他已经年满二十岁。"国本之争"虽然有了一个形式上的结果，可是在这漫长的斗争过程中，帝国权力系统所遭受的破坏是无法计量的。

帝国虽然有了名义上的太子，可是在万历皇帝的心中，他却并不认同这个太子。正因为内心的不认同，所以他对朱常洛的态度也非常冷淡。加上这时候外朝内廷不断有流言传出，皇帝早晚会废了太子，再立皇三子福王朱常洵。在这种局面下，太子朱常洛和他身边的人都不免陷入一种焦虑的状态。

所有人都不看好朱常洛这个太子，连他自己都对未知的明天充满了怀疑。他无法安心待在东宫做一个享受型的宅男，无法安心等待皇权易手的那一刻。

万历三十三年（1605年）年底，皇长孙朱由校（后来的天启皇帝）降临人世。朱由校的降生并没有为这个步履沉重的帝国带来多少活力，反而让那些言官们又找到了一个更好的炒作话题。

皇长孙朱由校的出生，并没有让万历皇帝对太子的态度有所改变。不仅没有改变，万历皇帝还把施予太子的冷漠又复制了一份送给皇长孙朱由校。万历四十三年（1615年），一位御史上奏"皇长孙年已十龄，未闻出阁，岂成燕翼之深谋？"就是说，皇孙朱由校已经年满十岁，可还没有接受过正规的宫廷教育，将来怎么能够担当大任。这份奏章一直被万历帝皇帝"留中"，没有做出任何的回应。

这难免会让那些帝国官员浮想联翩，毕竟太子朱常洛当年也有过同样的人生际遇。

万历十八年（1509年）年初，当时还不是太子的朱常洛已经八岁，已经过了正式入学读书的年龄。迫于朝臣们的压力，首辅申时行等四位大学士集体向万历皇帝请愿，提出"皇长子年已九龄，蒙养豫教，正在今日"。

朱常洛的出阁读书涉及一系列问题，必须要确认他的太子身份。万历皇帝宁可拖着耽误皇子的教育，也不愿意把册立太子的问题提到日程上来。太子受教育的重要性不言而喻，历代统治者无不重视皇帝和太子的教育，制定了一系列典章制度，并慎重选择皇子的讲官和近侍，尽心培养帝国的接班人。

在太子的教育问题上，明朝虽然制定了皇太子出阁讲学的礼仪程序，却没有规定皇子入学接受启蒙教育的时间，也没有确立对未册封为皇太子的皇位继承人提前接受教育的权利和规范。

当时的皇家教育 (尤其是东宫教育) 是建立在册封基础上的，没有取得太子的名分，名不正言不顺，虽贵为皇子，却因为敏感特殊的身份，不仅不能接受正式的教育，甚至连最起码的基础教育也难以进行。

朱常洛的教育问题一拖再拖，主要是因为太子身份始终没有落实。万历皇帝的冷漠态度，使得朱常洛受册封为太子后，也没有得到一个太子应该得到的受教育机会。

由于万历皇帝在位的时间过久，不仅耽误了太子朱常洛的教育时机，甚至连皇长孙朱由校的教育也受到了影响。

幼年的天启皇帝朱由校从来就没有跟着真正的文臣儒生读过书，他的所谓的启蒙老师不过是东宫里有些文化底子的太监。他长至十七岁仍不能出阁讲学，接受正规的皇室教育。天启皇帝就是在这样一种教育环境下成了明朝历史上仅有的不亲史书、没有受过正统儒家精英教育、没有接受过诗书文化熏陶，大字不识几个的半文盲皇帝。

更重要的是他的启蒙教师都是些没有文化素养的太监和宫女，他们的价值观、世界观与儒家的正统教育是相背离的，他们将人性中黑暗的一面都投射在了小主人的身上。

正规教育的缺失，使得天启皇帝在成人后表现出偏执、乖张的性格特征。

从小没有人督促他读书学习，正好养成了他"不好静坐读书"的性情。这种性情的另一面就是好动，喜欢疯狂与热闹。太子受教育的年龄越大，可塑性就越差，对宦官内侍的心理依赖就会越强，他们"昌龄日茂，未离阿保，讲读未就，冠婚已逼"。

朱由校自幼生长于清冷的东宫，母亲很早就已离世，平日里围绕在身边的就是些宫女和太监，没有机会接触其他人。在人多的陌生场合，帝国未来的小主人往往会表现出笨拙羞涩的一面，像一个涉世未深的孩子。

2."连环三案"将帝国逼进死胡同

万历皇帝的长期怠政，使得帝国上下呈现出一片黑暗的末世景象。帝国权力系统内党争不断，紫禁城内乱象丛生。

在朱由校成长时期，他的父亲朱常洛已经被册立为皇太子。"国本之争"虽然渐渐趋于缓和，但是由此引发的政治后遗症依然如厚重的乌云密布在帝国的天空。在立嗣之争中，大多数帝国官员乃至社会舆论都站在了东林党所提倡的传统礼法这一边，与万历皇帝对着干。但也有那么一拨儿人，希望通过支持万历皇帝来捞取政治资本。

其中也有一些居于高位的中间派人士，他们并不希望看到君臣反目，不希望帝国的权力系统被拖向崩盘的边缘。但他们又无力改变两党对立的局面，于是只好在博弈双方之间扮演着和稀泥的角色。那些固本清源，专门同皇帝和高级官僚作对的东林党人常常自命为"正人"或者"清流"，而那些阿附皇帝、辅臣的人则被称为"邪佞"。

在这场旷日持久的"国本之争"中，"正""邪"两大政治派别到了水火不相容的地步，不论是国家大事，还是鸡毛蒜皮的小事，双方都会台上桌面缠斗不休，朝堂上下乌烟瘴气。

万历四十三年（1615 年）五月初四，帝国皇城内发生了一件大案，一位男子擅自闯入太子朱常洛居住的慈庆宫暴力袭击太子，史称"梃击案"。每每读史至此，我都会产生这样的疑问：为什么入宫行刺不携带刀具或者暗器？一个身手平常之人拎着一根木棒就想袭击太子，难道他只是为了吓唬太子，而不是为了将其置于死地？

当时巡视皇城的御史刘廷元经过一番初审，拿出初步意见：罪犯叫张差，蓟州井儿峪人。察其行迹似乎有疯癫症状，而仔细看他的容貌实乃狡猾之人，请交给刑部严加审讯。这些平日里巡查皇城的官员并不具备处理突发事件的能力，更何况这个案子还牵连到皇太子朱常洛。

刘廷元非常聪明，他将整个案件梳理了一遍，将犯罪嫌疑人的情况做了初步判断。一个流窜进京的农民，竟然去袭击帝国的少主人，他知道这个案子一定有着巨大的隐情，已经不是他所能承担的了，所以他只好将这个皮球踢给了最高司法机关——刑部。

刘廷元不愧是一位长期在皇城办差的老练官员，他在上报的调查材料里留下了一个进退可守的伏笔：张差虽然行事疯癫，但是看上去是个狡猾之人。对于这样一个行事疯癫、内心狡猾之徒，案情的发展具有较强的可塑性，可大可小。

刘廷元和当时的大部分帝国官员都清楚，这个案子已经远远超出了普通刑事案的范畴。由于"国本之争"的惯性使然，案情既然涉及太子，就会被那些文官炒作成一项严重的政治案件。随着案情的发展，这样的政治案件已经超出了一个低级别官员的掌控范畴。

这个案件刚刚发生，就引发了帝国官员对于政治方面的诸多联想。万历皇帝喜欢郑贵妃所生的福王，迫于祖制和群臣的压力，不得已立皇长子朱常洛为皇储。为了维护太子的地位，打着维护祖制旗号的东林党人不断发动攻势，迫使福王朱常洵离开京城，回到自己的封地。为此，他们不遗余力地对万历皇帝所宠爱的郑贵妃及其势力进行攻击，而且总是要牵扯到其他政敌。

在东林党人看来，只要是围绕着"争国本"的斗争，他们都能在舆论上占据优势。官员们都知道皇帝仍然喜欢那个已赴洛阳就藩的福王，在这种情况下，只有一种可能会改变局势，那就是太子朱常洛丧命。只有如此，福王朱常洵才能上位。也就在这时候，宫内发生了"梃击案"。帝国官员自然会将这个案子引向朱常洵的生母郑贵妃，还有她的兄弟当朝大臣郑国泰。

这个案子经过刑部郎中胡士相复审后，认为张差确实是个疯子，并判了斩刑。

就在案件将要尘埃落定之时，又出现了波折。提牢主事在私下里套问张差，张差供出是宫里的太监将其引至慈庆宫门前。也就是说宫内有内应，案子的主谋就藏于宫内。

事情传开后，很多朝臣都怀疑是郑贵妃和他的哥哥郑国泰设下计谋，借张差之手伤害太子。

刑部侍郎张问达采纳刑部员外郎陆梦龙的意见，下令刑部十三司对张差进行会审。参加会审的其他官员都知道事关重大，不敢深究，唯独陆梦龙审问得特别认真。张差供出给他引路的太监是庞保、刘成两人，这两人对他说："打死小爷（指朱常洛），有吃有穿。"

庞保和刘成都是郑贵妃手下的太监，傻子都知道，再往下查必然会牵连到郑贵妃。

这时候，希望案子马上了结的，除了可能是幕后主使的郑贵妃姐弟，应该还有万历皇帝。郑贵妃姐弟的理由就不需要解释了，而万历皇帝除了偏爱郑贵妃和福王的因素外，更多的还是以大局为重。这个真相一旦大白于天下，就会将太子和皇帝、郑贵妃的矛盾公之于众，这是皇帝的家丑，将会在帝国高层掀起巨大的风浪。以当时帝国文官党派林立、攻讦不断的习气来看，不知道会有多少人利用这个案子兴风作浪，从而使得帝国权力系统陷入更大的纷争与动乱。

具体办案的一些中层官员，并不会站在皇帝的角度去考虑问题。他们只想着还百官一个真相，还人心一个公道。尤其是谏官，就是靠这个来博取名声的。以浙党为首的非东林党人，显然不希望东林党人通过此案的审理从中获益，他们从一开始就企图草草结案。

东林党人则希望通过此案的审理，扩大事态，打倒自己的竞争对手。万历皇帝对东林党人热衷此案的目的，是心存疑虑的。他下令迅速结案，并警告东林党人，不许再挑唆他和太子之间的关系。在万历皇帝看来，今后破坏帝国权力系统的，一定就是朋党。

案子审到了这个地步，逼着万历皇帝跳出来做最后的裁决。万历皇帝明知自己是被局势所迫，可也找不到退缩的理由，毕竟国运所系。就算他再有宠爱郑贵妃的私心，也担心天下臣民的议论。于是，他先谕令郑贵妃今后要老实做人，不要再有非分之想。这时候，郑贵妃只好请求太子的谅解，说明自己毫无恶意，然后让当事人太子出面化解。久居深宫的万历皇帝亲自驾临慈宁宫，他在供奉皇太后灵位的几案前召见太子，并命文武百官站在旁边做证。

皇帝拉着太子的手，说："此儿很孝顺，朕十分喜欢，如果有别的意思，为何不早立别人呢？外臣心怀何意？动辄用流言离间朕父子二人。"

他还把太子生养的三个孩子叫到跟前，让各位大臣看，说："朕的孙子都这么大了，还有什么可说的。"并要太子将心里的话，当着文武百官的面说出来，不要隐瞒。

万历皇帝既然把话都说到这个份儿上了，太子朱常洛就算再心怀不满，也只能无奈地做出表态：将案犯马上处决，不能再拖。同时他也配合着万历皇帝，父子二人在群臣面前演起了双簧，他说："毋听流言为不忠之臣，使本宫为不孝之子。"

等着看好戏的大臣们只好暂时散去。本来是你死我活的政治斗争，结果成了皇帝的家务事，不让别人插手了。最后的处理结果是，闯宫的张差被凌迟处死，太监庞保、刘成在宫内用私刑处死。至此，一件意图谋害皇储的案件，就这样成了一个葫芦案。死的只是三个无足轻重的小人物，没有更多的牵连。每个人都揣着明白装糊涂，一场大风波就这样消弭于无形。对于张差梃击案，历来就有两种不同的猜测，除了郑贵妃意图加害太子外，还有太子使"苦肉计"陷害郑贵妃和福王的说法。

万历皇帝利用皇权将这次危机强行化解。可令他做梦也想不到的是，在他死后，这个案子会被再次翻出来，引发帝国政局的大动荡。

万历四十八年（1620 年）七月，太子朱常洛终于在苦熬了三十九年后，登上了皇帝宝座。八月初一，朱常洛即皇帝位，宣布以明年为泰昌元年。（由于明光宗当年即逝世，后改万历四十八年八月以后为泰昌元年，下一年则为天启元年。）

朱常洛由谨小慎微的东宫太子好不容易熬成了一国之君，最高兴的莫过于他身边的那些亲信、侍从和拥戴者。朱常洛的拥戴者有很多都是东林党人，这些人在"国本之争"中力挺太子朱常洛，今天终于得到了丰厚的回报。在朱常洛即位的短暂时间里，有大批的东林党人得到起用和提拔，从内阁中枢、部院寺司直到六科十三道，帝国的权力系统俨然成了东林书院的别院，到处都是东林党人士。

明光宗夹着尾巴憋屈了几十年，一朝贵为天子，及时行乐就成了他的王道。可命运无常，他的新生活刚刚拉开帷幕，就戛然而止。两个多月的时间里，帝国的两位皇帝先后"龙驭上宾"，去了另外一个世界。对于一个帝国而言，这无异于两次政治巨变。各方利益集团在这两场政治巨变中，都在积极主动地做出调整，以寻找新的权力路径。

作为朱常洛的铁杆粉丝，东林党人正准备借着新皇帝的权力庇护，为自己谋取更大的利益空间。朱常洛的突然死亡，让他们陷入了一种忙乱无措的状态。他们在慌乱之余，也在思考如何保住甚至发展已经到手的权力。

既然明光宗已经死了，他们只有重新寻找新的政治靠山。对于帝国的新主人而言，投靠者的存在就是为了谋取一份双赢的局面。在这政局不稳的时期，谁能够主动站出来，谁就可能占据有利位置。

在朱常洛死后没几天，东林党人干了两件事：一是督促尽快查明朱常洛的死因，这么做是为了坐实与这个案子有牵连的"非东林党"人士的罪名；二是掌控即将继承皇位的朱由校，将其监护人李选侍打发得远远的。这就是继"梃击案"后的另外两案："红丸案"和"移宫案"。

明光宗走得过于突然，八月十日患病，十二日还强撑着病体组织召开了一次御门听政。

在明光宗病倒之时，太监召来了御医崔文升为皇帝诊断。崔太医诊断为肾虚火旺，需要泻火，便给朱常洛开了一服药性很烈的泻药。皇帝在服药之后，一夜之间腹泄了数十次，几近衰竭。

史料记载，明光宗在病倒之前，曾经接受了郑贵妃向自己进献的美女。按《明史》的说法，郑贵妃送来八名美女。《明史纪事本末》则减半，成了四名。但无论是八名还是四名，喜好美色的朱常洛都无比高兴。

作为"国本之争"的对手，郑贵妃担心朱常洛登基后会报复自己。除了进献美女向明光宗示好，她还联合朱常洛所宠幸的妃嫔李选侍，请求朱常洛立李选侍为皇后。作为交换条件，由李选侍出面请朱常洛封郑贵妃为皇太后。

郑贵妃这么做的效果还是很明显的。美女被朱常洛搂在怀里，夜夜春梦了无痕。就连立自己为皇太后这样的事，明光宗也同意了。甚至在自己病重期间，明光宗还专门就此事诏谕礼部准备大封。这样一来，时人不免猜测，明光宗是因为纵欲伤身，才一病不起。

官员们见皇帝突然病重，都认为是崔文升庸医误人，或另有其他阴谋。

大臣中的东林党人杨涟、左光斗等人上了一道奏折，主张严惩太医崔文升。这个崔文升原先是郑贵妃宫中的亲信太监，后被提升为司礼监秉笔太监，兼御药房太监。

东林党人主张将崔文升拘押审讯，定要查个水落石出。他们要求明光宗能够收回进封皇太后的成命，让郑贵妃先离开乾清宫，搬回慈宁宫居住。此时，明光宗的身体略微好转，还与两位大臣见了面，并且交代了一些朝中的事情。

就在光宗病急乱投医之时，鸿胪寺丞李可灼自称有仙丹能够药到病除。明光宗有意尝试。

八月二十九日，明光宗召见内阁大臣，特地问道："有鸿胪寺官进药何在？"

首辅方从哲回话："鸿胪寺丞李可灼自称有仙丹妙药，臣等未敢轻信。"鸿胪寺丞只是六品的小官，大致相当于现在的处级干部。如果不是因为病急，皇帝又怎会关注到位卑职微的李可灼。

光宗命身边太监速召李可灼进宫献药，可见皇帝治病心切。李可灼诊视完毕，光宗命其快快进药。诸臣再三嘱咐李可灼要慎重用药，可皇帝却不断催促赶快进药。到日午，李可灼进献了一粒红丸。泰昌皇帝先饮汤，气直喘。待药入，即不喘。于是称赞李可灼为"忠臣"。大臣们心怀不安，都聚集在宫门外等候。一位太监高兴地出来传话：皇上服了红丸后，"暖润舒畅，思进饮膳"。第二天，明光宗又服下一颗红丸。次日（九月初一）卯刻，皇帝驾崩。

即位刚满一个月的明光宗突然驾崩，一时之间，朝野上下舆论哗然。

东林党人坚持认为，明光宗死得过于蹊跷，有人蓄意谋杀。他们的理由是鸿胪寺丞李可灼既然不是医官，那么让他为皇帝进药就有弑君的嫌疑。服用"红丸"是导致皇帝崩逝的直接原因，那颗原本用来救命的红丸就是致人死命的毒药。

李可灼进献红丸，也就成了逆臣投毒弑君。

在东林党人看来，光宗是死于一场政治阴谋，而这场阴谋的最大嫌疑人就是郑贵妃以及首辅方从哲。顺着这个思路一路追究，将会引发帝国权力高层的又一次大动荡。

李可灼进宫为皇帝献药，是首辅方从哲带进宫的。虽然是皇帝自己要求的，方从哲不过是奉命行事而已。但是对于政治斗争而言，一次子虚乌有的事件就可以让人死无葬身之地，更何况这还是无可置疑的事实。

需要在这里指出的是，当年的"梃击案"时，首辅方从哲就表现出庇护郑贵妃之意。如今他又牵连到"红丸案"中，难免使人猜疑。这种猜疑不无道理。明光宗是因为吃了崔文升的药，导致病情加重；之后又服下李可灼的红丸，命归西天。崔文升是郑贵妃的老部下，李可灼又是郑贵妃的同党（首辅方从哲）带进宫的。

非东林党人士则认为，光宗之死与红丸无关，东林党人的推理只是一种主观臆断。其实细究之下不难发现，明光宗在服下红丸之前已经是病入膏肓，服用红丸只是催发了病情的恶性发展。

所谓红丸，其实就是"红铅金丹"，又称"三元丹"。其炼制所用的配方十分变态，取处女初潮之经血，谓之"先天红铅"，加上夜半的第一滴露水及乌梅等药物，搅拌在一起煮，熬成药浆，再加上秋石（人尿）、人乳、辰砂（湖南辰州出产的朱砂）、松脂等药物炮制而成。

御史王安舜认为："先帝之脉雄壮浮大，此三焦火动，面唇紫赤，满面升火，食粥烦躁。此满腹火结，宜清不宜助明矣。红铅乃妇人经水，阴中之阳，纯火之精也，而以投于虚火燥热之疹，几何不速亡逝乎！"

王御史的说法还是有一定科学依据的。李可灼进献红丸促成了光帝之死，并不说明这就是一起有组织、有预谋的弑君事件。李可灼进献的"红丸"与先前崔文升进献的大黄药性相反。身体本就极度虚弱的朱常洛，在连遭药效相反且药性猛烈的两味药物折腾之后，岂能不暴毙而亡。

东林党人揪住这个问题大做文章，出于两方面考虑：一是要全力以赴将首辅方从哲牵扯到这个案子里，借机将他踢出帝国权力核心，由东林党大臣取而代之；二是暗示这个案子的幕后主使是郑贵妃，这样就可以向世人强调数十年来的"国本之争"是合乎天意民心的事，以此标榜东林党人的政治业绩。

其实这个案子是经不住推敲的。之所以这样说，是因为这时候的郑贵妃缺乏杀人的动机。宫廷斗争是残酷的，步步惊心，一步出错就会将自己陷入万劫不复的深渊。任何一个决定，都会产生要命的连锁反应。人都有趋利避害的一面，任何一个参与博弈的人，都不愿做赔本的买卖。

光宗已经即位，就算死了也会将皇位传给自己的儿子。而郑贵妃想将自己的儿子福王朱常洵推向帝位，几乎是不可能的。而此时光宗和郑贵妃的关系已经有了极大的改善，郑贵妃也有了成为皇太后的想法。

东林党人执意要将郑贵妃拉下水，其目的昭然若揭。无非是向帝国的新主人天启皇帝邀功，为长达二十年的"国本之争"找到一个合理的解释。他们就是要向帝国的臣民们揭示一个所谓的真相：郑贵妃一党是邪党，一直以来以褫夺光宗的皇储地位，以加害光宗的性命为奋斗目标。新皇能够顺利登基，全是东林党人奋斗的结果。

就在"红丸案"纠缠不清、泰昌皇帝死因未明之时，东林党人又一手炮制了连环三案中的"移宫案"。

乾清宫是内廷的正宫，是皇帝和皇后居住的地方。明光宗朱常洛在生命的最后时日里，就住在乾清宫，由李选侍陪侍在侧。李选侍是光宗最为宠幸的妃子，很受光宗的宠爱和信任。明熹宗朱由校（天启皇帝）和明思宗朱由检（崇祯皇帝）生母早逝，他们都曾由李选侍抚育。一次，光宗当着群臣的说："选侍数产不育，可惜只有一个女儿。皇五子也没有母亲，也是选侍抚育。"

光宗言下之意，就是要让朝臣们知道李选侍的地位等同于皇后。

光宗驾崩当天，朝臣都赶至乾清宫，要求见皇太子。李选侍不让他们进宫，还命亲信太监将群臣挡在门前。东林党人给事中杨涟、大学士刘一燝和光宗皇帝的亲信太监王安就里外联合，连吓带骗，将朱由校强行弄了出来。

第二天，东林党主将之一的左都御史左光斗等人上书，要求李选侍马上搬出乾清宫。李选侍当然不会同意，她派太监去向天启皇帝朱由校求援，希望朱由校能够压制群臣，为自己争取利益。结果派出去的太监被大臣挡在门外，没有见着天启皇帝。

几天后，群臣齐聚慈庆宫外，要求朱由校下诏，令李选侍搬出乾清宫。在东林党人一再的坚持之下，李选侍只好搬到宫女养老的地方去居住。

东林党人的非常规手段，引发了一些非东林党人的不满。以此为起点，两大党派之间展开了一场拉锯战。

移宫案其实是帝国权力集团的双线运作，明暗两条线互相转换。从明面上看，移宫案是李选侍企图挟太子自重。从暗线上分析，其实是东林党人想通过控制皇帝，成为帝国权力博弈的操盘手。一场连环案，东林党人的博弈重点并没有放在"移宫案"上，而是利用权力之争，不断扩大自己的利益版图。

万历皇帝死后，朱常洛重用东林党人，东林党人遍布朝堂。明光宗在位一个月就突然驾崩，东林党人要想在新的权力结构中保持话语权，就要想办法控制住新皇帝。

其实明光宗在弥留之际，对帝国的后事已经做好了安排，尤其是册立太子之事。他遗命由朱由校继位，李选侍封为皇贵妃，负责养育太子并帮助太子处理政务。朱由校的生母王氏原是太子宫中一位地位不高的侍妾，因为生了皇长孙，母以子贵，被封为才人。但王才人命薄，没等天启帝长大成人就死去了。其后，李选侍以宠妾的身份争取到对太子长子的监护权，直到光宗即位之后。天启帝幼稚晚熟，虽然已经十六岁了，却没有表现出一点儿独立意识。

明光宗在驾崩之前曾经召集首辅方从哲等大臣于乾清宫开过一个托孤会议，对后事做了专门的安排。明光宗这么安排也是经过一番利益考量的。当时太子朱由校还是未成年的孩子，按照惯例应该由母后辅政，但是太子的生母早已不在人间，太子是由李选侍抚育长大的。明光宗有心安排自己最宠爱的妃子担负起太后这个角色，以制衡朝臣。

为此明光宗封李选侍为皇贵妃，专门负责养育太子并处理政务。明光宗去世时，朱由校已经册立为太子，李选侍还没有被封为皇贵妃。可以说李选侍履行母后职责，辅佐朱由校并住在乾清宫，是明光宗驾崩时已经安排好的。

在这里有一个疑问，那就是明光宗为什么没有一步到位将李选侍封为皇后？那样的话，李选侍辅政就会更加名正言顺。

其实明光宗之所以没有那么做，还是因为李选侍毕竟不是太子的生母。李选侍与太子的生母有过矛盾，皇帝自然要对李选侍留一手，防止李选侍权力过大威胁到皇权，这也是李选侍没有成为皇后的主要原因。

明光宗看人的眼光还是很准的。就在病榻托孤之时，李选侍拉着朱由校也在场。当时李选侍在朱由校耳边嘀咕了一番，然后朱由校居然在明光宗的病榻前要求封李选侍为皇后。这一幕让皇帝和在场的大臣们脸色大变，不禁愕然。他们一方面觉得李选侍太不懂礼数法度，另一方面也感到十六岁的皇长子朱由校表现得像个未断奶的孩子，任由李选侍摆布，将来难当大事。这也是后来朝臣们催逼李选侍移宫的主要原因之一。

明光宗驾崩之际，有意在帝国权力核心打造这样一种三方博弈的格局，让朝臣与李选侍相互制衡，从而巩固朱由校的权位。

在明光宗驾崩当日，以杨涟、左光斗、刘一燝为首的东林党人就开始为朱由校举行立太子的仪式。这么做的目的就是要在帝国官员和百姓中造成一个假象，即李选侍的存在威胁到了皇权。他们要求李选侍移宫，是为了正本清源。

东林党人打着捍卫大明道德法理的旗号运行权力，其实只是为了能够在帝国的权力新格局中占据最大利益。

东林党人这么做显然是违背了明光宗的遗命。李选侍既受皇命，就要履行自己应尽的职责，她当然不能坐视东林党人的霸道行为不管。而东林党人无视先皇遗命，为了能够控制住新皇帝，他们就必须在这场三方博弈中，想尽一切办法将李选侍踢出局。他们要求李选侍尽快搬出乾清宫，与太子脱离关系。

为此他们不惜撕去自己的道德外衣，用尽各种手段。他们结党上门逼宫，催逼李选侍搬出乾清宫。他们甚至还编造出了李选侍想与太子乱伦这样的荒唐借口。可见在权力面前，以学术涵养著称的文人也无所谓道德底线。

首辅方从哲认为迟搬几天也可以，可东林党人却心急火燎，表示如果李选侍不搬出乾清宫，他们就赖在这里不走。在东林党人的催逼之下，李选侍只好搬到宫女养老的地方去住。离开了皇帝的李选侍，就像一个武林高手废去了自己的武功。对于李选侍来说，她失去的是参与辅政的机会。

由此可见，在当时的背景下移宫案实质上相当于一次非暴力政变。在帝国皇权的交接时刻，既定的政治格局需要来一次重新调整，有时候还要面临颠覆性的破坏。为了能够通过控制新皇帝而继续掌控权力，东林党人在帝国新旧势力交替之际，不惜使用这种非常规手段。

在连环三案中，有一个人深陷其中，成为东林党人打击的主要目标，那就是方从哲。

首辅方从哲于万历四十一年（1613 年）进入内阁，第二年成为首席大学士。万历朝的最后几年，内阁中就只有方从哲一人，因此权势极大。

其实方从哲并不是一个强势的独裁者，史料对其评价是"性柔懦，不能任大事"。

首辅方从哲坐着帝国官僚集团的头把交椅，这是东林党人所不能容忍的。为了壮大己方势力，他们自然会将方从哲视为打击目标。礼部尚书孙慎行（东林党党人）在劾疏中就直接指认方从哲犯下弑君之罪，"纵无弑之心，却有弑之事，欲辞弑之名，益难免弑之实"。而且还请求天启皇帝为帝国除恶，杀了方从哲。

这时候，方从哲为了摆脱东林党人的攻击，做了一件自认为聪明的事。

他在征得各位阁臣的同意后，颁布了由他亲自起草的遗诏。在这份遗诏里，他以明光宗的名义褒奖了李可灼，并诏赐钱物。方从哲以为这样就可以平息言官的攻击。结果事与愿违，这份褒奖李可灼的遗诏刚一颁发，就引得朝堂内外群情激愤，攻击更甚。

方从哲本来就因为"三大案"成为众矢之的，在避无可避的情况下，他只好提出辞官归隐的要求。为了缓和政治斗争引发的矛盾，天启皇帝也就顺势批准了他的要求。

泰昌元年（1620 年）十一月初，在帝国权力场上执掌大权八年的方从哲，在萧瑟的秋风中黯然离开了京城。

对于少年朱由校来说，他来到这个世界上，接受的第一门人生课就是政治斗争，这在一定程度上影响了他后来的思维方式和行为方式。

一是成年后的天启皇帝始终对政治意兴阑珊，始终以旁观者的姿态参与帝国事务。

二是天启皇帝缺乏安全感，始终在极力地逃避现实，将自己固着在幼年状态。而这种心理幼稚的外在表现，就是对他的乳母长久依恋。

少年天子朱由校在运作皇权时急需一位政治代理人，或者说是权力经纪人。他属于那种不愿意承担皇帝职责的"甩手派"君主。他的"甩手"并不是将权力完全甩出去，而是将政务当作一个皮球踢给他的权力代言人——宦官。

这时候内官的第一号人物是大太监王安。王安是先帝（明光宗）的伴读太监，在明光宗朱常洛即位之后就迅速晋升为司礼监秉笔，成为光宗身边最为信赖的宦官。王安还是东林党中许多政界要人的好朋友。在"移宫案"中，就是他与东林党人里应外合，逼走了李选侍。

3. 宦官横卧权力之榻的时代

从某种意义上讲，大明帝国的最高层是一个由皇帝、内阁和司礼监构成的权力三角。

在封建制度中，"受命于天"的皇帝理应拥有帝国的一切权力。可现实情况却并非如此，很多时候皇帝对权力的掌控只是象征性的。为什么说是象征性的？因为皇帝虽然是三角中的一角，可一旦另外两角抽离出去，帝国的权力框架就会陷入崩塌。

在这权力三角中，内阁大学士替皇帝思考治国之道，并以代皇帝拟旨的方式来分肥帝国权力这块大蛋糕。最后通过司礼监秉笔太监的手，使内阁的治国理想变成具有法律效力的行动。这样一来，司礼监秉笔就有了自己的权力，他既可以让内阁的理想化为泡影，也可以使内阁的理想成为全国一盘棋的统一行动。

明朝以前的王朝，皇帝和丞相是帝国权力体系的两个核心。丞相虽然不能完全限制皇权，但起码可以在皇帝年幼或是其他皇帝无法行使权力的情况下，避免皇帝身边的近侍利用皇帝的名义过分干预朝政。

明朝的政治体制，使得帝国的权力天平完全偏向内廷，外廷成了花瓶似的摆设。在这种情况下，只要皇帝懈怠于政务，内廷的宦官就会擅权，而外廷根本就没有可与之相抗衡的强人能够站出来。

虽然在万历年间，曾经出现过张居正这样一个强势内阁，但这种强势并非来自权力体系本身。主要还是权力系统内部人际关系发挥了作用，即年幼的皇帝对老师的自然依赖和当时司礼监掌印太监冯保的通力合作。

等到张居正死后，帝国再度陷入内廷为大的怪状，而外廷再无可与太监们相抗衡的实力。

帝国文官集团再无核心可依，彼此间争斗倾轧，陷入党争的泥淖难以自拔。文官集团的势力本来就弱于宦官集团，再加上常年内斗，力量分散，就更无法与宦官们抗衡。

帝国从朱元璋削夺相权起就定下了一个基调，那就是权力要围绕皇帝转，尽可能压低官僚集团的权力值。自明成祖朱棣以后，宦官的权力越来越大，而皇帝与朝臣都在行政体系中边缘化，帝国的命脉也逐渐转移到宦官的手中。

如果我们把明朝的宦官时代排个顺序，王振无疑是第一代宦官之王，刘瑾是第二代，魏忠贤是第三代。

朱元璋挂出的铁牌怎会锈迹斑斑

明代的宦官，最初除了做奴才之外并没有资格染指权力。草根出身的朱元璋九死一生，才为朱家子孙们取得这大明天下。当国家建立以后，那些打天下的功臣尚且落得个兔死狗烹的下场，权力的禁脔又岂容那些宦官染指？朱元璋目睹过元末宦官的危害，从手握皇权的第一天起，他就下决心从根本上铲除宦官干政的一切可能性。

在古代官家权力集团的博弈中，有一个非常形象的拔河论。绳子的两端，一端是皇帝，另一端是官僚集团。这样的权力格局与宦官们并无多大关系，宦官充其量也就是个"打酱油"的角色。

作为开国之君的朱元璋将权力看护得很紧。他废除丞相制，因为在他的权力系统中并不需要丞相来平衡权力，他凭借自己一个人的力量就可以把另一端的官员拉拽得脚步踉跄。

朱元璋出身贫农，应该属于草根中的草根。对于当年的朱元璋来说，不要说是宦官，就是那些长年在权力底层捞油水刮地皮的胥吏，也是手握生杀权力的大人物。所以在他刚当上皇帝的前几年，对那些在权力场中"打酱油"的宦官更是严加防范。这时候明朝宦官的主要职责就是服务于宫廷生活，其活动范围很难超出森严的宫墙。

洪武十年（1377年），有一名老太监，指出国家即将颁发的公文中存在着明显的漏洞。其实他完全是出于一番好意。朱元璋明明知道这个太监并没有胡说八道，但仍然下旨将其逐出皇宫，遣送回原籍。

朱元璋给出的理由是：这名宦官不安于本职工作，越权"干政"了。在朱元璋时期，太监们除了伺候人，没有任何掌控权力的机会。

洪武十七年（1384年），朱元璋曾经专门打造了一面铁牌，悬挂在宫门之上。铁牌上书："内臣不得干预政事，犯者斩。"可以说，宦官的权力在此时跌入了历史的最低谷。

朝廷不仅不允许宦官们干预朝政，更不允许宦官与外臣串通一气，甚至也不允许置办产业。太监无后，置办产业留与谁？朱元璋还以历史上宦官祸国乱政的案例作为警戒，他曾经感慨万分："吾见史传所书，汉唐末世皆为宦官败蠹，不可拯救，未尝不为之惋叹。"

朱元璋在感慨前朝往事的同时，也对自家后院里的宦官们做了种种限制，明确规定宦官不得兼外臣文武官衔，不得穿戴外臣衣帽，官阶不得超过四品，政府各部门不得与宦官公文往来，等等。

事物的发展，并不以个人意志为转移，无论你是皇帝还是草民。等到朱元璋的接班人登上皇位的时候，权力集团内部的拔河比赛又发生了形势的变化。

他的子孙们发现自己在这样一场权力棋局中，渐渐力不可支，甚至在很多时候都要被官僚集团牵着鼻子走。

就在皇帝累得叫苦不迭的时候，他发现了站在自己身边的那些恭顺有加的宦官。于是皇帝索性将御笔一扔，奏章一推，说："哥儿几个过来，你们来帮我和这帮吃饱了撑得没事干的官员拔河。"由于宦官们的加入，这场皇帝与官僚集团的拔河就此达成了平衡。

宦官是帝国权力高度集中的衍生物。只要皇帝是个权力狂人，喜欢玩个人独裁的寡头政治，那么权力的运行轨迹早晚还是会走上重用宦官的道路。朱元璋走的就是这样一条迂回之路。

为了给自己的继任者扫清障碍，他废除了中书省和丞相制，对那些开国功臣进行了一次次的杀戮。当整个朝堂为之一空的时候，他环视四周，能够信任的只有那些朝夕相处的宦官。这样一来，在朱元璋执政的中晚期，特别是在他的晚年，宦官们又重新粉墨登场，在权力的舞台上扮演着颇为重要的角色。

明朝的政治体系其实是各种力量在相互博弈过程中的此消彼长，在这种带着平衡和掣肘色彩的刚性权力结构中，文官应该是大明这场权力游戏中的男主角，所起的作用也是最大的。文官作为明朝官僚集团中的生力军，把持了权力系统的所有关键点。

皇帝如果想要实现自己的政治理想，就必须突破那些制度上的刚性约束，这并不是一件容易的事。也正因为如此，在明代的 276 年统治里，有一大半以上的时间，皇帝的权力受到了文官集团的强力限制。就是在皇权高度集中的时期，在权力场上能够兴风作浪的往往也是那些文官。

作为历史的看客，很多时候我们看见的不过是表象，这种表象就是皇帝和文官斗，或者宦官和文官斗。可表象终究是表象，其本质还是文官内部不同派系之间的权力博弈。在这里，无论是皇帝还是宦官，都是被利用的工具。

关于明代的皇帝、文官和宦官三者之间的关系，曾经有人做过一个非常形象的比喻：在我们面前摆一架天平，如果在天平的左侧放上 9 斤的物体，在右侧放上 8 斤的物体。那么这时候天平就会完全倒向左侧，但如果在右侧加上两斤的砝码，那么天平又会完全倒向右侧。我们把明朝比作这架天平，在皇帝与文官的权力博弈中，宦官就是那个后来加上去的砝码。砝码本身的重量是微不足道的，但是在势均力敌的关键时刻，却往往决定着最后的胜负。宦官们把自己的砝码投向皇帝，让皇帝在权力天平上获得优势，而自身就可以得到巨大的回报。

很多自幼和太监一起长大的皇帝把太监当成了自己的亲人。站在这些皇帝的角度上，你是喜欢一个从小到大无话不说、十分听话的玩伴，还是喜欢那些表情严肃、经常批评自己、干涉自己行为的大臣？我想，任何人都会选择前者。

明朝文官集团的权势已经到了十分猖狂的地步，他们不但干预朝政，批评皇帝（有些确实是故意找茬儿），还监控皇帝的私生活，不能随便旷工出去玩，不能好色，不能贪杯。虽然他们自己也干这些事，却不允许皇帝干（比如张居正）。于是，皇帝们只剩下了一个选择：让太监去制衡大臣。

其实在使用宦官这个问题上，打破种种禁令的并不是别人，而是朱元璋自己。这一点首先体现在宦官人数的急剧膨胀，尤其是到了他统治的中后期，宦官的人数基本上是呈滚雪球状态在增长。洪武十五年(1382 年)十月，一次便"增设内使三百六十人"。而洪武二十四年(1391 年)，明王朝竟一次性向高丽国索要二百多名阉人。安南国也不断向朱元璋进贡阉人，每次动辄几十人。

朱元璋统治期间，宦官机构及其官职设置变动频繁，宦官数量不断增加，相关机构逐步膨胀。在洪武年间，明代宦官机构及官职设置就已基本形成定制。

明代的宦官机构，以"二十四衙门"为基本主体。二十四衙门包括有十二监、四司、八局。宦官除在内廷任职之外，还能出任各种外差使职。按照原来的规定，这二十四衙门主要负责服务皇帝的生活。但事实上，明代的宦官已经发展成为极其重要的政治势力，不但掌管了宫廷内有关饮食起居的一般事务，还控制了全国的军政要务。

尤其是司礼监，它是明代宦官二十四衙门中的首席，也是整个宦官系统中权势地位最高的一个。可以说，司礼监虽无宰相之名，却有宰相之权。

宦官并非在任何情况下都能掌权。一般说来，皇帝有较大权力的时候，作为皇帝的家奴才有可能掌权。皇帝懒于政事才使宦官有了可乘之机。朱元璋的接班人中有人拿自己这个皇帝不当回事，经常干些撂挑子不上朝的出格之事。其中最有代表性的莫过于嘉靖皇帝，他居然可以做到三十年不上朝。

在皇帝不理朝政的情况下，内阁的权力膨胀了，批红权也归了宦官，但在体制上君权仍是最大的，宦官的权力不可能超过皇帝。没有皇帝的支持，宦官便什么也不是，兴风作浪更是不可能的事。

这样一来，宦官们身穿"权力马甲"占据着司礼监这块风水宝地，优哉游哉地掌控着朝政。虽然皇帝不干活，但活儿总得有人来干。于是宦官们就开始代皇帝批答奏文、下行诏谕。最高的决策权与行政权都转移到了宦官的手中。

一个皇帝三十年不上朝，权力系统还能运转自如，不能不说是政治史上的奇迹。而这个奇迹的产生，主要得益于庞大的宦官集团和文官集团所维持的平衡的权力格局。

明朝外戚与朝臣的势力相对其他王朝来说，是非常孱弱的。再加上宦官掌管了东西两厂，握有司法与缉查大权，天下人自然敢怒而不敢言。而权力本身有衍生的趋势，权阉手中的权力自然会向经济、军事、文化等领域渗透。不过太监干政是违背常理的，在道义上得不到任何支持，所以纷争必然会在统治集团内部蔓延开来，最后扩大到民间。王振时代，斗争还停留在相关人物上。到了后期，打击面扩大到了整个官僚系统，甚至连平民百姓也不能幸免。

再拿魏忠贤来说，在天启皇帝死后，他掌握了东厂，掌握了锦衣卫，他的那些亲信们也在权力系统中占据着显官要职。他的权力此时已经达到顶点，离皇帝只有一步之遥，是当之无愧的"九千岁"。不过这时的大明王朝已经进入了倒计时阶段，皇权成了一件易碎品。作为宦官的魏忠贤，其手中的权力越大，在官僚集团和皇帝面前的价值就越低。所以对他来说，权力达到巅峰的时刻，也就是末日到来的时刻。

作为皇帝一定要利用宦官才能实现自己的意愿。这个看似不可思议的结论背后有着深层次的原因。一个皇帝，他的荣辱观念、羞耻观念和普通人是一样的。皇帝在做出一个决定的时候，通常会受到来自权力系统的制约。就算他们能够无视官员和世俗对自己的评价，也要为祖宗留下的江山社稷考虑。

那些太监则完全是自由职业者的状态，他们可以把一切束缚在个体身上的顾虑统统甩掉，轻装上阵。他们甚至连自身的利益都不用做太多的考量，从进入这个圈子的第一天起，他们就割断了与外面世界的联系。这种顾前不顾后的变态心理，可以让他们在做出行动时更加肆无忌惮、毫无顾虑，更不会有精神和道义上的负罪感。

其实这样做的结果往往也很悲惨，难以善终。比如王振、刘瑾、魏忠贤等人，他们最后都落得个自取灭亡的下场。所以整个明代真正不顾个人安危，不怕遭受报应而效仿刘瑾、魏忠贤之辈的宦官终归还是少数。

王振："第一代宦官之王"有文化

朱元璋挂出的"宦官严禁干政"铁牌随着时间的推移，开始变得锈迹斑斑。

从永乐朝开始，受到压制的宦官开始有了复苏的迹象，他们的天空开始渐渐有了亮色。知识改变命运。知识不光改变我们这些平常人的命运，也在悄然改变着宦官的命运。

当年朱元璋禁止宦官读书，等到宦官专权，宦官读书就渐渐成了一种制度性的福利。朝廷设有专门的宦官学校，名为内书堂。还专门配备翰林院的官员来担任宦官的老师，传授宦官文化。在这些有文化的宦官中，有一个人可以称之为"高级知识分子"，连皇帝也尊他为"王老师"，此人就是大太监王振。

具有讽刺意味的是，就是这个有文化的王振，在正统七年（1442年）公然毁去了严禁宦官干政的那块铁牌。他的理由也很理直气壮，那就是"导帝用重典御下，防大臣欺蔽"。

永乐皇帝朱棣和他的父亲朱元璋都是治国的好手，两人可以说是大明王朝最为强悍的两位帝王。在他们主政期间，皇权旁落的各种风险都被他们完美地规避了。

在权力的运行过程中，对那些接近权力核心的辅官阁臣，他们的防备十分严密。比如说在批示奏章这件事情上，两任皇帝基本都是亲力亲为，绝不假手于人。他们只让那些文官在权力结构中扮演顾问、参谋的角色，并没有真正放权于他们。

等到洪熙、宣德两任皇帝以后，这种局面才被打破。尤其是票拟制度的产生，更是直接推动了宦官专权。票拟制度的产生，主要是因为皇帝太懒，懒得连大臣们的奏章都不愿批阅，便让内阁大臣们代劳。那些内阁大臣就用小票墨书，对奏章草拟出各种处理意见，贴在奏章的封面上，然后上报给皇帝。待皇帝审定后，再让太监用红笔写出，称为朱批。所以说票拟制度改变了明朝宦官的命运。

票拟制度为宦官专权打开了一道方便之门，在这项制度中真正捞到实惠的是得到票拟权的司礼监和文书房。司礼监是宦官建制中的十二监之一，也是最重要的监；文书房则是宦官十二房之一。作为宦官建制中的两大权力部门，司礼监"掌印掌理内外章奏及御前勘合，秉笔、随堂掌章奏文书，照阁票批朱"，而文书房"掌收通政司每日封进本章、并会极门京官及各藩所上封本，其在外之阁票，在内之搭票，一应圣谕旨意御批，俱由文书房落底簿发"。这样一来，宦官机构二十四监中的司礼监就成了明朝权力最大的机构。

按照两大部门的职责分工，他们等于是卡在皇帝和大臣中间的障碍物。

对于官员们而言，不管是六部进呈的奏章，还是内阁的票拟，或起草的诏令，在交到皇帝手里之前，都要先经文书房的宦官们过目；对于皇帝而言，他所下达的指令，也不能直接送达官员，也要先经过文书房的宦官之手。

这就是说，所有的奏章在经过文书房的宦官们中转后，其中的内容都已被司礼监的太监们知晓，而内阁大臣们的票拟，只有通过司礼监的审阅后，认为比较靠谱的，才能送达皇帝的案牍。

明朝本无相，可人们还是习惯把大学士称作"相"，把秉笔太监称作"内相"。如此称呼，其实还是有一定道理的。因为大学士和秉笔太监的职责虽然不同于真正意义上的宰相，但是在同皇帝分掌大权这一点上却是相同的。

内阁与司礼监作为权力结构中的一个群体单位，一般总要设一个政治代表。内阁的代表通常就是首席大学士，而司礼监的代表就是掌印太监。

如果皇帝、内阁和司礼监这三方的势力是均衡的，那么权力重心就会正好落在权力三角的几何重心上，此时的政治局面就会趋于稳定状态。但在政治运行的常态下，帝国的权力重心总会或多或少地出现偏移。比如在嘉靖和崇祯时期，刚愎自用的皇帝非常强势，内阁与司礼监只好让出自己的权力份额，帝国的权力重心自然就会倒向皇帝一方。

在明代，先后出现过三次宦官专权，在最著名的魏忠贤之前，还有刘瑾和王振。这三次宦官专权，具备一个相同的条件，那就是皇帝不愿承担自己的职责。在这种情况下，帝国就亟需一位值得皇帝信任的宦官作为权力经纪人。

司礼太监所处的特殊位置，为他们充当政治代理人提供了便利。

作为皇帝合法的代笔人和帝国权力三角中的重要一角，司礼太监不需要调整政治结构就完全可以胜任皇帝的政治代理人。另一方面，司礼太监一旦成了独裁政治的代理人，他就可以将皇帝的身份和批朱大权叠合在一起，这样一来，他手中掌握的权力值会迅速膨胀。

这时候，作为权力三角另一角的内阁已经无力与之抗衡了，只能被动应付，或者主动缴械，依附过去。王振和刘瑾专政时期的情况大致都是这样。

明朝的宦官人数到底是多少呢？史料并没有做出精确的统计。但是从整体上来讲，随着时间的推移，宦官人数呈直线上升的态势，由明初的数百人发展到明末的数万人（一种统计结果是七万人，还有一种是十余万人）。比如正德十一年（1516年），朝廷就一次录用自宫者三千多人；从万历元年至万历六年间，两次从自宫者中录用了六千多名宦官。

在明朝的三次宦官弄权中，虽然各有各的故事，但是对于帝国造成的影响却各不相同。

按照三人的出场顺序来划分，王振应该算是帝国权力经纪人中的一号人物。

王振是儒生出身，年轻的时候虽然饱读诗书，却屡试不第，连个秀才的资格都没有捞着，史称"九年无功"。愤怒的书生在郁闷之余就干了些违法之事，因此被充军。就在王振陷入人生低谷之时，明成祖朱棣准备招收一批儒生教授宫女文化知识。对于戴罪在身的王振来说，这是一个绝对的好机会。

可王振却在机会面前做了短暂的犹豫，因为报考需要一个必备条件。那就是报考者须是净身之人，因为这个职业要常年与宫女打交道，皇帝又怎能放心一个正常男子。

经过一番利害权衡，王振最终选择了净身入宫。在权势与做一个真正的男人之间，显然前者更具诱惑力。在王振看来，一个得不到权势的男人更加痛苦，比做不成男人还要痛苦。

对于自小接受儒家教育的王振来说，这是一场人生的赌局；对于整个帝国来说，一个人的选择往往会在不经意中改变一个时代的走向。

古代读书人通常会将"修身齐家治国平天下"作为人生的至高理想，就算走到无路可走，也九死不悔。王振有勇气将自己逼入宫门，绝不仅仅是为了身上衣和口中食，更不是为了洗刷一个罪犯的耻辱。作为一个文人，他更希望触摸到帝国的政治权力。

对于读过两本圣贤书的王振而言，他当然知道宦官在帝国的政治舞台上到底应该扮演怎样的角色。虽然太祖皇帝朱元璋严禁宦官干政涉权，可随着时间的推移，当初的严刑峻法已经失去了原有的力量。

王振从迈入宫门的那一刻起，就在内心深处盘算着如何在帝国权力场上实现个人的理想。机会随着宣宗朱瞻基的上位而降临。朝廷在紫禁城设立内书堂，挑选可靠能干的宦官入堂读书，王振便是其中之一。

王振本来就是读书人，具备有利条件，所以很快就从内书堂的宦官中脱颖而出。

宣宗朱瞻基非常欣赏王振身上的文人气质，任命他为东宫局郎，专门伺候当时还是皇太子的朱祁镇。宫中人当面都称呼他为"王先生"。

朱祁镇此时还是一个懵懂的孩子，"王先生"就这样成了他人生中的启蒙老师。

对于一个人的一生来说，启蒙老师的影响力往往是其他人无法相比的。等到朱祁镇当了皇帝，王振直接越过几位比他资格老的太监，成了司礼监掌印太监。王振的对皇帝的影响力不局限在朱祁镇个人的身上，并且通过朱祁镇将这种影响力直接导向明朝的国政。

明宣宗临终前为朱祁镇留下了五位辅政大臣，他们分别是英国公张辅，礼部尚书胡滢，大学士杨荣、杨浦、杨士奇。其实帝国真正的掌舵人是明英宗的祖母张太皇太后。张太皇太后是个贤德之人，在国家大事上信赖"三杨"等文臣。

明英宗即位时还是不满十岁的孩子，不具备指定权力经纪人的资格。而此时的王振还算是个循规蹈矩的太监，时常当着"三杨"的面敦促明英宗多读圣贤书，做个有作为的君主。王振所做的表面工作蒙蔽了很多人的眼睛，就连久历宦海的老臣杨士奇也不仅发出感叹："宦官中有此贤良，真乃幸事。"

王振暗地里大肆排斥异己，将自己的亲信任命为禁军都督，掌控禁军军权。气得张太皇太后当着明英宗以及五位"辅政大臣"的面，要将其赐死。在朱祁镇和大臣杨士奇等人的求情之下，王振才算逃过一劫。似乎有所预感的张太皇太后警告皇帝和众位大臣"以后不可令他干扰国政"。

等到明英宗年龄稍长，张太皇太后已死，"三杨"也先后去位，大太监王振才算真正迎来了自己的春天。

朱祁镇非常尊敬自己的启蒙老师，甚至有些害怕，在他当了皇帝后还称呼王振为"王先生"。两人之间的关系，也并不仅仅是师生。从某种意义上说，朱祁镇对"王先生"产生了精神上的依赖。这种依赖与权力大小无关，与人与人之间的感情有关，也就是我们常说的缘分。从后来明英宗对王振非同寻常的恩宠来看，两人之间有着君臣、师生和朋友的三重关系。

王振掌管司礼监后，充分利用皇帝对自己的宠信，以代批奏章、传达诏谕等方式，逐步掌控了中央朝廷。为了试探自己手中的权力究竟有多强大，王振在京城朝阳门外专门筑起一座点将台，请明英宗阅兵。所有京营各卫武官，都要接受检阅。从表面看是王振陪同明英宗阅兵，其实王振在这里玩的是狐假虎威的把戏。他想通过掌控兵权，实现与帝国文臣集团分庭抗礼的政治理想。

没过多久，王振私自擢升亲信指挥纪广为都督金事，任命亲侄王林为锦衣卫指挥金事。此时明英宗年纪尚幼，只是个对权力一知半解的大孩子，一切机要朝政都被他的"王先生"所把持。

为了在权力系统中树立起威信，王振利用一切机会打压朝臣。朝廷中凡是与他有过节的官员，不是被撤职，就是被发配充军。一些王公大臣见风使舵投靠王振，尊称他为"翁父"。皇帝的老师，其他人称呼他为父亲，按道理说也不算吃亏，不过认太监做父可不是什么光彩的事。此时的王振已经进入了权力的巅峰期。

王振由一个郁郁不得志的落魄文人，在割去胯下之物后，居然实现了人生的华丽转型。然而此时的他已经没有了当年的书生意气，治天下的政治理想已经变成了乱天下的权力角逐。王振命人私下损毁朱元璋立下的不许宦官干政的铁牌，在帝国的权力道路上狂飙不止。

王振在帝国权力系统只手遮天，犯下了累累恶行。比如不择手段地打压与他政见不和的大臣，将其下狱或者迫害致死；大肆卖官鬻爵，在帝国权力系统安插亲信；在"朝贡贸易"中收受瓦剌贿赂，并向外国使臣索贿。

对于明朝的宦官来说，很多时候他们更像是被强拉上皇帝政治战车的一拨儿人。其中的大部分人并非天生的奸邪小人，而那些满口道德文章的帝国文官也不见得就比他们高尚到哪里去。只不过宦官大多出身低贱，再加上身体的残疾导致他们内心阴暗行为偏激，更容易被人们反感。

纵观整个明朝将近三百年的历史，其中不乏祸国殃民的坏太监，也有为君分忧的好太监。但有一个历史事实是我们不能回避的，那就是无论他们如何猖獗，都没有危及皇帝本人的地位。要知道，中国历史上宦官权力最大、气焰最为嚣张的朝代并不是明朝，而是唐朝。

在唐朝后期，宦官完全操纵了国家大权，甚至可以废立皇帝，俨然就是国家的最高统治者。而在明朝，太监虽然专权结党，但是皇帝要动手干掉他们，只需要写一张小小的字条，就像孙猴子本事再大也逃不过如来佛的手掌心。

作为皇帝的老师，王振也会利用一些机会替明英宗分忧。王振虽然性格狭隘，利用一切机会打压自己的政治对手。可就算是被钉上历史耻辱柱的王振，也并非坏得一无是处。

王振曾经提议朝廷禁止内宫宦官出外"采办"，以减轻地方农民负担。在排除异己的同时，他也大行反腐倡廉之风。帝国重臣"三杨"中的杨荣、杨士奇的诸多亲信在反贪风暴中落马，受到查处。

正统十年和十二年，王振两次在山东、河南地界清查土地，既增加了国家税收，也让诸多失去土地的农民能够安居乐业。在边防军备上，王振曾主持"大赦"，赦免了许多因土地兼并而逃亡的官兵，允许他们返回军队戴罪立功，使边关增加了数万兵员。正统九年（1444年），王振还命户部拨出专款，帮助陕西、山西两省因受灾而卖儿女的百姓，赎回被卖子女。

被王振陷害的人里，有于谦、陈敬德、李时逸这样的帝国忠良，但也不乏奸邪之徒。王振安插于权力系统的大小亲信，既有不学无术者，但也有治国的能臣。

王振作为一名读过书的儒生，虽然机缘巧合登上了权力的顶峰，可他的骨子里还或多或少地保留着几分儒生的气度。国子监祭酒李时逸因事开罪王振，被判罚戴重枷"罚站"。他的学生石大用知道后上书王振，表示自己愿意替老师受罚。王振在了解情况后，发出"我还不如一娃娃"的感叹，当即释放了李时逸。

大理寺少卿薛瑄本来是王振的老乡，因为不肯依附王振，就被王振派人逮入锦衣卫诏狱，准备将其秘密处决。王振家中的老仆人向王振说情，说薛瑄在"蔚州老家"广有声誉。王振闻言后感叹道"是我忘本了"，当即将薛瑄释放。

正如柏杨先生所言，王振的出现使明帝国走进中国历史上"第三次宦官专权"的时代。说句公道话，虽然明朝在土木堡之变前已经开始走下坡路，但还远没有走到亡国的境地。在王振的撺掇之下，明英宗领着百余名文武官员和50万战斗力存疑的军队就上路了。

这种权力赛道上的"过山车"游戏终于捅了天大的娄子。王振不但连累帝国皇帝成了蒙古人的俘虏，自己也死在了这场突如其来的动乱中。

明英宗被俘，英宗的护卫将军樊忠一怒之下将王振斩杀于战场上。

后来明英宗靠着"夺门之变"推翻景泰帝复辟。当他念及"王老师"的种种好处，居然下诏公祭，为王振招魂厚葬，并在京城智化寺祭祀王振，在巨匾上亲题"精忠"二字，对大太监王振的一生做了总结。

刘瑾："第二代宦官之王"的一滴眼泪

依照我们的惯常思维，刘瑾的眼泪应该是鳄鱼的眼泪。但是，在权力世界，再恶毒、再强大的人也有他脆弱的时候。《明史纪事本末》里记载，大太监刘瑾曾经在权力极盛之时当着下属的面哭得一塌糊涂。

一代权宦在自己的亲信面前毫不掩饰内心的脆弱，而且是边泣边诉："从前宫里人（太监）担心受外臣欺凌，就推举我与他们抗衡。我豁了出去，因此得罪的人太多。如今天下人的怨恨都集中在我身上，我真不知自己将来会落得怎样的下场！"

在这里，刘瑾的眼泪并非作秀，也许他早已预料到自己将会迎来一个惨淡收场的结局。

刘瑾本不姓刘，祖上姓谈，是陕西省兴平人。他在六岁以前便净了身，投靠了一个姓刘的太监才得以进宫，因此就改姓刘，连他的父亲也改名为刘荣。正德三年（1508 年），他的父亲刘荣被封为后府都督同知。

刘瑾在景泰年间刚进宫时，只是乾清宫中一个普通的厮役。明孝宗在位时，刘瑾曾经违反了宫内的规矩，差一点儿被处死，后来侥幸逃脱。否极泰来，随后他由权宦李广引荐，转到东宫侍候太子朱厚照，即后来的明武宗。

正德初年，和皇帝关系最为密切的太监共有八人，他们分别是马永成、谷大用、丘聚、刘瑾、张永、高凤、罗祥、魏彬，人称"八虎"或"八党"。八个太监与皇帝同榻共眠，成天用鹰犬、歌舞、角觝等玩物引诱十五岁的小皇帝，想方设法满足少年人喜欢逸乐的癖好，由此博得皇帝的宠信。

太子朱厚照即位初期，刘瑾还只是一个掌管钟鼓司的太监，在"八虎"中的排名并不显眼儿，甚至有些靠后。

以"八虎"为首的太监将明武宗的生活搅和得鸡飞狗跳，使他成了真正的傀儡皇帝，皇权被置于太监的掌控之下。这一点引起外廷官员的极度不安与反感。

针对日渐抬头的宦官势力，帝国官僚们不得不有所行动。

对于官员的谏言，明武宗根本听不进去。有时候朝官们盯得紧了，朱厚照只是表面接受，可暗地里依然我行我素。有一次，皇帝暗中派宦官敛财的事被阁老们阻止，朱厚照拍案而起，当着满朝文武的面指着内阁大学士刘健等人怒斥道："天下事岂皆内官所坏？朝臣坏事者十常六七，先生辈亦自知之！"意思是说，不要动不动就说太监的不是，你们这些朝臣也没有几个是好东西。

正德元年（1506年）冬天，一场文臣与太监间的生死对决无可避免地爆发了。外廷官员联合起来想要一举铲除"八虎"，以清君侧。这次事件是刘瑾命运的重要转折点，也迎来了帝国的第二个宦官时代。

文臣的带头大哥是户部尚书韩文，他率先发难，发动五府六部各衙门官员联名上疏劝谏明武宗。在这次反"八虎"行动中，内阁、部院、科道等各级权力机构的官员达成了共识。

这次统一行动是文官们为了争取自身利益所采取的必然措施，他们不能坐等宦官势力坐大。那样的话，他们的权力就将被边缘化。

对于一个王朝来说，宦官的骄横往往是因为皇帝控制文官的能力不断减弱。皇帝对宦官的重用在很大程度上是为了与文官集团分庭抗礼，这也是宦官势力得以壮大的根本原因。

尤其值得一提的是，在这次反"八虎"的舆论浪潮中，有一个人起草的奏疏让皇帝读得"惊泣不食"，差点儿走向精神崩溃。此人就是当时的文学名士李梦阳，他替户部尚书韩文草拟了弹劾奏章。由他起草的奏章，文风犀利，直击要害。

这已经不是李梦阳第一次写出惊天地泣鬼神的奏疏了。早在弘治十八年（1505年），时任户部郎中的李梦阳就因为奏疏制造了一起轰动事件，史称"应诏上书"。

当时李梦阳写的是一篇长达五千言的《应诏上书稿》。在那篇奏疏里，李梦阳将国家弊政概括为二病、三害、六渐。奏疏中重点弹劾的是皇后张氏（后来的太皇太后）的弟弟寿宁侯张鹤龄"骄纵犯法"之事。李梦阳因为这封奏疏身陷牢狱。等到出狱后，他在路上遇见了身为外戚高官的张鹤龄，他扬马鞭打落其两齿，彰显了不畏强权的"直臣"本色。

如今"八虎"祸乱朝廷，李梦阳卷土重来。他连皇后的弟弟都敢痛骂，何况几个宦官。

对于李梦阳这样的"直臣"，皇帝是既爱且恨。爱是因为他的确是为了帝国的长治久安才当的"直臣"，恨是因为他的"直"往往会伤害到皇帝的颜面，有损皇权的威仪。

李梦阳这次起草的奏疏是《劾宦官状》，矛头直指刘瑾等八个妖孽太监。这是一篇怎样的奏疏，居然能让皇帝读得痛哭流涕、茶饭不思？在这里摘录其中一段，让我们来领略一下明朝高级言官的功力：

"臣等伏睹近岁以来朝廷日非，号令欠当，自秋来视朝渐晚，仰窥圣容日渐清癯，皆言太监马永成、谷大用、张永、罗祥、魏彬、刘瑾、丘聚等，造巧伪淫荡上心，或击毬走马，或放鹰逐犬，或俳优杂剧错陈于前，或导万乘之尊与外人交易，狎昵媟亵，无复礼体。日游不足，夜以继之，劳耗精神，亏损志德……今照马永成等罪恶既著，若纵而不治，将来无所忌惮，为患非细。伏望陛下奋刚断、割私爱，上告两宫，下谕百僚，将马永成等拿送法司，明正典刑。"

就是上面这段文字让明武宗读得"惊泣不食"。要知道明武宗少年登基，哪里经历过残酷的政治斗争？再加上个人心理承受能力差，年轻的皇帝为自己刚刚即位就深陷权力泥淖而无力挣脱，感到恐慌才会"惊泣不食"。

这份奏疏如果只是李梦阳一个人的意思，也不足为惧。李梦阳只是捉刀之人。奏疏下面的署名之人是以韩文为首的帝国大佬们，其中不乏阁老、九卿等重臣。

没有哪个皇帝愿意与他人共天下。在权力的三方博弈中，皇帝只会选择其中一方作为自己的权力经纪人。这种权力博弈中的联合奉行的是"偏弱模式"，也就是说在这三者之间的关系上，皇帝作为恒量，常常会联合势弱一方来打压势大的另一方。

为了保全"八虎"，妥善应对帝国官员的滔天舆论，明武宗提出把"八虎"安置于南京。这引起了内阁大学士刘健、谢迁等官员的极力反对。他们知道，这是皇帝的权宜之计，治标不治本。等到朝廷舆论休止，刘瑾等人又会卷土重来。

依照刘健等人的意思，这帮祸乱帝国的妖孽之徒都应该处死。

官员的意思由太监王岳传达给了明武宗，王岳虽然也是太监，却是"倒虎派"成员。

得到消息的"八虎"惊恐万分，赶忙商讨应对之策。为了保住自己的利益，已经尝到权力甜头的"八虎"岂能坐以待毙，他们公推"巧佞狠戾，敢于作恶"的刘瑾作为他们的代表，去夺取太监的最高权力机构——司礼监的位子，以借助皇帝的势力与帝国官僚集团分庭抗礼，以便"脱祸固宠"。

群臣的弹劾不但没有让刘瑾有所收敛，反而更加激发了他的斗志。

刘瑾开始为自己晋升司礼监展开拉票活动，他私下对其他宦官同仁们说："使瑾入司礼，可使科道结舌，文臣拱手。"只要你们投我的票，让我掌权司礼监，我就会为你们摆平那些文官。

刘瑾又在皇帝面前为自己打广告："弘治间，朝权俱为司礼监、内阁所掌，朝廷不过虚名而已。如天下镇守、分守、守备等项内官皆司礼监举用，大受贿赂。如不信，只将司礼监掌印太监抄了，金银可满三间房屋。若将天下镇守内臣取回，别用一番人，令彼各备银一二万两，进上谢恩，胜赂司礼监。"

鬼迷了心窍的明武宗并不认为刘瑾是在吹牛，反而认为刘瑾是个有胆识的人，越发信任他。此时明武宗朱厚照长年居住于豹房，豹房成了一座离内廷最近的别宫。在这里，皇帝可以摆脱来自帝国臣工的约束。除了上朝和游戏人生之外，朱厚照会把大部分时间都花在豹房，包括批阅奏章。

在明武宗的庇护之下，"八虎"虽受惊吓，却毫发未伤。在这次事件中，受益最大的就是刘瑾。经过"八虎"的公推公选，皇帝最后的民主集中，刘瑾成了帝国第二代宦官之王。

皇帝任命刘瑾为司礼监掌印太监兼任团营提督；马永成为东厂提督，谷大用为西厂提督，张永等掌管京营军队，分别把守要害地方。于是乎在一夜之间，宫廷的机要、特务及警卫，统统落入"八虎"之手。

几乎是在一夜之间，帝国的政治形势就发生了惊天逆转。朝臣们原指望能够联手将"八虎"踢出中央朝廷，结果却成全了这帮宦官。他们以闪电般的速度夺取了前所未有的巨大权力，刘瑾更是坐上了宦官的头把交椅。

内阁大学士刘健等"倒虎派"官员见无力挽回败局，只好明哲保身。他们纷纷向皇帝提请辞职，以避其锋芒。这样一来，刘瑾刚好可以利用司礼监掌印太监的权力，代皇帝起草圣旨，逼迫这帮"倒虎派"官员致仕（退休），退出这场权力博弈。

在明武宗的权力庇护下，这场声势浩大的"倒虎派运动"以失败收场。

当天，内阁大学士刘健和谢迁先后离任。内阁只剩下了一个李东阳。随后，刘瑾安排"自己人"吏部尚书焦芳进入内阁。而文官们担心内阁为刘瑾所控制，推举刚直敢言的吏部侍郎王鏊随同入阁。

经此一役，大太监刘瑾一跃成为帝国权力的真正操盘手；经此一役，朝臣们也心灰意冷。皇帝宁愿与他们这帮文官翻脸无情，也不愿意与宦官决裂；宁愿与那帮宦官逍遥快活，也不愿意听他们这些文官的忠直劝谏。

正德元年（1506 年）十一月，已经当上司礼监掌印太监的刘瑾开始实施他的"权力清盘"计划。他将户部尚书韩文、户部郎中陈仁，还有李梦阳等反对派人士全部清理出了中央朝廷。

为了架空皇帝，夯实自己手中的权力。刘瑾在这里使的是"迷龙术"，即让皇帝沉迷玩乐，无所作为。

"迷龙术"可以说是太监专权的不二法门，这套理论的创建者应该是唐文宗时期的大太监仇士良。仇士良专政期间，杀害二王、一妃、四宰相，可以说是坏事做绝。这样一个人，却是权力场上的常青树，尽享皇恩厚礼。他在晚年向其他太监传授秘诀时说："侍候皇上的办法就是不能让他闲着，让他追求吃喝玩乐，不要给他读书问政的时间。皇上不管事，凡事就得靠太监，这样一来，宠信和权柄就飞不走了。"（天子不可令闲，常宜以奢靡娱其耳目，使日新月盛，无暇更及他事，然后吾辈可以得志，慎勿使读书亲近儒臣。彼见前代兴亡，心知忧惧则吾辈疏斥矣。）

刘瑾尽得前辈"迷龙术"的精髓。他领着皇帝沉迷玩乐，然后又在皇帝玩兴正浓时递上一沓奏章让他批阅，搞得小皇帝极为不爽，冲着刘瑾吼道："朕要你干什么用？怎么老是拿这些东西来烦朕？"

刘瑾只好打着替皇帝分忧的旗号，顺势将批阅奏章的权力转移到自己手上，在不自觉中就成了皇权代理人。他掌权以后，做的第一件事就是将大学士刘健、谢迁，户部尚书韩文，郎中李梦阳，主事王守仁等53位朝臣列为"奸党"，清理出中央权力机构。由此，刘瑾步入了自己权力生涯中的巅峰时期。

在畏惧和讨好这两种心理的作用下，帝国各级官员向皇帝奏事，都要先将章奏送达刘瑾处，具红揭，称红本。然后上通政司，称白本。刘瑾经常将奏章带回私人居所，与同党商量着批阅。这一时期对官僚奏议的批答，能够较为全面地反映刘瑾的执政理念。

刘瑾在权力上的肆意妄为，使得京师流传"两皇帝"之说。同时代的文人王世贞在其所著的《国朝丛记》里将其形容为"站的皇帝"。原因是刘瑾擅权时，群臣上朝面圣，首先要做的就是向东北一揖，因为刘瑾这个"站的皇帝"立在那里。还有同党在背地里称他为"小太祖"。

刘瑾擅权期间于明朝典章制度颇多更张，时人谓其乱制。在刘瑾倒台以后，帝国从上到下来了一场大清算。在这次清算中，对刘瑾所乱之制进行了统计。史料记载，"廷臣奏瑾所变法，吏部二十四事，户部三十余事，兵部十八事，工部十三事"。由此可以推算，刘瑾的改革措施至少有八十五条，大多集中在人事、财政、军事等方面。

现在我们只能从一些相关的记载里，粗略了解刘瑾在政治上的一些作为。刘瑾是个崇尚严刑峻法的人，当然我们也可以将其视为打击政敌不择手段。在其专政期间，争议最大的就是"罚米例"，有人认为这是刘瑾独创。

其实"罚米赎罪条例"还真不是刘大太监的专利，从明朝建国起这种赎罪制度就已经存在了。洪武年间，官员拿到的薪俸都是本色米，罚俸实际上就是罚米。朱元璋在洪武二十三年定下"罚米赎罪条例"，除死罪外的其他罪行都可以"罚米赎罪"。后来，赎罪制度也可以用于死罪犯。当时规定，犯死罪者可以缴纳一百石大米，送至边疆要塞充作军粮。运送过程中，国家不提供运费及口粮，死罪犯需自备米三十石。只要缴纳了足数的大米，死罪即可豁免。

正德初年，国家财政陷入困境。为了缓解帝国的财政危机，刘瑾主持了盘查核实全国各地仓储的运动。客观地说，刘瑾希望通过盘查达到"使边储充实，国库足用"的目的也是明显的。在这种情境下，刘瑾采取各种措施，包括"罚米赎罪"以弥补国家财政亏空也是合乎情理的。

对于刘瑾来说，盘查仓储有很大的利己成分在里面。同时他还可以借助"罚米例"的手段实现打击朝臣的目的，可谓一举两得。由此可见"罚米法"并非刘瑾创设，而刘瑾的"罚米例"，其实是对帝国赎罪制度中"罚米赎罪条例"的滥用。

刘瑾当权期间，为了限制其他宦官的势力，还搞了个内厂，重要功能之一，就是监视其他太监主管的东厂、西厂。

厂卫是明代特务政治的工具，是皇帝的耳目和爪牙。东厂、西厂和大内行厂（内厂）的头目，基本上都是由司礼监太监充任。当时的"八虎"马永成和谷大用分别掌管东厂和西厂，而他们又与刘瑾产生了矛盾。随着文官集团的败退，宦官集团内部因为权力分肥也出现了分裂。

为了扩张自己的权力范围，刘瑾又在京师荣府旧仓地（即四司之一的惜薪司）另设内行厂，自成系统，侦缉范围比锦衣卫、东厂和西厂三个特务机构还要大，除监察臣民外，锦衣卫、东厂和西厂也在监察之例，权势居东厂、西厂之上，用刑尤为酷烈。

刘瑾专权只有短短三年多的时间，正史列出的罪名基本上可以归结为两大条：一是收受贿赂；二是残害官员。尤其是前者，让他在死了五百年后，还能创造一个世界之最。

在《亚洲华尔街日报》评出的 50 个世界级"千年最富"排行榜上，大太监刘瑾赫然在列。报纸是这样介绍的："刘瑾是中国明朝一个富得惊人的宫廷太监，他滥用职权，聚积了巨大的财富，最后因叛逆罪而被处死。"

应当说，中世纪政府的运作，除了有正式权力的推动，还要有非正式权力的辅助。行贿是非正式权力运行的润滑剂，它在给帝国的权力系统涂抹上一层灰色的同时，也在用这套生存规则推动历史的发展。也就是说，"政以贿成"并非是走向衰落之后才会有的现象，它贯穿帝国的始终。那些帝国官员和太监为了能够得到当权者的提拔重用，往往都会采取金钱战术。这也成为刘瑾最主要的收入来源。

刘瑾到底聚集了多少财富呢？《亚洲华尔街日报》所给出的数字，也是最大的数字，即黄金 1205.78 万两，白银 2.59 亿两。与刘瑾同时代的陈洪谟和郎瑛之，各自著有《继世纪闻》和《七修类稿》两部史稿，都详细记录了刘瑾的家产。这两个作者都是明朝人，而且都不是小角色。其中陈洪谟在刘瑾死时只有 36 岁，中进士十余年，曾经当过刑部和户部的部曹，最后以兵部左侍郎（国防部副部长）的官职退休。

这样一组数字，究竟有多庞大呢？我们可以就此来做一个横向比较。

在刘瑾生活的年代，帝国的财政年收入是白银 200 万两。按照这个数字，刘瑾的财产相当于帝国 150 多年的财政收入。七十多年后的张居正通过十年改革为帝国积攒下的国库存银也不过 1250 万两。与这个数字比，刘瑾的财富足足是它的 25 倍。如果按照 1 两白银大约折合人民币 400 元来算，刘瑾的个人资产高达 1200 多亿元人民币。

史料记载，正德初年，兵科给事中周钥奉命去淮安地界查勘。就在他办完公差返回京城的途中，他在自己乘坐的船上自杀了。由于事发突然，等到身边的人反应过来，周钥只剩下一口气了。他身亡前没有留一句话，却留下了"赵知府误我"几个字。

刘瑾当权期间，一手抓权一手抓钱，但凡有京官奉命出差，他都会狠狠地敲上一笔竹杠。对于当时的京官来说，能够出趟公差，就等于获得了一次敛财的机会。刘瑾在这里玩的是权力分肥，既然我给你权力，给你发财的机会，那么我就应该分得利益。当时官员凡进京朝见皇帝，或从外地出差归来，都得先见过刘瑾，送上份厚礼，才能去见皇帝。布政使上京送礼的惯例是两万两，拿不出来的，就先在京师借，回到地方再设法偿还，时人称为"京债"。

当时的兵科给事中周钥到淮安出公差，返京也要按规矩向刘瑾送厚礼。淮安知府赵俊本来答应借给周钥"千金"，以应付刘瑾。可是赵俊突然变卦，这让周钥无计可施。眼看京城将至，周钥在别无选择的情况下只好自杀。

处理结果让人大跌眼镜，那位出尔反尔的赵知府被押送京城问罪。这件事闹得沸沸扬扬，影响自然很不好。刘瑾的党羽张彩是较有政治眼光的人，他对刘瑾说："如今人们送给您的财富，并不都是私财，往往先借贷京师，回去后又动用官库中的银子偿还。您何必搜敛怨恨、遗留祸患呢？"

刘瑾深以为然。他早已不缺银子了，安全却越来越重要。这时候，御史欧阳云等十余人恰好按照老规矩来行贿了，刘瑾揭发检举了他们的行贿行为，将他们全部治罪，给自己换来了拒贿的名声。随后，刘瑾派遣十四位给事中和御史，严格盘查各地官库。官库的银子早被抽空了，如何经得住那些鹰犬的严查？于是，各地官府争相厚敛百姓，弥补亏空。

就像吴思先生所说的那样，这个过程如果反映到账目上，大概就是各地的"正簿"入了宦官的"杂簿"，各省长官回去后搜刮"杂入"，填补正簿中的"杂出"。而刘瑾等人又从宦官的杂簿中领走了自己的一份。

刘瑾也不是生来就如此贪婪。作为一个无家无业的太监，财富对他们这样的人来说又有多少世俗意义呢？那些在权力之路上不断奔波寻找终南捷径的官员，慢慢喂大了刘瑾的胃口。

根据史料记载，第一个送刘瑾大额贿款的人是右都御史刘宇。正德元年（1506年）年末，刘宇通过大学士焦芳的引荐搭上了刘瑾这条权力线。刘宇很是大方，出手就送了刘瑾上万两的银子（折合400万元人民币）。这是刘瑾"初通贿"，是他收的第一笔上万两银子的贿赂。

对于一个"初通贿"者来说，对贿赂的期望值肯定是比较低的。上万两的贿银完全超出了他的想象，也难怪刘瑾会问："刘先生何厚我？"我们之间并无深交，你怎么下这么大的血本？天下没有免费的午餐，权与钱的交易永远是一种非常态下的常态投资。

这一万两银子就像是一个炸药包，直接轰开了刘瑾在财富面前的最后一道防线。刘瑾虽然在官场混了几十年，可在权力寻租方面并无多少实战经验。他当然知道权力是有价的，但却不一定清楚到底价值几何。

也许在此之前，他收到的不过是一些成百上千的贿款，甚至有些帝国官员送他一个小礼品，就可以享受到他的权力庇护。正因为他不懂行情，所以刘宇奉上万两银子时，他才会做此表现。

金钱所到之处，帝国的权力之门洞开。刘宇在成为刘瑾"阉党"的核心成员后，仕途通畅，官至兵部尚书，加太子太傅，是仅次于太子太师的至尊头衔。刘宇在兵部尚书的位置上大肆受贿，因为在此之前，为了得到权力他已付出了巨大的成本，所以他必须利用自己手中的权力来收回成本，获取利润。在他当上中央六部中地位最高的吏部尚书后，发现文职官员根本不如武官来钱快，不免慨叹："兵部自佳，何必吏部。"

刘瑾的大权独揽只维持了短短三年时间。明武宗朱厚照开始对刘瑾的独断专行渐生不满。他有意起用与刘瑾素有嫌隙的张永，试图对刘瑾进行权力制衡。

正德五年（1510年）春，世居甘肃的安化王朱寘鐇以刘瑾乱政为名，举兵造反。

朝廷派杨一清前往讨伐朱寘鐇，同时又派宦官张永监军。杨一清早就有心除掉刘瑾，当他得知张永与刘瑾之间存在矛盾时，就想利用张永扳倒刘瑾。

平叛任务结束后，正德皇帝设宴犒赏张永等人。就在这次宴席上，张永献上朱寘鐇讨伐刘瑾的檄文，并揭露了刘瑾所犯下的十七宗罪。在听完张永的汇报之后，皇帝只说了一句话："刘瑾负我。"

几天之后，正德皇帝下令逮捕刘瑾，执行任务的就是宦官张永。张永不敢稍有怠慢，急匆匆率禁军包围刘宅，将刘瑾逮捕。

刘瑾入狱后，张永和阁臣李东阳担心他再度复出，于是一再奏请皇帝抄没他的家产。估计他们已摸清底细，只要刘瑾的财产数目被公之于众，这个帝国巨贪绝对难逃一死。果然，当朝廷搜出刘瑾五年来苦心经营的金山、银山和一大堆违禁物品时，皇帝的小宇宙彻底爆发了，他命三法司、锦衣卫会同百官，在午门外对刘瑾进行公审。

在公审当天，刘瑾故作淡定，用一种极其傲慢的姿态面对审讯他的官员："公卿多出我门，谁敢审我？"你们这些人都是我提拔的，哪里有资格来审判我。

不久前刚刚被刘瑾提拔为刑部尚书的刘璟第一个将头垂了下去，其余百官也纷纷躲闪着他的目光。只有驸马都尉蔡震站出来说："我是国戚，并非出自你的门下，该有资格审你了吧？"随即命人左右开弓地扇他的耳光，同时厉声说："公卿皆为朝廷所用，还敢说是你的人？说，你为何私藏盔甲和弓弩？"

如果私藏兵器、意图谋反的罪名坐实，刘瑾就死定了。对于皇帝来说，贪污是他能够接受的，可谋反却是不可饶恕的。

虽说刘瑾坐地贪赃成了"千年巨富"，可最后真正要他命的还是权力场上的游戏规则。

几天之后，刘瑾的心腹党羽焦芳、刘宇、张彩、刘璟等六十余人全部遭到逮捕。我们来看一看这张权力大网中，究竟网住了多少条大鱼：内阁大学士3人，北京及南京六部尚书9人、侍郎12人，都察院19人，大理寺4人，翰林院4人，通政司3人，太常寺2人，尚宝司2人，等等。

作为刘瑾的党羽，这些人或被诛杀，或被下狱，或被贬谪，或被罢黜。经过这么一番折腾，整个帝国朝堂几乎为之一空。

值得一提的是，必死无疑的刘瑾享受到的是古代刑罚中的超豪华待遇——凌迟处死。据说刽子手对刘瑾施刑用了整整三天，从头到尾共剐了他3357刀。

刘瑾到底因何罪名被诛杀，并没有多少深究的意义。他的死只是早一天晚一天的事情。充当皇帝的权力代理人，或生前，或身后，都很难落得个好下场。造成皇权代理人可悲结局的一个基本原因，是代理人作为一个政治角色，形式与内容严重不统一。

虽说皇帝需要内廷的宦官势力来制衡外廷的文官集团，但当皇帝发现像刘瑾这样的大太监握有可能威胁到皇权的权力时，帝国的当家人就会毫不犹豫地将其铲除，然后重新扶持另一个权力经纪人。不仅宦官的命运如此，那些高级文臣最后的结局也大抵如此，明中后期的内阁首辅就没有几个善终的。

矿监是财经帝国结成的权力怪胎

万历四十八年（1620年）春节刚过，明神宗朱翊钧突发重病，眼看就要一命呜呼。于是他急召大学士、首辅沈一贯进宫交代后事。

在这次君臣会谈中，明神宗提到了朝廷派矿监到地方收矿税之事。他说，设矿监收矿税也是不得已的事，因为大殿维修需要钱，现在大殿修好了，矿税可以停下来了，派出去的太监也都召回来。人之将死，其言也善；鸟之将亡，其鸣也哀。万历皇帝是良心发现，还是顾惜自己身后的声名，抑或是对因果报应的忧惧，我们不得而知。总之，他决定撤回矿监税使，以此来终结危害帝国多年的矿税之祸。

口说无凭，明神宗还亲笔写了一张谕旨，当场交给沈一贯。沈一贯压抑住内心的喜悦，只等第二天颁诏天下。可漫长的一夜过后，沈一贯就再也笑不出来了，他愤怒了。

第二天，万历皇帝的病突然好转。作为臣子的沈一贯本应为龙体康复而感到高兴，他的愤怒又是从何而来？原来，否极泰来的万历皇帝反悔了，他想要推翻前夜自己亲手拟定的谕旨。明神宗生怕沈一贯抢先颁布谕旨，连续派出二十多名太监向沈一贯索要谕旨。

太监到了内阁，沈一贯和其他阁臣坚决不同意。君无戏言，既然说了，就要算数。

来追缴圣谕的宦官一拨儿接着一拨儿，前后有二十多人。宦官们磕头出血，请求沈一贯把圣旨交回去。无奈之下沈一贯只好交还圣旨。

为了给自己找一个台阶下，两天后，朱翊钧又给内阁重新下了一道谕旨："朕前日头晕目眩，召卿面谕之事，且矿税等项，因两宫三殿未完，帑藏空虚，权宜采用。见今国用不敷，难以停止，还着照旧行，待三殿落成，该部题请停止，其余卿再酌量当行者拟旨来。"帝国正在用钱之际，又怎能取缔矿税，撤回矿监？除非皇帝将死，脑子不好使了，才会犯下前日的错误。

对于朝臣们来说，他们已经习惯了这种朝令夕改。

这里提到的矿监，是万历时期权力结构中涌现出来的权力新贵。他们是皇帝派往地方督领开采金银等矿的宦官。与早期的宦官不同，此时的宦官分工呈多元化趋势。由于分工的细化，宦官的权力范围不断扩大，不再局限于皇宫内院。

可以说，他们已经不再是传统意义上的宦官，更像是中央驻地方的税务官员。他们的任务就是找人开矿或者是为别人开矿办理手续，从中抽取高额利润。宦官越过宫墙本就僭越大明祖制，如今他们又被明神宗指派到地方揽矿敛财，这更是一件疯狂之事。

张居正死后的第二年，万历皇帝接手帝国大权。没过多久，大明王朝的财政出现了严重亏空。导致明朝财政亏空的主要原因有三点：

　　一是庞大的皇室俸禄开支，拖垮了中央财政。明朝的皇室宗亲，吃的是国家的俸禄。明朝刚建国的时候，朱元璋的子孙还不是很多，但是经过两百多年的繁衍，皇族人数越积越大。人一多张嘴吃饭的就多，由此宗禄就成为大明国库的沉重负担。据《明史·食货志》记载，当时天下每年供给京师的粮食是400万石，而诸府的禄米是853万石，缺一半还多；以山西为例，山西留存的粮米是152万石，宗禄米是312万石；再以河南为例，河南存留的米是843万石，而宗禄米是1920万石。也就是说，两省存留的粮食，还不够皇室宗亲所需的一半，这还没有加上朝廷官员的俸禄和官兵的军饷。

　　二是运行庞大的权力结构，让帝国财政雪上加霜。明朝实行的是两京制，也就在北京和南京，各有一套政府机构，各有一帮官员。这就导致机构臃肿，官员队伍庞大，各项俸粮达到了数千万石，而十三布政司和南北直隶额派的夏税秋粮只有2668万石，出多入少。这样的结果就造成了王府缺禄米，卫所缺月粮，各边塞地区缺军饷，各省缺廪俸。

　　三是万历时期的建设和开发，拖死了帝国财政。万历末年，皇家大兴土木，光是修建定陵，就耗费掉白银800万两，导致内府经费吃紧。没有办法，朝廷只好暂时挪用济边银来补充亏空。

　　明神宗之所以派出身边的宦官去采矿收税，除了内府严重缺钱之外，还有一个重要原因。当时，受经济大环境影响，商品经济的发展已经呈现出非常迅猛的势头，这让整个帝国的官僚地主阶层都患上了财富狂热症。他们纷纷将自己手中的权力打造成为抽水机，源源不断地为自己抽取财富。面对这样的局面，万历皇帝那敏感的神经也被触动了，更何况他的帝国也确实需要真金白银来填补巨大的亏空。因此，明神宗下令全国只要有矿的地方都可以开采，以便从中收税。

　　矿监制度遭到了大臣们的一致反对。为什么大臣们的反应会如此强烈？因为明神宗的这一做法，触碰到了他们的利益。这种皇帝直接派人到民间收税的做法，在很大程度上破坏了帝国自上而下的权力秩序。万历越过官府衙门和地方精英集团的做法，既违背了朱元璋的"祖制"，又破坏了权力系统的层层分肥法则，强行截断了利益管道的中间环节。因此，不可避免地招来了朝臣和地方官员的强烈反对，同时在民间也难以获得认同和有效合作，从而加剧了权力系统内部各势力集团之间的矛盾。

万历二十二年（1594年），一个叫陈增的矿监被派到山东去开矿。但他在山东开了两年后发现，这个地方根本就没有什么值钱的矿。于是，在万历二十四年（1596年），他创造性地把矿税改成了店税。陈增向明神宗汇报，山东做生意的多，商铺多，可以逐店取税，肯定会大有收获。

万历皇帝觉得这的确是一条生财之道，就因势利导，准许矿监可以同时开征商税。收税对象并不限于商铺，只要能够列出名目的税都可以一并征收。下面征税的宦官编制不够的，明神宗又加派税使。

只要能列出名目，都可以开征。万历皇帝的这个口子开得太大了，有些像在开玩笑。

万历二十四年（1596年），坤宁宫发生了一场特大火灾。由于没能及时扑灭，连乾清宫也一并被烧为灰烬。

修复两宫是一项耗资巨大的工程，这样一来国库再次吃紧。于是万历皇帝将抽水管道伸向地方。有管道，还得有水源。明神宗命地方官府四处开采金银矿和原砂矿，只要发现矿源，就立刻派宦官下去管理。

明朝的税收沿用两税法，是由户部主持，但皇帝又另外设立了一个专门的征税系统，由他亲自指派的宦官来负责，称为"某地某税提督太监"，老百姓就戏称他们为：矿监、税监、盐监、珠监等。太监，的确太能监，无所不监。

矿监、税使是个专业性很强的职业，他们只管税收而不管其他地方事务。他们的顶头上司只有一个人，也只对一个人负责，那就是皇帝。他们的政绩仅仅体现在税收的量化上，以数字说话。与地方的官府衙门相比，他们的权力行为只看重眼前，只对上负责，不需要对下有所交代。因此，他们所采取的手段往往是杀鸡取卵式的。

以矿监为例。按照常理，一个矿监就是一个宦官，但事实上，挂实职的是这一个宦官，但他屁股后面起码还要跟着上百个随从。在这上百个随从里面，负责干实事的就那么十来个，其他都是喝茶吃闲饭的。这还不算，这十来个干实事的，每个人也还要带上很多手下。这样一来，原本几个人就可以搞定的工作，跟滚雪球一样滚来滚去滚出一个庞大的矿监集团。

粗略一算，一个矿监就能解决成百上千人的吃饭问题。矿监税使每年盘剥近千万两白银，上缴内廷的只有几百万，也就是说，只有十之一二的数目作为任务被上缴，而十之八九的数目都要落入了矿监、地方官员、各级胥吏的个人腰包。

万历二十六年（1598年），明神宗又向全国各地派设税监。矿使、税监往往是二位一体，主持开矿，同时也兼征税。此外，有的太监是专职征税。

从万历二十五年（1597年）到三十三年（1605年），各路矿使、税监共搜刮三百万两白银，并隔三岔五地向皇家贡奉金珠、貂皮、名马等物。皇帝派出太监到基层刮地皮的做法，激起了官僚集团的强烈反对。

时任吏部尚书的李戴就指出了其中的猫腻儿：矿监、税使到地方征税，如果以十分计算，落到皇帝手里的只有一分，矿监税使本人要侵吞二分，他们的随从人员就地分取三分，当地土豪恶棍中饱私囊占去了四分。

这帮家伙一向是以"搜刮天下之民脂民膏为己任"，而且来头很大，一个个披着权力的虎皮深入地方，"口衔天宪，手握皇纲"。表面看来他们是在替中央收钱，实际上干的更多的却是敛私财的勾当。

明神宗对宦官们在各地打着自己的旗号为非作歹有一定心理准备，但是宦官们造成的祸害究竟有多大，他却不一定了解情况。文官们屡屡上疏弹劾宦官，万历却始终充耳不闻。历史记载，在不到五年的时间里，各路矿、监税使向朝廷内库供奉银两就高达三百万之巨。看着从下面滚滚而来的真金白银，明神宗的火气自然也就消了。

作为一国之君，明神宗看重的是丰厚的利益回报。那些过去侍奉在皇帝身边的宦官到了地方，居然如此得力，为国谋福祉的能力毫不逊于那些地方官员，这让万历皇帝十分欣喜。

万历二十七年（1599 年），户部都给事中包见捷上疏，认为应撤回矿监税使，不然国本将为之动摇。明神宗根本听不进这些危言耸听的话，他不以为然地说：“老祖宗不也干过这事吗？到了嘉靖年间才告停，现在我只不过是在遵祖制而行。”

其实明神宗与宦官之间的关系，绝不仅仅是主人养了一条狗这么简单。朱元璋当年废除丞相集大权于一身，这就为自己的后世子孙定了“民工皇帝”的调调。起早贪黑，埋头干活，大大小小的纷繁杂务，皇帝都要亲力亲为，绝不假手于人。

既然官员们都不值得信任，皇帝只能依靠身边的宦官。尤其是万历皇帝，经历过张居正大权独揽的时期，他与权力系统内的官僚早就没有了互相信任的关系。从明神宗全面掌权之后的官僚机构布局中可窥一斑，万历四十年（1612 年）时，首辅只剩下叶向高一人。权力副手本来就少得可怜，而明神宗自己又不愿干活，通常情况是，官员的奏章递上去，他就留中不发。这样一来，许多问题根本得不到及时处理。

既然你皇帝都不拿自己的“家天下”当回事，作为官员又何苦操那份闲心。首辅叶向高索性也当起了甩手掌柜，请了一个长期病假，窝在家里闭门不出。而当时中央权力机构中的吏、户、礼、兵、刑、工六部，只有吏部赵焕一位尚书，户、礼、工三部各有一位侍郎，都察院也整整八年没有配备正官。吏部尚书赵焕多次上疏请求补充缺少的官员，万历皇帝就是不予理睬。无奈之下，赵焕写了个辞呈递上去，辞官不干了。

职能部门严重缺员，已经使政府机构陷入一种半瘫痪状态，而那些在位的阁臣，由于长期得不到皇帝的批示和接见，根本就没有办法开展工作。就信任度和个人情感而言，在大臣与宦官之间，万历皇帝更加倾向于宦官。

明神宗赋予宦官威权，其实就是出于权力掣肘的目的。一方面，抬高宦官的地位可以打击压制那些不听话的文官；另一方面，派到地方去的矿监、税使就像皇帝伸展到权力结构中的“触角”。作为坐镇权力中央的皇帝，他不可能完全了解全国各地的情况，而他又担心自己被蒙蔽。所以皇帝只好去寻找心腹之人来监视臣民的活动。宦官特务也由此成为明朝政治的一大特色。

万历二十七年（1599年）二月，万历皇帝派御马监太监陈奉到湖广（今湖南、湖北一带）地区征收店铺税，同时兼采办兴国州矿洞丹砂以及钱厂铸钱之事。

陈奉深入地方以后，胡作非为，仗势虐害百姓。他往往借口巡历，鞭笞官吏，抢劫行旅。陈奉待了五个月，就让当地老百姓恨不得食其肉、拆其骨。实际上，陈奉在地方祸害的不只是老百姓，还损害了地方官僚和士绅商人的利益。

明朝宦官在聚集财富上很有办法，不光那些握有实权的宦官能够大捞特捞，就是普通宦官也生财有道。在明朝宫廷内部设有许多内库，类似于皇家的专用小金库。这些小金库"专受四方任土之贡"，而这些来自地方的贡品都是皇家所需的必需品，其价值尤为可观。内库通常是由宦官掌握，各省解送内库的实物也是由宦官检验，认为质量合格才能入库，否则就拒绝接收，解送人员就会长期滞留在北京而不能完成任务。因此要想顺利完差入库，就必须贿赂这些宦官。此外，宦官还可以利用其他种种名目肆意勒索。

而宫中那些并无特权的宦官也可以利用宫中举行庆典或者兴建大的工程项目之时通过克扣或冒领钱物来满足自己的贪欲。时人沈德符曾指出："修建皇家住所（宫殿），同样的工程要比民间多花费数百倍。我曾经听说乾清宫的窗槅坏了一扇，估价至五千金。扣除宦官的侵削和部吏员的回扣，真正用于维修的钱并不多。"

宦官们深居皇宫大内，他们的行为基本上不受外廷官员的监督和约束，他们的贪污手法也极其隐蔽。陈奉在没有被派往湖广地区之前，是宫中的御马监奉御。这是个非常有油水可捞的宦官职位。在明代宦官二十四衙门中，御马监和司礼监一样都是极其重要的部门。这个职务可不光是管辖养马人员，同时还统领御马监人员组成的禁兵。由此可见，陈奉在皇宫大内也是炙手可热的人物。

在陈奉还没有到达湖广地区之前，当地的部分官员已经开始有所行动。地方官员之所以抵制矿监、税使，主要还是"抽水机原理"的效应。虽然到地方采矿收税的宦官都是由皇帝委派的，但皇帝自己也是个冤大头。权力管道抽上去的"金水银水"没有汇入帝国财政的水库，抽取的水在向上流的过程中，已经被宦官截留了，并且截的是主流，皇帝到手的只是十之二三的支流。

其实懂得"抽水机原理"的皇帝不在少数，万历也不傻，只是他为钱所困。在他感觉命不久矣的时候，他也曾提出废除矿监税使，这说明他看到了问题的本质。朱元璋当年就看透了这一点，他认为"（矿）利于官者少，损于民者多，不可开"。也就是说，开矿对于官府来说好处不大，却会损害老百姓的利益。官府得不到好处，那么官员得到的好处也就有限。老百姓得不到好处，还要承受伤害。在这种利益计算过程中，地方是只见付出不见回报，而十之七八的利益都落到了矿监的私人腰包里，朝廷得到的是很少一部分，当地百姓还要承受损害。

明摆着是贴钱的买卖，可又无权拒绝。因为到了万历皇帝这里，开矿成了一项政治任务。太监成了皇帝的权力经纪人，替皇帝去开矿捞钱。主奴之间达成了利益分肥的默契，官员即使心有不满也说不得，皇帝根本听不进去他们的建议。

等到矿监陈奉来到地方后，那些试图发动本地名流和民众去堵"抽水机管道"的地方官员就成了宦官打击报复的对象，其罪名就是"阻挠开矿"。宦官本身是不具有正式权力的。他们的权力主要还是来自皇帝给的"马甲"。一个聪明的宦官，他会想尽一切办法把自己纳入到皇帝的权力庇护下。

陈奉在这里就是这么干的。开矿是皇帝指示的政治任务，那些地方官员和老百姓阻挠开矿就是反对皇帝。这顶大帽子扣下来是要人命的。这种动辄上纲上线的做法是官家社会的通用规则。

湖广当地的一些官员委托科道官告御状，以此攻击矿监，但却毫无效果。

明神宗对那些没完没了的奏章感到非常厌恶，他曾经很多次地谴责那些上奏的科道官员，迫使他们提出辞职。而对于陈奉递交上来的弹劾当地官员的奏章，他都会认真对待，要求内阁及时拟定处罚措施。

其实这是意料之中的事。科道官的御状是递交到明神宗手里的，御状的措辞激烈，矛头直指陈奉这些矿监，这就等于在攻击万历颁布的"新政"。皇帝虽然没有处罚上疏的科道官员，却给地方官员安了个勾连京官、党争祸国的罪名，通过处罚地方官来发泄对科道官员的愤怒。湖广官员就这样卷入了京城的党争，沦为万历皇帝和科道官员之间政治斗争的牺牲品。

采矿和管理矿产的官员都是皇帝最信赖的人，皇帝的信赖就意味着权力之源取之不竭。陈奉这些矿监从京城空降地方，虽然在地方上没有权力基础，但却可以动用公权力来强迫当地民众几乎无偿地为他挖矿，也可以不给当地支付任何成本而将矿拿走。

在皇权的打压下，地方的权力指数急剧下滑。为了保住头上那顶乌纱帽，地方主要官员不得不依附于矿监，这样就等于放权给矿监、税使。陈奉等人加大了对地方压榨的力度，民众对地方官府越来越不满。对于民众来说，官员与矿监是相互勾连的利益共同体，是天下乌鸦一般黑。

如果我们将陈奉放在权力的天平上衡量，他不过就是正八品的小吏，只相当于我们今天的科级干部。按说他们根本无法与权力秩序内的官员相抗衡。可事实情况却并非如此，他领着一帮主动投靠来的亲信党羽在湖广地区为所欲为，将征税的过程直接升级为流氓式的拦路抢劫，竟无人可以制衡。

这种人好像天生就具有做恶人的天赋。他派出手下四处打探富户人家的祖坟位置，探听到结果后，就认定这些祖坟下面有矿，按照皇上旨意要挖。富户们只好给陈奉献上金银，来赔偿矿监的经济损失。陈奉在自己作恶的同时还鼓动手下人作恶，其党羽们敢在光天化日之下闯入民宅，奸淫妇女，有的干脆将妇女掠入税监办公的官署。

矿监税使虽然身负皇命，但他们在地方上的疯狂无异于流氓地痞。也就是说，矿监集团的发展是以网罗利用流氓地痞为前提的。当地官员对陈奉这种流氓式的做法敢怒而不敢言，更谈不上配合他们的工作。

对于那些长期居于内宫的宦官们而言，明朝中后期的政治制度给他们提供了一个前所未有的机遇，他们流氓式的手段也不仅仅限于牟取经济利益，反而以极大的势能向整个权力体系辐射。对于陈奉等人来说，他们根本没有官家制度的概念。在他们的眼中，只对皇帝一人负责。如今他们是奉了皇命，自然有恃无恐。

一次，陈奉从武昌到荆州征收店税。消息被当地官员故意散布出去，商人和老百姓得知后，聚集数千人在他必经之路鼓噪起哄。即使沿途有官兵护卫，陈奉也被飞来的石头砸伤。事后，陈奉向万历皇帝告状，说当地官员不配合自己在下面开展工作。他指出了五名不配合他工作的官员，然后将罪责全部推到五个人的头上。

明神宗一怒之下将陈奉供出来的几个人全都抓到北京关入监狱，其中就有湖广佥事冯应京。

冯应京是老百姓心目中的好官，在当地有着极高的威望。老百姓给的威望，很多时候在帝国官员们看来是毫无意义的。因为在那样一种权力运行机制下，老百姓既不能决定官员的升迁，又不具备对官员的监督能力。所以在当时的大部分官员看来，能不能得到老百姓的认可是无关紧要的，能够维持权力的运行秩序才是最有效的。

陈奉无中生有地将冯应京的罪名公布出来后，老百姓难抑心头的怒火，纷纷跑到他的住所闹事。面对上万人的团团包围，陈奉心虚了，就躲藏到楚王府里。巡抚支可大从中调停，极力维护陈奉。老百姓一把火烧了巡抚衙门的正门，并捉住多名税官，将其捆绑后扔进长江。两名锦衣卫缇骑也在这次骚乱中也受了伤。

由于武昌当地政府的军事力量已被税使控制，所以陈奉在躲入楚王府后还能调动地方军队前往平乱。由此可见地方权力自主性的丧失。民变发生后，地方官府不仅不敢处置违法的税官，甚至还在陈奉的指挥下动用官军镇压民变。在暴力镇压之下，事态得到暂时的平息。聚众的百姓虽然散了，但就整个事件而言，不仅没有妥善解决，反而使矛盾更加激化。军事镇压不仅没有达到平息事件的目的，反而触犯了众怒，民变向整个湖广地区扩散。

陈奉在楚王府里躲了将近一个多月。他担心继续留在湖广会有性命之忧，于是请求万历皇帝将其召回京城避难。事态发展到这种地步，地方政府已经无力控制事态的发展，最后在陈奉的授意下，巡抚支大可向中央政府求援。

当万历皇帝将陈奉从湖广地区召回的时候，他携带着从地方搜刮来的"金宝财物巨万"，在地方军队的护送下，领着绵延数里的队伍浩浩荡荡地赶往京城。在陈奉回京的同时，冯应京也被解往京城受审。老百姓十里相送，哭喊不绝。一边是从地方上搜刮来的民脂民膏，一边是从地方上收获的民心民意。搜刮民脂民膏的人，成了权力的宠儿；而收获民心民意的人，反而成了权力的弃子。冯应京穿着囚衣坐在囚车里，用动情的言语劝老百姓不要再闹下去，不要给皇帝添堵、给朝廷添乱。

冯应京和另外几个阻挠陈奉的官员被押解到北京后，关押刑讯，三年后才释放出狱。而在地方上闯了大祸的陈奉回京后，风光依旧，邀功受宠。有两名不识时务的监察官员说他的坏话，也被明神宗撤职法办。

皇帝不加掩饰的偏袒使得在京科道官员除了愤怒就是无奈，而帝国权力系统内部日趋紧张的权力党争迫使那些高级官员在这件事上保持沉默，他们不敢贸然表明自己的立场，只能持一种观望态度。这在无形之中就加剧了皇帝和科道官之间的对立，也消耗了帝国的权力能量。

明神宗和科道官员日趋紧张的对立关系传递出了一个信号，那就是陈奉这些太监手里把持的才是皇命所在的正式权力，而那些不配合陈奉工作的州府官员就是对抗皇命的逆臣。

冯应京等地方官员之所以在陈奉来到地方后，表现出如此激烈的反对，固然有维护地方权力集团利益的因素在里面，但也是出于地区稳定的考虑。

当这些地方官员正准备动用自己的权力与之周旋，以万历皇帝为首的中央权力集团挥动自己手中的大棒，沉重地打压了地方权力集团。地方官员的权力空间被打压得越厉害，陈奉们在地方所占据的空间也就越大，搜刮得也就越发厉害，而这一系列行为的最终结果就是国家的衰亡。

五、完结篇：谁也无法阻止的崩盘

一个王朝走向穷途末路并不是一朝一夕的事。朱由检的爷爷万历皇帝荒疏朝政近三十年，朱由检的哥哥天启皇帝又嬉戏怠惰了七年。

有人按照系统理论，将大明王朝视为一个巨系统，而它的健康运行则依赖于各个子系统间的相互配合。当这种配合出现严重问题时，巨系统就有崩盘的可能。到朱由检当皇帝时，"一代巨祸"努尔哈赤已经壮大，帝国国防子系统随之陷入紊乱状态。而张献忠、李自成也开始四处点火，致使社会安全子系统也陷入崩溃的边缘。而官僚系统作为帝国巨系统的控制部分的子系统，也陷入四分五裂的党派之争。作为指挥子系统的皇帝本人，崇祯皇帝虽有补天之志，但却没有表现出合格的谋略和眼光，更不要说统筹全局的能力。眼看着子系统逐一崩盘，巨系统也只能无奈地去迎接属于自己的命运终点。

1. 魏忠贤："第三代宦官之王"差一千到一万

在封建社会，皇帝被尊称为"万岁爷"。在魏忠贤专权的时候，那些平日里看上去道貌岸然的帝国官员，竟然当面诚惶诚恐地称呼魏忠贤为"九千岁"。

在明人吕毖所著的《明朝小史》中有这样的记载："举朝阿谀者俱拜为干父，行五拜三叩首礼，口呼'九千九百岁爷爷'。"从字面上来看，九千岁或九千九百岁所表达的意思是一样的，都是在权力的垄断上离皇帝最近的那个人。他的权力凌驾于众人之上，是真正的一人之下，万人之上。

"九千岁"的称呼虽然听上去透着阿谀拍马的恶心，却也准确反映了当时的实际情况。

天启后期，魏忠贤被历史推上了帝国权力的巅峰。如果以实际权力而论，就是天启皇帝手中的权力也不如他。天启皇帝将魏忠贤立为自己的权力经纪人，并没有通过正式权力的确认，连最起码的诏旨声明都没有。

天启三年（1623 年）年底，魏忠贤被任命为提督东厂太监，在名分上成为内廷的二把手。他的官职到此为止，并没有再去刻意谋求司礼监掌印的头衔。

当时魏忠贤的官衔有"钦差总督东厂官旗办事，掌惜薪司、内府供用库、尚宝监印，司礼监秉笔，总督南海子，提督宝和等店太监"。从理论上讲，魏忠贤独掌了惜薪司、内府供用库、尚宝监、南海子、宝和三店等五处重要的内官职司，几乎把内廷所有的肥缺都占尽了，同时还是国家秘密警察的最高首领和能够参与机要决策的御前秘书班子成员。

实际上，魏忠贤手中的权力值要大于自己所挂的那些头衔。在天启朝的最后几年时间里，他几乎成了帝国的实际主宰者，皇帝的全权代理人。

魏忠贤同天启皇帝的关系非同一般，虽然在名义上他只能算是帝国权力系统中的二号人物，但是在天启皇帝对政务撒手不管的时候，他也同样能够实现权力的顺利过渡。

天启五年（1625 年）九月，皇帝特赐魏忠贤一枚金印。这枚金印"方二寸余，四爪龙钮，玉筋篆文，印九字三行，曰：钦赐顾命元臣忠贤印"。

皇帝赏赐宠臣印信虽然不乏先例，但所赐之物多为银质或牙质小印章，很少有金印。况且这枚金印上的内容也大不寻常。按照常理，领导给下属的金印应该刻上一些勉励之辞。

天启皇帝赐予魏忠贤的大块龙钮金印，实属特例。再结合上面所刻的"顾命元臣"的文字来看，这次赐印包含了某种政治意义。自古以来，"印"在中国都被视为权力的象征。这样一枚饱含深意的金印，可以视为天启皇帝授予魏忠贤的权力经纪人资格证书。

在万历末年，当时京城的朝天宫住进来一位落魄道士。这位道士说了两句莫名其妙的话："委鬼当朝立，茄花满地红。"

这句话在当时并没有引起公众的注意。随着时间的推移，等到大太监魏忠贤把持朝纲时，人们自然会将这两句谶语与帝国的命运联想到一起。"委""鬼"放在一起就是魏字，而"茄"字按当时畿辅地区的发音，同"客"字接近。魏忠贤的老相好就是客氏，这个客氏是天启皇帝的乳母。

当时内廷之中能够让天启皇帝倍感亲切的，只有一个人，就是他的乳母客氏。

乳母在宫中的地位要超越普通宫女，更何况她喂养的又是皇长孙，将来的帝国接班人。如果不出纰漏，喝自己奶水长大的这位皇家少爷就是帝国最大的潜力股，母凭子贵，作为乳母自然也少不了荣华富贵。

但是从人性的角度出发，客氏作为年轻的母亲又很不幸。宫廷里的女人同外面的世界永远处于一种隔绝状态，客氏虽然不用为宫外家中的衣食生计担忧，但是却不得不承受与自己亲生骨肉分离的痛苦，同时还要面对宫中森严、刻板、冷寂的生活。

在客氏入宫后不久，丈夫侯二就死了，这进一步切断了她同外部世界的联系。此后，客氏就在深宫中一心一意地养育着朱由校。

而魏忠贤早年的身世却相当凄苦。他少年时家境贫寒，直到他进宫当了多年太监后，他的侄女、外甥女还被卖给京城的官僚为奴做婢。魏忠贤二十二岁的时候，也曾娶妻生女。作为一个有家有室的成年男子，却毅然挥刀自宫，割断了外面世界的联系，走上了一条新的生活道路。关于他自阉的原因，史料记载都说是因为他"与群恶少博，不胜"。被债务迫得走投无路，只好"自宫"做了太监，有点用形而下去拯救形而上的意思。

这种说法也许反映了部分事实，却不一定符合常理。一个年轻男子在破财受辱后，可能会做出种种丧失理智的事情，可挥刀改变自己的性别，需要的不光是勇气，还要有一定的外因，推动着他走向这一步。而这个外因就是当时的社会状况。

魏忠贤所生活的年代恰好是明帝国宦官制度最鼎盛的一个时期，宦官总数达到十万之众。作为皇帝的家奴，宦官们不光过上了丰衣足食的生活，而且在管理皇家饮食起居的过程中，捞取了不少油水。

许多贫苦农民，特别是京城周边的贫苦农民。当他们在陷入生存绝境的时候，经过一番利益考量，会做出这样一种无奈的选择。毕竟对于生命个体来说，生存才是第一位的。

他们把自家的孩子阉割了送进宫去，像魏忠贤这样的成年男子也会割了命根子去赌上一把。不论是阉割孩子还是阉割自己，这都是绝境求生的极端方式。但凡能有一丝希望，哪个父母、哪个男人又会选择这样有悖人伦的极端方式？因为天灾人祸层出不穷，走投无路的人也就特别多，才出现了这样的情况。随着参与人员的不断增加，自行阉割要求录用的人大大超出宫廷的实际需要。

在帝国中后期，社会上出现了很多已经净身却不能得到宦官差事和俸禄的人，他们有一个专用称呼——"无名白"。"无名白"的去向与生计反而成了帝国经济社会发展中的一个包袱，甚至引起过社会骚乱。

阉人供大于求，这一社会现象背后折射出帝国底层民众生存的辛酸与艰难。魏忠贤在那样一种社会环境和社会气氛中，在不知怎样一种走投无路的情况下，毅然走上一条新路。这条路并不是什么康庄大道，甚至可以说前途相当黯淡。

首先，在当时的卫生条件下施行阉割手术，本身就是极大的冒险。

其次，如果在考查中落选，当了"无名白"，那么以后的日子将是十分可悲的。以万历时期而论，"无名白"的出路大概只有两条。一条是在京城各寺院附设的浴池里专门为太监们擦澡，地位既卑微，收入又十分有限，糊口而已。另一条路是参加死乞强夺的丐阉团伙，"其稍弱者则群聚乞钱，其强者辄勒马衔索犒"。

魏忠贤的运气不错，安全地闯过了两重风险，成为帝国宦官中一员。

初入宫门的魏忠贤当然处于内廷权力系统的最底层，而且在最底层一待就是十几年的时间。二三十岁的年纪正值一个男人的盛年，这时候的魏忠贤基本上就是闷头混日子，有酒喝酒，有钱赌钱。在这一阶段他还得到一个绰号，叫作"傻子"。

什么样的人才被称之为"傻子"？由此可见此时的魏忠贤在内廷是不受待见的，就像一只每日进出宫门的蝼蚁，没有人会在意一只蝼蚁的存在。

在尚未发迹的几十年中，他只离开过一次宫门，就这唯一的一次还差点儿要了他的命。那是为了打秋风而去四川投奔主管西南矿税的大太监。所谓的"打秋风"就是到地方去捞油水。

怀揣着发财梦上路的魏忠贤，却经历了一场噩梦。有人私下里在大太监那儿说了他的坏话，所以他不但没能从四川弄到钱，还被关押起来，差一点儿回不了京城。直到后来他在甲字库（内廷十库之一，负责收贮各省进贡给皇帝的地方特产。）谋得了一个差事，情况才有所好转。因为管库是肥差，至少手头上不会太拮据。

万历三十九年，他在朋友魏朝的帮助下进入太子的东宫当差，算是脱离了宦官的最底层。太子有一房并不得宠的妾侍王才人，魏忠贤就是为这位王才人管理伙食，当时称为"办膳"。王才人为太子生了一个儿子，这个儿子就是后来继承皇位的天启皇帝。

如果说进入东宫是改变魏忠贤人生命运的第一步，那么有幸伺候未来的小皇帝则是他实现华丽转型的最关键的一步。但在当时，这最为关键的一步还只是一个未知数。万历皇帝长期以来并不喜欢这位太子，太子的地位始终不太稳固。

太子尚且如此，太子的儿子就更不用说了，前途更加凶险莫测。何况宫中的龙子龙孙极易夭折，谁也说不准自己侍候的小孩儿将来能不能修成正果。

处在这种环境中的魏忠贤当然明白其中的道理。加上他自小没读过书，不识字，入宫以后因为年纪太大也没能进内书堂（阉童入学读书的学校），因此这时的魏忠贤并没有太大的野心。此时的魏忠贤只是做好自己的本职工作，不求有功，但求无过。

到万历末年，魏忠贤已经过了"知天命"的年龄，并没有发达的迹象，执掌朝纲就更是不可想象了。

天启皇帝即位时已经十六岁，在当时已经算是成年人了，不便再与自己的乳母共处。泰昌元年（1620年）冬天，客氏被安排住进了乾西二所。这次迁居活动搞得既隆重又热烈，皇帝给足了面子，"亲临为之移居，升座饮宴"。

虽然迁居他处，明熹宗的日常生活还是离不开客氏的安排。这种不正常的情况传到宫廷外，难免引起朝中官员的非议。

明熹宗并不掩饰自己与客氏的母子情深，在登基后立即封客氏为"奉圣夫人"，她的儿子侯国兴和父亲客太平先后被推恩封为锦衣卫正千户，后来客太平去世，又晋封客氏的弟弟客光先为都督。

仗着皇帝的恩宠，客氏在宫中的势力很大。由于没有文化又缺乏见识，客氏表现得有些飞扬跋扈，《明史》虽然给了她"淫而狠"的三字评语，却没有开列出事实根据。

客氏毕竟是一位出身卑贱的妇女，不论皇帝对她怎样恩宠，也无法付之以国，让她去充当自己的政治代理人。就是在这种情况下，魏忠贤的特殊地位才显出了优势。魏忠贤这时候有了另外一个身份，他是客氏的"菜户"，一个类似于丈夫的角色。

后宫是个女儿国，除了皇帝和几个未成年的孩子，没有其他男子。如此一来，宦官就成了宫女们寄托感情的对象。有能力有办法的宫女大都有个相好的太监，而那些与宫女相好的太监在当时就被称为某某的"菜户"。

客氏的菜户就是魏忠贤，魏忠贤同客氏的"对食"关系是他自己一手争取来的。客氏原来的菜户叫魏朝，也是皇长孙一房中的管事太监。魏朝是魏忠贤的好朋友，魏忠贤能进太子宫中当差，就是靠魏朝的推荐。

客氏竟然毫不犹豫地选择了魏忠贤，从此决定了"二魏"的不同命运。魏朝被魏忠贤排挤出宫门，后来被魏忠贤的党羽缢杀在一个小县城里。

自从万历皇帝死后，宫中大权就落到大太监王安的手中，这种局面直到天启皇帝即位后的一段时间也没有改变。在历代太监中，王安算是个不可多得的人物。他为人冷峻严肃，不苟言笑，自幼在内书堂读书，也还颇具文采。王安一直看不惯宦官们的蝇营狗苟，他同朝中的士大夫们打得火热。东林党中有许多干将都是他的好朋友。东林党人能够在政治上迅速崛起，也得益于他的从中协助。

一朝天子一朝臣，随着短命的泰昌朝的结束，王安的权力生涯也走到了尽头。

在天启皇帝看来，王安这个人严厉有余，而亲和力不足，不是自己的那盘菜。

皇帝的心思早就有人看出来了，于是魏忠贤和王体乾联手将王安踢出了内廷。王体乾与王安共同服务于东宫，年龄和地位都相差不多，关系相当密切。王安一直"视王体乾为道义友"。但是在政治权力的博弈中，再好的朋友为了各自的利益也可能反目成仇。何况王体乾早就盯上了司礼监掌印这一宦官中的最高职务，而王安则是他最大的竞争对手。

魏忠贤和王体乾联合起来向王安发起攻击。应该说，这是一笔风险很大的政治投资，毕竟王安身居显位。风险越大的投入，投资人将来所获取的利益也就会越大。

有一点是肯定的，即客氏在这一事件中发挥的有形与无形的影响是不容忽视的。等到王安反应过来，大势已去。这位曾经显赫一时的大太监最后被魏忠贤的党羽活活勒死。

对于一个总揽帝国全局的大政治家来说，魏忠贤显然是不合格的。试想一个连字都不认识的人，何谈为政之道？翻阅史料，时人对魏忠贤个人素质方面的评价不过就是"颇有记性"或者"担当能断"这些字眼儿罢了。说到底，魏忠贤不过就是一个脑子好使，没有多少文化知识的政治流氓。明朝是一个文牍主义盛行的时代，一个不识字的政治家是令人难以想象的。

魏忠贤虽然不认识字，但身边有王体乾为首的秉笔太监们辅助办公。鸡毛蒜皮的小事，助手们就可以搞定。对于军国大政方面的事情，还是由魏忠贤最后拍板做决定。有人会问，在魏忠贤批阅奏章的时候，明熹宗在做什么呢？

皇帝经常象征性地在清晨由秉笔太监们簇拥着"览文书"，只是他从来没有真正了解过奏章的内容，一切都是按照魏忠贤等人的意思办。

这种象征性的办公，使得魏忠贤更容易打着皇帝的旗号玩弄权术。最能表明谁是帝国真正主宰的莫过于这样一种情况：魏忠贤一旦因事离开京城，各种题奏本章和票拟之旨都要飞马送到他的身边，由他拍板再行批朱。（一切事情，必星夜驰请意旨，票拟必俟贤到始敢发批。）

魏忠贤在政治生活中的地位并不仅仅只是一个"秉笔"太监，很多时候，他是整个帝国的权力主宰者，而自身没有文化所带来的负面影响是难以估量的。帝国权力的运行，在外在表现形式上主要是通过对官员奏章的批复而实现的。不认识字的魏忠贤只能由秉笔太监代为朗读讲解，而朗读讲解的只是奏章中的一部分。他实在没有耐心听完洋洋洒洒上万言的鸿篇巨制。虽然为他读奏章的太监都是他的亲信，不敢忽悠他，但是这种处理政务的方式在很大程度上限制了魏忠贤对于政治全局的掌控。

魏忠贤执政的最大软肋就是对政治常识的无知。他没文化、没经验，但有的却是权力。这种权力犹如脱缰野马，虽有规则，却无法制约。

身居高位，不懂也要装懂，明明错了却要死撑到底，这比单纯的缺少经验又要恶劣得多。天启六年（1626年）年初，礼科给事中李恒茂被削籍为民。这个李恒茂是魏忠贤的手下小弟，为魏忠贤在权力场上打拼，出过一些力气。

李恒茂被削籍为民的原因可以用莫名其妙来形容。他在一份奏章中用了"曹尔桢整兵山东"一句话，不料却被魏忠贤抓住了把柄。不久前，曹尔桢刚刚打通魏忠贤的关节谋得了山西巡抚的职位，对于这一点，魏忠贤并没有忘记。

李恒茂在奏章中却说"山东"，东西不分。魏忠贤揪住这个他认为的原则性问题不放，没有文化的魏大太监想借此证明，没有文化也比有文化的人精明能干。如果李恒茂识时务，他应该在领导面前认个错，然后恭维两句也就过去了。

谁知李恒茂是个特别爱较真儿的人，不但没有低头认错，还梗着脖子上疏为自己辩解。

他说，曹尔桢本是山东布政使，虽已升职，现未赴任。辽东有警，兵部确实曾发出公文，令曹尔桢督山东标兵戒备，说其"整兵山东"是有确实凭据的。

李恒茂的这番辩白应该说是有一定道理的，可魏忠贤却不这么认为。既然你有理，那么我就没理，我是九千岁怎么可以没理？魏忠贤一怒之下将李恒茂削籍除名，打发回老家。李恒茂好端端的仕途就这样被魏忠贤给毁了。

由于缺乏起码的从政经验，魏忠贤在解决政务难题时常常是不走寻常路。

辽东前线吃紧，急需粮饷、军械、马匹，其中马匹一项，一直没有得到很好的解决。魏忠贤为此想了个奇特的办法。明朝宫中旧制，凡内官中资深位崇者，皇帝可以加恩允许其在宫中骑马。作为代价，那些有骑马特权的人每逢年节必须向皇帝进献好马一匹。魏忠贤一下子赐给几百名太监在宫中骑马的特权，而后就不断地降谕进马，使得那些受到"恩宠"的太监们叫苦不迭。国家也真得到了不少马匹，但由于管理不善，内官进马又多以老病充数，待送到辽东，"随至倒死者相望，军士啖马肉者比比也"。

在这幕喜剧中，魏忠贤所表现出来的是小农式的狡黠和算计，而不是一个合格的政治家所需的文韬武略。所谓的经邦治国之才，实际上也就是丰富的学识、丰富的政治经验和特殊的个人禀赋相结合的产物。在这些方面，魏忠贤几乎都要打零分。

魏忠贤缺乏政治经验是可以理解的，十几年的伙食管理员职业生涯，使得魏忠贤精于蝇头小利的算计，同时也局限了他的政治视野。当有一天，他从柴米油盐的算计中挣脱出来，开始转行玩政治，但他的思维方式和视野已经固定在了那个水平。虽然老子说"治大国若烹小鲜"，可魏忠贤最终还是吃了没有文化的亏。没有文化和缺乏经验，让他的政治眼光受到很大的局限。面对军国大事，这位执掌帝国最高权力的太监常常无所适从。

魏忠贤在政治上的表现虽然漏洞百出，但并不妨碍天启皇帝对他的厚爱。

有人做过一个统计，在魏忠贤最为风光的天启七年（1627 年）上半年，皇帝对他的封赏多达 41 次。一人得道，鸡犬升天。魏忠贤的侄子魏良卿也因魏忠贤而官升九级，以至于加至最高级别的太师之后没办法再加，只得再加禄米三百石。几日后，皇帝又封魏氏一人侯爵世袭。

魏家子弟封爵都是冲着魏忠贤的面子去的，也就是说魏忠贤实际上是一身而兼公、侯、伯三爵。这种三天一奖、五天一赏的做法，完全打破了历代专权宦官的封爵纪录。对于还差一步就变成万岁的魏忠贤来说，物质和权力上的奖赏已经没有多少实际意义了。

这时候的魏忠贤所要面对的问题，一方面是阉党高级成员对自己的忠诚度究竟如何；另一方面是随着权力地位的提升，他在内心深处早已将自己视为帝国的另一个王者。当他被人们供奉在辉煌殿堂的时候，也在无形中渐渐脱离了组织。

这种隔绝状态对于阉党集团的权力运作肯定是不利的。我们看到，正是从建生祠之议初兴、造神运动愈演愈烈的天启六年六月起，在阉党中地位重要、经验丰富、见识较高的一些大官僚们，开始逐渐疏离魏忠贤。

首席大学士顾秉谦致仕，刑部尚书徐兆魁去职闲住，大学士冯铨和吏部尚书王绍徽相继免职，工部尚书（管侍郎事）徐大化离职闲住，就连兵部尚书霍维华也摆出了时刻准备着与魏忠贤决裂的姿态。

这些人相继选择离开，虽然各有各的原因，可有一点却是共同的，那就是形势所迫。随着魏忠贤权力声威的急剧膨胀，那些追随他的官员却承受着巨大的现实压力和精神压力。随着魏忠贤权力指数的不断上升，阉党的打击面也不断扩张，得罪的人也不断增加。

那些跟在魏忠贤身后寻求权力庇护的官员越来越难以承受。他们中的很多人深知官场生存游戏的法则。帝国的权力系统就像是一个弹簧，魏忠贤压得越低，它的反弹力就会越大。虽然是阉党的成员，可他们并不想成为魏忠贤权力祭坛上的祭品。当权力的反弹力越来越大，他们只有选择离开。

2. 朋党们：最后的救赎，或者死亡之舞

谁在祸国，谁又是祸根

魏忠贤专权所带来的政治危机都一股脑儿地留给了崇祯朝。帝国的丧钟已经敲响，留给崇祯皇帝朱由检的时间已经所剩无几。

明朝中期以后，内阁的地位在帝国的权力系统中显得尤为重要。在魏忠贤

掌权时期，帝国共有四名大学士。其中除了老病不能正常上朝的丁绍轼外（后病亡），另外三人都是阉党分子。而在合称七卿的六部尚书和都察院左都御史中，阉党就占去了其中的五个席位。

阉党在各地的总督、巡抚中所占的比例要相对少一些。在总共三十名总督、巡抚中，最后因"阉党"获罪的有十三人。相比于中央机构的百分之七十以上的占有率，阉党对地方权力的把持率相对较低。当然这并不能说明阉党对总督、巡抚职位不感兴趣，主要是因为地方大员的任免调派程序复杂，并不像权力中枢那样见效快，地方权力系统的布局调整需要一个时间差。

尽管如此，魏忠贤还是不断扩张着自己在地方的势力。到了天启七年（1627年），阉党已经逐步把持了浙江、江西、宣府、湖广、甘肃、凤阳等六处的巡抚权柄。如果魏忠贤当政的时间能够再久一些的话，估计连西南偏远地区的总督、巡抚位置都有可能被阉党分子逐一拿下。如果真有那么一天，整个帝国的权力系统就会被完全阉化。

除了那些居于帝国权力上层的卿相督抚之外，还有更多的阉党成员处于帝国权力系统的枝节部门。在阉党成员中，绝大多数人在集团中充当着马仔的角色，真正有机会与魏忠贤交流意见，并参与制定政策的，也就是集团中的那几个实权派人物。这帮人围绕在魏忠贤的身边，构成了帝国政治体系的核心集团。

阉党的人员组成很复杂，除了宫中的太监、魏忠贤的亲属，以及东厂和锦衣卫的特务头子之外，剩下的就是些文官。为了在帝国权力系统中捞取到现实利益，那些饱读圣贤书的文官们不顾礼义廉耻为魏忠贤鞍前马后。

阉党中的文官三种：一种是在魏忠贤得势前就已经居于高位的官员。这帮人与魏忠贤本无渊源，都是在魏忠贤得势以后才主动投靠的。当时的首辅顾秉谦以政府首脑的身份，竟然在一次家宴中对魏忠贤叩首言道："本欲拜依膝下，恐不喜此白须儿，故令稚子认孙。"绕着圈子给魏忠贤当干儿子，将士大夫的道德风骨丧失殆尽。

第二种是以徐大化为代表的"邪党"人士。他们同东林党人作对，在政治上一度不得志。魏忠贤的迅速上升及其同东林党人的对立给他们造成了在政治上翻身的天赐良机。天启四年（1624年）末五年初，一大批"邪党"人士加盟阉党，大大加强了阉党的实力。

阉党中的这部分人大都几经宦海沉浮，政治经验丰富，能量巨大。但他们完全为一己之私、一党之私而投入魏忠贤的怀抱，到头来也只能充当魏忠贤的帮凶和打手。

大约天启六年中，这部分阉党人物中的一些人同魏忠贤产生了矛盾，有利益上的，也有政策上的。其中有些人被排挤出朝廷，下野为民去了。

第三种人可以说是魏忠贤的嫡系，也就是阉党的生力军。他们的发迹与魏忠贤的发达几乎是同步的，在魏忠贤专权之前，他们只是在帝国的权力系统外围瞎混的小角色。他们投靠阉党只是为了能够在官场上迅速发达起来，并无政治立场意识。

当时有个叫刘志选的官员，此人是万历十一年（1583 年）的进士，虽然资格够老，但是官运实在不济，在宦海里扑腾了三十年才混了个郎中。后来他投靠阉党，在议"三案"等运动中积极表现，总算被提升为顺天府丞（首都的副行政长官）。

天启六年（1626 年），魏忠贤同张皇后的矛盾愈发尖锐。魏忠贤让党羽写好了攻讦皇后之父张国纪的奏疏，拉拢官员署名上奏。奏疏中暗示张皇后并非太康伯张国纪的女儿，而是一个死囚的野种。此事干系重大，风险性极高，魏忠贤的死党中竟然无人敢膺此重任。

刘志选这时候已经是七十多岁的老人，可是他急于老来上位，竟然不避风险，以自己的名义将攻击张皇后的奏疏递了上去。他于天启六年（1526 年）十月上疏弹劾张皇后，第二年初就被提拔为右佥都御史，提督操江。

刘志选的做法带有十足的赌博意味，完全是在拿自己的政治前途碰运气。

刘志选当时抱着年纪已老，"必先忠贤死"的想法，认为自己这辈子不会再遭到报应。既然是赌博就会有输赢两面，刘志选只风光了短短几个月时间，魏忠贤就垮台了。刘志选不但被列入逆案，而且以"倾摇母后、驱逐戚臣"的罪名被定为死罪，最后落得一个自缢身亡的下场。

为了能够升官，这些人极力钻营，丝毫不顾廉耻。史载所谓"十孩儿""四十孙"一类魏忠贤的干儿义孙大多是由这部分人充当的。

"十狗"之一的曹钦程原本是东林党中的小人物，后来东林人士失势，他立即反戈一击，巴结着当上了魏忠贤的干儿子。"十孩儿"中有给事中李鲁生和御史李藩两人，他们刚开始依附魏广微。魏广微势衰，则改事大学士冯铨。冯铨失魏忠贤宠，又改事崔呈秀。经过多番周折，才找到一份有前途的职业——当魏忠贤的干儿子。这种随风倒的官员，在当时被人唤作"四姓家奴"。

　　他们并无政治原则，每一个政治行为都不过是权力场上的钻营手段，随着事态的变化不断调整自己的人生方向。阉党中有一位特别善于捕捉政治风向的贾继春，此人在魏忠贤得势时跟得很紧，可这边魏忠贤刚刚失势，他第一个就将攻击阉党的奏折递了上去。初定逆案的时候，这个人却成了漏网之鱼，原因是他在权力场上所表现出来的多面性，迷惑了办案人员。崇祯帝坚持把他归入了阉党，而且说他是"唯反复，故为真小人"。

　　阉党中的这三种人有着不同的政治背景，他们加入阉党的动机也是各有不同。

　　对于他们中的大部分人来说，投靠魏忠贤只是一种政治投机。说白了，他们这么干就是为了能够在官场上捞取更多的现实利益。他们也清楚，这是一项极具道德风险的政治投资。在明代及前朝都有史可鉴，官员依附宦官虽然能一时荣华，却难逃身败名裂的下场。

　　明知这是一场飞蛾扑火的游戏，可他们难以摆脱眼前利益的诱惑；明知扑上去会灰飞烟灭，可还是要走这一条路。既然这是一项高成本运行的权力游戏，等到他们一旦握有权力，就急不可待地要利用最短的时间实现利益的最大化。在这种情况下，还有几人会考虑国势衰微？几个人会考虑到帝国政局的混乱？

　　当时有一国子监生，竟然向皇帝上奏称魏忠贤配祀孔子，于是在国子监西侧又建起了魏忠贤祠。一个孔门学子，竟然让一个文盲阉宦来配祀大成至圣先师，居然还赢得了帝国那些文官儒臣的喝彩，由此可见这些官员们的道德沦丧到了何等地步。那些内阁大学士、六部大臣、封疆大吏，个个以当魏忠贤的干儿义子为荣，这帮人的数量是不小的。如魏广微、顾秉谦、崔呈秀、王绍徽、田尔耕、许显纯等人在当时都是阉党中的代表人物，这些人都是帝国官场上的活跃分子。

　　崇祯初年清查阉党逆案，共查出三百一十五人，实在是一个上规模的政治集团。中国历史上，到了王朝行将灭亡之际，总会有一大帮厚颜无耻之徒冒出来。

如果我们非要对阉党集团进行一个总结，那就是一群贪婪、无耻、毫无原则的机会主义者。在帝国官场这个大染缸里，形成了一种劣币淘汰良币的怪象，品质越恶劣的官员就越容易在官场上脱颖而出。

天启皇帝即位的最初几年，东林党人依然把持着朝政。他们又翻起了旧账，将"梃击""红丸"和"移宫"三大案重新进行炒作。东林党人的目的是在帝国权力系统内掀起新一轮的派系斗争，利用斗争在舆论上将那些唱反调的人搞臭。无论是在政治问题上，还是在军事问题上，双方都争论不休。开始是东林党和齐、楚、浙三党之争，后来演变为东林党与阉党的正面PK。

在东林党人看来，他们与阉党正邪势不两立。在这种模式化的思维逻辑的制约下，东林党人关于人性、人格的认识变得越来越混沌，致使他们愈益深入地陷溺到狭隘的派系冲突中。天启三年（1624年）春，正值朝廷举行京察大典。负责这项工作的是吏部尚书张问达和左都御史赵南星。这两个人都是东林党的领军人物。他们利用这次机会把专同东林党作对的所谓"邪党"人物纷纷贬黜外放。

因此，这次京察就成了一次东林党排除异己的派系斗争。"邪党"人士在这次斗争中遭到清洗，东林党人几乎占据了帝国所有的权力部门。因此，这一时期也是"东林党"势力最为鼎盛的时期。

东林党人的天理运转

最初，魏忠贤与东林党人并没有发生激烈的碰撞。魏忠贤在东林党面前表现得相当低调友好。他毕竟是帝国的权力新贵，吃不准东林党人在帝国的权力系统中究竟占据多大的话语权。魏忠贤的发迹得益于天启皇帝的眷顾，而天启皇帝父子在帝国的权力斗争中都得到了东林党人的大力支持。从这一点来看，东林人士与魏忠贤不仅不是冤家对头，还算是帝国权力斗争的同盟军。作为天启皇帝的政治代理人，魏忠贤更需要得到东林党人的认可。

东林党人与魏忠贤撕破脸皮，并不是因为双方政见不和，而是由身份的悬殊引发了一场内廷与外廷的权力之争。魏忠贤虽然是帝国权力高层中的"九千岁"，但是这并不能改变他的太监身份。按照明朝祖制，太监不可干政。就算魏忠贤有经天纬地之才，他也没有资格在帝国的权力系统中占有一席之地。

魏忠贤的太监身份，决定了他获取权力的途径是一种非常规状态。并且他获取的不是普通意义上的权力，他在权力巅峰时期可以说是帝国的权力代言人，那个专门为他量身打造的"九千岁"就足以说明一切。

一个太监将帝国权柄牢牢地攥在手心，没有权力资格的人却掌控着他们这些有资格的人，甚至连皇帝也被其左右，这一切都为东林党人所无法容忍。在魏忠贤掌权之后，帝国内部的反对声音就从来没有断绝过，奏折如雪片般飘落到皇帝的案头。

天启二年（1622 年），刚刚拿到帝国官场通行证的新科状元文震孟上了一道奏折。也许是因为初生牛犊不怕虎，他在奏折中将矛头直指当今圣上："皇上昧爽临朝，寒暑靡辍，于政非不勤矣，而勤政之实未见也。鸿胪引奏，跪拜起立，第如傀儡之登场，了无生意。"

这句话将皇帝和魏忠贤之间的权力雇佣关系揭露无疑，也就是告诉天启帝：别看你平日里摆个皇帝架子，一年到头不敢懈怠，其实是绣花枕头不管用。这是为什么呢？因为你这个皇帝不过是傀儡，早就被魏忠贤那个太监玩弄于股掌之间。

新科状元文震孟本来就是文章高手，他在奏折里表现出来的咄咄逼人的气势让天启皇帝根本无法回避。这篇奏折没有逼急皇帝，却逼急了太监。魏忠贤要对文震孟实施廷杖之刑。在东林党官员的极力反对下，文震孟虽然被免除了廷杖，可还是被贬谪外放。

新科状元文震孟的突然发难，给了魏忠贤一记当头棒喝。魏忠贤这才认识到自己这个"九千岁"与皇帝的"万岁"还是有很大区别的，在帝国的权力场上依然存在着一股反对自己的力量。而文震孟就是打开闸门的那个人，反对的浪潮从这道闸门汹涌而出。

帝国的忠臣们为了大明江山和皇族利益不惜拿自己的官位和生命去参与这

场权力博弈，可是皇帝却不领情。不但不领情，皇帝还对这些所谓的忠臣产生敌意，因为这些大臣的直言不讳使皇帝的自私、懒惰、愚蠢、猥琐原形毕露，一身金灿灿的龙袍也遮不住肮脏的本色。尽管皇帝不领情，可是并不妨碍帝国官员义无反顾地去做自己该做的事。

天启三年（1623年），御史周宗建上书把魏忠贤比作前朝太监刘瑾，说他祸国殃民，要求朝廷立即罢黜。紧接着，给事中刘化弘、陈良训，御史方大任、黄尊素等人多次从不同角度直接或间接地攻击魏忠贤。

天启四年（1624年），东林党人的代表，左副都御史杨涟上书历数魏忠贤的二十四条大罪，指责魏忠贤夺皇帝之权，恣意专擅；指责魏忠贤擅改成例，破坏法度；指责魏忠贤僭越，使用帝王仪仗……这次上书成了东林群臣对魏忠贤发起总攻的动员号令。

在其后的三个多月时间里，帝国官员组团弹劾魏忠贤的奏折蜂拥而至，多达七十余本。从大学士、尚书，到普通的京官，都加入到这场声势浩大的倒魏运动中。一时间，紫禁城上方阴云密布，大有山雨欲来之势。

面对这些铺天盖地的奏折，就连魏忠贤本人也陷入惶恐与迷茫之中，他甚至为自己感到委屈和心虚。在魏忠贤看来，他所做的一切都是为了给天启皇帝分忧，为了大明的江山社稷，结果自己却成了朝臣们攻击的目标。而他也为自己手中不正当的权力感到心虚，毕竟太监干政是不合大明律法的。

魏忠贤比谁都清楚自己的处境。一旦失去皇权的庇护，他这个太监就什么都不是，等待着他的也将是最惨的下场。然而人一旦尝试过手握权力的滋味儿，就绝难舍弃。这时候的魏忠贤完全是个凭借欲望本能生活的人，维护既得利益的本能就像是一道枷锁牢牢地控制了他。他找到自己的相好客氏，一起到皇帝面前乞求庇护。

明熹宗朱由校对东林党官员没有多少好感，连最起码的信任都谈不上。在魏忠贤和客氏的一番哭诉之下，天启皇帝坚定地选择了站在魏忠贤一边。

天启皇帝同意魏忠贤把杨涟等人的奏折留中不发，也就是不予答复。同时，朱由校又以皇帝的名义颁旨表彰魏忠贤是帝国的忠勇之臣，以此来堵住东林党人的声讨，以维护魏忠贤在帝国权力系统内的绝对权威。

天启皇帝对魏忠贤的信任从来就没有动摇过，毕竟主、仆二人风雨同舟经历了许多事。魏忠贤背靠天启皇帝这棵大树，让那些有心杀贼的东林党人对魏忠贤束手无策。别看平日里，他们可以意气飞扬地在皇帝面前直言不讳、一针见血，甚至在奏章里含枪带棒、连嘲带讽。可是等他们闹腾完了，皇帝怎么说，他们还是乖乖地照做。皇帝是他们的主人，就算他们倒霉遇上了一个昏庸之君，可是转念想想，这天下都是人家的私有财产，自己只是一个打工的。皇帝爱怎么处理是人家的事，奴才们是无权干涉的。而他们所能做的，只能是冒死进谏而已。

皇帝的庇护对于魏忠贤来说，就像是武术家修炼了一身的金钟罩、铁布衫，刀枪不入。当魏忠贤发现自己有金钟罩护体的时候，他就更加肆无忌惮了。

在东林党人向魏忠贤发起攻击之初，文武百官都拭目以待。可是当东林党人一次次无功而返，帝国的权力天平在不知不觉中发生了倾斜。越来越多的人已经意识到，只要天启皇帝的地位不变，那么魏忠贤的权力地位同样不可动摇。因此，许多政治嗅觉敏锐的人在经历了这样一次权力斗争的洗礼后，立即转变风向，成为魏忠贤的阉党分子。

儒家将天下人分为君子与小人两大阵营，当然这种划分是不严谨的。然而自从有了君子、小人的分野之后，拥有权力的士子也就分成了君子与小人两个团体。君子有君子的坦荡活法，小人有小人的阴毒杀招。相对于其他历史时期，明朝士大夫是标榜道德、崇尚气节的一个特殊群体。但同时，明朝士大夫中卸去所有道德负担、不要任何廉耻的人也比前朝要多。一边高举道德的大旗，一边又活得乌七八糟。

如果按照这两大阵营划分，东林党人应该属于君子行列，而所谓的阉党则是小人群体。

天启四年（1624年）春，内阁大学士魏广微第一个敏锐地察觉到魏忠贤势力已成，就想尽办法以同乡兼同姓的身份交结魏忠贤。能够得到外廷文官的权力呼应，魏忠贤受宠若惊，对魏广微也相当感激尊重。两人的关系火速升温。魏广微上书给魏忠贤，封面上都写"内阁家报"，公私合璧，可谓一大发明。

这年八月，巡按御史崔呈秀由于贪污受贿被革职查办，将被惩以重罪。危急之下，他通过熟人的引见，趁夜告访魏宅，痛哭叩头，一面申诉自己受了东林党人的排挤，一面要求做魏忠贤的养子。两人一拍即合，崔呈秀很快复职，以后又迅速上升为左都御史、少傅兼太子太傅。

在极短的时间里，帝国的一些文臣大员就以这种方式纷纷聚拢到魏忠贤的身边，而且形成了滚雪球效应，越聚越多。明中叶以前，虽然也有宦官当道之时，可是士大夫们不屑与宦官为伍；到了晚明时期，士大夫们为了自己的既得利益不受损害，就不再顾及廉耻与颜面。当时的内阁首席大学士顾秉谦在一次家宴中对魏忠贤说："本欲拜依膝下，恐不喜此白须儿，故令稚子认孙。"拐弯抹角地硬要给魏忠贤当儿子。而另一位曾以兵部侍郎衔总督川贵的张我续手法更为高明，他因有一个女仆是魏忠贤的本家，于是"加于嫡妻之上，进京八抬，称'魏太太'"，公然以魏家姑爷自居。

小农社会中人与人之间的信任基础主要来自于血亲关系，只有自己的家人亲戚才是最亲近、最可靠的。农民出身的魏忠贤在组建自己的权力集团时，本能地就模拟了血亲关系。在魏忠贤的权力集团中，担当主要角色的基本上都是他的干儿义孙。在他的权力庇护下，许多人获得了火箭式的提升。在提拔重用"自己人"这件事上，魏忠贤毫不含糊。

阉党的"十孩儿""四十孙"中的大部分人都是两榜进士，他们之所以做魏忠贤的孝子贤孙，只有一个目的，那就是为自己的政治前途加上一个保险。这些人都不是糊涂蛋，都是一些饱读诗书的文人。前代依附太监者，无不身败名裂，这一点他们应该十分清楚。然而，在巨大的现实利益面前，他们已经顾不上身后名了。他们就像是一群末世赌徒，将自己前世今生的赌注都押在了魏忠贤这个太监身上，一旦拥有了权力，就急不可待地贪污纳贿、卖官鬻爵，争取在最短的时间里为自己赚足利息。至于国势如何衰微、朝局如何动荡，这些好像都与他们没有多大的关系。这个庞大帝国在魏忠贤集团的非常态领导下，走得一步三晃、踉踉跄跄，显露出行将就木的衰败态势。

在当时的社会结构中，党争的双方各自代表了某一阶层的利益。东林党的根据地是江南地区，是一个以江南势力为主的政治集团，虽然成员大多是江南地区的地主阶级知识分子，但绝不是清一色的江南人士。而阉党在一定程度上则代表着北方贵族大地主集团的利益。

汪文言是安徽歙县人。皖南人大多脑子活泛。他不是科举出身，曾经当过狱吏。他虽然不是体制内的人，可是他通晓帝国权力运转的奥妙所在。他被地方大员选派到京城当驻京官员，主要任务是结交权贵，打探消息。

进入京城后，他结识了当时的大太监王安，并成为王安与内阁官员沟通的联络员。由于能力突出，他受到了内阁首辅叶向高的器重，被提拔为内阁中书。在与帝国核心层打交道的过程中，他与杨涟、左光斗、魏大中及赵南星等东林官员都有来往。

像汪文言这样一个从社会底层挣扎出来的能人，他适应社会的能力要远远超过那些科举出身、循规蹈矩的儒生。他很快就在京城站住了脚，结交了赵南星、杨涟等东林党人，成为他们的参谋，最后在东林党人的帮助下，做了内阁中书，也就是内阁的秘书，能接触到核心机密。可是，像汪文言这样的社会能人也有自己的致命弱点，那就是将现实利益看得过重，性情张扬。

有弱点就有可能被对手抓住。当时经略辽东的熊廷弼被罢官，后又被判处死刑。熊廷弼得罪过朝中权贵，又倡议放弃辽东退守关内，对国土沦丧负有责任。还有人传言，杨涟弹劾魏忠贤的奏疏由他起草。久任封疆大吏的熊廷弼想用钱打点当权者，以保住自己的性命。熊家就找到了汪文言，交给他四万两银子，托他贿赂魏忠贤。结果汪文言没有把持住自己，将这笔巨款私吞了。

魏忠贤知道内情后，大为震怒。本来魏忠贤就在找机会将东林党从帝国权力核心层清理出去，于是就借着这件事大兴牢狱。汪文言是东林党人的高参，把他作为反击的突破口再合适不过了。

明代司法黑暗最突出的一点就是东厂、锦衣卫可以不受监督单独办案，他们可以不经过国家正式的司法机构——刑部，就把人抓进镇抚司狱拷问。这种办案方法十分利于栽赃陷害。

魏忠贤下令将汪文言抓进东厂控制的监狱——镇抚司监狱。这一举动当然不是针对汪文言一个人，而是为了将杨、左、魏等人牵连进来。

汪文言在狱中经过两个多月的严刑逼供，依然没有指认杨涟等人贪污受贿。汪文言表现得很有骨气，说："以此蔑清廉之士，有死不承。"最后受刑气绝。负责审讯的锦衣卫官许显纯自造供词，又将杨涟等下狱。魏忠贤认为，只以移宫一案定杨涟的罪，还难以让人信服，牵涉的人员太少，如果以交通边帅、收取贿赂定罪，则死有余辜。

天启五年（1625年）八月，熊廷弼被杀头弃市，传首九边。随后，杨涟、魏大中、左光斗、顾大章等人也在狱中相继被折磨致死。受杨涟等案件牵连，被捕被杀的帝国官员还有多人。魏大中被捕，押解过吴县时，吴县人、吏部主事周顺昌正在家中。他挽留魏大中，周旋数日，并结为亲家。这是对魏忠贤的公然蔑视。魏忠贤派缇骑前去抓人，在苏州引起骚乱。聚集的群众为周顺昌求情留命，击毙缇骑一人，击伤多人。

最终周顺昌还是被捕入狱。周顺昌在狱中大骂许显纯，许显纯用铜锤击打周顺昌牙齿，他的牙齿全部脱落。周宗建骂魏忠贤目不识丁。魏忠贤下令用铁钉钉他，又用沸水浇他，顷刻皮肤卷烂，赤肉满身，不久毙命。在处理苏州民变时，市民颜佩韦、马杰、沈扬、杨念如和周顺昌的舆隶周文元等五人也被处死。他们被合葬在虎丘附近，墓碑题曰"五人之墓"。

当整个社会都笼罩于这种畸形的权力高压之下，有一种声音却响彻帝国的上空，那就是对"九千岁"魏忠贤的颂扬之声。在当时铺天盖地的造神运动中，整个帝国都沉浸在为魏忠贤歌功颂德的幻境之中。

帝国的每一天都是阳光灿烂，每个人仿佛都在回避帝国政局中的那些阴暗面。

可回避始终改变不了扑面而来的现实，帝国的良民已经被逼得走投无路，天崩地裂的农民大暴动也一触即发，北方边境也面临着旭日东升般的建州女真人的威胁。一场血雨腥风笼罩在帝国的上空，要命的"阉党"专权就像一瓶烈性的毒药倒进了帝国的肠胃系统。

天启六年（1626年），由浙江巡抚潘汝帧发起的向大太监魏忠贤献媚的运动很快在全国得到推广，几乎所有的帝国官员都加入到向一个宦官歌功颂德的行列。各地也纷纷建立起金碧辉煌的魏氏生祠，不断在生祠里举行各种庄严盛大的祭拜活动。山东临清在修建生祠时，拆毁民房一万余间；河南修建生祠拆毁民房一万七千余间，仅开封一地，就毁掉民房两千多间。

大字不识几个的政治流氓魏忠贤就这样被人为地捧为半人半神的九千岁，被誉为再世的孔圣人，甚至被歌颂为只有上古时代的尧和舜才能与之相提并论的旷世伟人。

更为可笑的是，各地的魏忠贤生祠建成之后，地方官员都把他当神敬。那些想要发达的官吏就算不拜自己的先人、父母，也要祭拜他们的九千岁。史料记载，天津巡抚黄运泰率领全城文武官员，列队于魏公祠阶下，对木像恭行五拜三叩头后，自己又单独趴到供桌前膜拜，口称"某年某月某事蒙九千岁扶植"，叩头谢恩，又说"某年某月蒙九千岁提拔"，又叩头谢恩。致辞完毕，再回到班列，率领众官再行五拜三叩头。

在这股妖风弥漫的日子里，对待建祠的态度成了衡量帝国官吏忠诚度的重要标准，成了官吏奖惩的重要依据。潘汝帧倡议建造生祠的上疏进呈，御史李之待转呈，仅仅迟办了一天，就被革职法办。

原任提学副使黄汝亨路过西湖，见魏忠贤生祠极为壮丽，不禁发出惊讶叹息。守卫生祠的人发现之后，当即乱棍齐下，将黄汝亨活活打死。

蓟州道胡士容不愿为魏忠贤修建生祠，被人告发，立即逮捕下狱审问；遵化道耿如杞入祠，见魏忠贤像未行五拜三叩之礼，结果被锦衣卫逮捕关进大牢，后与胡士容一起判处死刑，实行秋决。所幸的是，由于皇位发生变化，两人才死里逃生。

如此疯狂的人间闹剧，固然是魏氏一人的头脑简单所造成，但也说明了整个民族的精神气质在一定层面上的劣化。即使再多的颂扬也改变不了魏忠贤的命运走向，他对自己的身份地位一直没有明确的认识。他似乎并没有意识到，自己的权力只是虚无的空中楼阁，如果没有皇帝的支持，他只是一个太监。他也许从来没有想到失去根基的空中楼阁会有垮掉的那一刻。他就像是一个喝醉的车夫，驾着大明王朝这驾马车，向着灭亡一路狂奔。

当然，在魏忠贤集团内部并不缺乏清醒之人，他们已经注意到了魏氏权力基础的致命缺陷：天启皇帝死的那一天，也就是魏忠贤的倒台之日。为了保住自己在权力世界里的既得利益不受损害，他们暗中向魏忠贤献策：趁现在势力全盛之时，干脆代君自立，只有这样，才能确保魏氏集团的长远利益。

听到这样的建议，魏忠贤不但没有心动，反而吓得面如土色。他严厉警告谋士以后不要再说这样的话，自己是大忠之人，怎么能存这样的二心？他在谕旨里夸自己"一腔忠诚""赤心为国"，也不算是虚妄之词。

谁也没有料到，天启七年（1627年），天启皇帝突然得了重病，开始腰疼，发烧，然后又浑身浮肿。短短两个月后，皇帝已经是一副大限将至的景况。

魏忠贤表现出了一个奴仆的忠贞本色。他住进了离皇帝寝宫很近的懋勤殿，日夜侍候皇帝起居。为了挽救天启皇帝，他想出了无数办法。他请巫师为皇帝驱邪，还在宫中发放金寿字大红贴裹，要用一片金色红色的喜庆气氛驱赶病魔。因为皇帝的病情日渐加重，他多次暗自垂泪。皇帝病危给魏忠贤政治集团带来了一种危机感。天启帝的妃嫔先后生育了三男两女，但全部夭折。正宫皇后张氏也怀过一胎，但不足月即流产。如果天启皇帝真的因病而亡，那么继承皇位的按道理应该是他的弟弟信王朱由检。而在一位新皇帝的统治下将会出现什么样的政治局面，那是很难预测的。

天启皇帝的病情日益沉重。八月二十二日，年仅二十二岁的朱由校驾崩，谥号为熹宗。由于膝下没有皇子，朱由校在临终之前将皇位传给十六岁的弟弟朱由检。朱由校对朱由检说："皇后德性幽闲，你为皇叔，嗣位以后，须善为保全。魏忠贤、王体乾等，均恪谨忠贞，可任大事。"

面对朱由校的临终遗言，朱由检虽然表面上答应，可他的心中早已有了自己的主张。

因为朱由校没有儿子，所以这种兄终弟及的安排应当是顺理成章的。但是野史中也有另外的说法。据《先拨志始》记载，天启皇帝逝后，魏忠贤等人故意密不发丧，准备让某妃假称有娠，而以魏良卿的儿子顶替，做一个孺子皇帝。这件事不可能绕过张皇后，于是魏忠贤命人对其委婉劝讽。但张皇后却说："从命亦死，不从命亦死，等死耳。不从命而死，可以见二祖列宗在天之灵。"由于张皇后的坚持，魏忠贤一伙儿的奸计最终没有得逞。

魏忠贤对天启皇帝情近父子。皇帝的突然崩逝，对他的打击是致命的。他全身心地沉浸在悲痛之中，丝毫没有意识到危险正悄然向自己逼近。他知道新皇登基以后，也许不会像先帝那样信任自己，也许自己不会再有以前的风光。可是凭自己对皇家的一片赤胆忠心，他相信自己能够得到新皇的信任。

从这一点上来说，魏忠贤只能算是一个权力狂人，而不是一个政治上的聪明人。

魏氏集团的其他人比他要明智得多。在天启皇帝病重期间，就已经有人在朝政上反对魏氏，以此来划清自己和魏忠贤的界限。魏忠贤对此还懵然不知，由此可见他在政治上是多么迟钝。

信王朱由检最终还是进入了皇宫，并于二十四日于中极殿即位，接受帝国文武百官的朝拜，宣布明年改元"崇祯"。这位不满十七岁的小王爷就这样成了下一任新皇帝，一个亲手敲响帝国丧钟的皇帝。

崇祯皇帝朱由检生于万历三十八年（1610年），论排行是光宗的第五子，但光宗的七个儿子有五个早殇，长大成人的只有天启与崇祯两位皇帝。

和天启皇帝一样，崇祯也是幼年失恃，生母刘氏很早就故去。幼年的崇祯帝自小由光宗的宠妾李选侍监护。"移宫"事件后，李选侍失势，小崇祯又被移交给另一位李选侍看护，当时只有十岁。（"移宫"中的李选侍人称"西李"，后封康妃；后来监护崇祯帝者则称"东李"，后封庄妃。）他于天启元年受封为信王。依照明朝祖制，宗室贵族是绝对不可以干预朝政的，因而这位少年亲王在天启朝的政治斗争中几乎无声无息。

朱由检和他的哥哥朱由校是两个完全不同类型的帝王。崇祯皇帝朱由检是一个对帝国事业有着强烈责任心的皇帝，他上台后一门心思要挽救危机四伏的大明朝。对于阉党集团在帝国权力系统内的只手遮天，他痛恨到了极点。刚上台时，他慑于魏忠贤的巨大权势，只能装出一副敬畏的样子。

经过一段时间的观察，他发现这个庞然大物其实是个纸老虎。即位两个月之后，崇祯皇帝决定动手了。他示意帝国官员新一轮的倒魏风潮已经到来，这为那些长期以来聚集的反魏能量打开了一道缺口，于是弹劾魏氏的奏折铺天盖地而来。

崇祯皇帝是一位既有相当能力又十分热衷政务的皇帝，他与哥哥朱由检的不同之处就是对权力的掌控。崇祯根本就不需要任何形式的权力代理人，这也就断绝了魏忠贤集团的权力根基。在天启时期，魏忠贤代天启皇帝掌权并不是争权夺权，而是基于一种默契。皇帝不喜欢处理政务，魏忠贤为主分忧，君臣之间并无明显的矛盾冲突。

这种君臣默契到了崇祯皇帝登基后就被完全打破。对于不需要政治代理人的崇祯皇帝而言，拥有全面实际权力的魏忠贤和与代理人政治相适应的整套政治格局都意味着对天子神圣权力的剥夺。所以，崇祯皇帝一上台，就已经无可避免地和魏忠贤集团形成了尖锐对立。这是一种"天无二日"式的对抗性冲突，只有一方消灭了另一方，矛盾才能解决。回过头来看，立一个婴儿皇帝继续代理人制度，才是魏忠贤体制维持延续的唯一可能。可惜阉党中缺乏有远见又有魄力的人才，机会白白失去了。

天启七年（1627年）十一月初一，崇祯皇帝发布文告，宣告魏忠贤是帝国的大恶之人，"本当寸磔，念梓宫在殡，姑置凤阳"。一声令下，前朝老仆魏忠贤听话地卷起铺盖，到凤阳祖陵去守陵了。然而，皇帝的"姑置凤阳"只不过是句客气话，算是给先帝留个面子，他怎会真的养虎遗患。封建政治历来讲究斩草除根，魏忠贤面前只剩了死路一条。仅仅过了五天，魏忠贤得知皇帝要取他性命后，就在南行路上绝望地上吊而死。魏忠贤的尸身最初被草草埋葬在阜城，后来为了昭示国法，又被挖出来处以凌迟之刑，并在他的家乡枭首示众。

3. 煤山歪脖子树上的死结

大明崇祯十七年(1644年)正月初一的清晨，崇祯皇帝朱由检自寝宫向皇极殿快步走去。按照大明王朝的惯例，他将在这一天接受臣子们的新年朝贺。当朱由检迈步走进殿门时，他才发现偌大的宫殿里空荡荡，竟然没有一个前来朝贺的臣子。

早已过了朝贺的时间，崇祯皇帝朱由检犹如一尊泥塑的菩萨，高高地端坐在龙椅上，耐心地等待着他的大臣们，等待着那些"国之栋梁"们来给他这个帝国的一把手做新年朝贺。时间一分一秒地滑过，朱由检在这一刻才算是真正地体验到了孤家寡人的滋味。

新年朝贺，满朝文武大臣竟然一个都没有出现，这在从前是不可想象的。不知道是大小官员们沉溺于新年的氛围不愿前来，还是全然没把给皇帝拜年当回事。又或者是人人都以为自己只是皇帝眼里的小角色，多一个或少一个，皇帝都不会在意。

不管有着怎样的原因，朝贺时一个官员都没有到场，这实在是一件令人匪夷所思的事。要知道朱由检不仅是明朝最为勤政的一位皇帝，就是将其放在整个中国封建历史上，他也应该是最为勤政的皇帝之一。和他的父亲、哥哥不同，崇祯皇帝对党争和宦官专权都是极为反感的。对于一个凡事都要亲力亲为、十分勤政的帝王来说，真的不应该苛求过多。可是面对一个亡国之君，历史真的不应该去苛责吗？

朕非亡国之君

难道帝国文官真的有毒？如果这个说法成立的话，那些拥戴过崇祯的文官们会觉得自己是这个世界上最冤的群体。有人说崇祯皇帝天生就是文官的克星，其实这是毫无道理可言的。因为这个世上从来就没有无缘无故的爱，更没有无缘无故的恨。所有的爱恨皆有果有因。

年轻的皇帝对待文官，就像是在翻版有情男女的交往史。双方在刚交往的时候，对未知的生活都抱有美好的幻想。可是等到庸常的日子消磨了激情，涌动的暗流就会浮出水面。铲除魏忠贤及其党羽之后，崇祯皇帝所面临的第一项工作就是拨乱反正、推行新政。在人事上要做重大的变革，抑制魏忠贤的余党，重新起用清流。这是稳定全国、平伏人心最重要的一项举措。

崇祯皇帝的起点其实并不低，也做得有板有眼。定阉党的"逆案"确实惩治了很多魏阉遗党，而随后被他重用的洪承畴、杨嗣昌、徐光启、袁崇焕这么一帮人，也确实都是治世的能臣。可是这种雷厉风行、英明果断的治国状态并没有维持太长时间，崇祯皇帝很快就发现帝国文官是最不容易搞定的一群人。不到三年的时间，少年皇帝朱由检就从最初的雄心万丈变得焦头烂额，而最直接的原因就在于他在用人制度上自乱阵脚。

崇祯皇帝和他的祖辈们并无本质的区别，尤其是在和文官打交道的过程中，那种既倚仗又厌恶的情绪始终困扰着他。刚接手政权的他在很多方面急于求成，对有才能的人也愿意委以重任。可是还没等屁股下面的皇位焐热，他就开始忧虑官员们抱团结党，反过来分肥自己的皇权。尤其是对那些和自己意见相左或比自己更高明的人，始终心存褊狭之念与防备之心。这种矛盾的情绪贯穿了他的整个执政生涯。

初登大宝的朱由检信心满满，他相信凭着自己的才智和胆识，完全能够摆平帝国内政，重振大明江山。可是历史留给他的时间已经所剩无几。对于一个和时间赛跑的帝王来说，朱由检需要做的，就是在最短的时间里牢牢抓住帝国的大权，成为名副其实的帝国一把手。

崇祯皇帝上台之后，为了尽快缓解日趋紧张的社会矛盾，他从前朝帝王那里活学活用了"休养生息，发展经济"的治国方略。此一时彼一时，巨额的战争费用和臃肿的官僚体制造成了庞大的耗费，使得任何具有"慈悲情怀"的政策在转眼之间就被具体执行者变为"苛政"。原本用来灭火的治国方略，结果却引得火上浇油。

面对帝国上下民不聊生、饿殍遍野的艰难境况，崇祯皇帝不止一次地下"罪己诏"，但是这种自我批评对于国计民生来说是没有任何意义的。朱由检在位期间先后六次向天下臣民颁布"罪己诏"。皇帝颁布"罪己诏"等于是在向天下臣民做检查。普通人犯错误都不愿意低头认错，何况是一个君临天下的皇帝。这无疑是一件极其尴尬的事情，尤其是对于崇祯这样一个"刚愎自用、殚精竭虑、乾纲独断、励精图治的中兴之君"（崇祯皇帝自诩）。但是，朱由检不仅做到了批评与自我批评，而且还成为中国历史上颁布罪己诏最多的皇帝之一。

比如崇祯十年 (1637 年) 闰四月大旱，久祈不雨，崇祯颁布"罪己诏"，自曝官场腐恶内幕："出仕专为身谋，居官有同贸易。催钱粮先比火耗，完正额又欲羡余……又如勋戚不知厌足，纵贪横于京畿；乡宦火弃防维，肆侵凌于间里。纳无赖为爪牙，受奸民之投献。不肖官吏，畏势而曲承；积恶衙蠹，生端而勾引。嗟此小民，谁能安枕！"

帝王的"罪己诏"折射着中国古代政治文化传统的某些特点。国家危难，帝王"罪己"，借此消除民怨。诚然，"罪己诏"有欺骗性的一面，但也包含着帝王对自身过错的反省，其中不乏真诚的忏悔。崇祯这么做，折射出帝国的社会矛盾和统治危机已经来到了崩溃的边缘，不然一国之君何至于此？

崇祯皇帝颁布罪己诏，以图消弭天怒人怨，挽回世道人心，挽救风雨飘摇的江山社稷。可是现代政治理论告诉我们，任何制度变迁都必须建立在一定的物质基础之上，而促进生产力发展的最根本的制度安排就是对私有产权的保护，对民间创造力特别是制度创造力的充分尊重、引导和肯定。中国的历代帝王（包括崇祯在内）当然不会让自己的臣民富裕和强大到能够与朝廷分庭抗礼的地步。因此那些打着"仁政"旗号的政治蓝图终究不过是摆出来的花架子，画饼充饥而已。

当然，对于一个刚刚登上政治舞台的男主角，崇祯皇帝的表演并没有让他的臣民们失望。他通过一系列的雷霆手段展现了一个演技派皇帝的实力。他先是以令人钦佩的魄力，诛灭了把持朝政的魏忠贤，同时又罢免了一大批阉党分子的官职，起用了一批官员到中央权力机构任职，牢牢地将权力抓在手中。

对于一个政治新人来说，这份答卷算是接近完美的，当然这也是崇祯皇帝在位十七年最为耀眼的时刻。事与愿违，帝国的人事调整并没有给大明王朝带来任何复苏的迹象。随着时间的推移，国内的情况不仅没有好转，相反，各地平民的反抗运动愈演愈烈，对后金的战争也是节节败退，权力集团内部的相互倾轧也没有随着魏忠贤集团的败亡而烟消云散。

崇祯皇帝在生命的最后一刻发出了"文臣人人可杀"的恶毒诅咒，在他看来，帝国政权之所以走向穷途末路，责任不在自己这个皇帝身上，全在那些误国误民误己的官员身上。当然这种认识并不是后来才有的，从崇祯皇帝接过皇权的那一刻起，他就对那些帝国军政机构的官员们产生了种种疑虑。

在崇祯皇帝当政的十七年时间里，权力集团内部的党争不仅始终就没有断绝过，反而一路狂飙。尤其是到了崇祯末年，帝国权力运转走进了一条死胡同。就连新年朝贺、祭拜祖庙这样重要的国家典礼，官员们都敢放皇帝的鸽子，这在中国历史上应该是绝无仅有的。我们无法知晓崇祯皇帝一个人坐在偌大的宫殿之上，心里会想些什么，但可以肯定的是，除了极度的愤怒，一定对眼前如火烹油的时局有一种无力感。

朱由检本来就不是一个脾气柔和的人，可这时候他的一腔怒火除了能够点着自己，还能点着谁呢？

崇祯十二年（1639 年）三月，崇祯皇帝先后以失地之罪，一次性斩杀了蓟镇总监邓希诏、分监孙茂霖，顺天巡抚陈祖苞、保定巡抚张其平、山东巡抚颜继祖，蓟镇总兵吴国俊、陈国威，援剿总兵祖宽、李重镇等三十六名地方高级官员。

再后来的日子里，崇祯皇帝又开帝国三百年未有之先例，带着年幼的皇子们在殿堂上亲自主持审问官员，并且主持行刑。在行刑中不惜动用重刑，以夹棍夹断朝官的双腿，当头棒打那些不听话的朝臣。崇祯皇帝在位的十七年里，先后诛杀了两位首辅大臣，撤换了五十位内阁大学士。另外又撤换了十四名兵部尚书，十七名刑部尚书。在被撤换的十四名兵部尚书中，有九人被治了重罪，其中斩首者一人，致死者一人，自杀三人，下狱两人，革职查办两人。处死或被逼自杀的督师、总督，包括袁崇焕在内达到十一人之多，其中有蓟辽总督刘策，漕运总督杨一鹏，督师熊文灿，陕西三边总督郑崇俭，蓟州总督范志完、赵光抃等。

由于少年皇帝喜怒无常、淫威滥施，那些阁臣、尚书的下场大多也是极其悲惨的。这种情况放在中国任何一个朝代都是十分罕见的。一个频频使用酷烈手段践踏朝臣肉体与尊严的皇帝，大臣们自然不会死心塌地地为他效劳尽忠。

崇祯皇帝在他的幼年和少年时期目睹了"红丸案"和"移宫案"等骇人听闻的政治阴谋。这些阴谋诡计和幽暗孤寂的深宫生活就像是一条条噬心的蛇，撕咬着他的精神，扭曲着他的灵魂。在这样的成长过程中，朱由检渐渐形成了分裂的双重性格。

一方面他严急而刻薄，对手下人薄情寡义而又自以为是；另一方面他敏感而多疑，内心深处的过分软弱和自恋给他带来极度的自尊，常常一意孤行，完全听不进任何建议。

崇祯所具有的这些性格特征，为帝国的天空抹上了一层怪异的色彩。在一些关键时刻，他往往会表现得优柔寡断，既怨天尤人又怀疑自我，最后毫无主见地把一切交给完全不靠谱的命运。这种纠结的性格对普通人来说都是灾难性的，何况是一个帝王呢？

崇祯皇帝的脾气十分古怪，可以说是阴晴不定。譬如崇祯十六年的元旦朝贺，按时到场的就只有两位官员；崇祯十七年的新年朝贺，更是连一个大臣都没有出现。官员们连续两年都放了皇帝鸽子，坏脾气的朱由检居然都能够容忍，事后没有追究任何官员，实在让人摸不透他心里究竟是怎么想的。

如果从国家治理的角度审视，崇祯皇帝是一位有着太多小聪明而缺乏全局考虑和管理的皇帝。他身上有着太多少年人的习性，在心智和行为上的表现都像是一个"问题青年"，很多时候表现得过于急功近利，情绪上容易大起大落，待人处事喜怒无常。很多时候，他会按照自己的套路出牌。他的套路就是，在很多时候他会轻易否定一个人或者一拨儿人，当然也会轻易相信一个人或者一拨儿人。这就像是一个习武之人不等别人站出来挑战自己的权威，自己就束手束脚地将自己限制。这种自废武功的做法放在权力场上，根本不利于他对帝国权力的掌控。

臣皆亡国之臣

在崇祯皇帝当政期间，他先后任用了五十位首辅大臣，平均下来一年要更换三人，数字可谓惊人。尽管如此，在他人生的最后阶段，他还是道出了那句经典的亡国言论：君非亡国之君，臣是亡国之臣。由此可见，崇祯皇帝对帝国官员的成见和敌意有多么深。

意思大致相近的话，崇祯皇帝不止一次地在人前表露过。

第一次是在崇祯十七年（1644年）三月初四，朱由检面对满朝文武劝说他"南迁"时，说了一句黯然神伤的话："国君死社稷，朕想往哪里去？！"然后又补充了一句："朕非亡国之君，诸臣尽亡国之臣尔！"说罢拂袖而去。

第二次是三月十七日早朝时分，崇祯皇帝看着下面哭天喊地的大臣，陷入无言的境地。他用手指在桌案上狠狠地写下了"文臣个个可杀"的字句，让身边的司礼太监看了看，然后随手抹去。

第三次是三月十九日凌晨，崇祯皇帝在登上煤山之前写下的那封血书里，再次提道"朕误听文官言，致失天下"。在这里，崇祯皇帝两次提到"文官（文臣）"，一次是在自己痛下殉国决心时对在朝诸臣愤愤而发。崇祯皇帝并没有提到那些在外征战、给自己带来无数战败消息的督师武将们。哪怕是对左良玉、吴三桂那几个端着架子的地方军阀，他也没有恨到要杀了他们的地步。到底是什么原因让崇祯皇帝在生命的最后时刻，还对帝国文官们恨意不绝？

"明末士大夫，问钱谷不知，问甲兵不知。"文官们一生所经营的是程朱理学，是苦苦修炼的八股文章。而帝国晚期任用官员的传统，是要职非进士出身者不用，内阁非翰林进身者不用。这些进士翰林们虽然享有帝国官场特权，但是在非常时期并没有起到与君分忧、与国分忧的作用。崇祯皇帝在位期间，朝中阁臣、尚书就像走马灯似的来了又去。直到他魂飞煤山前一刻，他还是固执地认为自己绝对不是亡国之君，而那些在纷乱时局中和稀泥的官员个个是误国之臣、亡国之臣。

这种纠结得近乎变态的心理魔障无时无刻不在提醒着他：不是自己太无能，而是官员们太狡猾。这种怀疑精神在他与官员之间筑起了一道无法逾越的鸿沟，将整个帝国一步步逼向绝境。而每一步都是助他登上煤山的台阶，直接通向死亡。

煤山歪脖子树上吊死崇祯皇帝的绳子打了一个死结，但真正将崇祯皇帝推向死亡的，却是帝国文官们给皇帝编织的一个夺命结。

崇祯皇帝常年居于深宫。阴郁的宫廷生活让一个心智尚未完全成熟的少年人在精神上备受压抑。对朱由检来说，皇位是遥远而近乎渺茫的。如果他的哥哥天启皇帝能够再活久一些，如果天启皇帝膝下有子嗣，皇位怎么也不会轮到他来坐。

如果只是如果，并没有成为现实。当皇位犹如天上掉落的馅儿饼砸在朱由检的头上，他没有任何心理准备。可是时间从来不会等人，这就像是一场接力赛，当棒子交到手上的时候，接棒人还没有意识到自己接的是最后一棒。朱由检并不是比赛型选手，他是被强行拉入赛道的，这种突然降临的压力可想而知。

将近三百年的漫长接力赛，从朱元璋开始，到朱由检接棒。如果说第一棒或者前几棒带有统治者的个人色彩。那么经过时间的冲刷，统治者的性格缺陷已经不是最重要的了，帝国的病变血液已经渗进制度体系的肌理。遗憾的是，崇祯作为赛道上的最后一个接棒人，他在病变四起的制度体系下将自己的性格缺陷暴露无遗。当两者结合，帝国的死穴也因此被点中，并最终成为一道无解之题。

对于十七岁就除掉魏忠贤的崇祯来说，他在人事管理与调控上的表现却糟糕至极。

由于缺乏对世情人情的认识，由于自身眼界的狭窄和内心的不自信，崇祯皇帝在用人上犯下了致命错误。他用了两个不该用的人。于是在短短的一年时间里，本应走向光明的帝国时局被带入新一轮的党争旋涡中。这两个人，是继魏忠贤倒台后，在相当长的时间内担任内阁首辅的温体仁和周延儒。

在魏忠贤被清洗后，"阉党"暂时性地受到了压制。可是这种此消彼长的权力制衡游戏，就像是小孩子玩的跷跷板。一方势弱，另一方必然势强，平衡也因此被反复打破。东林党人开始布列朝堂，进入内阁掌握实权。伴随着东林党势力的崛起，帝国权力集团内部的人事斗争也随之出现。由于东林党人进入权力核心层，非党人士就面临着被排挤的危险。阉党成员自不必说，一批新生代无党派人士也遭到了大力排挤，其中的代表人物就是温体仁和周延儒。

非党人士并不甘心落败，他们也就此卷入了这场你死我活的权力争斗。这就像是几方联手为帝国的盛大谢幕酝酿一场好戏。这场好戏的主角是三位江南才子，他们分别是代表东林党出场的钱谦益和代表非东林党新生代出场的温体仁、周延儒。当年天启皇帝清理东林党时，钱谦益被罢官回乡。等到崇祯皇帝上台，他又被重新起用，担任礼部侍郎。东林党的老一辈人物已经被天启皇帝打击得支离破碎，复出后的钱谦益自然就成为东林党的领袖级人物。

周延儒是文官中的翘楚。早在万历四十一年（1613年），刚满二十岁的周延儒参加京城会试、殿试均中第一，集会元、状元于一身。这个成绩还是相当显赫的，要知道明朝三百年历史里连中三元者，只有洪武年间的黄观和正统年间的商辂二人。周延儒的仕途还是较为平坦的。崇祯初年，官居礼部右侍郎，成为部级高官，而此时的周延儒还是一名三十五岁的少壮派。

　　温体仁比周延儒大二十岁，也是学而优则仕的传统文人。虽然他的名气比不上周延儒，但是混迹官场的时间却很长。崇祯初年任礼部尚书，是周延儒和钱谦益的顶头上司。

　　朱由检是个不甘心的皇帝，他一直都在努力地想有所作为。作为非党人士的温体仁、周延儒二人就这样成为新皇有意仰仗的势力。如果就名望、才学、资历而言，作为东林党"带头大哥"的钱谦益进入内阁应该是没有任何问题的。可问题是他不仅要确保自己进入名单，还要确保他的竞争者不能进入名单。也就是说他要干掉别人，才能成全自己。

　　在权力场上，温体仁的资历比钱谦益老，职务比钱谦益高，是阁臣最有力的竞争者。

　　作为东林党的领袖级人物，钱谦益的人脉资源无处不在。在其同乡、门生和东林党人士的运作下，钱谦益顺利进入候选名单。在这份名单中，礼部有三位侍郎入选，而作为礼部尚书的温体仁却被排除在外。同样是礼部侍郎，被皇帝眷顾的周延儒同样也没有进入这份候选人名单。

　　这不仅引起了温体仁和周延儒的强烈不满，更为关键的是也引起了崇祯皇帝对帝国官员结党的怀疑。结党，在任何一个朝代里，都是皇帝最为痛恨和恐惧的事情。温体仁和周延儒本来自我感觉良好，谁知道理想如此丰满，可现实却如此骨感，结果让他们措手不及。他们当然不愿就这样在现实面前低头。在共同的利益面前，两人决定联手。他们抓住崇祯皇帝疑心重的性格软肋，向钱谦益及其同党展开疯狂反扑。

　　周延儒到处散布流言蜚语，指责钱谦益及其同党在这次会推中暗箱操作。温体仁还专门呈上一本《直发盖世神奸疏》，直接攻击钱谦益在天启元年以翰林院编修之职主试浙江时，接受考生钱千秋贿赂。为朝廷选拔人才都敢徇私舞弊，这样的人根本就没有资格当阁臣。

这场会推之战，最终以钱谦益被革职听勘、钱千秋被重新提审而画上一个牵强的句点。事后，钱谦益及其同党分别受到处分。在这一战中，温体仁、周延儒虽然取得了胜利，但他们从此与东林党人结下了梁子。崇祯皇帝对于"党争"一向持否定甚至深恶痛绝的态度，而温体仁和周延儒等非党人士以"不组党羽""忧国思民"的姿态出现，因此占得先机。

不久，东林党官员卷土重来，向温体仁和周延儒展开攻击。东林党的攻击波也是一浪高过一浪，他们甚至将温、周二人直接定性为"阉党"分子。可是在痛恨结党的崇祯皇帝看来，这时候弹劾温体仁和周延儒的人越多，就越说明二人没有结党营私，否则他们不会陷入孤立无援的状态。受到的攻击越猛烈，崇祯皇帝对他们的信任度就越高。很多时候就是这样，群众越孤立的人，领导就越喜欢。

不过温、周二人比那些所谓的"党人"更加可怕，东林党人失势后，先前结盟的二人挑起了新一轮的"温周"党争。周延儒与温体仁组成内阁后，各自组党。在对待东林党和阉党残余势力的态度上，周延儒与温体仁之间产生了严重的分歧。周延儒深知东林党人在帝国权力集团中的影响力，整走了钱谦益，已报了自己的一箭之仇。如果从长远角度考虑，得罪东林党人不是明智之举，只有拉拢东林党人，为自己培植更多的政治支持者才真正可靠。而温体仁的想法却是团结权力集团中的其他党派，继续打压东林党。

温体仁几次起用阉党官员，周延儒都投了反对票。当然，周延儒这么做的真正想法也是怕温体仁结党后势力太大，不好挟制。这时候，两人之间的关系已经呈现出微妙的改变，表面上还是合作关系，但暗地里已经势同水火。

温体仁整倒周延儒的手段算不上多么高明，无非是利用宦官，大打"辽东牌"。这也为崇祯一朝重蹈覆辙开了个头儿。在刚刚即位时，因为不信任武将，也是为了遵循帝国文官带兵的旧制，崇祯尽撤镇守中官。他就像是一个春播秋收的农夫，将那些文官像豆子一样撒在辽东这块肥沃且危险的黑土地上。这时候辽东和内地的战事屡遭失败，粮饷无着，而廷臣根本没有能力解决。就是在这种情况下，崇祯皇帝派遣内廷的太监监察各镇。结果可想而知。不但没有起到任何作用，反而使太监专权的风气重新形成。

温体仁看到了这个问题背后暗藏的杀机，他私下重金贿赂太监，以"辽东"视察不力为由，将周延儒一脚踢出内阁。太监之祸本来就是帝国的第一祸端，而辽东战事更是帝国的一个死穴。如果将两者结合起来做一篇文章，那无疑是一把插进帝国心脏的利器。崇祯即位的第一年（1682年），温体仁接任周延儒成为内阁首辅。温体仁掌权后，"同官非病免物故，即以他事去"。这种不按规则出牌的做法，无异于在千疮百孔的帝国政治躯体又捅了刀子。

温体仁与周延儒之间的斗争完全是出于个人权力私欲的争夺，对于帝国人事制度的破坏性极大。在这之后，权力集团内部的党争进入不可控制的阶段。

崇祯皇帝不是聋子和哑巴，更不是一个傻子，他对官员弄权之事也有耳闻。崇祯深知党争之害，也备受宦官弄权之苦，所以与他的爷爷辈父亲辈相比，他从接手政权的那一刻起，心中的那根弦就一直紧紧地绷着。他始终没有找到更合理或是更铁腕的方法来解决这些问题。当问题得不到解决的时候，他只有被问题牵着鼻子走，被那些忙着瓜分权力的人牵着鼻子走。

周延儒失势后，视温体仁为自己的头号死敌。正因为如此，他才会想到联合东林党人。三方势力斗法，很难做到强者恒强，弱者恒弱。当一方势力过大，其他两方必然会联手以抗。周延儒并不甘心就此退出属于自己的那方权力舞台，虽然久居乡里，但是一颗心却从没离开过他眷恋的朝堂。

他指使自己的心腹知己礼部仪制主事吴昌时与庶吉士张溥为其奔走，动员各方面的力量，策划重新起用之事。同时还暗中指使刘宗周等人上奏指出温体仁的十二大罪，同时凑集了六万两黄金打点那些宫廷朝贵，终于成功地收买了司礼太监曹化淳，由曹化淳出面告密，指称温体仁自有党羽。对温体仁专权已有警惕之心的崇祯皇帝如梦方醒，革去了温体仁的阁辅之职。周延儒靠东林党人扶持，再次成为继任首辅。

这场温周党争之乱，至此持续了整整十年之久。十年对于一个时间处于倒计时状态的帝国而言，朝纲破裂之势已然形成，可以说是最为要命的十年。

周延儒重新上台后，他的用人政策其实并没有什么新意。可以说，与温体仁相比，他只能算是一个政治上的老油条，绝对不是治世能臣。崇祯年间，后金势力越来越大，辽东败绩连连，可是周延儒却在这时候关起门来玩党争。内廷党争不断，辽东战事吃紧，将大明这块烫手的山芋烤得外焦里嫩。

崇祯皇帝渐渐失去了耐心。在这个关头上，周延儒犯了一个不该犯的错误：他自恃已经取得皇帝的信任和各派政治势力的支持，于是奏请削弱厂卫缉事之权。厂卫是明朝特殊的特务组织。与内阁不同，厂卫直接听命于皇帝，所以刺激厂卫，无疑是太岁头上动土。

于是，与厂卫关系恶化后，锦衣卫渠帅骆养性和东厂太监"尽发所刺军中事"，开始暗中监视周延儒，并将他巡视辽东时稽延不战和谎报战功的实情报告皇帝。而周延儒毫无察觉，反而在这时候又树强敌，这个敌人是前任首辅薛国观的门生阁臣魏藻德。

其实这个梁子结得有些牵强，真正得罪魏德藻的人并不是周延儒，而是他的学生吴昌时。因为吴昌时在魏德藻老师薛国观赐死一事上颇起作用，又对魏德藻多方打压。魏自然痛恨吴昌时，时时寻找替座师报仇的机会，也因此牵连到周延儒。

党争的一个特点就是，门生之间的仇恨可以扩大到老师那一层。而魏德藻也清楚，只要周延儒在现在的位置上多待一天，他就别想站到更高的位子上，因为他们不是一个派系的，所以除了斗下去，没有别的选择。另一位想要扳倒周延儒的是他内阁的同事陈演，因为周延儒不喜欢陈演的为人，对他十分冷淡。如此一来，陈演与魏德藻就走到了一起，与厂卫合谋攻击周延儒。

东厂与锦衣卫掌握了吴昌时贪污受贿的罪证，于是将其缉拿，并由此牵连出周延儒。厂卫头子骆养性本来就讨厌周延儒，又岂能放过这样一个大好机会，他马上着手缉拿周延儒。魏藻德、陈演为此事出力很大。趁周延儒督师之际，他们在崇祯面前不断地吹耳边风。于是周延儒被抽调回京接受审讯，而这时，吴昌时已在酷刑面前招供。周延儒非常害怕，走到半路不敢走了，陈演便奏报皇帝，说他心中有鬼。崇祯强命他进京，将其安置于正阳门外，并不召见他。周延儒上疏哀求，自请戍边，崇祯也不予理会。崇祯十六年十二月，崇祯下令，吴昌时弃市，遂勒令周延儒自尽，并籍其家。与温体仁相比，周延儒的下场要凄惨许多。

之后魏藻德、陈演相继成为崇祯宠信的内阁首辅。在整倒周延儒的过程中，他们的道德水准令人难以恭维。二人结成同盟后，新的"党"又出现了。崇祯皇帝一直怕臣子结党，可惜终其一生，也没有改变现状。

温、周斗法前后持续了十几年，相继牵连进东林党人、阁臣、宦官、厂卫等多方势力，对明朝人事制度产生了极大的危害。最可怕的是，崇祯的心态由此发生了变化。这位原本充满理想的少年，在他很信任的温体仁和周延儒的身上，发现了以前他所没有见过的丑恶的一面。而且在温周二人相继执政的十几年间，崇祯皇帝发现，他接过来的那些巨债并没有还清。相反，更为严峻的现实问题又摆在了他的面前。流民没有扫清，边境并不平安，财政依然是赤字连连，朝臣们却忙于内斗，不断出现的是各种谎言和欺骗。崇祯开始由不信宦官信大臣变为猜疑大臣、信任宦官。对他来说，这是一个重要的转变。由此，崇祯皇帝对整个文官制度由将信将疑转为完全不信任，从一个"明君"开始一步步成为偏执狂、迫害狂，并将这种不信任的对立情绪坚持到他死亡的那一刻。

4. 英雄：最后一根擎天柱的崩塌

万历四十六年（1618年）四月，建州女真首领努尔哈赤计陷抚顺，揭开了与明王朝长期战争的序幕。此后，努尔哈赤挥师南下，占据辽河以东沈阳、辽阳等大小七十余城，兵锋直指山海关。大明王朝几易疆臣镇帅，也未能扭转东北边防风雨飘摇的势态。

山海关一失，努尔哈赤的虎狼之师便可长驱直入，要不了两天便可抵达北京城下。关外的局势到底怎样，传到皇帝和官员耳朵里的说法各不相同。局势越是被动，谣言就传得越凶，这是历史中的常态。就在京师人心惶惶之际，兵部主事袁崇焕骑了一匹马，孤身一人出关考察。不久他回到北京，向上司详细报告关上形势，宣称："只要给我兵马粮饷，我一人足可守得住山海关。"

若在平日，这样不打招呼就擅离职守，肯定是要受到严厉惩罚的。但朝廷正值忧急彷徨之际，而考察归来的袁崇焕将关外局势梳理得头头是道。兵部主政官员一番权衡之下，非但没有追究袁崇焕的过错，还擢升他为兵备佥事，类似于文职军官中的政治部主任。既然袁崇焕已经将大话说出去了，那索性就让他去镇守山海关。

山海关是"天下第一关"，是防守京师的第一要塞。虽是要塞，但它根本就不具备军事要塞的条件。它只是孤悬的一处关口，并没有外围阵地。若是敌军来攻，千军万马会直接冲到关门之前。如此一来，明王朝将所有的防御力量囤积于此，是非常危险的一件事。一旦战事陷入被动，就丝毫没有回旋的余地。山海关若是失守，来犯之敌便可直面北京城。所以在战略形势上，必须将防线向北移，越是推向北方，山海关就越安全，北京也就越安全。

袁崇焕极力主张筑城宁远，招致朝中大臣的极力反对。在他们看来，宁远距离山海关太远，根本就守不住。大学士孙承宗是个有识之士，他始终坚持不调研就没有发言权的行动准则，亲自出关巡视。在一番调研之后，他接受了袁崇焕的看法。不久孙承宗走马赴任辽东主帅，他派袁崇焕与副将满桂带兵驻守宁远，这是袁崇焕领军的开始。

满桂是蒙古人，骁勇善战。从那时起，他和袁崇焕的命运就永远结合在一起，再也分不开了。一个蒙古武将，一个广东统帅，都是十分刚硬、十分倔强的脾气。两人一起经历了多次生死患难，也有过不知多少次激烈的争吵。一直到死，两人仍是在争吵。但在彼此的心中，却又互相钦佩。那既是男人之间英雄相惜的一种情怀，又是大敌当前彼此仰仗的现实需要。

天启三年(1623年)九月，袁崇焕到达宁远。他到任后，做的第一件事是筑城，准确地说是按照他所制定的严格标准筑城。城墙高三丈二尺，城雉再高六尺，城墙墙址广三丈。次年完工，城高墙厚，成为关外的重镇。这座城将满清重兵挡在山海关外长达二十一年之久，如果不是吴三桂把清兵引进关来，不知道还要阻挡多少年。

关外终于有了一个安全的地方。这些年来，辽东、辽西的汉人流离失所，若是给满洲人掳去，便成了奴隶，于是关外的汉人纷纷涌到。宁远城人口大增，明朝的防御线向北推进了二百余里。宁远城不破，后金就难以冲破山海关。

孙承宗有才识、有担当、有气魄。袁崇焕对他既钦佩，又有知遇的感激。在一个人的职业生涯中，能够遇到这样的上司极为难得。眼见他和孙承宗收复失地的共同计划正在一步步地实现，袁崇焕度过了进入辽东后最为快乐的一段时光。他和手下将领满桂、祖大寿、何可纲、赵率教、孙祖寿等人的战斗友谊，也在那些患难与共的日子里不断加深。

可惜好景不长，时局渐渐变坏。天启皇帝朱由校越来越沉溺于自己的木匠事业。而宦官魏忠贤的权力越来越大，只手遮天，搅得朝堂上下一派乌烟瘴气。大宦官早就对镇守辽东的这帮官员心有不满。孙承宗带兵十多万，粮饷很多，却从不供奉他这个帝国的"九千岁"。不识时务只有靠边站，魏忠贤派兵部尚书高第担任辽东经略，撤了孙承宗的职。高第刚一到任，就要撤去关外各城的守御，将部队全部撤入山海关。

袁崇焕当然极力反对。如此一来，这么多年的辛苦经营就会毁于一旦。他对高第说："兵法有进无退。诸城既已收复，怎可随便撤退？锦州、右屯卫一动摇，宁远、前屯卫前就震惊，山海关也就失去保障。这些城池只要派良将守御，一定不会有危险。"

高第根本听不进袁崇焕的建议，他下令宁远、前屯卫也撤兵。袁崇焕十分倔强，抗命不听，说道："我做的是宁前道的官，守土有责，与城共存亡，决计不撤。"高第也清楚，袁崇焕虽然是他的部属，但此人在辽东之地经营数年，在军队中拥有极高的人气和威望。若他执意抗命，自己也只能无奈地接受现实。

经高第这么一折腾，袁崇焕也有些心灰意冷，上奏章要回家守制。早在一年前，袁崇焕的父亲去世。按照大明法度，身为人子的他必须回家守丧。当时朝廷以军事紧急为由，命他在职守制，称为"夺情"。

如今袁崇焕要回家尽孝，显然有赌气的意思。皇帝驳回了他的请求。为了慰抚他，将其擢升为按察使。虽然仕途上有了进步，但是袁崇焕的心情却陷入前所未有的沉闷之中。高第是个目光短浅之人，而此时的袁崇焕又陷入无人援手的境地。努尔哈赤已探察出明朝的虚实，知道这是出兵的最好时机。

天启六年（1626 年）正月十四日，努尔哈赤统领十三万大军，号称二十万，横渡辽河，兵锋直指宁远城下。大战将至，袁崇焕将部下召集到眼前，突然当着全体将士的面跪下，慨然言道："大兵压境。外无援兵，宁远已是孤城一座。身为帝国军人，不战而逃是巨大的耻辱，我要与宁远共存亡。"

袁崇焕的母亲和妻子这时也在辽西，大概住在山海关或前屯卫后方。他将母亲和妻子都搬到宁远城中来住，可见全家和宁远共存亡的决心。他又派人给山海关守将杨麒送信，要他把从宁远城逃出去的溃兵一律杀掉，一个也不留。

二十四日，后金兵到达城下。袁崇焕第一次领教了"辫子兵"的威猛。那些如狼似虎的清兵，脑袋后面都拖着一条辫子。于是乎，汉人只要听到"辫子兵"三字，就会吓得魂飞魄散，直到十余年后仍是如此。李自成部下都是身经百战的悍将健卒，攻破北京，在山海关前的一片石和吴三桂部大战，丝毫不落下风。但清兵突然出现，李自成军中响起"辫子兵来了"的惊呼，二十万大军一溃千里。李自成逃出北京，向西急窜，短命的大顺朝覆灭了。在那时候，"辫子兵"就是"无敌"的代名词。

当时朝鲜派使者去北京朝见皇帝，途经宁远。袁崇焕很高兴地招待使节及其随从。朝鲜使节见守军甚是镇定，心里暗暗吃惊。袁崇焕和幕僚们正在闲谈，突然有人来报清兵攻城。袁崇焕乘轿至战楼，仍与朝鲜使者谈古论今，泰然自若，脸上全无忧惧之色。

攻城清兵的先锋部队是铁甲军，每人身上都披两层铁甲，称为"铁头子"。清兵以坚车攻城，车顶以生牛皮蒙住，矢石不能伤。明军在城内架起西洋大炮十一门，在城头轮流轰击，每一炮打出去，破坏杀伤及于数里。

这是一场以少胜多的攻防战，宁远城墙一度被清兵撕开一道口子。袁崇焕亲自搬石头来堵塞缺口，连受了两次伤。部将劝他保重。他厉声道："宁远虽只区区一城，但与中国的存亡有关。宁远要是不守，数年之后，咱们的父母兄弟都会成为鞑子的奴隶。我若胆小怕死，就算侥幸保得一命，又有什么乐趣？"撕下战袍裹住左臂的伤口又接着指挥战斗。将士们见主帅如此，自然人人奋勇。

两天后，当宁远上空弥漫的硝烟渐渐散去，人们发现，这座千疮百孔的古城依然挺立于大明的版图之上。一场艰苦卓绝的战役让明、清双方都损失惨重。中炮受伤的努尔哈赤丢下五百具勇士的尸体，黯然退去。这是袁崇焕在历史舞台上首度崭露头角，也是明军难得的一场胜利，在历史上称为"宁远大捷"。

袁崇焕的高光表现，让这个被失望和无奈笼罩的帝国看到了一缕久违的胜利曙光。在大明王朝的长城防线接二连三地失守之后，袁崇焕就这样从血泊中树起了属于自己的旗帜，也由此成为大明帝国最后的救星。

宁远捷报传至京城，明廷上下为之一振。天启皇帝擢升袁崇焕为辽东巡抚，仍命驻扎宁远。

清军撤退之后，袁崇焕派遣一名使者，备了礼物去见努尔哈赤，命使者传话道："老将横行天下为时已久，今日败于小子之手，只怕是天意了。"努尔哈赤这时候已经身受重伤，于是回送礼物及名马，约期再战。

努尔哈赤在诸贝勒面前叹息道："我自二十五岁以来，战无不胜，攻无不克。为什么区区一个宁远城就打不下来？"他虽心有不甘，但此后伤势一直未愈，只好返回沈阳休养。在离沈阳四十里处的叆鸡堡逝世，时年六十八岁。

努尔哈赤一生只打了这一个大败仗，清人从此对袁崇焕十分敬畏。努尔哈赤死后，袁崇焕在没有朝廷授权的情况下自作主张地派人前往吊唁，同时庆贺皇太极继位。

袁崇焕后来在题本中阐述了他遣使吊丧的三个目的："臣先于镇守内臣刘应坤、纪用，镇臣赵率教东巡而得奴死之信，盖闻之而未见其也，无一确探以相闻。边臣所任何事，亟往侦其虚实，一也。因离间其诸子与夷上下，二也。且谕其毋前叛逆，束手归命，听朝廷处分，三也。"他这么做有三个目的：一是为了探察虚实，二是为了离间努尔哈赤诸子关系，三是找机会劝降皇太极。

《清太宗实录》中也有相似记载：袁崇焕遣使吊丧系"潜窥我国情形"。由此可见，袁崇焕借吊丧探虚实的意图已经被皇太极识破。至于离间诸子关系，袁崇焕也早有此心。他听说努尔哈赤留下了"八大贝勒共治国政"的遗训。八个大小和硕贝勒各领一旗，他们之间势均力敌，方能达到牵制、平衡的功效，令推举出来的汗王不至于肆意妄为。袁崇焕认为这是分裂后金政权最好的时机，他甚至说出"八犬同牢，投之骨必噬"这样有把握的话。即使以上两个目的无法实现，还有第三个，劝降。总之，袁崇焕很有信心，他在奏本中声称："奴子（皇太极等）不降，必为臣擒矣。"

皇太极的军事才能虽然比不上他的父亲努尔哈赤，但是政治才能却犹有过之。如此一来，袁崇焕所承受的精神压力并没有减轻。一场玄机暗藏的吊丧，被皇太极巧妙地导向明金之间的议和。皇太极担心与宁远议和还没开始就走向破裂，故极力敷衍，从天启七年（金天聪元年）元月至二月，一再改写致袁崇焕书信的格式。尽管如此，这都是一场毫无诚意的议和，皇太极不过利用袁崇焕遣使吊丧之机，借间而用间，以和议迟滞明朝的关宁劲旅，乘机衔杖疾趋，挥戈东向。

袁崇焕是颇有胆识之人，他的存在既让皇太极叹服，又让他顾忌重重。皇太极即位之初，周边的形势极为严峻。东方的朝鲜，素来忠顺于大明朝廷，虽然国小兵弱，但也不容忽视。且有毛文龙开镇皮岛，客寄朝鲜，驻兵屯田于铁山、昌城、满浦一带，虽然兵力不过四万，但居于战略要塞，足以形成牵制之势。

毛文龙于万历三十三年从军，屡立战功。1621年，率领一百九十七名勇士深入敌后，收复两千里海岸线，不久又收复宽奠、大奠、新奠、永奠等六堡，随后以皮岛为根据地，多次深入敌后，屡挫敌锋。1622年，升为平辽总兵官。1663年8月，收复金州、旅顺、望海堡、红嘴堡；9月，先后取得"牛毛寨大捷""乌鸡关大捷"；10月，再收复复州、永宁。皇太极即位后，为解除这个心头大患，派大军攻打毛文龙，史称"丁卯之役"，毛文龙五战五胜，重创后金主力镶蓝旗。

连年打击不能消灭毛文龙，后金便竭力劝降，许诺"将军若来，位在佟附马与辽东广宁诸将"之上。后金军缺少船只又不习惯海战，对毛文龙也是有心无力。

天启皇帝升毛文龙为平辽总兵时，袁崇焕刚出山海关，还未建功。那时候，明军一见后金兵就望风而遁，只有毛文龙的军队能与后金打一打。毛文龙也因此受到朝廷嘉奖，擢升至左都督挂将军印，赐尚方剑。天启皇帝提到他时从不叫名字，而称其为"毛帅"。

前有袁崇焕，后有毛文龙，皇太极不敢放开手脚进兵辽西。皇太极即位之时，满洲政权遇到了极大的困难，而明朝方面也承受着不小的压力。训练一支既能守，又能战，再能进一步收复失地的精锐野战军，需要相当长的时间。明清双方都期望有一段休战的时期，以便重新调整自己的作战计划。明军要练兵、筑城、屯田，清军是进攻朝鲜，巩固统治。在如此局势下，双方都具备了议和的条件。

当时议和的障碍，主要还是来自于明朝的文官。他们熟悉史事，一提到与金人议和，他们的政治神经就会变得异常敏锐。他们首先想到的是中国历史上南宋和金国的和议。人人都怕做秦桧，可又都不愿意做岳飞。

袁崇焕从现实出发主张议和，而朝中大臣并不买他的账。有官员一再弹劾袁崇焕，说他的主张就像宋人和金人议和那样愚蠢自误。袁崇焕和皇太极信使往来，也因朝中大臣视和议如洪水猛兽的反对声而变得异常艰难，所谓的谈判也仅限于文来文往，并无实质性的进展。

皇太极想把和议作为一种策略而服从于对明的战略全局，通过议和，他的军队可以避免两线作战。不管和议谈判结果如何，皇太极和袁崇焕都认为和议可以争取到更多的时间。明军可以补充战争资源，巩固境内的防御体系。而皇太极则认为，在这场与时间赛跑的战役中，他可以借此威服朝鲜，撤去大明王朝的这道东方屏障，也就此将毛文龙困于海岛一隅，使其难有大的作为。

皇太极无法和明朝达成和议，却见袁崇焕没日没夜地修筑城堡，他担心时间拖得越久，今后进攻会更加困难，于是决定"以战求和"，向宁远发动攻击。天启七年五月，皇太极亲率两黄旗、两白旗精兵，进攻辽西诸城堡，攻陷明方大凌河、小凌河两个要塞，随即进攻宁远的外围要塞锦州。

这场大战同样打得十分惨烈，两军阵前死伤无数。守军以葡萄牙大炮轰击，击碎皇太极的白龙旗和清方的一座大营帐，杀伤清兵不少。明方的报告中说，皇太极长子胸口中箭，另一贝勒在阵上被明军射杀，又杀固山（领七千五百人）四人、牛录（领三百人）三十余名。这个报告有夸大之嫌，事实上皇太极的儿子并没有在此役中阵亡。但清方记载，济尔哈朗贝勒、萨哈廉贝勒、大将瓦克达、阿格等均受伤。

皇太极见部队损失重大，只得退兵，再攻锦州南面，亦不能拔，又伤亡了不少将士，将领觉多拜山、巴希等阵亡。七月，清兵败回沈阳。这一役明朝称为"宁锦大捷"，是明军对清军第二次血战胜利。

两大战役的胜利既没有让大明摆脱困窘的政治现状，也没有为袁崇焕个人带来更好的命运转机。相反，两场胜利换来的依旧是对人性的考量，是嫉妒与迫害。七八月间，京师举行了盛大的庆功活动。京城内外由于宁锦战功受到升迁、赏赐的人，多达数百人。许多和这场大战毫无关系的人也受到官升数级的奖励，其中，以魏忠贤的那位侄子累积之下连升九级的军功为最高。袁崇焕仅仅加衔一级。魏忠贤手底下的一个亲信有些看不过去，提出把自己受到的奖励转给袁崇焕。天启皇帝斥责道："袁崇焕议和这件事，所误不小。我不惩处他已经不错了。你少在这儿卖好。"

山河震荡，风雨飘摇。在魏忠贤为首的阉党的弹劾下，袁崇焕被昏庸的天启皇帝罢职，返回故乡——广东东莞水南村。心有不甘的袁崇焕在离开宁远时，也只能徒唤无奈。这些年他所经历的大劫难和大幸运真如过山车一般。这时的他不过四十岁左右，正值壮年，也是政治上趋于成熟的年龄。袁崇焕在一首诗里深有感触地写道："五载离家别路悠，送君寒侵宝刀头。欲知肺腑同生死，何用安危任去留。策杖只因图雪耻，横戈原不为封侯。故园亲侣如相问，愧我边尘尚未收。"

袁崇焕在回乡途中，到了广州，专门去了一趟光孝寺。身处佛地，他的思绪还是会不自主地回到刚刚脱离的战争场景，那遮天蔽日的血光和眼前的晨钟暮鼓形成了强烈的反差。人世茫茫，既然选择走上这条不归路，也就无须再向菩萨低头忏悔。

事后看来，袁崇焕配合皇太极搞出的那场休战议和并不明智。可以说是在错误的时间、错误的地点开展的一场错误的活动。其直接结果是促成了袁崇焕的离任，也留下了日后被诬陷的隐患。等到他日后复出时，全国的战略布局已经有了新的变化，他的复辽计划不仅难以实现，而且欲求守辽西、固山海也不可得了。

作为天启皇帝朱由校的继任者，他的亲弟弟崇祯皇帝在清除阉党后，那些一度被魏忠贤逆党排挤罢官的大臣又重新回到帝国权力场中，其中就包括袁崇焕。崇祯皇帝极为认可袁崇焕的价值，也将其视为撑起帝国大厦的最后一根擎天柱。袁崇焕被任命为兵部尚书兼右副都御史，督师蓟辽，兼督登、莱、天津军务。崇祯元年（1628 年）七月十四日，崇祯皇帝在紫禁城第一次召见了袁崇焕。

君臣初次见面，崇祯皇帝直接问道："女真跳梁十载，封疆沦陷。卿万里赴召，有何方略？"

袁崇焕慨然道："如果皇上给臣方便，五年之内，东患可平，全辽可复。"新君刚刚上位，就如此看重自己，这让袁崇焕感到受宠若惊的同时，也让他的内心有所膨胀。或许是因为与生俱来的轻狂自傲，再加上宁远、宁锦两大战役的胜利，让他觉得战无不胜的后金铁骑也不过如此。

如此大鸣大放的话最易博得君王的欢心，崇祯皇帝也就信了袁崇焕的话，内阁辅臣们也大受鼓舞。其实袁崇焕这时候并没有迷失于眼前的幻象，他为此还专门上了一道奏折。事后看来，这道奏折就像是袁崇焕对自己下一步人生命运的预言。在奏折中，他提出了自己经营辽东有可能遇到的困难。一是皇帝和朝中大臣对他不信任；二是敌人挑拨离间，散布谣言。为此，他提前声明，军队中稀奇古怪之事很多，不可能事事都查究明白。他自知有一股蛮劲，干事不依常规，要他一切都做得四平八稳，面面俱圆，几乎是不可能的。崇祯几乎满足了他的一切要求。他也在不知不觉中将自己逼到命运的死角。

崇祯二年（1629 年），漠南蒙古东部闹饥荒，后金也遭遇了粮荒。明末气候处于小冰河期，大旱几乎连年不断，赤地千里，川竭井涸，蝗灾和瘟疫乘势而起，几乎席卷了整个帝国。

三月初，边境各地流言四起，传言蒙古人正在储备南下的军粮。翰林院编修陈仁锡正好巡视边关，他急奏朝廷：喀喇沁蒙古部落一万男丁，其中八千在宁远关外运输明军军粮，其中还有四百多后金的八旗男丁。崇祯皇帝大惊，他立刻下令严责蓟州督师袁崇焕："据报西夷市买货物，明是接应东夷。籍寇资盗，岂容听许？"

宁远外边有一个前屯卫，前屯卫附近有个南台堡，袁崇焕在那里跟蒙古人做起了粮食生意。崇祯皇帝要求立即中止卖军粮给蒙古人的行为，并为他的行为做出解释。

袁崇焕说，开市只是为了安抚附近的蒙古人。后金兴起后，不断和蒙古各部发生战争，蒙古各部不敌后金，一部分选择了投靠后金，一部分选择了与明朝联合抵御后金，还有一些部落则摇摆不定。在明与后金的战争中，蒙古各部是不容忽视的力量，所以拉拢蒙古各部是战时所需，不可不做。

自从袁崇焕保证五年完成平辽大业以来，崇祯皇帝还没有驳回过袁崇焕的奏章。所以崇祯皇帝权衡之下，又一次给袁崇焕开了特例，允许他计口给粮。也就是统计人数，按照这个蒙古部落的人口数进行粮食交易。做个简单的类比：面对蒙古这些饿狼，袁崇焕是扔几块肉，任凭饿狼自己抢；崇祯是拿着肉一个个喂。孰优孰劣，一目了然。何况旁边还蹲着后金这只猛虎，肉自然是越快扔出去越好。

　　袁崇焕开市卖粮的做法在中央朝廷引起了轩然大波，帝国上空为他高悬的那把利刃也正在缓缓落下。身为局中人的袁崇焕对这一切都浑然不觉，依旧按照自己的方式在命运的泥沼中高歌猛进。其中最为人诟病，也最令崇祯皇帝耿耿于怀的，就是杀死毛文龙。

　　毛文龙占据皮岛，拥兵自重，袁崇焕一直以来视其为祸害。崇祯元年（1628年），袁崇焕离京前夕，大学士钱龙锡亲自到袁崇焕寓所，咨询袁崇焕"五年复辽"的方略。

　　袁崇焕说："当自东江始。文龙用则用之，不可则处之，易易耳。"袁崇焕必定十分清楚，擅杀主帅的做法太过冒险。因此，他尽了最大的努力争取毛文龙为己所用。毛文龙本人也很清楚袁崇焕到任之后策划东江的种种举措是为了逼自己就范，迫使自己为其所用，无条件地支持他。

　　"用则用之，不可则处之。"袁崇焕努力争取实现前者但也作了应付后者的充分准备，结局取决于毛文龙。此时的毛文龙绝不允许任何人动摇他安坐岛中、富拟王侯的利益。对他来说，忠君爱国、气节风骨之类的羁绊不足挂齿。当处境日危时，他甚至想到过与皇太极密谋图明、中分天下，并与皇太极讨价还价，准备献岛降金。

　　袁崇焕已得到毛文龙图谋叛明的密报，但他仍然没有放弃最后一线希望。崇祯二年（1629年）六月，两人会见于旅顺以西的双岛。袁崇焕仍晓以国家利益、动以思乡之情，甚至提出定营制，分旅顺东西节制的妥协方案，苦口婆心，反复开导三日三夜，毛文龙丝毫没有松口的迹象。

　　在这种情况下，袁崇焕权衡擅杀主帅与延误五年复辽二者所失孰大之后，毅然采取极端手段。他在写给兵部尚书王在晋的信中说："建虏屡欲求款，庙堂之上主张已有其人。文龙能协心一意，自当无嫌无猜，否则斩其首，袁崇焕效提刀之力。"

在袁崇焕看来，只有拔掉毛文龙这颗钉子，他才能成为实至名归的辽东主帅，并且是唯一的主帅，更主要的是能够借此解决辽东的"人事问题"。为了逼毛文龙就范，袁崇焕先是断绝东江粮饷八个月，饿死东江镇军民无数。然后又拿出尚方宝剑，来一次先斩后奏。他罗列了毛文龙的"十二大罪"，然后假借皇帝的名义将其杀死。

斩杀毛文龙时，袁崇焕的亲信中军何可纲对他说："生文龙，国不幸；用文龙，朝廷不幸；杀文龙，公不幸。"事后看来，这样的话很有先见之明。

袁崇焕杀毛文龙之后，正忙于实行南路战略部署的时候，后金已绥服宁锦以北的蒙古各族。如此一来，皇太极再无后顾之忧，他的头脑里产生了一个非常大胆而疯狂的想法：避开宁锦防线，绕道内蒙古，突袭京师，来个调虎离山，将袁崇焕"调"到京师，然后将其除掉。客观地说，袁崇焕杀毛文龙的时机不对，就好像给一个身患绝症的病人动手术，虽然暂时保住了性命，但却留下了后遗症。杀毛文龙对袁崇焕来说，不但没有提升战斗指数，反而削弱了己方力量；对皇太极来说，可以大大减轻他的压力。

沉浸于复兴帝国大业迷梦的崇祯皇帝倾全国之力支持袁崇焕的"五年复辽"计划，身处紫禁城的他有自己的心理底线，那就是后金军不能跨越长城一步。越怕的事越要来。崇祯二年（1629 年）十月二日，皇太极率领清兵与蒙古兵约十万之众，避开了袁崇焕苦心经营的防线，选择大明边防最薄弱的环节，突破喜峰口以西的长城边隘，大举入侵。后金部队几乎没遇到任何抵抗就攻下遵化。

按《大明律》，封疆失守，"情罪深重，国法难容"。也就是说，皇太极跨过长城之时，就是袁崇焕死期临近之日。让人无法理解的是，袁崇焕在皇太极出兵二十八天之后的十月二十九日，从宁远往山海关，途经中后所才获知皇太极的军队已经跨过长城的消息。一直以来，他以为只要在宁远、锦州一带把防御工事筑得牢牢的，意图南犯的后金部队即使插翅也闯不进来。

山雨欲来风满楼，袁崇焕从宁远经山海关、中后所日夜兼程，回京勤王。

两日两夜急行军三百余里，比清军早到了二天，驻军于北京广渠门外。崇祯心中颇有疑忌，不许他的部队入城。就连屯兵外城，崇祯也不准，一定要他们在城外野战。有人说君王太过无情，但一个被十万军队围城的皇帝，他的内心又是何等的忧惧难安。也就在一年前，刚刚当上皇帝的他把袁崇焕当作帝国的最后一根救命稻草，紧紧地抓住不放。对方也拍着胸脯向他保证，五年收复全辽。

一切就像是一场梦，那个口口声声要拒敌于长城之外的袁崇焕却将战场摆到了皇帝的眼皮子底下。两军在德胜门和广渠门展开殊死相搏，袁崇焕驰援北京时，因十万火急，只带了马军五千做先头部队，其后又到了骑兵四千，是以九千孤军当十余万大军。

这样一场实力悬殊的较量，让崇祯皇帝和他的官员百姓看得心惊肉跳。这场血战，清军劲旅阿巴泰、阿济格、思格尔三部都被击溃。袁崇焕也中箭受伤。皇太极在诸贝勒面前说："十五年来，未尝有此劲敌也！"于是不敢再逼近北京，驻兵在海子、采囤之间。一切都太晚了，袁崇焕的英勇形象并没有改变自己的命运走向。崇祯见清兵没有远退，不断催促袁崇焕出战。袁崇焕并没有执行皇帝的命令，他的理由是，保卫京师的军队人数太少，等关宁步兵赶到，再出城和清兵决一死战。

此时清军蹂躏京城的行为已引起全城怨怒，百姓风传袁崇焕通敌、召敌也不是空穴来风。从"毛公死，世所冤；袁公死，人不怜"这首民谣可以看出社会舆论对袁崇焕是极为不利的。在这种情况下，袁崇焕不可能有自我辩护的机会，因为没有人会选择在这时候再相信他。

有御史上疏，称袁崇焕通敌。被愚弄的北京老百姓感到十分愤怒。这些民间谣言不仅破坏了袁崇焕军队的战斗力，更撕裂了京城军民同关宁军队的血肉联系，导致了"声声口口只说辽将、辽人都是奸细"的恶劣后果。其实早在袁崇焕与后金军队决胜关外之时，明朝境内就开始大量流传有关袁崇焕投敌的谣言。

谣言来自两方面：一是后金所制造，二是阉党残余分子的攻击。在崇祯皇帝上台后不久，以魏忠贤为首的阉党遭到了清算，由于种种原因，部分同阉党有联系的明朝官员试图通过各种手段打击在朝的东林人士，不断对袁崇焕等人发动进攻。

城外是敌人，城内也视自己为敌人，袁崇焕就这样成了全民公敌。一年前他在写给崇祯皇帝的奏疏里，预言过眼前的一幕。可是他没想到，现实要比自己想象的糟糕一百倍。他所有的付出和努力都在证明那些山呼海啸的指控，他欲辩无言。

谣言可以让真相更像谣言，让谣言更像真相。当真相混杂于谣言之中，人们自以为了解了真相，可他们又不完全相信真相，从而彻底丧失对真相的辨别能力。崇祯就像是一个输得急红了眼的赌徒，将自己乃至整个帝国的命运都押在了袁崇焕一人的身上。对于袁崇焕来说，这无上的荣耀背后蕴含着巨大的风险。

崇祯皇帝见袁崇焕迟迟不肯将所有援兵调来守北京，更加疑虑难安。皇太极的十万铁骑在德胜门和广渠门日夜攻城，皇帝早已吓得魂飞魄散。这时候的他恨不得帝国的所有军队都赶来勤王，可袁崇焕总是以兵力悬殊为借口，始终不愿与其决战。崇祯真的愤怒了，他将大兵压境带来的恐惧和江山危急产生的挫败全部发泄到袁崇焕身上。

崇祯二年（1629年）十二月初一，崇祯皇帝再次于紫禁城召见袁崇焕、祖大寿、满桂等将领。崇祯逼问袁崇焕："以前杀毛文龙，今逗留何也？"言下之意，你袁崇焕不是早就与皇太极勾结好了吗？既然以前杀了毛文龙，那么事到如此还犹豫什么？

"五年复辽"的誓言成了愚弄君王的戏言，"必不令越蓟西一步"的承诺也成了巨大的讽刺。帝国已岌岌乎大厦将倾，崇祯当然要惩治元凶，这个责任人除了袁崇焕，还有谁能担得起？

十二月初二，皇帝下旨谕各营曰："袁崇焕自任灭胡，胡骑直犯都城，震惊宗社。夫关宁兵将，乃朕竭天下财力培养训成，关门远来入援，立志杀贼。崇焕却不能布置方略，退懦自保，以致贼擒掠，言之不胜悼恨。今将崇焕革职拿禁。"

袁崇焕蒙冤下狱，朝中群臣大都知他冤枉。内阁大学士周延儒和成基命、吏部尚书王来光都上疏解救。总兵祖大寿上书，愿削职为民，为皇帝死战尽力，以官阶赠荫请赎袁崇焕之"罪"。袁崇焕的部属何之壁率同全家四十余口，到宫外申请，愿意全家入狱，代替袁崇焕。崇祯一概不准。

尽管身陷囹圄，皇帝还是一次次地派大臣前去劝说袁崇焕写信给他的部下，要他们前来抵御皇太极。袁崇焕悲愤至极，但心念苍生，依言写下救援书信。

崇祯三年八月，崇祯召见群臣，他说："袁崇焕付托不效，专恃欺隐，以市米则资盗，以谋款则斩帅，纵敌长驱，顿兵不战，援兵四集尽行遣散，及兵薄城下，又潜携喇嘛，坚请入城，种种罪恶，依律磔之！"这位卫国功臣，要被处以凌迟之刑。

凌迟，俗称"千刀万剐"。是在处决犯人时，将犯人身上的肉一刀一刀割去，使受刑人在极度痛苦中慢慢死去。祸害国家的大太监刘瑾享受到了这一待遇，而为国效忠的大英雄袁崇焕也同样领到了这一"奖赏"。大太监刘瑾的凌迟，总共持续了三天，共4700刀。而一个英雄究竟能够承受多少刀，史料没有记载，或者说不忍记载，但根据明朝的凌迟惯例，应在3000刀以上。

大军压境，伴随着近乎疯狂的烧杀抢掠。人间地狱式的战争气氛，失去家园和亲人的痛苦回忆，四处传播的谣言，把人们的恐慌、愤怒、焦虑、无助混合在一起。袁崇焕被绑上刑场，刽子手一刀刀地将他身上的肌肉割下来。众百姓围在旁边，出钱买他的肉，一钱银子只能买到一片，买到后咬一口，骂一声。北京城的百姓认定，去年清兵围城是袁崇焕故意引来的。

袁崇焕的皮肉已经刮尽，人还没死。刽子手回忆说，他分明听见袁崇焕的心肺之间，发出了一种声音，久久不绝。这位职业刽子手承认，自己一生中杀人无数，但从来没有听过这种声音。他自己也不知道该如何解释这种现象。

这个民族从来就不缺少英雄，可英雄也救不了一个走向衰亡的帝国。在这样一个山摇地晃的时代，意义与价值崩溃、道德与伦理破产。在血光冲天的时代更替中，到处是混乱的逻辑和空洞的情感。袁崇焕死后，骸骨弃在地下，无人敢去收葬。他有一个姓余的仆人，顺德马江人，半夜里去偷了骸骨，收葬在广渠门内的广东义园。隔一道城墙，广渠门外的一片广场之上、城壕之中，便是八个半月前袁崇焕率领将士大呼酣战的地方。他拼了性命击退来犯的十倍敌军，保卫了皇帝和北京城中的百姓。皇帝和北京城的百姓则将他割成了碎块。

那姓余的义仆终身守墓不去，死后就葬在袁崇焕的坟墓旁边。非常奇怪的是，余君的子孙世世代代都在袁崇焕墓旁看守。直到民国五年，看守袁墓的仍是余君的子孙，他们说是为了遵守祖宗的遗训。

事实上，从崇祯三年（1630年）开始，就预示了这位亡国之君根本不配享有更好的命运。袁崇焕是大明帝国唯一一位连续两次重创清军的将领。如果崇祯皇帝能够给予他足够的信任，袁崇焕很有可能成为力挽狂澜的历史人物。

可惜历史从来没有如果，面对这摇摇欲坠的江山，固执己见的崇祯很容易就走进皇太极为他量身定制的陷阱。而袁崇焕之死，也不仅仅是他个人的悲剧。这个王朝在将袁崇焕送上祭坛的同时，也将自己送上了死亡之路。

袁崇焕死后，旧部祖大寿、何可纲率军驻守锦州、宁远、大凌河要塞，清军始终不能越雷池一步。崇祯四年八月，皇太极以倾国之师，在大凌河将祖大寿紧紧包围，十月间祖大寿不支投降。而祖大寿的外甥，正是后来的吴三桂。

明崇祯十七年（1644年）四月二十二日，己卯时分，山海关总兵吴三桂剃去自己的长发，正式降清。在经历了血淋淋的撕裂与麻木后，就算是英雄也开始相信"人不为己，天诛地灭"。他终于低下那颗桀骜不驯的头颅，任长发随风飘落。山海关的大门轰然打开，大清军队如潮水般涌进来……